T H E

A P P L I C A T I O N

国内仲裁法律适用

O F

第3版

D O M E S T I C

田有赫◎著

A R B I T R A T I O N

The Application of Domestic Arbitration Law

L A W

法律出版社 | LAW PRESS

北京

图书在版编目(CIP)数据

国内仲裁法律适用 / 田有赫著. -- 3 版. -- 北京 :
法律出版社, 2023
ISBN 978 - 7 - 5197 - 7889 - 7

Ⅰ. ①国… Ⅱ. ①田… Ⅲ. ①仲裁法 - 法律适用 - 中
国 Ⅳ. ①D925.705

中国国家版本馆 CIP 数据核字(2023)第 072945 号

国内仲裁法律适用(第三版)
GUONEI ZHONGCAI FALÜ SHIYONG
(DI - SAN BAN)

田有赫 著

责任编辑 韩梦超
装帧设计 汪奇峰

出版发行 法律出版社
编辑统筹 司法实务出版分社
责任校对 李慧艳
责任印制 胡晓雅
经　　销 新华书店

开本 710 毫米 × 1000 毫米 1/16
印张 24.75　字数 388 千
版本 2023 年 10 月第 3 版
印次 2023 年 10 月第 1 次印刷
印刷 固安华明印业有限公司

地址:北京市丰台区莲花池西里 7 号(100073)
网址:www.lawpress.com.cn
投稿邮箱:info@lawpress.com.cn
举报盗版邮箱:jbwq@lawpress.com.cn

销售电话:010 - 83938349
客服电话:010 - 83938350
咨询电话:010 - 63939796

书号:ISBN 978 - 7 - 5197 - 7889 - 7
定价:78.00 元

凡购买本社图书,如有印装错误,我社负责退换。电话:010 - 83938349

第三版说明

本书出版后，得到了国内仲裁界诸多好评，近三十家仲裁机构已将本书作为仲裁员培训教材使用。为了更好地突出重点，明确一些必须明确的理念，根据笔者学习《仲裁法》的最新心得，参考仲裁界同人的意见和建议，本书在以下方面进行了修订：

一是充分体现“或裁或审”制度的内涵。顾昂然先生在立法说明中的第二项明确说明“实行或裁或审和一裁终局的制度”。但对于“或裁或审”这项制度，绝大多数人都仅仅理解到《仲裁法》第五条的规定内容这一层次，即“当事人达成仲裁协议，一方向人民法院起诉的，人民法院不予受理，但仲裁协议无效的除外”，而“或裁或审”这一用语本身的含义和相关法条表述的制度内涵往往被忽略。须知仲裁与诉讼是两种不同的制度，虽然仲裁需要借鉴诉讼的很多内容，一些基本术语诸如“当事人”“证据”等都是术语相同而有不完全相同的含义，但更需要注意的是，能够将仲裁与诉讼两者区分开的用语必须不同而不应随便借用，否则就会人为造成两者的混淆，特别是使人想当然地认为两者并无差别。本书第一版致力于廓清仲裁不存在“管辖”“合议”问题，就是因为业界大多数同人忽视了“管辖”“合议”的具体含义而随便应用于仲裁上（还有人美其名曰“约定俗成”），结果不但加剧了仲裁的司法化，还使仲裁界同人在遇到问题需要说服法官时难上加难。具体到“或裁或审”制度上，“或裁或审”而不是“或裁或判”，在用语上已经清楚地表明仲裁与“审”无缘，仲裁过程不能称为“审理”过程。这在立法上有多处体现，立法者有意避免使用“审”或“审理”：整部法律中“审”字出现了五次，“审理”出现了一次，都是规定人民法院的行为，如第二十六条的“人民法院应当继续审理”，以及另外四次对人民法院“审查核实”的有关规定。《仲裁法》对仲裁委员会或仲裁庭的有关规定则完全避免使用

“审理”一词,而是使用动词“仲裁”取代之,特别是在第四章第三节“开庭和裁决”中,更是小心翼翼地避免使用“审理”一词,比如第五十五条使用“仲裁庭仲裁纠纷时”的表述而不是“仲裁庭审理案件时”,以及第五十八条第一款第二项“裁决的事项不属于仲裁协议的范围或者仲裁委员会无权仲裁的”表述而不是“仲裁委员会无权审理的”。而从制度基础看,仲裁权的取得是法律授权和当事人授权二者的结合,得到授权者可以居中裁决,但取得授权去“审理”授权者恐怕说不通。

但“审理”一词却堂而皇之地出现在国内最有影响力的几家仲裁机构的仲裁规则中并单独作为章节,令人不由得扼腕长叹,如同在仲裁规则中读到“仲裁费由败诉者承担”一样令人遗憾。为了证明仲裁制度中使用“审理”一词完全没有必要,作者试着将几部仲裁规则中用的“审理”一词换成“仲裁”,将“庭审”换成“开庭”,结果证明,完全没有任何理解或操作上的障碍。因此,本书将第一版中仲裁机构或仲裁庭涉及的“审理”一词全部去掉。效果如何,欢迎同人们提出批评。

二是基于满足实务性需求的考虑,再版将原第一版第五章“仲裁程序法的价值”中过于理论化的内容删除,部分内容并入第四章,因此全书变成了八章。被删除的部分是作者下了大功夫的内容,力图为解决仲裁机构所面临的一些深层次问题而提供理论基础(如仲裁机构为什么可以提高处理费收费标准,为什么仲裁机构有自身的经济利益诉求而人民法院却没有等),但考虑本书的使命是提供一本仲裁员和仲裁秘书急需的实用性基础性用书,因此还是将部分纯理论内容删去,使得内容更为实用和精练。

三是根据形势发展而在仲裁证据和审判解释部分增加了部分内容,特别简要介绍了本书初版后最高人民法院新颁布的四部审判解释,同时对各章中的一些内容进行了部分微调。这里涉及几百处变动,有的拾遗补阙,有的精益求精,以体现最新的相关规定和笔者对仲裁制度的新理解。还有一些笔者对仲裁实践中具体问题的建议,书中予以加粗,以便于搜索。

希望本书能够为仲裁界同人们提供一些帮助,更希望得到仲裁界同人们的指教。仲裁公信力的提升需要我们全体仲裁同人的努力。

目录

附　录

绪　论

本书所谓的仲裁，指当事人在自愿的基础上，就将来可能发生或已经发生的合同纠纷或其他财产权益纠纷达成书面意思表示，将纠纷提交依法设立的仲裁机构，由仲裁机构居中作出对纠纷各方均有法律效力之处理结果的一种纠纷解决制度或方法①。所谓国内仲裁，指解决本国当事人之间没有涉外因素的国内民商事纠纷之仲裁②；换言之，国内仲裁系指一国国内的仲裁机构对该国的当事人在该国国内经济贸易活动中发生的争议所进行之仲裁③。

“仲裁”并非中国原有的词汇，《辞源》中并没有收录这一词条即是证据。“仲裁”一词引自于日本④，虽然是舶来词汇，但由当事人自行选定权威的中间人居中裁断解决纠纷，却是中国民间由来已久且广泛运用的方式。最为常见的是“外甥分家舅舅主事”，其在裁决者的选择（选择哪位舅舅来主事）、对程序规则和实体规则的决定、裁决者意见的终局性等诸方面，已经高度接近现代仲裁

---

① 参见黄进、宋连斌、徐前权：《仲裁法学》（第3版），中国政法大学出版社2007年版，第1页；江伟主编：《仲裁法》，中国人民大学出版社2009年版，第1页；张斌生主编：《仲裁法新论》（第4版），厦门大学出版社2010年版，第1页。但遗憾的是，上述较为权威的教材都将仲裁案件过程表述为“审理”。笔者认为，“或裁或审”（而非“或裁或判”）的表述以及《仲裁法》通篇使用动词“仲裁”未提及“审理”，都清楚地表明：“审理”是诉讼专用语，仲裁应当使用自己的专业用语，不应当使用“审理”一词。

② 谭兵主编：《中国仲裁制度研究》，法律出版社1995年版，第69页；王敬藩：《主张与选择——中国仲裁法论》，黑龙江人民出版社1998年版，第8页；黄进、宋连斌、徐前权：《仲裁法学》（第3版），中国政法大学出版社2007年版，第3页；宋连斌主编：《仲裁法》，武汉大学出版社2010年版，第5页。

③ 全国人大常委会法制工作委员会民法室、中国国际经济贸易仲裁委员会秘书局编：《中华人民共和国仲裁法全书》，法律出版社1995年版，第135页。

④ 参见单国军等编著：《中国仲裁实务》，中国发展出版社1998年版，第2页；宋连斌主编：《仲裁理论与实务》，湖南大学出版社2005年版，第1页。

制度了(当然是接近临时仲裁制度)。其他如农村家族内的纠纷由族长或年长者裁断等也都是广泛运用且卓有成效的纠纷解决办法[①]。当然,这种在农业社会里处理家务和邻里纠纷的办法与以意思自治为基础的现代民商事仲裁有着重大区别。

只是在中国传统社会,这种与现代仲裁相似之解决纠纷的民间智慧之果迟迟没有成为法律制度,而从清末民初开始的使之制度化之努力也一直成效不大。新中国成立后,我国建立了以行政仲裁为主的仲裁制度,并取得了不错的成绩[②]。标志着中国的民商事仲裁事业开始走上与国际接轨的现代化之路的,是 1994 年 8 月 31 日第八届全国人民代表大会常务委员会第九次会议通过的《中华人民共和国仲裁法》(以下简称《仲裁法》,本书中所引用的其他所有法律以及行政法规和法律解释,一般也都不再使用法律文件全称而仅用简称)。该法于 1995 年 9 月 1 日实施,由此揭开了中国民商事仲裁事业新的一页。

近三十年的实践证明,《仲裁法》为保障我国社会主义市场经济健康发展、妥善解决社会矛盾特别是民商事领域的纠纷发挥了重要作用。但平心而论,《仲裁法》所确立的仲裁制度显然还远远没有发挥其应有的作用[③]。分析制约仲裁制度发挥作用的主要原因并提出可行性的解决方案,是仲裁工作者之责任。本书试图采用内部视角(即仲裁机构内部专职工作人员之角度)来提出自己的观点。事实上,采用外部视角(包括外聘仲裁员在内的非仲裁机构工作人员之角度)来分析仲裁制度所存在问题的探讨一直在进行,许多学者和仲裁员以及关心仲裁事业的各界人士都提出了自己的观点。由于采用外部视角更容

---

① 参见潘俊星编著:《仲裁文化概论》,西安出版社 2003 年版,第 60 页;罗兴佐等:《纠纷解决与基层治理》,上海三联书店 2015 年版,第 105 ~ 107 页;费孝通:《乡土中国》,北京时代华文书局 2018 年版,第 75 ~ 76 页。

② 1983 ~ 1995 年的 13 年间,经济合同仲裁委员会共收案 208 万件,同期法院一审合同案件 1219 万件,商事仲裁案件数量是法院合同案件数量的 17.9%。参见龙飞:《论国家治理视角下我国多元化纠纷解决机制建设》,载《法律适用》2015 年第 7 期。

③ 1997 ~ 2009 年,全国各仲裁委员会收案 43 万件,而 1983 ~ 1995 年的官方经济合同仲裁委员会收案为 208 万件;也就是说,在相同的 13 年间,官方仲裁期间的仲裁案件总量是《仲裁法》实施后受理仲裁案件总量的 4.81 倍,而且后 13 年还是在市场经济快速发展、纠纷急剧增多的情况下。同时期,法院 1997 ~ 2009 年受理一审合同案件 3282 万件,仲裁案件数量只占法院合同案件数量的 1.32%。参见龙飞:《论国家治理视角下我国多元化纠纷解决机制建设》,载《法律适用》2015 年第 7 期。

易首先从宏观的角度去看问题,而且外部视角虽有其客观的一面,也有其不够全面的一面,因此对仲裁机构难以发挥很大影响。采用内部视角则更容易从自身的微观层面出发去考虑问题,针对性较强地提出一些解决现实中存在的难题之办法;当然内部视角也可能有全面但不够客观的问题。鉴于采用内部视角研究国内仲裁法律适用问题在国内尚属罕见,笔者虽为仲裁机构管理人员,学识短浅,但不揣浅陋,提出自己的观点,期待能够抛砖引玉。笔者希望能够写得“深者不觉其浅,浅者不觉其深”,大方之家和学者可以更多地了解实务中的问题及实务工作者的思考,普通仲裁员和仲裁机构工作人员则可以通过本书掌握较为系统的民商事仲裁知识体系,并了解作者所提出的对具体问题的处理意见。而“揭露伪装成智慧且广为接受的陈旧思想”①以利于仲裁事业发展,是笔者的追求和责任。近代法学教育名家孙晓楼教授在他的《法律教育》一书中开篇即讲:“万百事情,不研究便不觉得有所不满,一研究便到处见得破绽。”②希望本书能够为弥补中国仲裁学理论与实践的破绽做出点贡献。

第一节 国内仲裁法律适用研究的必要性

一、仲裁制度设计及其评注

成文法国家的法律实施离不开具体机构。我国《仲裁法》规定的是机构仲裁而未设立临时仲裁制度③,因此仲裁制度的实施主要是依靠仲裁机构。

---

① [美]丹尼尔·W.德雷兹内:《思想产业:悲观主义者、党派分子、财阀 如何改变思想市场》,李刚、邹婧雅等译,南京大学出版社2019年版,第11页。

② 孙晓楼:《法律研究》,中国政法大学出版社1997年版,第8页。

③ 2016年12月30日,最高人民法院发布了《关于为自由贸易试验区建设提供司法保障的意见》(法发〔2016〕34号),该意见第九条第三款内容为:“在自贸试验区内注册的企业相互之间约定在内地特定地点、按照特定仲裁规则、由特定人员对有关争议进行仲裁的,可以认定该仲裁协议有效。”这被认为是对临时仲裁的有条件的支持。参见高菲、徐国建:《中国临时仲裁实务指南》,法律出版社2017年版,第20~21页。2017年3月23日,珠海市横琴新区管委会和珠海仲裁委员会发布了《横琴自由贸易试验区临时仲裁规则》,并于2017年4月15日起施行。但这仅局限于试验区内,不能据此认为我国有临时仲裁制度。

在计划经济向市场经济转型这一特定时代背景下,作为一部较好地借鉴了国际上经验和做法的法律[①],《仲裁法》对中国仲裁事业的发展起到了不可低估的巨大作用。由《仲裁法》确立的机构仲裁、或裁或审、当事人意思自治、一裁终局、仲裁独立以及司法适度监督等原则和制度体现了先进的仲裁理念,改变了原有国内仲裁之行政性质,确立了中国特色纠纷解决制度之重要组成部分的民商事仲裁制度。加上此前全国人大常委会《关于我国加入〈承认与执行外国仲裁裁决公约〉的决定》以及我国参加或缔结的其他国际公约和双边协定中有关仲裁的约定、《民事诉讼法》有关仲裁的规定[②]、已为《民法典》所取代的《合同法》《物权法》等实体法以及《著作权法》等单行法中关于仲裁的规定[③]、1994 年至 1996 年国务院办公厅关于仲裁工作的四个通知[④]、原国务院法制办公室(国

① 时任全国人大常委会法工委主任的顾昂然在向第八届全国人大常委会作立法说明时,特别强调是"借鉴国外仲裁制度的有益经验和国际通行做法,起草了《仲裁法(征求意见稿)》",并在仲裁范围、实行或裁或审和一裁终局制度、法院对仲裁的监督部分均提到对国际上和一些发达国家做法的借鉴;其说明中提到的立法目的之一是"发展社会主义市场经济和开展国际经济贸易往来"。参见顾昂然:《立法札记》,法律出版社 2006 年版,第 497 ~ 499 页。另外,立法机关的法律释评称,我国的《仲裁法》是一部"吸收国外现代仲裁制度""使中国的仲裁制度与国际现代仲裁制度同步发展"的法律。参见全国人大常委会法制委员会编著:《中华人民共和国仲裁法法律释评》,法律出版社 1997 年版,第 6 页。

② 《民事诉讼法》关于仲裁方面的内容主要是不予执行仲裁裁决、涉外仲裁、仲裁前的财产保全和证据保全等问题的规定。另外,民事诉讼法中的相关规定也会被吸收进仲裁规则。《仲裁法》第七十五条规定:"中国仲裁协会制定仲裁规则前,仲裁委员会依照本法和民事诉讼法的有关规定可以制定仲裁暂行规则。"这方面最典型的例子是各仲裁机构仲裁规则中简易程序的规定。

③ 参见《民法典》第一百四十七条至第一百五十一条、第五百三十三条、第五百六十五条、第五百八十五条、第二百二十九条的规定;《著作权法》第六十条的规定;等等。据不完全统计,《仲裁法》颁行时有 14 部法律、82 部行政法规和 190 部地方性法规都规定了仲裁这种解决争议的方式,但除了法律之外的有关仲裁的规定大都随着《仲裁法》的实施而作废。参见顾昂然:《立法札记》,法律出版社 2006 年版,第 497 页。

④ 国务院办公厅《关于做好重新组建仲裁机构和筹建中国仲裁协会筹备工作的通知》(国办发〔1994〕99 号)、《关于进一步做好重新组建仲裁机构工作的通知》(国办发〔1995〕38 号)、《关于印发〈重新组建仲裁机构方案〉〈仲裁委员会登记暂行办法〉〈仲裁委员会仲裁收费办法〉的通知》(国办发〔1995〕44 号)和《关于贯彻实施〈中华人民共和国仲裁法〉需要明确的几个问题的通知》(国办发〔1996〕22 号)。参见国务院法制办公室政府法制协调司编:《中国仲裁机构概览》,中国物价出版社 2001 年版,第 82 ~ 87 页。

务院法制局)有关意见和通知[①]、《涉外民事关系法律适用法》第十八条关于法律适用的规定、最高人民法院关于仲裁的司法政策和审判解释[②] 90 余件,中共中央办公厅和国务院办公厅印发的《关于完善仲裁制度提高仲裁公信力的若干意见》[③],以及《刑法》第三百九十九条之一关于"枉法仲裁罪"的规定[④]等,再加上各仲裁机构的仲裁规则,共同构成了我国仲裁法律制度。

作为一种移植而来的法律制度[⑤],第一,仲裁制度的形成是强制性制度变迁(自上而下的供给主导型,由权力中心提供新的制度安排并决定制度变迁方向、时间和形式)而非诱致性制度变迁(自下而上的需求主导型,由非正式制度缓慢演进)[⑥],因此,虽然有速度和力度的优势,但自然也会存在相当多的不适甚至冲突,需要与现实磨合后才能真正适应现实并发挥作用。江平先生指出:"我国仲裁制度自始就是国家意志的产物,处于国家权力的完全支配之下,成为诉讼之外的另一类公力救济模式。这使我国的仲裁制度不可避免地具有公力救济方式的一些弊端。"[⑦]第二,正如苏力教授所言,"世界上很少有一个法律或一项制度就能改变一种制度局面的"[⑧],《仲裁法》颁布实施以前之行政性质的、由设在

---

① 参见国务院法制办公室、广州仲裁委员会编:《中国仲裁大事记》,广东人民出版社 2010 年版,第 848 ~ 859 页。

② 审判解释即通常所称的司法解释,本书为强调仅指由最高人民法院单独制定的司法解释,故用"审判解释"一词。这种用法业界常见,参见蒋大兴:《审判解释的法理思考》,载《云南大学学报(法学版)》1998 年第 2 期;杨建军:《"审判解释"考(1985 - 2007)》,载《法律方法》2009 年第 1 期。

③ 武汉仲裁委员会(武汉国际仲裁中心)、湖北省法学会仲裁法研究会主办:《武汉仲裁》(第 2 辑),法律出版社 2019 年版,第 155 ~ 166 页。

④ 参见黄进、宋连斌、徐前权:《仲裁法学》(第 3 版),中国政法大学出版社 2007 年版,第 75 页;陈忠谦:《论枉法仲裁罪的设立当缓》,载《仲裁研究》2006 年第 1 期;徐立:《枉法仲裁罪的立法正当性探讨》,载《法学杂志》2009 年第 5 期;谈中正:《刑法介入商事仲裁的理论反思——对"枉法仲裁罪"的立法批判》,载《北京仲裁》2010 年第 1 期;范铭超:《商事仲裁视野下的枉法裁决罪》,载《河北法学》2009 年第 12 期。

⑤ 张斌生主编:《仲裁法新论》,厦门大学出版社 2002 年版,第 3 页;乔欣主编:《比较商事仲裁》,法律出版社 2004 年版,第 35 页;参见沈四宝、沈健:《中国商事仲裁制度的特征与自主创新》,载《法学》2010 年第 12 期。

⑥ 刘茂亮、黄幼园、聂贤斌主编:《仲裁营销研究》,中国法制出版社 2005 年版,第 172 ~ 174 页;另参见宋连斌、杨玲:《我国仲裁机构民间化的制度困境——以我国民间组织立法为背景的考察》,载《法学评论》2009 年第 3 期。

⑦ 江平:《关于仲裁法的若干问题》,载江平:《江平文集》,中国法制出版社 2000 年版,第 662 页。

⑧ 苏力:《道路通向城市:转型中国的法治》,法律出版社 2004 年版,第 181 页。

行政机关内部的仲裁机构进行仲裁的仲裁制度和构成这一制度的法律、行政法规和地方性法规[①]所产生的制度逻辑不会随着新仲裁法律规定的出台而摇身一变为新制度之组成部分,恰恰相反,旧有的规定反而时不时地会对新制度之核心内容(如一裁终局、或裁或审等)产生不可避免的干扰。时至今日,仍然有相当多市场主体的决策层并不了解民商事仲裁根本不同于劳动仲裁。第三,法律是实践的,法律制度不等于法律条文规定的制度,法治系统由大量的正式制度和非正式制度共同构成,相互协调才能有效运转,法律运作除了靠法律还要靠包括道德、习俗和信用等在内的一系列因素[②],而其中最为值得重视的则是交易惯例和交易习惯。市场经济环境是仲裁制度发挥作用的合适地方,较少承担(甚至基本不承担)公共政策职能的仲裁机构应当充分发挥仲裁法律制度灵活高效、尊重惯例和习惯的特色,以不同于诉讼的法律适用方式公正及时地解决纠纷。但在我国的多数地方,仲裁机构的法律适用基本是与人民法院保持一致的,甚至仲裁程序不折不扣地按照一审诉讼程序进行,致使仲裁机构被视为可有可无的"二法院"[③]。第四,仲裁制度是为以工商社会为主之城市服务的,因此《仲裁法》第十条第一款规定仲裁机构的设置是"在直辖市和省、自治区人民政府所在地的市设立,也可以根据需要在其它设区的市设立"。我国仲裁法律制度的实践是在追求现代化的历史语境中进行的,自然会打下这一具体时空和情境的印记。出台这部法律时的1994年,我国的城市化率才仅为28.26%[④],因此其作用的发挥难免会滞后。

上述问题不可避免地会影响仲裁法律制度的实施效果和评价。从积极的角度讲,虽然这一移植的制度需要时间来磨合才能逐渐发挥作用,但由于这一制度的进步性,加之各方面(特别是众多新组建的仲裁机构)"摸着石头过河"的努力,其实施已经取得了相当可观的成绩,并在市场经济尚不发达的国情下

① 据不完全统计,当时有14部法律、82部行政法规和190部地方性法规都规定了仲裁这种解决争议的方式。参见顾昂然:《立法札记》,法律出版社2006年版,第497页。

② 参见苏力:《制度是如何形成的》(增订版),北京大学出版社2007年版,第76页。

③ 袁发强主编:《中国商事仲裁机构现状与发展趋势研究》,复旦大学出版社2011年版,第24页;詹安乐、叶国平:《以仲裁权的性质为视角论我国仲裁机构的改革方向》,载《北京仲裁》2011年第2辑。

④ 国家统计局:《中国城市化率历年统计数据(1949~2010)》,载百度文库2012年7月3日,http://wenku.baidu.com/view/d4a365f4f61fb7360b4c6560.html。

发挥了促进经济社会发展的重要作用。而从消极的角度讲,在一个被公认为先进的纠纷解决制度实施二十余年后,全国仲裁机构受理的案件总数不足全国人民法院受理的大致同类之一审民商事案件的1.5%①,表明一定有特殊的制约因素导致这样的结果。除仲裁机构数量与人民法院数量的差别之外,笔者认为,仲裁基础理论研究特别是仲裁法律适用研究之欠缺是重要的原因之一。

二、仲裁法律适用研究之必要性

作为一种民商事纠纷解决方式,仲裁在制度设计上虽与民事诉讼有着诸多相似性,如在第三方处理争议、程序事项、裁决的法律效力等方面均高度相似,但毕竟二者是不同的纠纷解决制度,有根本的不同之处。其中,法律适用是诸多不同中较为突出的部分。

所谓法律适用就是指将一个(或多个)法律规范适用于由事实构成的案件获得一个正当法律决定的过程。② 法律适用原仅指法院诉讼过程中将法律适用于具体案件,③随着仲裁作为争议解决方法的运用和发展,法律适用问题也扩展到仲裁领域,因而法律适用通常被认为"指法院或仲裁机构依据法律规范解决各类案件的活动"。④ 由于法律适用直接影响仲裁协议效力的认定以及仲裁的进程,更直接影响当事人双方权利义务之认定并进而影响仲裁的结果,因此,法律适用被视为解决当事人之间纠纷的关键。⑤

《仲裁法》实施时有效的《民法通则》第六条规定了"民事活动必须遵守法律",这一规定后来演化成《民法典》第十条:"处理民事纠纷,应当依照法律;法律没有规定的,可以适用习惯,但不得违背公序良俗。"仲裁作为一种解决纠纷

---

① 参见国务院法制办公室协调司(及后来的司法部公共法律服务管理局)每年公布的全国仲裁机构办案统计数字和相应年份的最高人民法院工作报告所披露的一审商事审判案件数字。这是2018年以前的情况。随着互联网仲裁的兴起,仲裁机构受理的案件数量大幅上升,情况已经有了一些变化。

② 参见王夏昊:《法适用视角下的法的渊源》,载《法律适用》2011年第10期。

③ 沈宗灵主编:《法理学》,高等教育出版社1994年版,第344页;胡土贵主编:《法理学》,法律出版社1999年版,第328页;张建华:《仲裁新论》,中国法制出版社2002年版,第223~252页。另参见张斌生主编:《仲裁法新论》(第4版),厦门大学出版社2010年版,第209页。

④ 梁慧星:《民法总论》,法律出版社1996年版,第274页。另参见孙国华主编:《法学基础理论》,中国人民大学出版社1987年版,第395页;孙国华先生在著作中提及法律适用的主体包括"社会组织"。

⑤ 张斌生主编:《仲裁法新论》(第4版),厦门大学出版社2010年版,第210页。

的法律制度,[①]自然要按照这一要求进行,并且保证其过程和裁决结果符合法律,可见仲裁必然要面对和研究法律适用问题[②]。但目前国内仲裁界关于法律适用问题的探讨文章却大多都是关于国际商事仲裁方面的,对于占案件总数99%[③]的国内仲裁案件的法律适用则鲜有提及。

关于国内仲裁的法律适用问题,较有代表性之观点认为[④],国内民商事仲裁要适用本国的法律,因为当事人、仲裁标的、仲裁地、裁决执行都在国内,必须保持一国之内法制的统一。从国际社会的仲裁实践来看,绝大多数国家的法律都要求国内仲裁适用国内法。

但法律适用确实是国内仲裁面临的非常突出的难题。就我国的实际而言,法律适用本身是一个极为重要且复杂的课题。以司法实践为例,人民法院在法律适用问题上进行了大量的研究,最高人民法院制定了数量可观的司法政策和审判解释,并有专门研究法律适用之刊物《法律适用》,对审判实践中如何解决成文法过于抽象的难题和难以避免的法律漏洞发挥了不可替代的巨大作用。但即便如此,审判实践中法律适用仍然是一大难题。仲裁机构并非司法机关,不能将人民法院的司法政策和审判解释直接援用而只能参考[⑤],对人民法院法律适用研究成果的借鉴也有限,因此,法律适用这样的问题几乎不可避免地成

---

① 朱克鹏:《国际商事仲裁的法律适用》,法律出版社 1999 年版,第 1 页。朱克鹏博士将国际商事仲裁定义为“一项高度自治的解决国际商事争议的法律制度”,还认为:“国家法律对仲裁的全面调整与控制,使之成为国家司法制度一个不可分割的组成部分。”

② 杨荣新主编:《仲裁法理论与适用》,中国经济出版社 1998 年版,第 96 页;张卫平主编:《民事诉讼法教程》,法律出版社 1998 年版,第 7 页;苏庆、杨振山主编:《仲裁法及配套规定新释新解》,人民法院出版社 1999 年版,第 70 ~ 71 页;张建华:《仲裁新论》,中国法制出版社 2002 年版,第 223 ~ 252 页。特别是张建华先生在其著作中专章论述了仲裁的法律适用问题,但其当时强调法律适用主体是“国家机关及其工作人员”,认为“仲裁中适用法律的性质更接近于‘引用’”。

③ 例如,2020 年全国共有 61 家仲裁机构(占总数的 23.55%)处理非国内仲裁案件 2186 件,占处理传统商事案件 0.84%(占全部案件总数 0.55%)。资料来源:司法部公共法律服务管理局:《2020 年全国仲裁处理案件情况》(根据各仲裁机构报告数字统计)。

④ 参见肖志明:《关于在涉外商事仲裁实务中如何适用法律的问题》,载韩健、林一飞主编:《商事仲裁法律报告》第 1 卷,中信出版社 2005 年版,第 1 页;张建华:《仲裁新论》,中国法制出版社 2002 年版,第 240 ~ 242 页。另参见张斌生主编:《仲裁法新论》(第 4 版),厦门大学出版社 2010 年版,第 210 页;马占军:《仲裁法修改新论》,法律出版社 2011 年版,第 28 ~ 30 页。

⑤ 谭兵主编:《中国仲裁制度研究》,法律出版社 1995 年版,第 46 页。

为仲裁实务中非常突出的难题。

法律适用问题,无论是在我国还是在其他国家,也无论是对国内仲裁还是对涉外仲裁,都是极为重要的问题。国外仲裁制度的经验和国际通行做法均证明了这一点[①]。以典型的英国仲裁法为例,除非当事人另有约定,仲裁庭只能依据英国法进行裁决;就英国1996年修订的《仲裁法》而言,"伦敦仲裁庭对1996年《仲裁法》强制性条文固然是非依不可",对于非强制性条文,仲裁庭则"必须依照双方约定(适用)外国仲裁法"[②]。再如美国的《联邦仲裁法》,其第六条规定,对当事人提出的仲裁申请,仲裁庭的受理和仲裁都应根据法律的有关规定进行[③]。不成文法国家的仲裁法都如此强调法律适用问题,足见仲裁中法律适用问题的重要性。

成文法国家如较为典型的法国,其《仲裁法》实际是其现行的《新民事诉讼法典》的第四卷。该法典第一千四百七十四条规定:"仲裁员按照法律规则进行裁决,但如在仲裁协定中当事人委托仲裁员作为和解中间人进行裁判之情形,不在此限。"[④]德国、西班牙、瑞典、意大利等国家也都要求仲裁庭或仲裁员依法裁决[⑤]。

作为成文法国家,我国的国内仲裁法律适用是仲裁工作者必须研究的核心问题,正如学者所指出的那样:"仲裁的过程是适用法律的过程。"[⑥]"仲裁过程实际上是展示冲突事实的缘由与经历,并寻找和确定有关冲突权益的法律根据的过程。"[⑦]首先,在成文法环境下,仲裁作为具有法律效力的与诉讼并行之纠纷解决机制,必须服从宪法所要求的国家法制统一之需要。我国《宪法》第五条规

---

① 参见张建华:《仲裁新论》,中国法制出版社2002年版,第223~240页;张斌生主编:《仲裁法新论》(第4版),厦门大学出版社2010年版,第210页。

② 杨良宜、莫世杰、杨大明:《仲裁法——从1996年英国仲裁法到国际商务仲裁》,法律出版社2006年版,第120页。其中括号内的内容是笔者所加。

③ 于文苹:《美国联邦仲裁法》,载《前沿》1996年第4期。

④ 《法国新民事诉讼法典》,罗结珍译,中国法制出版社1999年版,第311页。

⑤ 丁建忠编著:《外国仲裁法与实践》,中国对外经济贸易出版社1992年版,第94页、第118页、第309页;另参见张华:《合法裁决与仲裁法律适用司法监督——基于仲裁法第7条、第58条与第63条之逻辑怪圈》,载《北京仲裁》2011年第2辑。

⑥ 谭兵主编:《中国仲裁制度研究》,法律出版社1995年版,第29页。

⑦ 顾培东:《社会冲突与诉讼机制》(第3版),法律出版社2016年版,第40页。

定:“国家维护社会主义法制的统一和尊严。”法律适用的统一即是这一宪法原则的具体要求。法律适用的统一既是法的正义价值之基本要求,又是法的秩序价值之体现,是宪法所规定的“法律面前人人平等”原则的动态实现。法律适用统一的最终体现可以简化为“同案同判”——类似案件类似处理,不同案件不同处理,这是法治原则的基本要求①。法律适用也是一些重要法律的明确要求:不仅《仲裁法》确立了“符合法律规定”(第七条)和“仲裁依法独立进行”(第八条)的原则,其他一些重要法律也明确提出了仲裁适用法律的问题,如《民法典》中明确的仲裁机构对当事人的相关请求有权确认或者裁决的规定,②等等。其次,这是纠纷解决制度可预测性之基本要求。作为一种纠纷解决方式,仲裁应当以公开的、可预见的法律规范作为裁决依据,不仅仲裁机构据此裁决,而且当事人可以在事前根据这些法律规范预测自己行为的后果,从而引导行为的模式以实现行为之目的。因此,仲裁必须研究法律规范的适用问题。最后,这是仲裁公信力之必备条件,也是培养公民法治信仰的基石之一。仲裁机构需要当事人的书面约定才有权受理案件以解决纠纷,当事人选择仲裁各有原因,但必不可少的因素之一是仲裁机构的公信力,可以保证纠纷得到公正、高效、专业的解决。如果仲裁机构的法律适用不统一不专业,作出的裁决与现行法律规范出现冲突,或同样案件不一定得到同样处理,则所作出的裁决无法为当事人和社会公众所认可,甚至将面临很大的被撤销或不予执行之风险,其公信力就将受到极大损害。这些都决定了国内仲裁必须认真研究法律适用。

需要指出的是,我国《仲裁法》第七条“符合法律规定”和第八条“仲裁依法独立进行”之仲裁原则,一方面,清楚地表明了依法仲裁的要求;另一方面,这样的要求显然有别于《民事诉讼法》第七条“人民法院审理民事案件,必须以事实

---

① 郝艳兵:《法律统一适用的中国语境:以案例指导制度为切入点的考察》,载《山东警察学院学报》2015 年第 5 期。

② 参见《民法典》第一百四十七条至第一百五十一条、第五百八十五条等的规定。据统计,《民法典》中有十八个条款有关于仲裁的规定,其中关于仲裁机构有权仲裁的内容有九条。此外,《中华人民共和国涉外民事关系法律适用法》第十条规定:“涉外民事关系适用的外国法律,由人民法院、仲裁机构或者行政机关查明。”可见涉外仲裁同样也面临法律适用的明确要求。另外,学者认为:仲裁与诉讼“两者解决争议都要以法律、法规或现行政策为依据”。参见谭兵主编:《中国仲裁制度研究》,法律出版社 1995 年版,第 14 页。

为依据，以法律为准绳”的规定。再从两部法律对裁决书和判决书的要求来看，《仲裁法》第五十四条规定：“裁决书应当写明仲裁请求、争议事实、裁决理由、裁决结果、仲裁费用的负担和裁决日期。当事人协议不愿写明争议事实和裁决理由的，可以不写。”《民事诉讼法》第一百五十五条第一款规定：“判决书应当写明判决结果和作出该判决的理由。判决书内容包括：……（二）判决认定的事实和理由、适用的法律和理由……”二者在法律适用上的差别一目了然：人民法院的判决书必须写明适用的法律和理由，而对仲裁机构作出的裁决书并没有这样的要求。

这当然与《民事诉讼法》作为国家基本法，必然会要求代表国家公权力的审判机关要充分体现国家意志有关①，而《仲裁法》的核心在于解决纠纷，代表社会公权力②的仲裁机构主要体现的是当事人的意思自治。这种制度设计上的差别要求从事仲裁工作要有与从事审判工作不同的理念，特别是法律适用方面的理念。

但正如法国《民事诉讼法典》第一千四百七十四条规定的后半句之内容和英国 1996 年《仲裁法》Section46（1）（b）所规定之内容③，英国、法国这些有悠久仲裁传统的国家允许当事人选择友好仲裁，以公平合理原则作裁决而避开适用法律。所以国内有观点认为，仲裁制度从本质上是排除法律适用的④。该种观点认为，《仲裁法》第七条之规定将仲裁与法院的审判完全区别开来，法院审判适用法律，而仲裁适用的是公平合理原则，公平合理本身是符合法律规定的。从这种主张出发，则进一步认为，仲裁公平合理原则可以不依据法律，完全依靠仲裁员对于公平合理的理解作出判断。

---

① 参见田平安主编：《民事诉讼法学》（第 4 版），法律出版社 2015 年版，第 14 页。

② 社会公权力是与国家公权力相对应的概念，指国家公共机构之外的社会组织以“准公共产品”供给为目的，以社会利益实现为宗旨，对组织成员所产生的影响力与支配力。参见徐靖：《论法律视域下社会公权力的内涵、构成及价值》，载《中国法学》（文摘）2014 年第 1 期。本书第二章第二节“仲裁权”部分将展开论述社会公权力这一概念。

③ 杨良宜、莫世杰、杨大明：《仲裁法——从 1996 年英国仲裁法到国际商务仲裁》，法律出版社 2006 年版，第 19 页。

④ 参见张建华：《仲裁公平合理原则不排斥法律》，载《法学杂志》2000 年第 1 期。该文中引用了一些认为“仲裁公平合理原则排斥法律”的观点（即下文所述）并提出反对意见。

甚至笔者所熟悉的相当部分专家和权威人士也在强调仲裁与诉讼差异时认为,仲裁无须探讨法律适用问题,否则会更加剧仲裁的司法化趋势。

这种轻视仲裁法律适用的观点更凸显了进行仲裁法律适用研究之必要性。这些理念涉及仲裁中适用法律与公平合理原则的关系问题,即在仲裁过程中仲裁员依据什么作出实体上的判断①。法国和英国的这方面规定只能在友好仲裁中得到落实,允许仲裁人依公平和良知作出裁决而不适用任何法律。但友好仲裁的选择是有条件的,不仅是否可以进行友好仲裁取于当事人的授权,还要受不同国家仲裁法的公共政策和强制性规定之限制。按照《联合国国际贸易法委员会仲裁规则》之表述:"仲裁庭仅在当事人双方明白授权和适用于仲裁程序的法规同意这种仲裁时,方得运用友好仲裁或按公平和善良的原则进行裁决。"②其他情形下,仲裁庭则应"按照应适用的法律作出裁决"。③

我国个别业绩领先的仲裁机构已经开始在国际商事仲裁程序中规定了友好仲裁条款,但同时仍然需要强调"仲裁庭应当根据当事人选择适用的法律对争议作出裁决""当事人未选择的,仲裁庭有权根据案件情况确定适用的法律"④。

在仲裁法律适用理论研究方面,相比于研究涉外仲裁法律适用问题的众多专著和文章,专门研究国内民商事仲裁法律适用问题的文章和著作极为少见。目前涉外仲裁案件(包括参照涉外程序的涉台港澳案件)在国内仲裁机构受理的案件中之比例还不到1%,⑤绝大多数仲裁案件都面临国内法的适用问题。

---

① 参见张建华:《仲裁新论》,中国法制出版社2002年版,第240~255页。

② 参见《联合国国际贸易法委员会仲裁规则》(1976年4月28日制定)第三十三条第二款。

③ 郭寿康、赵秀文主编:《国际经济贸易仲裁法》,中国法制出版社1995年版,第118页。

④ 如《北京仲裁委员会仲裁规则》(2022版)第六十九条规定:"法律适用:(一)仲裁庭应当根据当事人选择适用的法律对争议作出裁决。除非当事人另有约定,选择适用的法律系指实体法,而非法律冲突法。(二)当事人未选择的,仲裁庭有权根据案件情况确定适用的法律。(三)根据当事人的约定,或者在仲裁程序中当事人一致同意,仲裁庭可以依据公平合理的原则作出裁决,但不得违背法律的强制性规定和社会公共利益。"

⑤ 例如,2019年,全国253家仲裁机构受理传统商事案件计281,411件,其中非国内仲裁案件为2226件,仅占0.79%。2020年,受理传统商事案件261,047件,非国内仲裁案件数和占比分别是2186件、0.84%。资料来源:司法部公共法律服务管理局:《2019年全国仲裁处理案件情况》和《2020年全国仲裁处理案件情况》(根据各仲裁机构报告数字统计)。

遗憾的是，目前尚没有关于国内仲裁法律适用的专门著作。为给国内仲裁机构及其仲裁员和仲裁秘书提供这方面的帮助，本书专门探讨国内仲裁的法律适用问题，也期望能够抛砖引玉。

纠纷解决是一门专门的学问。如同一名民法学权威并不能顺理成章地被认为一定是民事诉讼法学的专家，一名民事诉讼法学专家也不应被认为就一定是仲裁法学专家，而仲裁法学专家与仲裁专家也并不相同，理论与实践之间是有着巨大差别的。就国内实际情况而言，在绝大多数地级市，具有高级职称的法学研究人员无论是研究什么专业（如法制史专业或刑事诉讼法专业），都会被视为法律专家而可以轻易成为仲裁员。就仲裁员而言，固然无须成为仲裁法学专家，但“隔行如隔山”是常识，如果仅仅掌握基本的仲裁法知识（更不用说连基本的仲裁法学习培训都没有接受之情形），那如何进行仲裁，又如何保证仲裁案件的质量？

由于普遍存在教育培训严重缺乏的情况，各仲裁机构都希望通过大力度的培训尽可能地减少仲裁员因为培训不足而出现的一些问题。国家层面也清楚地认识到这一点，甚至提出了“初任仲裁员（法律类）”“职前培训时间为一年”这样的要求。[①] 培训当然需要参考材料，本书希望能够成为其中之一。书中作出的大多数判断和建议，依据的是当前中国社会背景下作为整体的仲裁法律制度在全社会的运行情况，而不是限于局部地区（特别是不局限于发达城市）；面对的是全国259家仲裁机构，而不仅仅是发达城市的仲裁机构。因此，本书以实用为目的，尽可能简洁而全面地介绍必要的仲裁法知识体系和仲裁法律适用的基础理论知识。鉴于仲裁法律适用是一个庞杂而复杂的问题，绝非本书所能全面论述，所以本书只能讨论部分最为仲裁机构急需之程序法法律适用问题和小部分实体法法律适用问题。

同时，本书特别注重借鉴审判和仲裁实践经验及较新的理论研究成果，对于法律适用上仲裁与诉讼的不同也尽可能给出自己的判断和理由。由于司法监督程序的存在，仲裁机构需要更多的理论依据来说服对仲裁制度不够熟悉的法官，以减少不当的仲裁裁决撤销案件和不予执行仲裁裁决案件。相信本书会对大多数仲裁机构找到说服法官的理由有所裨益。

---

① 中共中央组织部、最高人民法院、最高人民检察院、司法部《印发〈关于建立法律职业人员统一职前培训制度的指导意见〉的通知》（司发〔2022〕1号）。

第二节　仲裁法律制度理论研究不足的后果

笔者认为,仲裁基础理论研究特别是仲裁法律适用研究之欠缺是仲裁制度未能充分发挥作用的重要原因之一。欠缺自身的理论体系,欠缺足够的自信去使用自身的专业用语,结果就只能去借用诉讼理论。事实上,虽然学者们和仲裁实务界对于"仲裁诉讼化(司法化)"保持着高度警惕,①但我国民商事仲裁界事实上却一直以民事诉讼法律的理念和理论来理解仲裁理论和实践。从下面各仲裁机构仲裁规则中关于仲裁费用承担之规定可以清楚地看出仲裁界不适当地受诉讼理念影响的程度:

【关于仲裁费用承担的仲裁规则】

《中国国际经济贸易仲裁委员会仲裁规则》(2015 版)第五十二条:费用承担

(二)仲裁庭有权根据案件的具体情况在裁决书中裁定败诉方应补偿胜诉方因办理案件而支出的合理费用。仲裁庭裁定败诉方补偿胜诉方因办理案件而支出的费用是否合理时,应具体考虑案件的裁决结果、复杂程度、胜诉方当事人及/或代理人的实际工作量以及案件的争议金额等因素。

《北京仲裁委员会仲裁规则》(2022 版)第五十二条:费用承担

(二)除非当事人另有约定,仲裁费用原则上由败诉的当事人承担;当事人部分胜诉,部分败诉的,由仲裁庭根据当事人责任大小确定其各自承担的比例。当

---

①　参见张斌生主编:《仲裁法新论》(第 4 版),厦门大学出版社 2010 年版,第 2 页;江伟主编:《仲裁法》,中国人民大学出版社 2009 年版,第 8 页;欧明生:《民商事纠纷可仲裁性问题研究》,浙江大学出版社 2013 年版,第 8 ~ 23 页;沈四宝、薛源:《中国商事仲裁的改革与发展》,载《中国法律》2006 年第 1 期;黄亚英:《论商事仲裁的十大特点和优势》,载《暨南学报》2013 年第 4 期;王继福:《我国仲裁诉讼化之检讨》,载《甘肃政法学院学报》2008 年第 6 期;丛雪莲、罗楚湘:《仲裁诉讼化若干问题探讨》,载《法学评论》2007 年第 6 期;邓晓蕾:《论仲裁制度的诉讼化》,载《甘肃广播电视大学学报》2011 年第 2 期;尹伟民:《仲裁中的证据能力规则——以诉讼与仲裁机制的差异为视角》,载《学术界》2011 年第 5 期;王治英、任以顺:《我国仲裁员制度的缺陷及运行失范之矫正》,载《青岛科技大学学报(社会科学版)》2010 年第 4 期。

事人自行和解或者经仲裁庭调解结案的，当事人可以协商确定各自承担的比例。

《中国广州仲裁委员会仲裁规则》(2021 版)第八十八条：费用承担

(二)除当事人另有约定外，仲裁费用原则上由败诉方承担；当事人部分胜诉的，仲裁庭应当根据责任大小、胜诉比例公平合理确定双方承担的比例。当事人自行和解或者经仲裁庭调解结案的，可以协商确定各自承担的比例。

《武汉仲裁委员会仲裁规则》(2018 版)第六十二条：费用承担

(二)仲裁费用原则上由败诉的当事人承担。当事人部分胜诉、部分败诉的，由仲裁庭根据当事人各方责任大小确定各自应当承担的仲裁费用的比例。当事人自行和解或者经仲裁庭调解结案的，当事人可以协商确定各自承担的仲裁费用的比例。

《深圳国际仲裁院仲裁规则》(2020 版)第六十四条：费用承担

(二)除非当事人另有约定或本规则另有规定，仲裁费用原则上应由败诉方承担。但仲裁庭可以在考虑相关情况后，按照其认为合理的比例，决定仲裁费的承担。当事人自行和解或者经仲裁庭调解结案的，当事人可以协商确定仲裁费的承担。

当事人向仲裁机构申请仲裁，依据《仲裁法》第七十六条的规定，“应当按照规定交纳仲裁费用”。仲裁费用包括维持仲裁机构正常运转的必要开支、付给仲裁员的酬金和为办理案件实际支出的费用。上述国内一流仲裁机构的仲裁规则在仲裁费用承担上都使用了“胜诉(方)”“败诉(方)”这种诉讼上的专用语。但仲裁既然并非诉讼，就不应当在仲裁规则中使用胜诉或败诉之类的诉讼专用语，而应当用仲裁专业的术语表述为“根据裁决结果和当事人的责任确定各方当事人应承担的仲裁费用”才合适。[①]

---

① 国内也有少数仲裁机构注意到了这一点，如《青岛仲裁委员会仲裁规则》(2022 版)第六十九条规定：“仲裁费的承担按照裁决支持当事人仲裁请求情况、当事人过错、当事人对仲裁程序的配合程度等因素确定。”《重庆仲裁委员会仲裁规则》(2018 版)第六十三条规定：“仲裁庭有权在裁决书中确定各方当事人应当承担的仲裁费和其他费用，包括但不限于鉴定费、保全费等。除非当事人另有约定，仲裁费用由过错方承担；仲裁请求得到部分支持的，由仲裁庭根据当事人过错大小确定承担的比例。当事人达成和解或者调解的，可以协商确定承担比例。仲裁庭有权根据当事人的请求裁决一方承担另一方因办理案件支出的合理费用，包括但不限于律师费、差旅费、公证费、保全担保费等。”但这类仲裁机构尚为少数。

上述例子是仲裁规则借用诉讼用语的情况。虽然最初各仲裁机构以这种方式表述是源于国务院办公厅发布的《仲裁委员会仲裁收费办法》第九条第一款,但该办法施行时的环境与今已经完全不同,各仲裁机构理当在多次修改仲裁规则后弃用所有诉讼专用语。上述几乎是国内最知名的各仲裁机构都至今仍然使用这种诉讼专用语,足见民商事仲裁因为理论体系不完备,实务方面存在很多问题,往往需要借用民事诉讼理论及其用语。同时,这也足以证明,仲裁实践对完备而独立的仲裁制度基础理论之需求是极为迫切的。

事实上,欠缺仲裁制度基础理论导致的后果是体现在仲裁制度之各个方面的。比如,依据《仲裁法》,仲裁与诉讼是"或裁或审"的并立并相互排斥关系,从专业角度来讲,审理审判这类诉讼专用语不能用于仲裁,仲裁过程也根本就不应称为审理过程。但各大仲裁机构的仲裁规则中几无例外地将仲裁过程称为审理过程。再如,关于"驳回仲裁申请"与"驳回仲裁请求"的区别及其依据(笔者认为,接受当事人授权仲裁案件的仲裁机构以"驳回"的表述对待授权人,是大可商榷的)、"一事不再理"原则在仲裁实践中与在诉讼实践中的显著差异及其依据(人民法院要防止司法资源的滥用和避免作出相互矛盾的判决,而仲裁机构并没有资源滥用之虞,在仲裁庭独立之情形下也无力避免作出相互矛盾之裁决),以及欠缺与"诉权"对应的理论在面对不同类型之权利主张时所遇到的难题,等等。本书将尽可能详细地探讨因为仲裁基础理论的欠缺所产生的问题,并有针对性地提出自己的意见和建议。

正如苏力教授得出的结论:法律就总体而言是一种地方性事业。如果没有对中国问题的了解,哪怕再头头是道也办不成事;[①]我们不能通过照猫画虎或依葫芦画瓢的方式,不进行系统的制度分析,简单地同国际接轨,那样注定将失败;[②]中国法学人应当关心的问题是,什么样的法律能够有效回应社会的需求,实现社会的公正有序?只要(法律制度)运作良好,"四不像"不一定糟糕[③]。

从通过办案提升公信力的角度,笔者认为,各仲裁机构需要加强业务培训,努力提高仲裁工作人员的业务工作能力和职业道德水准,建设高水平的仲裁员

① 苏力:《道路通向城市:转型中国的法治》,法律出版社 2004 年版,第 247 页。

② 苏力:《道路通向城市:转型中国的法治》,法律出版社 2004 年版,第 223 页。

③ 苏力:《制度是如何形成的》(增订版),北京大学出版社 2007 年版,第 78 页。

队伍和仲裁工作人员队伍，推进两支队伍专业化、高效化、智能化；要坚持从中国实际出发，既要借鉴国外仲裁制度的有益经验，又要直面我国仲裁近99%的案件没有涉外因素这一现实，以及我国法学教育体系中仲裁制度部分严重不足的实际，从能够扩大仲裁影响力的具体事务抓起，高度重视并下大气力抓好法律适用，以“快速结案率”“自愿和解调解率”“裁决自动履行率”为重要指标，逐步提高美誉度，进而提升公信力。

第一章

国内仲裁法律制度概述

《仲裁法》第一条开宗明义阐述的立法目的之一是“为保证公正、及时地仲裁经济纠纷”。这表明仲裁是解决经济纠纷的法律制度,是一种法定的以法律适用为主要手段的与诉讼并立的纠纷解决制度[①]。《仲裁法》是自 1991 年 5 月着手起草的,[②]当时社会主义市场经济才刚刚开始,因此现在已经普遍称为民商事的活动当时被称作经济活动,法学理论中把那种具有经济内容的社会关系称为经济关系[③]。按照现在的通行说法,《仲裁法》的这一立法目的应是“公正、及时地仲裁民商事纠纷”。国内大多数仲裁机构仲裁规则的第一条已经这样表述了。[④]

如前所述,本书采用的仲裁概念,主要是指仲裁这种纠纷解决制度或方法。这是仲裁作为名词的用法,如《仲裁法》第七条“仲裁应当根据事实,符合法律规定,公平合理地解决纠纷”即是如此用法。仲裁也作为动词用,如《仲裁法》第一条中“为保证公正、及时地仲裁经济纠纷”的用法,指居中处理并裁决纠纷的行

---

① 纠纷解决制度还包括诉讼、调解(包括行政调解、人民调解等)、谈判、斡旋、早期中立评价等制度。本书强调诉讼和仲裁这两种法定的以法律适用为主要手段的民商事争议解决的基本制度安排,从这个角度本书所称的纠纷解决制度也可以称为“诉讼和仲裁制度”,因此有别于 ADR 等理论且不包括单独的调解制度。参见王肃元:《论我国纠纷解决制度中的资源配置效率》,载《中国法学》1998 年第 5 期。

② 顾昂然:《关于〈中华人民共和国仲裁法(草案)〉的说明》,载顾昂然:《立法札记》,法律出版社 2006 年版,第 497 页;杨荣新主编:《仲裁法理论与适用》,中国经济出版社 1998 年版,第 7 页。

③ 梁慧星:《经济法律关系论》,载梁慧星:《中国民法经济法诸问题》,中国法制出版社 1999 年版,第 276 页。

④ 如《青岛仲裁委员会仲裁规则》(2022 版)第一条规定:“为保证公正、及时地仲裁民商事纠纷”;《武汉仲裁委员会仲裁规则》(2018 版)第一条规定:“为保证公正、及时地仲裁民商事争议。”其他知名仲裁机构如深圳国际仲裁院、上海仲裁委员会、中国广州仲裁委员会等等的仲裁规则第一条均有相同或相似内容。

为。除非另有说明，本书中所提到的仲裁均是指依据《仲裁法》进行的“民商事仲裁”，根据语境作为名词或动词使用。需要强调的是，本书所指的仲裁，如无特别说明，均指国内仲裁，即解决我国大陆地区当事人之间没有涉外因素之国内民商事纠纷的仲裁。

仲裁制度作为国际上通行的纠纷解决制度由来已久，古罗马的《十二铜表法》中就有多处提到仲裁，13 世纪的意大利已出现国际性的商事仲裁，1347 年英国的一部年鉴中也有关于仲裁的记载。仲裁成为一种被国际社会广泛认可并运用的纠纷解决方式是在 19 世纪中期以后。① 仲裁在民国初年引入中国时曾被称为“公断”，当时的国民政府颁布了商事公断处的章程和办事细则，②1958 年联合国发布的《纽约公约》中文版使用的也是“公断”一词。③。中华人民共和国成立后，我国开始统一使用“仲裁”一词。④

第一节　纠纷及其解决方式

一、纠纷及其分类

纠纷，表示“杂乱、纷扰”，⑤现在通常指“争执的事情”。⑥ 纠纷是普遍存在

---

① 陈桂明：《仲裁法论》，中国政法大学出版社 1993 年版，第 4 页；赵威主编：《国际仲裁法理论与实务》，中国政法大学出版社 1995 年版，第 2 ~ 3 页；袁光辉主编：《仲裁理论与实务》，山东人民出版社 1997 年版，第 6 页；江伟主编：《仲裁法》，中国人民大学出版社 2009 年版，第 69 ~ 72 页；宋连斌主编：《仲裁法》，武汉大学出版社 2010 年版，第 24 ~ 25 页。

② 潘俊星编著：《仲裁文化概论》，西安出版社 2003 年版，第 66 页；叶青主编：《中国仲裁制度研究》，上海社会科学出版社 2009 年版，第 9 页。

③ 扬帆译著：《商事仲裁国际理事会之 1958 纽约公约释义指南：法官手册》，法律出版社 2014 年版，译者序，第 1 页。参见纽约公约网 2021 年 5 月 13 日，https://www.newyorkconvention.org/11165/web/files/original/1/5/15446.pdf。

④ 无论是 1954 年政务院决定设立对外贸易仲裁委员会，还是 1986 年全国人大常委会决定我国加入《承认与执行外国仲裁裁决公约》，使用的都是“仲裁”一词。

⑤ 《辞源》（重修排订册版本）（下册），商务印书馆 1983 年版，第 2614 页。最早见于《史记》一一七上司马相如传子虚赋：“交错纠纷，上干青云。”《文选》晋左思《魏都赋》：“至乎勍敌纠纷，庶土罔宁。”

⑥ 中国社会科学院语言研究所词典编辑室编：《现代汉语词典》（第 6 版），商务印书馆 2012 年版，第 693 页。本书因此将“纠纷”与“争议”视为同义词，根据语境选择使用。

于人类社会的现象,可以按照不同的标准划分为许多类。小到家庭内部的不和谐,大到国家间的领土纷争,都称纠纷。纠纷如果不能及时化解就可能造成更大的冲突和破坏,因此人类社会对于纠纷的解决一直较为重视,并建立了一系列制度来解决纠纷。现代国家更是相当重视运用各种方式(自力救济、社会救济、公力救济等)来解决纠纷。①

为更有针对性地解决纠纷,对各种不同的纠纷依据其性质、主体、内容或解决方式进行各种分类是很有必要的。典型的具有法律意义之纠纷分类通常是从性质上分为刑事纠纷、行政纠纷和民商事纠纷。其中最易发生、数量最多、种类最繁杂的纠纷是民商事纠纷。所谓民商事纠纷指法律地位平等的主体之间发生的,以处分民商事权利义务为内容的社会纠纷,②可分为两大类别:一类是财产关系方面的民商事纠纷,另一类是人身关系方面的民商事纠纷。

财产关系方面的民商事纠纷主要有三个特点:③一是纠纷内容的特定性:关于合同类或者其他类的财产权利义务之争;二是纠纷主体的法律地位平等性:纠纷的主体不是因为管理关系、服从关系及其他公务关系而形成争议,而是作为法律地位平等的权利主体就享有权利履行义务而生的争议;三是纠纷的私权利性:发生纠纷的是私人权利义务而不具有公共权利义务性质,当事人对产生纠纷的权利义务具有最终处分权。

民商事纠纷也可以因主体和内容的不同分为传统民事纠纷和商事纠纷(以前也被称作经济纠纷)。两者之间存在以下区别:

第一,商事纠纷的主体通常具有特殊性。不同于以自然人为主要主体的传统民事纠纷(人身关系和以满足生活需要为主的财产关系两方面的纠纷),商事纠纷的主体通常是商事主体,即根据社会管理要求或自身需要而经过特殊登记以专司营利的自然人、不具有法人资格的其他组织和法人。营利是商事主体的根本属性,这明显有别于普通民事主体为个体或家庭生活而从事活动的特征。商事主体也会产生各种传统民事纠纷,但商事主体的特殊性通常使得主体具有

---

① 参见江伟主编:《民事诉讼法学》(第3版),北京大学出版社2015年版,第2页。

② 民事诉讼法学编写组:《民事诉讼法学》(第2版),高等教育出版社2018年版,第17页。

③ 参见周庆主编:《仲裁法学》,郑州大学出版社2010年版,第2页;江伟主编:《民事诉讼法学》(第3版),北京大学出版社2012年版,第1页;田平安主编:《民事诉讼法原理》(第6版),厦门大学出版社2015年版,第3~4页。

较重的注意义务，未尽到注意义务就可能会产生于己不利的法律后果。如《票据法》第十七条中关于票据权利的消灭期间的规定，以支票为例："持票人对支票出票人的权利，自出票日起六个月。"票据权利超过此期间即消灭。

第二，商事纠纷的内容主要是合同纠纷和其他财产权益纠纷，以发生在交易领域的居多，非交易性的也多是发生在商业活动中的纠纷；而传统民事纠纷主要是婚姻、继承等人身关系纠纷和侵权、不当得利、无因管理等债权债务关系纠纷。

第三，商事纠纷包含更多的技术性成分。商事活动具有自身特有的法律规范、交易习惯和惯例，国家也从立法层面对商事主体和商事行为进行多方规制。从纠纷解决的法律学之角度看，商法与民法几乎在所有重要的法律制度上都是有本质区别的。①

第四，法律对商事纠纷的解决更为注重效率。有学者称为"企业交易快速主义"，②为追求效率有时甚至牺牲一定程度的公正。如《民法典》第六百二十一条关于买卖合同标的物检验时间的规定："当事人约定检验期间的，买受人应当在检验期间内将标的物的数量或者质量不符合约定的情形通知出卖人。买受人怠于通知的，视为标的物的数量或者质量符合约定。"而法律对传统民事纠纷的解决显然更为注重公平。

二、民商事纠纷的解决方式

民商事纠纷的解决方式是多种多样的，当今世界各国大都建立完善了化解和消除民商事纠纷的各种方法和制度。根据纠纷处理的方法和制度的不同，民商事纠纷的解决方式主要有以下三类：③

1. 自力救济（或称私力救济），包括自决与和解。它是指纠纷主体依靠自身力量解决纠纷，以达到化解纠纷、维护自己权益的目的。自决指纠纷主体一方凭借自己的力量使对方服从。和解指双方互相妥协和让步从而化解纠纷。两

---

① 徐学鹿主编：《商法学》，中国财政经济出版社 1993 年版，第 19～26 页。

② 王保树主编：《中国商事法》，人民法院出版社 1996 年版，第 21 页。

③ 参见周庆主编：《仲裁法学》，郑州大学出版社 2010 年版，第 2 页；江伟主编：《民事诉讼法学》（第 3 版），北京大学出版社 2015 年版，第 2 页。

者共同点为:都是依靠自我的力量来解决争议,无须第三方的参与,也不受任何成文规范的制约。

2. 社会救济,指诉讼外的多元纠纷解决形式,最主要的包括调解(不含诉讼调解、行政调解和仲裁调解)和仲裁。[①] 这是依靠社会力量处理民商事纠纷的一种机制。调解是由第三者(调解机构或调解人)出面对纠纷的双方当事人进行调停说和,用一定的法律规范和道德规范劝导冲突双方,促使他们在互谅互让的基础上达成解决纠纷的协议。调解协议不具有法律上的强制力,但具有合同效力。仲裁是由双方当事人选定的第三方对纠纷进行处理并作出裁决。仲裁本身包含了以调解方式解决纠纷,但不同于单纯的调解制度,仲裁裁决(包括仲裁调解结果)对双方当事人具有法律上的强制力。但是,仲裁与调解一样,也是以双方当事人的自愿为前提条件,只有纠纷的双方事先或事后达成仲裁协议,一致同意将纠纷交付第三方仲裁,仲裁才能够开始。仲裁依靠的主要是社会公权力而不是国家公权力[②]。陈桂明教授指出:"仲裁制度在历史上的形成,完成了对自力救济的否定之否定。"[③]

3. 公力救济主要是指诉讼(以及行政裁决等运用国家公权力解决纠纷的活动)。诉讼是指法院在当事人和其他诉讼参与人的参加下,以审理、判决、执行等方式解决民商事纠纷的活动,以及由这些活动产生的各种诉讼关系的总和。诉讼动态地表现为法院、当事人及其他诉讼参与人进行的各种诉讼活动,静态地则表现为在诉讼活动中产生的诉讼关系。

作为不同的纠纷解决方式,我国仲裁制度与诉讼制度是立法保留内容,《立法法》第八条规定"诉讼与仲裁制度""只能制定法律",排除了行政法规、地方性法规和行政规章的涉足,这足可见诉讼与仲裁这两种方式在整个国家纠纷解决体系中的重要位置。

---

① 齐树洁:《ADR 的发展与仲裁制度的改革与完善》,载杨润时主编:《商事仲裁理论与实务》,人民法院出版社 2006 年版,第 39 ~ 42 页;参见张斌生主编:《仲裁法新论》,厦门大学出版社 2002 年版,第 75 ~ 79 页;《民事诉讼法学》编写组:《民事诉讼法学》(第 2 版),高等教育出版社 2018 年版,第 18 页。

② 本书第二章第二节"仲裁权"部分将展开论述社会公权力这一概念。

③ 陈桂明:《仲裁法论》,中国政法大学出版社 1993 年版,第 3 页。

三、民商事纠纷解决的特点

民商事纠纷的解决有其自身的特殊之处，可以从不同的角度进行总结。笔者主要结合我国仲裁制度的特色总结以下特点，掌握这些特点对于仲裁机构公正、及时地化解纠纷具有重要意义：

1. 纠纷的解决没有唯一的方案。来自社会生活的形形色色的纠纷，由于通常没有绝对的对与错，加上处分权在当事人手中，因而解决起来并没有绝对的唯一方案。以合同纠纷为例，一方违约之后，另一方立即寻求追究违约责任的情形是少见的，因为经过各种救济途径后达到的效果未必理想，所以通常会有双方的协商和让步，甚至有守约方愿意损失部分利益来解决问题。这就为纠纷的解决留下了很大的空间。另外，如果寻求通过诉讼或仲裁救济，关于违约方违约的证据是否充分、关于守约方让步的意思表示效果如何解释，以及难以预期的时间成本都增加了结果的不确定性，如很可能由于证据的欠缺、意思表示的误解而使得结果并不符合守约方的预期。因此，对于民商事纠纷的解决应当有这样的判断：各方当事人都能够接受的结果就是纠纷解决的合适方案。从仲裁的角度来讲，促成当事人和解与调解结案是两种最理想的结案方式。

2. 纠纷的解决过程通常符合"二八定律"。"二八定律"是经济学上的规律，表明事物的不均衡性。在纠纷解决中，可以表述为：80% 的纠纷解决难度不大，只付出 20% 的时间和精力即可解决；20% 的纠纷解决难度较大，需要付出 80% 的时间和精力……从仲裁的角度讲，虽然是专家裁案，但在需要专业知识方面，则可以表述为：80% 的纠纷只需要 20% 的专业知识（甚至不需要专业知识，仅凭天理良心）即可判明是非，但其余 20% 的纠纷为疑难案件，需要具备 80% 的专业知识（包括纠纷所属领域的专业知识和纠纷解决领域的专业知识）才能解决，并且仲裁机构的公信力高低主要由这 20% 的案件决定。由于对这 20% 的把握能力不足，常常有仲裁机构将疑难案件作为普通案件对待，无视当事人合同中的特殊约定和当事人的主张，动辄以"各打五十大板"的方式以示"公平"，结果严重损害了当事人的正当合法权益，最终严重影响了仲裁机构的公信力。

3. 纠纷解决的难易程度与纠纷本身的标的额无关。通常纠纷所涉的标的额越大，社会影响和对当事人利益的影响可能越大，但纠纷解决的难易程度与标的额大小并无直接关系,而与当事人分歧的大小、纠纷的成因、纠纷法律关系的性质等有直接关系。但解决纠纷之制度设计上,为了提高效率,常常需要设置简易程序,无论是诉讼还是仲裁,只能以争议标的额作为主要标准。这是需要正视的现实。从仲裁的角度讲,以标的额大小决定是否适用简易程序实际上涉及仲裁机构对自身效益的追求,显然不尽合理。从更合理的角度,应当是不分标的额大小,绝大多数案件适用简易程序,只有当事人明确约定或要求适用普通程序的案件才适用普通程序。这需要对简易程序的适用有更多的关注,对独任仲裁员的素质有更高的要求,同时普通程序也应尝试尽可能由一位仲裁员组成仲裁庭。

4. 不同的民商事纠纷需要不同的解决方式。各类民商事纠纷解决方式都有自身特点,其适用基础和当事人所付出的代价也不同。就仲裁而言,"仲裁手段最适于解决这样一类冲突:主体对权益处置或补偿的争议产生于对相关事实及其法律根据认识不清,而并非故意侵害他方的权益,或者蓄意对抗社会秩序。在现实中,商事活动中所发生的冲突以及劳资关系中的冲突,最易于运用仲裁手段加以解决"①。笔者认为,商事仲裁对那些新类型纠纷、专业性较强的纠纷、当事人不希望公开解决的纠纷、需要裁决具有域外执行效力的纠纷等,都有很强的优势。当然诉讼同样具有仲裁所不具有的优势,尤其是涉及第三人权益的纠纷、在事实问题和法律问题方面都需要有明确规则作为依据的纠纷等,解决这类纠纷,显然诉讼具有明显优势。因此,不宜笼统地认定某种纠纷解决方式是最好的,只能说针对某一具体纠纷而言,某种方式更为合适。

第二节 国内仲裁法律制度之原则及制度体系

就国内的法律体系而言,与《民事诉讼法》一样,《仲裁法》属于民事程序法,其80个条文多是规定仲裁特有的程序和内容,而对一些与民事诉讼相同的

---

① 顾培东:《社会冲突与诉讼机制》(第3版),法律出版社2016年版,第40页。

内容未加规定或只作了简要规定。[①] 该法授权仲裁协会和仲裁委员会依据《仲裁法》和《民事诉讼法》的有关规定制定仲裁规则，因此，从理论上讲，除了那些《仲裁法》作了特殊规定的概念、原则和制度外，其他的内容，诸如当事人、参与人、送达、期间、证据等概念和制度，都应当参照《民事诉讼法》，根据仲裁特点和仲裁实践的需要而确定其内涵，引入仲裁规则（至少以其他适当方式予以明确）并加以运用。诉讼与仲裁毕竟是两种不同的制度，字面相同的概念和法律规范在仲裁制度中通常会有与诉讼制度不完全相同的含义和内容，法律适用方面差距很大。

一、仲裁法律制度之原则体系

法律原则指可以作为法律规则之基础或本源的指导性、综合性、稳定性原理和准则。[②] 仲裁原则指在仲裁机构和仲裁参与人进行仲裁活动解决民商事纠纷应该遵循的基本原理和基本行为准则。[③] 仲裁法律制度由多个仲裁原则构成的原则体系支撑，学者们对于仲裁原则体系由哪些原则组成的观点大相径庭，可谓众说纷纭：有的学者认为有十项基本原则：自愿原则、依法独立仲裁不受干涉原则、以事实为依据以法律为准绳原则、当事人地位平等和权利义务对等原则、对当事人在适用法律上一律平等原则、先行调解原则、辩论原则、处分原则、民族语言文字原则、法院监督原则。[④] 有的学者认为有九项特有原则：协议仲裁原则、或裁或审原则、协议管辖原则、独立行使仲裁权原则、公正及时原则、不公开原则、一裁终局原则、法院监督原则、适用民事诉讼法有关规定原则。[⑤] 但也有主张九项基本原则的学者所提出的原则有所不同，除了独立仲裁、一裁终局

① 河山、肖水：《仲裁法概要》，中国法制出版社 1995 年版，第 32 页；谭兵主编：《中国仲裁制度研究》，法律出版社 1995 年版，第 8 页；叶青主编：《中国仲裁制度研究》，上海社会科学出版社 2009 年版，第 461 页。

② 沈宗灵主编：《法理学》，高等教育出版社 1994 年版，第 344 页；舒国滢主编：《法理学》，中国人民大学出版社 2007 年版，第 76 页。

③ 参见谭兵主编：《中国仲裁制度研究》，法律出版社 1995 年版，第 200 页；王敬藩：《主张与选择——中国仲裁法论》，黑龙江人民出版社 1998 年版，第 74 页；李广辉、王瀚：《仲裁法》，对外经济贸易大学出版社 2011 年版。笔者整合了上述论者的观点。

④ 谭兵主编：《中国仲裁制度研究》，法律出版社 1995 年版，第 200 ~ 212 页。

⑤ 河山、肖水：《仲裁法概要》，中国法制出版社 1995 年版，第 28 ~ 32 页。

原则和法院支持与监督原则与前者基本相同外,不同的六项是:当事人自愿原则、公平合理原则、符合法律规定原则、参照国际惯例原则、辩论原则、处分原则。[①] 有的学者认为有七项基本原则:自愿原则、公平合理原则、仲裁独立原则、不公开仲裁原则、辩论原则、开庭审理与书面审理相结合原则、遵守国际惯例原则。[②] 有的学者提出六项基本原则:协议仲裁原则、独立仲裁原则、或裁或审原则、一裁终局原则、不公开原则和法院监督原则;[③]或者尊重当事人意愿原则、独立行使仲裁权原则、仲裁不公开原则、以事实为依据以法律为准绳原则、公平合理原则、人民法院协助和监督原则。[④] 有的学者提出五项基本原则:当事人自愿原则、独立行使仲裁权原则、不公开原则、一裁终局原则和法院监督原则(此五项为特有原则);[⑤]或者当事人自愿原则、公平合理原则、合法原则、独立仲裁原则和一裁终局原则;[⑥]或者自愿原则、仲裁独立原则、根据事实符合法律规定公平合理解决纠纷原则、处分原则和法院监督原则;[⑦]或者自愿原则、公平合理仲裁原则、遵守国际惯例原则、符合法律规定原则和独立仲裁原则;[⑧]或者意思自治原则、独立仲裁原则、公平合理原则、司法监督原则和不公开原则;[⑨]或者当事人意思自治原则、诚信合作原则、仲裁独立原则、一裁终局原则和司法监督原则;[⑩]或者当事人自愿原则、独立仲裁原则、根据事实符合法律规定原则、公平合理原则、遵守国际条约尊重国际惯例原则[⑪]。有一些学者主张不同的四项基本原则:尊重当事人意愿原则、根据事实符合法律规定公平合理解决纠纷原则、独立公正原则和一裁终局原则;[⑫]或者自愿原则、以事实为根据符合法律规定公平

---

① 李广辉、王瀚:《仲裁法》,对外经济贸易大学出版社 2011 年版,第 43 ~ 52 页。

② 李政、徐秋菊、韩红俊编著:《仲裁法学》,中国政法大学出版社 2009 年版,第 45 ~ 48 页。

③ 李乾贵、胡弘、吕振宝:《现代仲裁法学研究》,中国政法大学出版社 2018 年版,第 49 ~ 52 页。

④ 陈小平:《仲裁法新论》,贵州人民出版社 2002 年版,第 83 ~ 88 页。

⑤ 姜宪明、李乾贵主编:《中国仲裁法学》,东南大学出版社 1996 年版,第 46 ~ 50 页。

⑥ 肖永平编著:《中国仲裁法教程》,武汉大学出版社 1997 年版,第 21 ~ 28 页。

⑦ 单国军、睢素利、吕东编著:《中国仲裁实务》,中国发展出版社 1998 年版,第 49 ~ 51 页。

⑧ 常英主编:《仲裁法学》(第 2 版),中国政法大学出版社 2007 年版,第 33 ~ 37 页。

⑨ 叶青主编:《中国仲裁制度研究》,上海社会科学出版社 2009 年版,第 51 ~ 71 页。

⑩ 周庆主编:《仲裁法学》,郑州大学出版社 2010 年版,第 16 ~ 21 页。

⑪ 马德才编著:《仲裁法学》,南京大学出版社 2016 年版,第 28 ~ 38 页。

⑫ 黄进、宋连斌、徐前权:《仲裁法学》(第 3 版),中国政法大学出版社 2007 年版,第 25 ~ 28 页。

合理地解决纠纷原则、仲裁机构依法独立行使仲裁权原则和不公开原则;[①]或者自愿原则、仲裁独立原则、根据事实符合法律公平合理原则、当事人地位平等和权利义务对等原则;[②]或者自愿原则、公平合理仲裁原则、符合法律规定原则和独立仲裁原则;[③]或者自愿原则、仲裁独立原则、根据法律公平合理仲裁原则和司法支持与监督原则;[④]或者自愿原则、独立行使仲裁权原则、不公开原则和法院支持与监督原则;[⑤]或者自愿原则、独立仲裁原则、根据事实符合法律规定公平合理解决纠纷原则、不公开原则;[⑥]或者当事人自愿原则、依法仲裁原则、独立仲裁原则、一裁终局原则。[⑦] 也有不少研究者主张有三项基本原则:自愿原则、以事实为根据以法律为准绳公平合理地解决纠纷原则和依法独立行使仲裁权原则;[⑧]或者自愿原则(意思自治原则)、根据事实符合法律规定公平合理解决纠纷原则和独立仲裁原则。[⑨]

虽然上述分歧层生的主张大都各有道理,除一些较为明显的属于诉讼制度的原则(如以事实为依据以法律为准绳原则)值得商榷外,各种主张所提及的也确实是仲裁制度的原则,只是是否可以称为基本原则则是仁者见仁智者见智的问题。但对于一项制度有着极为重要意义之基本原则都如此各说各话,这充分

---

① 朱志国、张运所编著:《中国仲裁基础》,警官教育出版社 1997 年版,第 25 ~ 28 页。

② 刘景一、乔世明:《仲裁法理论与适用》,人民法院出版社 1997 年版,第 60 ~ 71 页。

③ 王彦、殷洁主编:《仲裁法学》,中国财政经济出版社 2002 年版,第 39 ~ 44 页。

④ 刘敏、陈爱武主编:《现代仲裁制度》,中国人民公安大学出版社 2002 年版,第 44 ~ 49 页;马永双主编:《仲裁法导论》,中国社会出版社 2005 年版,第 26 ~ 29 页。

⑤ 王斐弘主编:《仲裁法学》,甘肃人民出版社 2003 年版,第 54 ~ 58 页。

⑥ 宋朝武主编:《仲裁法学》,中国政法大学出版社 2006 年版,第 34 ~ 38 页。

⑦ 蔡虹、刘加良、邓晓静:《仲裁法学》(第 2 版),北京大学出版社 2011 年版。

⑧ 杨荣新主编:《仲裁法理论与适用》,中国经济出版社 1998 年版,第 115 ~ 118 页。

⑨ 参见李汉生等编:《仲裁法释论》,中国法制出版社 1995 年版,第 23 ~ 28 页;袁光辉主编:《仲裁理论与实务》,山东人民出版社 1997 年版,第 16 ~ 21 页;干俊奇主编:《仲裁法教程》(第 2 版),中国财政经济出版社 2001 年版,第 64 ~ 71 页;张冬主编:《仲裁法教程》,对外经济贸易大学出版社 2007 年版,第 18 ~ 21 页;乔欣:《仲裁法学》,清华大学出版社 2008 年版,第 32 ~ 35 页;江伟主编:《仲裁法》,中国人民大学出版社 2009 年版,第 81 ~ 84 页;孙巍编著:《中国商事仲裁法律与实务》,北京大学出版社 2011 年版,第 11 ~ 12 页;宋朝武主编:《仲裁法学》,北京大学出版社 2013 年版,第 27 ~ 29 页;杨秀清、史飚:《仲裁法学》(第 2 版),厦门大学出版社 2016 年版,第 43 ~ 45 页;肖建国主编:《仲裁法学》,高等教育出版社 2021 年版,第 26 ~ 29 页。

印证了笔者所言的整个仲裁界缺乏共识问题之严重性。

笔者认为,[①]依据在整个法律制度中的重要性,仲裁法律原则可以分为基本原则、其他特有原则和与民事诉讼制度相似的原则。

(一)基本原则

仲裁基本原则指作为仲裁法律制度最基础的、最核心的、最能体现仲裁法的本质特征之原则,是仲裁主体关系和程序结构构建的基础,各种具体的仲裁法律规范都是在仲裁法律基本原则之精神指导下制定的。

仲裁基本原则具有以下特征:一是能够体现仲裁法律制度的本质特征,体现仲裁法律制度的立法精髓。二是贯穿仲裁法律制度始终,全面指导主体间的仲裁行为和仲裁活动。三是对仲裁活动具有基础性作用,是制定具体规则、构建整个制度的基础。四是抽象性,以别于规定具体权利义务或具体程序的法律规范。

笔者认为,我国仲裁基本原则有四项:自愿原则(或称意思自治原则)、合法原则、仲裁独立原则和实事求是原则。其中前三项是集中了学者们的观点中最大共识的部分,第四项则是笔者的管见。

1. 自愿原则,即尊重意思自治,特别是当事人的意思自治。《仲裁法》第四条规定:“当事人采用仲裁方式解决纠纷,应当双方自愿,达成仲裁协议。”自愿是仲裁法律制度最根本和最显著的特点,也是仲裁与诉讼的重要区别。自愿原则是仲裁法律制度的基础,贯穿于整个制度之中。参照立法说明,体现在《仲裁法》中主要有以下规定:是否选择仲裁方式解决纠纷由当事人决定;选择仲裁方式时将哪些事项提交仲裁由当事人自行约定;向哪个仲裁委员会申请仲裁由当事人协议选定;仲裁员由当事人选定或者委托仲裁委员会主任指定;当事人可以自行和解,达成和解协议的,可以请求仲裁庭根据和解协议作出裁决书,也可

---

① 本书第一版付梓后,笔者才读到姜宪明、李乾贵主编的《中国仲裁法学》一书,该书关于仲裁原则的分类方式与本书有相似之处,是将基本原则分为与诉讼共有原则(平等原则、处分原则、回避原则等)和特有原则(自愿、独立、不公开、一裁终局和法院监督)。参见姜宪明、李乾贵主编:《中国仲裁法学》,东南大学出版社 1996 年版,第 46 ~ 50 页。目前尚未发现其他有关仲裁著作中有与笔者类似的原则分类。

以撤回仲裁申请①。需要指出的是，自愿原则并非仅仅指当事人自愿，仲裁员也需要自愿——成为某个仲裁机构的仲裁员固然需要自愿，一个具体案件是否要接受当事人的选定或仲裁机构的指定，同样需要自愿。同样地，仲裁机构也需要遵循自愿原则决定自身的行为活动，无论是决定对某些类型的案件是否受理，还是决定是否聘任某人为仲裁员，以及是否开展和如何开展推广宣传等发展工作，特别是如何制定本机构的仲裁规则和特别规则等，都需要自愿为基础的意思自治。例如，虽然原则上仲裁机构不应当将符合法律规定、当事人已经明确约定仲裁的纠纷案件拒之门外，但由于许多法律和事实上的原因（如可仲裁性的界定、当事人对小额纠纷需要支付超出预期的仲裁费用等），有些纠纷是难以通过仲裁解决的。如何提高公信力以吸引更多的商事主体选择仲裁解决纠纷从而充分发挥仲裁法律制度优势，同时又尽量避免为诸如鸡毛蒜皮之类的纠纷付出很高成本（无论是仲裁机构的成本还是当事人的成本），需要通过仲裁机构的自愿努力。

2. 合法原则，即仲裁活动应当符合法律规定而不得违反法律规定。《仲裁法》第七条规定："仲裁应当根据事实，符合法律规定，公平合理地解决纠纷。"合法原则也贯穿于整个制度之中。不仅仲裁机构的设立要依法进行，符合《仲裁法》第十一条规定的条件，而且应当取得省级司法行政机关的登记（实为一类特殊的行政许可）；仲裁机构和仲裁庭仲裁案件的程序要符合法律规定；仲裁程序中需要的证据保全、财产保全必须依法进行；仲裁机构和仲裁庭的法律适用必须符合当事人约定和法律规定；当事人的仲裁活动也要合法，其仲裁行为不能违反法律的禁止性规定：应具有完全行为能力，不得胁迫对方做出意思表示，不得违背公序良俗，签订仲裁协议应合法（特别是约定的仲裁事项不能违反《仲裁法》第三条和第七十七条的规定）。需要强调的是，这里的合法即"符合法律规定"，与"以事实为依据、以法律为准绳"的司法原则有质的差别，强调的是"不违反法律的禁止性规定"即合法。前述一些专家认为"以事实为依据、以法律为准绳"也是仲裁法的基本原则，笔者认为值得商榷。"以事实为依据、以法律为准绳"是我国法律适用的基本原则之一，主要是国家司法机关行使职权的基本

---

① 参见顾昂然：《立法札记》，法律出版社 2006 年版，第 498 页。

原则,[①]虽然对于以当事人意思自治为基础的仲裁法律制度也有重要的指导价值,但并不能被视为仲裁法律制度的基本原则。

3. 仲裁独立原则。《仲裁法》第八条规定:“仲裁依法独立进行,不受行政机关、社会团体和个人的干涉。”该条文所确立的独立原则指从仲裁机构的设置及运作到案件的仲裁都具有独立性,拒绝不正当的干预、过问。这对于仲裁法律制度的发展完善具有极为重要的意义。仲裁独立原则要求:一是机构设置和运作上之独立,《仲裁法》第十四条对此进一步强调:“仲裁委员会独立于行政机关,与行政机关没有隶属关系。仲裁委员会之间也没有隶属关系。”这对于消除我国此前长期存在的仲裁制度的影响(特别是《经济合同仲裁条例》的影响)极为重要。二是不受干涉地仲裁,“干涉”意为过问或制止,多指不应该管硬管;[②]这里的“不受行政机关、社会团体和个人的干涉”强调的是不受任何组织和个人的不正当干预,包括立法机关、军事机关、司法机关、企事业单位等单位和其工作人员及其他个人都概莫能外,而不仅仅指行政机关和社会团体这两类单位及其工作人员和其他个人;这种法律授权之独立还意味着,仲裁委员会独立行使仲裁职责享有豁免权,当事人不服仲裁裁决,不得以仲裁委员会为被告诉至人民法院[③]。但正当的监督不能被视为干涉。《仲裁法》立法说明特别指出:“实行或裁或审的制度,法院对仲裁不予干涉,但进行必要的监督。”[④]有的权威论述认为“仲裁独立原则排斥来自仲裁委员会本身的干涉”,认为仲裁庭独立于仲裁委员会办案[⑤]。这是将正常的管理和监督视为“干涉”了,值得商榷。本书后文中在仲裁权部分将专门论证仲裁庭与仲裁委员会的关系。

4. 实事求是原则。这里的实事求是指从解决纠纷、保护权益的实际出发,

---

① 沈宗灵主编:《法理学》,高等教育出版社 1994 年版,第 359 ~ 360 页;胡土贵主编:《法理学》,法律出版社 1999 年版,第 337 ~ 338 页;张卫平主编:《民事诉讼法教程》,法律出版社 1998 年版,第 68 页;江伟主编:《民事诉讼法学》(第 3 版),北京大学出版社 2015 年版,第 48 页。

② 中国社会科学院语言研究所词典编辑室编:《现代汉语词典》(第 6 版),商务印书馆 2012 年版,第 405 页。

③ 河山、肖水:《仲裁法概要》,中国法制出版社 1995 年版,第 30 页;参见王敬藩:《主张与选择——中国仲裁法论》,黑龙江人民出版社 1998 年版,第 81 ~ 82 页。

④ 顾昂然:《立法札记》,法律出版社 2006 年版,第 499 页。

⑤ 国务院法制办公室编:《中华人民共和国仲裁法注解与配套》,中国法制出版社 2008 年版,第 10 页;苏庆、杨振山主编:《仲裁法及配套规定新释新解》,人民法院出版社 1998 年版,第 74 ~ 75 页。

探求解决纠纷问题的内部联系及其规律性，认识解决纠纷问题的本质以解决问题。通常语境下之实事求是指按照事物的实际情况解决问题。笔者认为，实事求是是中国法律制度的一个基本原则，虽然还没有具体法律明确规定其为基本原则，法理上也少有人提出这样的主张，但因为法律的制定和适用过程是离不开实事求是这一原则的，因此特别提出此一主张①。《仲裁法》第七条“仲裁应当根据事实，符合法律规定，公平合理地解决纠纷”已经包含了实事求是的意思，“根据事实”“合理”“解决”，就是笔者所主张之实事求是原则的体现。这一原则要求以更务实的理念来开展仲裁活动，认识到仲裁仅仅是一种纠纷解决机制，必须注意到纠纷的发生及其解决均有规律可循，应当遵循纠纷解决规律以更好地解决纠纷。体现在仲裁实务中，实事求是原则最典型的体现就是各仲裁机构均通过仲裁规则设置了简易程序，按照争议标的额将数额较小的纠纷列为按照简易程序仲裁的案件。《仲裁法》中并没有简易程序的设置，国务院办公厅印发的《仲裁委员会仲裁暂行规则示范文本》中也没有简易程序的设置，但各仲裁机构根据实践需要，依据《仲裁法》第七十五条的授权，参考《民事诉讼法》的规定，实事求是地设置了这一程序，并产生了很好的法律效果和社会效果，也得到了人民法院的支持和当事人的认可。

此处列出的四项基本原则，都是本身没有具体化为制度的纯粹原则，在整个仲裁法律制度体系中发挥着基础性、全面性和指导性作用。除该四项基本原则外，笔者认为协议仲裁原则、或裁或审原则、一裁终局原则和机构仲裁原则也都是我国国内仲裁的基本原则，但因为协议仲裁、或裁或审、一裁终局与机构仲裁等原则的相关法律规定较为详尽，均已经被进一步具体化为仲裁基本制度，因此这里不将已经体现为基本制度的基本原则再列为纯粹基本原则。

（二）其他特有原则

除了基本原则，国内仲裁法律制度还有一些重要的特有原则，虽然这些原

---

① 其实学者也提到过实事求是原则，如何家弘：“我们强调的是实事求是原则，是具体问题具体分析，而且我国法官在运用证据认定案件事实时确实具有很大的自由度。”参见何家弘：《为“自由心证”正名》，载《法学杂志》1997 年第 6 期；王敬藩教授将实事求是原则作为审查判断证据的两个原则之一。参见王敬藩：《主张与选择——中国仲裁法论》，黑龙江人民出版社 1998 年版，第 155 页。

则在重要性和抽象性上都接近于基本原则,但比基本原则更为具体和确定,而又与明确具体权利义务的制度和规范相比有较高的抽象度,一般在仲裁活动的某个阶段或某些具体方面起着根本性和指导性作用。这些特有原则与基本原则相互补充,共同构成各种具体规范和制度的基础。

其他特有原则主要包括公正及时原则、公平合理原则和人民法院监督原则。

1. 公正及时原则。《仲裁法》第一条规定:"为保证公正、及时地仲裁经济纠纷",即《仲裁法》开篇表明立法目的最首要的是要求仲裁机构公正、及时地解决争议。公正原则之"公",可理解为公平、公开、公道和公信等,公正原则之"正",可理解为正义、正直、正派和正常等。"公正"也即公平正义,即公众都认同的正义。[①] 这一原则也可表述为:公正原则是确保仲裁机构行使仲裁权的过程和结果可以为社会一般理性人认同接受所要遵循的原则,指仲裁机构及其工作人员不得存在偏见,不得与所处理的问题有利益上的牵连,具体包含三个方面:不偏私、平等对待和合理考虑相关因素。[②] 为保证公正,《仲裁法》第十三条要求仲裁机构选聘的仲裁员必须公道正派。及时原则要求在不违反法律的前提下,仲裁机构可以按照当事人的意愿,灵活地推进仲裁,以及时迅速地解决争议。效率是仲裁制度具有核心竞争力的优势之一,在很多情形下,由于商事活动注重效率的本质需求,特别是为了防止出现"解决一只鸡的纠纷而付出一头牛的成本"现象,相当多的商事领域(特别是海事海商领域以及运输生鲜产品领域等)对于效率的追求远远高于对于公正的追求。从制度设计的层面,一裁终局的核心价值追求很难将实现公正作为最重要的价值取向(否则诉讼的上诉和申诉可能就体现不出价值),而更多追求的就是效率,追求降低当事人的纠纷解决成本。况且公正的含义之一就是效率,迟来的正义往往被视为非正义。就我国现状而言,鉴于大多数仲裁员都是兼职的社会成功人士,工作繁忙,特别是三人庭常常难以协调三位忙人找到共同时间,导致开庭时间迟迟难以确定,这往往是仲裁案件超出规定时间仍然难以结案的原因。为保证仲裁的公正及时,需要仲裁机构调整工作时间,**笔者建议仲裁机构在征得当事人同意时充分利用周**

① 参见陈闻高:《社会公正及司法公正之思辨》,载《四川警察学院学报》2021 年第 4 期。

② 参见罗智敏:《公正原则在我国行政实践中的实施范围》,载《中国法律评论》2016 年第 1 期。

六周日安排开庭。

2. 公平合理原则。《仲裁法》第七条规定:“仲裁应当根据事实,符合法律规定,公平合理地解决纠纷。”按照学者的理解,这里的“公平合理”是指在法律无规定或规定不明确的情况下,仲裁机构按照公平合理的原则解决纠纷。[①] 也有学者认为,该原则是仲裁判断标准,在具体案件中由仲裁员根据自己对法律、法律知识的理解而适用。[②] 笔者认为,两种说法都有道理,但更赞同的观点是:公平合理原则是指仲裁员和仲裁机构在裁决案件时,应当秉持公平合理的精神,坚持中立,给予当事人平等的机会,裁决结果符合公道、符合理性。[③] 该原则是从仲裁过程和仲裁结果可接受性的角度提出要求,以实现当事人选择仲裁的目的。如果仲裁过程或仲裁裁决违反公平合理原则而被当事人认为不可接受,当事人就很难在其后的经营活动中选择仲裁方式来解决争议。我国的机构仲裁制度决定了仲裁结果可接受性是仲裁机构公信力的核心要素之一,这正是公平合理原则的重要体现。

3. 人民法院监督原则(或称司法监督原则,也可称为司法审查原则)。[④] 法院对仲裁实行必要的司法监督,这是各国仲裁制度的通例。人民法院进行司法监督的途径主要有两个:一是在审查是否撤销仲裁裁决时进行;二是在审查是否不予执行仲裁裁决时进行。对于存在《仲裁法》第五十八条第一款以及《民事诉讼法》第二百四十四条第二款(二者内容基本一致)所规定的六种情形及违背社会公共利益的仲裁裁决,人民法院应当撤销或不予执行该仲裁裁决。这种监督是事后监督,即在仲裁裁决作出后,人民法院根据当事人的申请方可进行监督。但即便是违背社会公共利益的仲裁裁决,人民法院也不能主动进行监督。[⑤] 监督的内容主要是程序方面的事项,对于不存在上述情形的,即便仲裁裁决实

---

① 江伟主编:《仲裁法》,中国人民大学出版社 2009 年版,第 27 页。

② 张建华:《仲裁公平合理原则不排斥法律》,载《法学杂志》2000 年第 1 期。

③ 叶青主编:《中国仲裁制度研究》,上海社会科学出版社 2009 年版,第 48 ~ 49 页。

④ 最高人民法院《关于审理仲裁司法审查案件若干问题的规定》开始将人民法院对仲裁的监督称为“仲裁司法审查”,并将之扩大到“申请确认仲裁协议效力案件”。

⑤ 刘景一:《仲裁法适用中的若干问题研究》,载《法律适用》2004 年第 6 期。目前人民法院事实上已经突破了这一界限,最高人民法院于 2018 年 6 月 5 日发布《关于仲裁机构“先予仲裁”裁决或者调解书立案、执行等法律适用问题的批复》,对于“先予仲裁”等在纠纷发生前作出的裁决直接决定不予执行。

体上存在问题,人民法院也不予审查,而是应当依法驳回当事人的申请。

此外,保密原则(不公开原则)也是仲裁制度的特有原则,但因为法律规定较为详尽,因此将此原则列入保密制度中论述。

(三)与民事诉讼制度相似的原则[①]

作为纠纷解决制度的两个重要组成部分,仲裁制度与民事诉讼制度有一些相似(甚至高度相似)的原则,这些原则在构建程序的各种具体制度方面发挥着重要的基础作用。这些原则中较为重要的有以下六项:当事人平等原则、处分原则、直接言词原则、不间断处理(集中处理)原则、一事不再理原则、诚实信用原则。

1. 当事人平等原则。这是指当事人不分自然状况、社会地位和经济地位的差别,具有平等的法律地位,在适用法律上一律平等,同样地享有法律规定和合同约定的权利,承担法律规定和合同约定的义务。这一原则主要表现为当事人在仲裁中有均等的机会和手段维护自己的请求和主张,但并不是说当事人的仲裁权利完全相同,而是既有相同的权利(如委托代理人及进行辩论等),也有对等的权利(如一方提起仲裁的权利与另一方答辩的权利)。这一原则也要求仲裁机构保障和便利当事人行使仲裁权利,如仲裁庭开庭时需要同样地对待当事人,给予一方的辩论时间不应明显多于或者少于另一方当事人,以更好地查明案件事实,公平合理地化解纠纷。

2. 处分原则。指当事人可以按照自己的意愿支配、决定自己的程序权利和实体权利,这是当事人意思自治之重要体现和保障。处分原则是基于对当事人意思自治之尊重,其核心内容是当事人对自己所享有的程序权利和实体权利之支配决定权,即可以自行决定是否行使和如何行使自己的程序权利和实体权利。处分原则在仲裁中的特殊意义之一在于仲裁事项的约定。仲裁机构只能在当事人约定之范围内进行仲裁,仲裁协议中没有约定的事项因为当事人没有授权而不能进行仲裁,否则就会因为超裁而不具有法律效力(如被人民法院撤

---

① 我国民事诉讼原则参见田平安主编:《民事诉讼法学》(第 4 版),法律出版社 2015 年版,第 58 ~ 71 页;江伟主编:《民事诉讼法学》(第 3 版),北京大学出版社 2015 年版,第 46 ~ 65 页;《民事诉讼法学》编写组:《民事诉讼法学》(第 2 版),高等教育出版社 2018 年版,第 55 页。笔者增加了一事不再理原则。

销或者不予执行)。另外,仲裁机构的仲裁规则中对于异议权放弃之规定,也是视为当事人对自己的异议权利进行了处分。

3. 直接言词原则。这是直接原则和言词原则的合称。直接原则指仲裁机构受理案件后,必须由仲裁员组成仲裁庭,首席仲裁员或独任仲裁员亲自主持,仲裁庭成员共同参加开庭,听取当事人陈述及辩论,核查证据和其他有关材料,并作出裁决草案。该原则强调的是仲裁庭对案件处理的"亲历性",以便通过亲身的体验获得第一手仲裁资料,形成对案件的仲裁意见。《仲裁法》第三十九条规定:"仲裁应当开庭进行。"第四十七条规定:"辩论终结时,首席仲裁员或者独任仲裁员应当征询当事人的最后意见。"这都是直接处理原则的体现。言词原则是与书面原则相对而言的,指仲裁过程中特别是开庭时,调查、质证、辩论等都要以言辞的形式进行,通过仲裁员与当事人的直接接触查明事实,实现仲裁过程与仲裁结果的一体性。作为例外,《仲裁法》第三十九条规定:"当事人协议不开庭的,仲裁庭可以根据仲裁申请书、答辩书以及其他材料作出裁决。"即当事人另有约定的,可以对直接言词原则做变通,以保证自愿原则和处分原则的落实。但即便在当事人约定不开庭时,仲裁庭成员仍然应当亲自核查有关材料和证据并作出裁决草案。在当前的大环境下,为避免出现虚假仲裁的恶果,仲裁机构和仲裁庭有权拒绝对令人产生合理怀疑的案件不开庭就作出裁决书草案。

4. 不间断处理(集中处理)原则,类似于民事诉讼的集中审理原则,[①]指仲裁庭在处理案件时,应当持续地、集中地组织当事人进行举证、质证、辩论等活动,直到作出裁决。这是起源于英美法系的一项审理原则,为当代世界上各法治发达国家和地区所推崇,成为许多具体制度的理论基石。该原则实质是以明确划分"庭前阶段"和"开庭阶段"为前提,以充分的庭前准备程序为基础,使得开庭尽可能采取集中或连续的方式,在短时间内将案件开庭完毕并作出最终的裁决。该原则之具体内容应当包括:第一,非因特殊原因,仲裁庭成员从开始处理案件到作出裁决为止不可更替。只有当仲裁庭成员因故不能继续参加仲裁时,才应当组成新的仲裁庭并且往往要重新开始有关程序。第二,集中调查证据与集中进行开庭辩论。这是集中处理原则之核心。证据调查与辩论应在开

---

① 参见李祖军、贾欢:《论民事诉讼中的集中审理原则》(一),载《昆明理工大学学报(社会科学版)》2008 年第 1 期。

庭时集中完成,这有利于保证仲裁庭全面发现事实,形成完整心证。第三,开庭不中断。由于某种原因必须延期开庭或中止的案件,若延期或中止的时间过长的,就应当重新开始开庭程序,这是为了防止仲裁员因遗忘已获得心证而完全依据书面笔录作出裁决,同时也为了保证当事人能有效地申明主张和依据。第四,案件开庭终结后,仲裁庭立即进行评议并作出裁决草案。我国仲裁法律制度中并无此原则的明确规定,但这是作为程序法的仲裁制度应有之原则,也是公正及时原则和实事求是原则的要求。因为兼职的仲裁庭成员往往来自不同的职业和地区,难得选定一个共同的时间,必须尽可能充分地利用这个机会,以保证裁决质量和效率。国内一些仲裁机构在仲裁规则中已经建立庭前证据交换制度,这为集中处理打下了很好的基础。

5. 一事不再理原则。一事不再理原则是诉讼及仲裁实务界和理论界都经常提到或适用的一个原则,是民事诉讼和仲裁的基本法理——就裁判已经生效的案件,当事人不得再行提起请求,法院和仲裁机构不得重复受理和重复裁判,这也是生效裁判既判力理论的基本要求。[①] 在民事诉讼实务中,一事不再理与重复诉讼这两个概念彼此联系,一事不再理实际是基于两种基本规制的作用——确定判决的既判力和禁止重复诉讼的制度规范,这两种基本规制彼此之间有诸多联系,如既判力客观范围的界定和重复诉讼的判断都与诉讼标的理论有关,但二者又有各自不同的重点和制度构成。[②] 仲裁中当然也需要贯彻一事不再理原则。《仲裁法》第九条规定:"仲裁实行一裁终局的制度。裁决作出后,当事人就同一纠纷再申请仲裁或者向人民法院起诉的,仲裁委员会或者人民法院不予受理。"这是该原则的法律依据。但一事不再理与一裁终局含义还有所不同,一事不再理原则解决的是裁决既决力[③]问题和禁止重复仲裁问题,一裁终局则还强调裁决的权威性,除了司法审查外不再设置法定程序(如诉讼的二审、再审程序)作为救济途径。

仲裁中的一事不再理与诉讼中的一事不再理有明显差别。由于一裁终局

---

① 参见江伟主编:《民事诉讼法学》(第3版),北京大学出版社2015年版,第24页;《民事诉讼法学》编写组:《民事诉讼法学》(第2版),高等教育出版社2018年版,第50页。

② 张卫平:《重复诉讼规制研究:兼论"一事不再理"》,载《中国法学》2015年第2期。

③ 既决力是笔者提出的与既判力对应的概念,详见本书第二章最后一部分关于既决力的论述。

的制度设计缺少了诉讼二审和申诉类的救济途径，一旦当事人因为证据不足而失利则可能以后补足了证据也无从救济；也由于仲裁协议关于仲裁事项的制度设计使得仲裁协议具有可分性（当事人有权每次就一个事项申请仲裁，而不像诉讼需要考虑司法资源浪费问题），因此，仲裁机构对于一事不再理的掌握必须要宽泛得多，以防止因为制度设计上的原因导致当事人权利受到出乎意料的损失，鼓励更多的市场主体来选择仲裁方式解决纠纷。笔者特别在第二章提出仲裁标的理论以更好地区别是否属于“一事”，可以帮助仲裁机构减少这方面争议。

6. 诚实信用原则。诚实信用原则在 2012 年才成为我国民事诉讼制度的基本原则。仲裁更为倚重这一原则。从仲裁的角度，这一原则要求，仲裁机构和全体仲裁参与人在案件处理和参与仲裁活动中，应当本着诚实和善意进行。《仲裁法》中虽然没有明确规定诚实信用原则，但第五十八条规定“裁决所根据的证据是伪造的”和“对方当事人隐瞒了足以影响公正裁决的证据的”这两种情形下，人民法院可以撤销仲裁裁决，《民事诉讼法》第二百四十四条第二款规定在上述两种情形下，人民法院裁定不予执行仲裁裁决。这可以视为对诚实信用原则的贯彻——违反诚信原则获取的有利裁决不能产生拘束力。另外，国内一些著名仲裁机构的仲裁规则中明确规定了诚实信用原则。[①] 对于仲裁机构而言，诚实信用原则要求禁止滥用自由裁量权，尊重当事人程序主体地位和意思自治，合理行使释明权，与仲裁庭保持良性沟通。对当事人而言，诚实信用原则要求禁止滥用仲裁权利，禁止反悔和矛盾行为，禁止以不正当的行为获取有利于自己的仲裁状态和结果（如故意提供虚假的送达地址、伪造和隐瞒证据、不正当地接触仲裁庭成员等）。笔者主张建立的协同仲裁模式也需要以诚实信用为基础。

此外，辩论原则、回避原则、代理原则等也都是仲裁法律制度与诉讼制度高度相似的原则，但因为相关规定较为详尽，因此本书将此类已经具体化为制度

---

① 如《中国国际经济贸易仲裁委员会仲裁规则》（2015 版）第九条规定：“仲裁参与人应遵循诚实信用原则，进行仲裁程序。”《北京仲裁委员会仲裁规则》（2019 版）第二条规定：“本会、仲裁庭、当事人及其代理人均应当本着诚信、善意、合作及妥善解决纠纷的原则适用本规则。”《中国广州仲裁委员会仲裁规则》（2017 版）第九条规定：“仲裁参与人进行仲裁，应当诚实信用。”

的原则并入仲裁与诉讼相似的制度中论述。

二、仲裁法律制度的体系构成

仲裁法律制度是仲裁机构和仲裁参与人在仲裁活动的重要环节或主要问题上起关键性作用的行为规范。① 关于仲裁法律制度体系,学界有不同观点。如同前面论述仲裁基本原则时所提及的极为多样的观点一样,研究者们也从不同角度提出了各自认为的基本制度。学者提到的主要包括以下制度:②一裁终局制度、仲裁时效制度、代理制度、证据制度、回避制度、仲裁保全制度、或裁或审制度、开庭制度、不公开仲裁制度、协议仲裁制度、秘密仲裁制度、法院监督制度等。其中较为公认的基本制度为协议仲裁制度、或裁或审制度和一裁终局制度。③

笔者认为,学者所提到的上述制度都是仲裁制度的重要组成部分,但仍不够全面。如同前面的原则体系,仲裁制度也可以分为基本制度、其他特有制度和与民事诉讼制度相似的制度。这样的分类既有利于理论研究,也有利于指导仲裁实践。

仲裁制度不同于仲裁原则。仲裁原则具有抽象性、宏观性和指导性,体现在仲裁活动的各个方面。仲裁制度则是根据仲裁原则建立起来的行为规范之集合,是针对整个仲裁活动或仲裁活动中的某一环节、某一阶段的具体明确之

---

① 参见王彦、殷洁主编:《仲裁法学》,中国财政经济出版社 2002 年版,第 45 页;宋朝武主编:《仲裁法学》,中国政法大学出版社 2006 年版,第 38 页;常英主编:《仲裁法学》,中国政法大学出版社 2007 年版,第 43 页;江伟主编:《仲裁法》,中国人民大学出版社 2009 年版,第 84 页;江伟、肖建国主编:《仲裁法》(第 3 版),中国人民大学出版社 2016 年版,第 50 页。

② 参见谭兵主编:《中国仲裁制度研究》,法律出版社 1995 年版,第 213 页;杨荣新主编:《仲裁法理论与适用》,中国经济出版社 1998 年版,第 118 ~ 123 页;王斐弘主编:《仲裁法学》,甘肃人民出版社 2003 年版,第 58 ~ 77 页;马永双主编:《仲裁法导论》,中国社会出版社 2005 年版,第 30 ~ 33 页;张冬主编:《仲裁法教程》,对外经济贸易大学出版社 2007 年版,第 22 ~ 28 页;等等。

③ 参见刘景一、乔世明:《仲裁法理论与适用》,人民法院出版社 1997 年版,第 72 ~ 79 页;乔欣:《仲裁法学》,清华大学出版社 2008 年版,第 35 ~ 36 页;江伟主编:《仲裁法》,中国人民大学出版社 2009 年版,第 85 ~ 86 页;宋朝武主编:《仲裁法学》,北京大学出版社 2013 年版,第 29 ~ 31 页;杨秀清、史飚:《仲裁法学》(第 2 版),厦门大学出版社 2016 年版,第 46 ~ 47 页;肖建国主编:《仲裁法学》,高等教育出版社 2021 年版,第 30 ~ 31 页。

规范,具有具体性、针对性、阶段性和直接适用性。①

(一)仲裁法律基本制度

仲裁法律基本制度,指在仲裁活动中,约束仲裁组织、双方当事人及其他仲裁参与人的基本行为规范。②

笔者认为,我国仲裁法律基本制度有四项,即协议仲裁制度、机构仲裁制度、或裁或审制度和一裁终局制度。③

1. 协议仲裁制度

《仲裁法》第四条规定:“当事人采用仲裁方式解决纠纷,应当双方自愿,达成仲裁协议。没有仲裁协议,一方申请仲裁的,仲裁委员会不予受理。”第十六条规定:“仲裁协议包括合同中订立的仲裁条款和以其他书面方式在纠纷发生前或者纠纷发生后达成的请求仲裁的协议。”协议仲裁制度要求当事人达成书面的仲裁协议(或仲裁条款),《仲裁法》第六条规定:“仲裁委员会应当由当事人协议选定。仲裁不实行级别管辖和地域管辖。”该条明确仲裁机构对某一案件是否有权仲裁的依据主要是仲裁协议(当然还要符合法律规定)。如果依据的仲裁协议关于仲裁事项或仲裁委员会的约定不明,则依据《仲裁法》第十八条处理:“仲裁协议对仲裁事项或者仲裁委员会没有约定或者约定不明确的,当事人可以补充协议;达不成补充协议的,仲裁协议无效。”协议仲裁制度是自愿原则之具体体现,其核心在于仲裁协议,强调通过仲裁协议确定当事人的意思表示,如是否通过仲裁解决纠纷、解决哪些纠纷、提交哪个仲裁机构解决等,并根据仲裁协议进行仲裁而排除诉讼。当事人申请仲裁、仲裁机构受理仲裁案件并对案件进行仲裁,都必须以有效的仲裁协议为依据。协议仲裁制度还包括了仲

---

① 肖建国主编:《仲裁法学》,高等教育出版社 2021 年版,第 29 ~ 30 页。

② 江伟主编:《仲裁法》,中国人民大学出版社 2009 年版,第 84 页;另参见单国军、睢素利、吕东编著:《中国仲裁实务》,中国发展出版社 1998 年版,第 57 ~ 58 页;肖建国主编:《仲裁法学》,高等教育出版社 2021 年版,第 29 页。

③ 顾昂然:《关于〈中华人民共和国仲裁法(草案)〉的说明》,载顾昂然:《立法札记》,法律出版社 2006 年版,第 497 页,该立法说明中明确了实行“或裁或审”和“一裁终局”制度;另参见全国人大常委会法制工作委员会民法室、中国国际经济贸易仲裁委员会秘书局编:《中华人民共和国仲裁法全书》,法律出版社 1995 年版,第 21 ~ 24 页。

裁协议效力争议的处理、仲裁协议失效等与仲裁协议有关的全部内容。

2. 机构仲裁制度①

机构仲裁指由当事人将争议提交给协议所约定的依法设立之常设仲裁机构,由其居中解决民商事争议的仲裁方式。② 机构仲裁制度是与临时仲裁(或称特别仲裁)制度相对应的仲裁制度。临时仲裁是根据当事人的仲裁协议,在争议发生后由当事人推荐的仲裁员临时组成仲裁庭对纠纷进行处理和裁决的仲裁制度③。《仲裁法》第十六条所规定的仲裁协议应当具有的三项内容中,包括“选定的仲裁委员会”;第十八条又进而规定:“仲裁协议对仲裁事项或者仲裁委员会没有约定或者约定不明确的,当事人可以补充协议;达不成补充协议的,仲裁协议无效。”对此,仲裁界普遍的认知是,《仲裁法》不认可当事人约定在中国大陆进行临时仲裁的仲裁协议的效力。④ 但机构仲裁的“机构”指的是“仲裁委员会”,这在立法机关的立法说明中已经明确,不能认为仲裁庭也是仲裁机构。其他基本法律如《民法典》《民事诉讼法》等所规定的“仲裁机构”同样指仲裁委员会。机构仲裁制度中还包括仲裁委员会的组成、仲裁庭的组成、仲裁程序的推进等相关内容。

---

① 机构仲裁作为基本制度是笔者的一家之见,笔者所参考的绝大多数仲裁法教材和专著都仅将机构仲裁视为与临时仲裁对应的仲裁方式之一。但机构仲裁是《仲裁法》的核心之一,有专家甚至认为《仲裁法》可称为“机构仲裁法”,并明确“1995 年实施的《仲裁法》仅规定了机构仲裁的制度”。参见郭晓文:《中国内地机构仲裁的发展与改革》,载《中国法律》2013 年第 1 期。郭晓文博士长期主持华南国际经济贸易仲裁委员会(现深圳国际仲裁院)工作,也曾长期担任中国国际经济贸易仲裁委员会副主任。已经有有识之士意识到这一点,如业界著名的仲裁员孙巍先生在他著作的第二版中增加了一项基本制度,即“机构仲裁制度”,参见孙巍:《中国商事仲裁法律与实务》(第 2 版),法律出版社 2020 年版,第 29 ~ 32 页;孙巍编著:《中国商事仲裁法律与实务》,北京大学出版社 2011 年版,第 5 ~ 6 页、第 12 ~ 14 页。另可参见谭兵主编:《中国仲裁制度的改革和完善》,人民出版社 1995 年版,第 19 ~ 20 页;李军:《中国内地机构仲裁制度探析》,载《国际法学论丛》2005 年第 1 期。

② 参见谭兵主编:《中国仲裁制度研究》,法律出版社 1995 年版,第 67 页;张斌生主编:《仲裁法新论》(第 4 版),厦门大学出版社 2010 年版,第 128 页;李军:《中国内地机构仲裁制度探析》,载《国际法学论丛》2005 年第 1 期。

③ 张斌生主编:《仲裁法新论》(第 4 版),厦门大学出版社 2010 年版,第 127 页;宋连斌主编:《仲裁法》,武汉大学出版社 2010 年版,第 5 页。

④ 郭晓文:《中国内地机构仲裁的发展与改革》,载《中国法律》2013 年第 1 期。

3. 或裁或审制度

或裁或审制度是指当事人有权决定纠纷是通过仲裁方式解决还是通过诉讼方式解决,但二者只能选择其一,且必须以书面方式才能选定仲裁。即在争议发生之前或之后,当事人有权利选择解决争议的途径:或者达成仲裁协议将争议提交选定的仲裁机构仲裁,或者按照法律规定向人民法院提起诉讼以将争议交付人民法院审判。《仲裁法》第五条规定:"当事人达成仲裁协议,一方向人民法院起诉的,人民法院不予受理,但仲裁协议无效的除外。"或裁或审制度既是自愿原则的保障,确保当事人对仲裁的选择排除了诉讼;又是对仲裁与诉讼两种制度之间关系的确认,即仲裁是一种与诉讼并行的独立的纠纷解决方式,其处理结果具有最终的拘束力。通过诉讼解决争议是国家向当事人提供的基本公共服务,是普惠制的,而仲裁是需要当事人主动选择并符合一定条件才能提供的救济。有的当事人和代理人误认为申请撤销仲裁裁决和申请不予执行仲裁裁决仍然是诉讼,因此认为选择仲裁不可能排除了诉讼。事实上,如同前面讨论人民法院监督原则时所提到的,这种监督主要是程序监督:人民法院可以通过对程序上出现重大问题的仲裁裁决部分或全部撤销或不予执行从而否决裁决之效力,但人民法院不得径直变更裁决内容。这种监督只是根据当事人的请求作出效力判断,与诉讼通过审理确定当事人之间的权利义务关系从而解决当事人之间的纠纷有根本性不同。**特别需要指出的是,立法解释中"或裁或审"的用语清楚地表明"审"是诉讼用语,《仲裁法》第五十五条用"仲裁庭仲裁纠纷"而不用"审理案件"是有意识地避免仲裁庭使用"审理"一词,因为仲裁机构是接受当事人授权而解决纠纷,用"审"显然是权力意识作祟。从法律条文的表述看,《仲裁法》第九条规定"一裁终局制度"而不是"一裁终审",明显不同于《民事诉讼法》第十条"两审终审制度",显然"审"只指代诉讼程序,而仲裁程序是不能用"审"的。这值得在《仲裁规则》中使用"审理"一词的所有仲裁机构深思。**

4. 一裁终局制度

一裁终局制度是指当事人之间的纠纷一经仲裁机构作出裁决即告终结,该裁决具有终局法律效力,当事人不能就同一纠纷再申请仲裁或向人民法院起诉。《仲裁法》第九条规定:"仲裁实行一裁终局的制度。裁决作出后,当事人就同一纠纷再申请仲裁或者向人民法院起诉的,仲裁委员会或者人民法院不予受理。”一裁终局制度是《仲裁法》的条文所唯一明确规定之制度，是对该法施行前“一裁两审”“两裁两审”等仲裁制度的革命。这一制度既是为了保障仲裁裁决的权威性，也是仲裁方式高效快捷之保证，可以有效避免诉讼中烦琐漫长的上诉及申诉。但正因为一裁终局，有时难免发生作出的裁决有明显错误而仲裁机构自身依法不能加以纠正的情形。因此，《仲裁法》规定了人民法院进行监督的制度，通过特殊的“申请撤销仲裁裁决”以及“不予执行仲裁裁决”制度加以救济。但人民法院是对已经生效的仲裁裁决进行审查，而且不得径直变更仲裁裁决。

（二）仲裁法律特有制度

除基本制度外，仲裁法律制度还有不同于其他纠纷解决制度之特有制度，是基于仲裁法律制度之特性而建立的行为规范。这些特有制度中较为重要的主要有仲裁协议效力异议制度、仲裁员制度、组庭制度、仲裁不公开制度（保密制度）、异议权放弃制度、申请撤销仲裁裁决制度、通知重新仲裁制度、不予执行仲裁裁决制度等。

1. 仲裁协议效力异议制度

仲裁协议是仲裁制度之基础，极为重要，因此《仲裁法》对于仲裁协议的形式和内容进行了较为详细的规定，并规定了仲裁协议无效的情形和仲裁协议内容不明确时的处理。该法第二十条规定：“当事人对仲裁协议的效力有异议的，可以请求仲裁委员会作出决定或者请求人民法院作出裁定。一方请求仲裁委员会作出决定，另一方请求人民法院作出裁定的，由人民法院裁定。当事人对仲裁协议的效力有异议，应当在仲裁庭首次开庭前提出。”此为仲裁协议效力异议制度。《仲裁法解释》第十二条至第十五条进一步明确：确认仲裁协议效力的案件由仲裁机构所在地的中级人民法院管辖，并组成合议庭进行审查；当事人在仲裁庭首次开庭前没有提出异议而后向人民法院申请确认仲裁协议效力的，以及仲裁机构作出仲裁协议效力决定后当事人向人民法院申请确认仲裁协议效力或申请撤销仲裁机构决定的，人民法院不予受理。

2. 仲裁员制度

仲裁员制度是指规定仲裁员资格条件、仲裁员道德和行为准则以及仲裁员依照仲裁程序进行仲裁的具体要求、仲裁责任等方面之规范。有学者认为：仲裁员队伍是仲裁制度的脊梁,仲裁员则是仲裁的灵魂。[①] 更多学者喜欢引用一句仲裁界流传甚广的名言:“有什么样的仲裁员就有什么样的仲裁。”[②]《仲裁法》第十三条规定:“仲裁委员会应当从公道正派的人员中聘任仲裁员。仲裁员应当符合下列条件之一:(一)通过国家统一法律职业资格考试取得法律职业资格,从事仲裁工作满八年的;(二)从事律师工作满八年的;(三)曾任法官满八年的;(四)从事法律研究、教学工作并具有高级职称的;(五)具有法律知识、从事经济贸易等专业工作并具有高级职称或者具有同等专业水平的。仲裁委员会按照不同专业设仲裁员名册。”各仲裁机构的仲裁规则和其他规章制度中大都有关于仲裁员的聘任、培训、考核、权利义务、违纪处分等方面明确而具体的规定。

仲裁员的专业素质极为重要。专业素质并非仅指具有法律知识,还包括具有贸易方面、工程技术方面或者金融方面、海事海商方面等所有经济贸易方面的专业知识。从纠纷解决的角度出发,为防止同样案件不同处理造成不公并影响仲裁机构的公信力,仲裁员应当符合基本的法律素质要求:[③]一是必须了解一定的法律知识并尊重法律原则,二是必须了解仲裁程序并熟知仲裁规则,三是必须掌握一定的开庭技巧,四是必须掌握法律适用逻辑。

3. 组庭制度

仲裁机构受理案件后,需要组成仲裁庭进行仲裁。《仲裁法》第三十条至第三十三条规定了组庭制度,该制度的内容是:(1)仲裁庭可以由三名仲裁员或者一名仲裁员组成,由当事人约定。(2)当事人约定由三名仲裁员组成的,设首席仲裁员,仲裁庭不能形成多数意见时,裁决按照首席仲裁员的意见作出。(3)首席仲裁员和独任仲裁员由当事人共同选定或共同委托仲裁委员会主任指定,当

---

① 王冶英、任以顺:《我国仲裁员制度的缺陷及运行失范之矫正》,载《青岛科技大学学报(社会科学版)》2010 年第 4 期。

② 宋连斌:《理念走向规则——仲裁法修订应注意的几个问题》,载韩健、林一飞主编:《商事仲裁法律报告》第 1 卷,中信出版社 2005 年版,第 99 ~ 100 页;于健龙:《改革、开放、创新、打造国际化仲裁服务品牌——贸仲改革开放 30 年的成就》,载《中国法律》2008 年第 5 期;马占军:《我国仲裁庭组成方式的修改与完善》,载《法学》2009 年第 1 期;张斌生主编:《仲裁法新论》(第 4 版),厦门大学出版社 2010 年版,第 148 页。

③ 张斌生主编:《仲裁法新论》(第 4 版),厦门大学出版社 2010 年版,第 157 页。

事人未能共同选定则视为共同委托仲裁委员会主任指定;三人仲裁庭的另两位仲裁员由申请人和被申请人各自从仲裁员名册中选定或各自委托仲裁委员会主任指定。(4)当事人没有在仲裁规则规定的期限内约定仲裁庭的组成方式或者选定仲裁员的,由仲裁委员会主任指定。(5)大多数仲裁机构的仲裁规则规定了简易程序,简易程序由一名仲裁员成立仲裁庭。(6)仲裁庭组成后,仲裁机构应当将仲裁庭的组成情况书面通知当事人。

需要强调的是,诉讼制度中有作为基本制度的合议制度,其核心是合议庭成员为三人以上的单数,合议庭成员具有同等的权利,院长或庭长参加合议庭时由院长或庭长担任审判长,但审判长并无特别的实体决定权。仲裁法律制度中的三人仲裁庭只是人数与人民法院最常见的合议庭人数相同,但并非合议庭,不仅首席仲裁员的存在打破了合议制的简单多数决规则,只能由三人(而不能是像合议庭一样可以由五人、七人或九人)组成、边裁由当事人选定或委托指定、仲裁员有权决定是否接受选定或指定也都是人民法院的合议制度所不具有而又是仲裁制度体现意思自治的核心内容。可以对照比较的是我国台湾地区的"仲裁法",其明确规定了仲裁合议制度。其第一条第一款规定:"由仲裁人一人或单数之数人成立仲裁庭";第三十二条第四款规定:"合议仲裁庭之意见不能过半数者,除当事人另有约定外,仲裁程序视为终结,并应将其事由通知当事人。"这是原初意义的仲裁合议制,与我们人民法院的合议制度高度相似。但这种仲裁合议制有致命不足——如果形不成多数意见,仲裁程序只能终结,当事人只得另行寻求救济,这就与国际社会仲裁法律制度的普遍实践背道而驰了。①

4. 仲裁不公开制度(保密制度)

《仲裁法》第四十条规定:"仲裁不公开进行。当事人协议公开的,可以公开进行,但涉及国家秘密的除外。"由此确立了仲裁的"保密原则(不公开原则)"。保密原则指仲裁机构仲裁案件的整个过程中,只允许仲裁庭成员及秘书、双方当事人、仲裁参与人(包括当事人的代理人、证人、鉴定人、翻译人员等)参加,不对社会公开,不允许他人旁听,裁决结果不公开,也不允许新闻媒体采访与报道。仲裁案件的仲裁机构及其工作人员负有对案件保密的义务。仲裁不公开制度是

---

① 参见我国台湾地区"仲裁法"。参见吴玲:《海峡两岸仲裁制度比较》,载《甘肃政法学院学报》2006 年第 3 期。

保密原则的具体化,商事纠纷常常涉及商誉,因而当事人不愿意公开。相比于诉讼制度的公开审判,仲裁不公开制度成为国内仲裁最突出的制度优势之一。仲裁机构一般会在仲裁规则或内部的规章制度中就保密制度的具体内容作出详细规定。违反保密制度有可能构成程序违法,导致仲裁裁决被撤销或不予执行。

5. 异议权放弃制度

仲裁异议权放弃指当事人在仲裁程序进行中,知道或是应当知道适用的仲裁规则或仲裁协议中规定或约定的任何条款或条件未获遵守,但未及时提出异议而是继续参与其后的仲裁活动,则会被视为放弃提出异议的权利。这是为了保证仲裁活动的效率,同时也是诚实信用原则和禁反言规则的体现。《仲裁法》仅规定了当事人对仲裁协议效力异议的放弃,即该法第二十条规定的"当事人对仲裁协议的效力有异议,应当在仲裁庭首次开庭前提出";最高人民法院《关于适用〈中华人民共和国仲裁法〉若干问题的解释》(以下简称《仲裁法解释》)第十三条对此进一步明确为"当事人在仲裁庭首次开庭前没有对仲裁协议的效力提出异议,而后向人民法院申请确认仲裁协议无效的,人民法院不予受理"。各仲裁机构的仲裁规则大都确立了异议权放弃制度。①

6. 申请撤销仲裁裁决制度

申请撤销仲裁裁决制度,指当事人不服仲裁裁决时,可以向人民法院申请撤销,人民法院经审理,依法作出撤销仲裁裁决或驳回撤销仲裁裁决申请的裁定的制度。《仲裁法》第五十八条规定:"当事人提出证据证明裁决有下列情形之一的,可以向仲裁委员会所在地的中级人民法院申请撤销裁决:(一)没有仲裁协议的;(二)裁决的事项不属于仲裁协议的范围或者仲裁委员会无权仲裁的;(三)仲裁庭的组成或者仲裁的程序违反法定程序的;(四)裁决所根据的证据是伪造的;(五)对方当事人隐瞒了足以影响公正裁决的证据的;(六)仲裁员在仲裁该案时有索贿受贿,徇私舞弊,枉法裁决行为的。人民法院经组成合议庭审查核实裁决有前款规定情形之一的,应当裁定撤销。人民法院认定该裁决

① 如《青岛仲裁委员会仲裁规则》(2022 版)第八条规定:"当事人知道或者应当知道包括本规则在内的任何法定程序或者仲裁协议约定未被遵守,仍然参加或者继续参加仲裁活动,视为其放弃提出异议的权利。"《武汉仲裁委员会仲裁规则》(2018 版)第四条规定:"当事人知道或者应当知道本规则或者仲裁协议中规定的任何条款未被遵守,但仍参加或者继续参加仲裁程序且未及时向本会或仲裁庭提出书面异议的,视为其放弃提出异议的权利。"国内知名仲裁委员会的仲裁规则均有相同或相似规定。

违背社会公共利益的,应当裁定撤销。”该法第五十九条和第六十条规定,申请撤销仲裁裁决应当在收到裁决书之日起六个月内提起,人民法院应当在受理撤销裁决申请之日起两个月内作出裁定。《仲裁法解释》又补充了相关规定,明确了撤销仲裁裁决程序中的几个问题:仲裁裁决可以部分撤销;重新仲裁所作裁决仍可申请撤销;申请撤销仲裁裁决具有中止执行仲裁裁决的法律效果;为审理撤销案件的需要,人民法院可以要求仲裁机构作出说明或者向仲裁机构调阅仲裁案卷。其后的最高人民法院《关于仲裁司法审查案件报核问题的有关规定》(以下简称《仲裁案件报核规定》)和最高人民法院《关于审理仲裁司法审查案件若干问题的规定》(以下简称《仲裁司法审查规定》)两部审判解释又在《仲裁法解释》的基础上确立了一系列新规则(详见本书第七章“审判解释之适用”),进一步细化和明确了人民法院对申请撤销仲裁裁决案件的程序、审核权及法律适用等问题,从多个方面规范了审查程序,在减少不当的撤销仲裁裁决方面有重大意义。

7.通知重新仲裁制度

通知重新仲裁制度是仲裁法律制度中很有特色的一个组成部分。《仲裁法》第六十一条规定:“人民法院受理撤销裁决的申请后,认为可以由仲裁庭重新仲裁的,通知仲裁庭在一定期限内重新仲裁,并裁定中止撤销程序。仲裁庭拒绝重新仲裁的,人民法院应当裁定恢复撤销程序。”《仲裁法解释》第二十一条规定了人民法院通知仲裁庭在一定期限内重新仲裁的情形:一是仲裁裁决所根据的证据是伪造的,二是对方当事人隐瞒了足以影响公正裁决的证据的,并规定人民法院应当在通知中说明要求重新仲裁的具体理由。仲裁庭在人民法院指定的期限内开始重新仲裁的,人民法院应当裁定终结撤销程序;未开始重新仲裁的,人民法院应当裁定恢复撤销程序。

这一制度的特殊性在于,一是针对仲裁法律制度一裁终局的特殊性,为虽然有明显问题但尚可补救之仲裁裁决增加了一次仲裁机构自我纠错的机会;二是变通性地赋予仲裁协议和仲裁庭以复活的机会,因为通常仲裁协议所约定的争议一经裁决则仲裁协议即告失效(仲裁协议约定仲裁事项可分的则已裁决之事项部分失效),仲裁庭作为临时组织在仲裁裁决作出后也告解散,通过这一制度的设置,仲裁庭被视为尚未解散,可以依据原仲裁协议继续进行仲裁;三是对仲裁机构与仲裁庭的关系进行了揭示和深化,人民法院是无法向无独立名称之仲裁庭下达通知的，只能通知仲裁机构，由仲裁机构再通知仲裁庭成员，这表明仲裁庭的确是仲裁机构的内部组织。仲裁庭虽然行使仲裁机构的仲裁职能，但由于没有自己可识别的名称为代表之人格权（仲裁庭是通称而非特称），也就不可能有责任能力，因而就不可能独立仲裁。需要指出的是，国内有些专家称这一制度为“发回重新仲裁”，[①]很多仲裁员和仲裁机构工作人员也这样表述，这是值得商榷的。人民法院与仲裁机构之间有监督关系但不是上下级关系，不能像诉讼制度中的二审（或再审）程序那样撤销原判发回一审（原审）法院重新审理；关键是裁决书是已经发生法律效力的法律文书，这种通知并不具有强制力，仲裁庭可以拒绝重新仲裁。一方面对“仲裁司法化”忧心忡忡，另一方面又沿用不准确的司法用语称呼某些仲裁程序，这也从反面证明了仲裁法律制度多么急需建立起自己的话语体系和知识体系。

8. 不予执行仲裁裁决制度

《仲裁法》第六十三条规定了这一制度，即在一方当事人向人民法院申请执行仲裁裁决程序中，被执行人提出证据证明仲裁裁决有《民事诉讼法》第二百四十四条规定的情形之一的（《仲裁法》第五十八条规定的基本相同情形），人民法院应组成合议庭审查，对核实确实存在上述情形的仲裁裁决裁定不予执行，对不能核实的裁定驳回申请。人民法院裁定不予执行的，应当将裁定书送达各当事人和仲裁机构。这是司法监督的两种方式之一，是人民法院在执行程序中对确有问题的仲裁裁决给予当事人以救济的制度。《仲裁法解释》、《仲裁案件报核规定》、《仲裁司法审查规定》和最高人民法院《关于人民法院办理仲裁裁决执行案件若干问题的规定》（以下简称《仲裁案件执行规定》）四部审判解释又确立了一系列关于不予执行仲裁裁决案件的新规则（详见本书第七章“审判解释之适用”），进一步细化和明确了人民法院对不予执行仲裁裁决的法律适用等问题。需要注意的是，人民法院裁定不予执行仲裁裁决，虽然也产生了否决仲裁裁决的效果，即《仲裁法》第九条规定的“裁决被人民法院依法裁定撤销或者不予执行的，当事人就该纠纷可以根据双方重新达成的仲裁协议申请仲裁，也可以向人民法院起诉”。但不予执行仲裁裁决不同于对仲裁裁决的撤销，而

---

① 刘景一：《仲裁法适用中的若干问题研究》，载《法律适用》2004 年第 6 期。个别仲裁法教科书和专著中也有这种观点。

仅仅是使仲裁裁决不具有强制执行力,仲裁裁决仍然是有效的仲裁裁决,具有某些方面的法律效力。这个问题在涉外仲裁或者国际仲裁中可能具有与我国国内仲裁完全不同的后果,值得注意。

(三)与民事诉讼制度相似的制度

作为纠纷解决制度的两个重要组成部分,仲裁法律制度包含了诸多与民事诉讼相似(甚至高度相似)的制度,主要包括回避制度、代理制度、证据制度、辩论制度、和解与调解制度、反请求制度、保全制度、送达制度等。

1. 回避制度

回避制度,指仲裁过程中,仲裁员或仲裁秘书、鉴定人员、翻译人员等有关人员在遇有法律规定的特别情形时,退出该仲裁案件的制度。《仲裁法》第三十四条规定:"仲裁员有下列情形之一的,必须回避,当事人也有权提出回避申请:(一)是本案当事人或者当事人、代理人的近亲属;(二)与本案有利害关系;(三)与本案当事人、代理人有其他关系,可能影响公正仲裁的;(四)私自会见当事人、代理人,或者接受当事人、代理人的请客送礼的。"这里的利害关系和其他关系都宜作宽泛解释,即只要有可能让当事人产生怀疑的关系,通常以回避为宜。回避制度是为了保证案件公正处理而设立的制度,是自然正义之重要内容。仲裁制度的特殊优势之一是当事人自己选定仲裁员组成仲裁庭,被选定或被指定的仲裁员必须高度注意,时时体现公正和平等,避免引起某方当事人的合理怀疑。

《仲裁法》第三十六条规定,仲裁员是否回避,由仲裁委员会主任决定。虽然《仲裁法》只规定了仲裁员的回避,多数仲裁机构的仲裁规则也并未就其他人员的回避作出规定,但仲裁秘书等仲裁机构参与仲裁的工作人员(如核阅人员)、鉴定人员、翻译人员等有关人员都必须遵守回避制度。**笔者认为,其他人员的回避也应当由仲裁委员会主任决定。**[①]

2. 代理制度

代理是代理人以被代理人名义,根据法律规定或代理授权,在代理权限范

---

① 参见邓琳霞:《我国仲裁秘书回避问题研讨》,载杨建学主编:《中国仲裁论丛》第1卷,法律出版社2019年版,第200~215页。

围内与第三人进行的、确立被代理人和第三人之间的法律关系的法律行为。[①]《仲裁法》第二十九条规定："当事人、法定代理人可以委托律师和其他代理人进行仲裁活动。委托律师和其他代理人进行仲裁活动的，应当向仲裁委员会提交授权委托书。"各仲裁机构的仲裁规则进一步明确了委托代理人的人数、代理权限和期间、授权委托书的其他内容等。由于受诉讼程序的影响，一些仲裁机构也效仿《民事诉讼法》第六十一条的规定，要求委托代理人的人数为一至二人，这是没有必要的，也与仲裁制度要求的灵活性有冲突，并存在自身违反程序的风险。

案　例　仲裁代理人超出人数限制，裁决是否应予撤销？[②]

湖北某中级人民法院受理张某某不服甲仲裁委员会仲裁裁决，申请撤销仲裁裁决一案，张某某的理由之一为：仲裁庭允许对方委托代理人多达 3 人，超过了该仲裁委员会《仲裁规则》只允许 1 ~2 人代理的规定，虽提出反对，但仲裁庭仍允许 3 位代理人参与了开庭。人民法院经审理查明：甲仲裁委员会《仲裁规则》第十九条规定，"当事人可以委托一至二人代理有关的仲裁事项"。在本案仲裁庭开庭中，被申请人某房地产开发有限公司委托 3 位代理人出庭，在仲裁员征求申请人张某某关于对方出庭人员意见时，张某某明确表示反对（不同意对方第三名代理人出庭），但仲裁庭仍同意某房地产开发有限公司 3 名委托代理人出席了当天的开庭。法院认为：《仲裁规则》系甲仲裁委员会为保证公正、及时地仲裁各类争议依法制定的，是仲裁委员会仲裁案件应遵循的基本规则。本案中，当被申请人房地产开发有限公司委托代理人超过了仲裁规则限定的人数且申请人明确表示反对时，仲裁庭仍允许 3 名代理人参与开庭，违反了法定程序。据此裁定撤销了该仲裁裁决。

【评析】 根据《仲裁法解释》第二十条的规定：《仲裁法》第五十八条规定的"违反法定程序"，是指违反仲裁法规定的仲裁程序和当事人选择的仲裁规则

---

① 郑立、王作堂主编：《民法学》（第 2 版），北京大学出版社 1995 年版，第 138 页；寇志新：《民法总论》，中国政法大学出版社 2000 年版，第 244 页。

② （2016）鄂 03 民特 17 号。参见环中仲裁团队：《仲裁代理人超出人数限制，裁决是否应予撤销？》，载微信公众号"环中商事仲裁"2017 年 1 月 6 日，https://mp.weixin.qq.com。

可能影响案件正确裁决的情形。关于此处的"可能影响案件公正裁决",通常认为包括以下三种具体情形[①]:违反《仲裁法》的强制性规定;违反当事人约定的仲裁程序,且严重影响仲裁当事人的权利;违反其他仲裁程序,且实质性影响仲裁裁决的公正。本案虽然存在违反仲裁程序的情形,但该违反程序行为是否已经严重影响仲裁当事人的权利或实质性影响到仲裁裁决的公正,似乎大可商榷,但人民法院的立场是从严掌握,并无不当。如果甲仲裁委员会的仲裁规则不作代理人人数的限制,本案裁决显然不可能因此而被撤销。

3. 证据制度

证据指在仲裁中用以证明和确认案件事实的各种依据,[②]证据制度指有关证据的制度,具体包括证据的形式、证据的收集、证据的提供、质证、证据的审查判断等内容。证据制度是现代诉讼与仲裁法律制度的基础和核心,是联系程序法和实体法的桥梁和纽带,[③]只有根据证据才能确认案件事实,也才能正确地适用法律,公正合理地解决纠纷。证据是仲裁开始的基础,也是仲裁程序进行的推进器,还是引导仲裁走向终结的决定性因素。[④]《仲裁法》第四十三条规定:"当事人应当对自己的主张提供证据。仲裁庭认为有必要收集的证据,可以自行收集。"第四十五条规定:"证据应当在开庭时出示,当事人可以质证。"各仲裁机构的仲裁规则中对证据制度作出了许多更具体、更有针对性的规定,详见后述证据制度部分。

4. 辩论制度

辩论指当事人对案件事实和争议问题各自陈述观点和主张,反驳对方的观点和主张的一种仲裁活动。辩论制度指当事人有权就案件的事实和争议的问题各自陈述自己的主张和意见,相互进行反驳和辩论,从而揭示、证明案件事实之制度。仲裁庭通过当事人的辩论来形成心证、作出裁决意见。《仲裁法》第四

---

① 参见最高人民法院研究室、最高人民法院民事审判第四庭编:《最高人民法院仲裁法司法解释的理解和适用》,人民法院出版社 2015 年版,第 179 页。

② 参见宋朝武:《仲裁证据制度研究》,中国政法大学出版社 2013 年版,第 54 页。

③ 参见宋朝武:《仲裁证据制度研究》,中国政法大学出版社 2013 年版,第 52 页。

④ 参见江伟主编:《仲裁法》,中国人民大学出版社 2009 年版,第 203 页;刘家兴:《民事诉讼法学教程》,北京大学出版社 1994 年版,第 104 页。

十七条规定:“当事人在仲裁过程中有权进行辩论。辩论终结时,首席仲裁员或者独任仲裁员应当征询当事人的最后意见。”当事人辩论贯穿于仲裁全过程,辩论的范围包括程序和实体各个方面的内容,未经当事人辩论的事实不能作为裁决的依据。辩论制度的核心内容是保证当事人在仲裁中的辩论权这一至关重要的程序权利。这一制度要求,仲裁机构应当保障当事人充分行使辩论权,不可对该权利的行使进行不当干预;仲裁员应当恰当地组织和引导当事人紧紧围绕案件争议焦点进行辩论;仲裁员在当事人的辩论过程中必须保持中立,不得发表有倾向性的意见,更不能参与当事人的辩论,当庭表达赞成或反对某方当事人观点的意见。

5. 和解与调解制度

诉讼和调解相结合、仲裁和调解相结合一直是中国纠纷解决的优良传统,被誉为“东方经验”。[①] 仲裁和解指仲裁机构受理案件后,当事人通过自愿协商达成和解协议,从而解决争议。《仲裁法》第四十九条规定:“当事人申请仲裁后,可以自行和解。达成和解协议的,可以请求仲裁庭根据和解协议作出裁决书,也可以撤回仲裁申请。”仲裁调解指当事人在仲裁庭主持下,通过仲裁员的劝导说服,促使当事人分清是非、互谅互让,形成解决纠纷的最终意见。《仲裁法》第五十一条规定:“仲裁庭在作出裁决前,可以先行调解。当事人自愿调解的,仲裁庭应当调解。”国内一些仲裁机构的仲裁规则则规定仲裁庭仲裁案件应当先行调解,[②]这就更进一步突出了调解的重要性。国内一些仲裁机构还在仲裁规则中,就先行调解、调解内容不得援用、仲裁庭之外的调解员调解等作了规定,进一步发展了和解与调解制度。

6. 反请求制度 [③]

仲裁反请求指在商事仲裁程序进行中,被申请人为了维护自己的权益,针对申请人提出的,且与申请人的仲裁请求有直接联系的独立的仲裁请求。被申请人提出仲裁反请求,主要是为了抵销、动摇或者吞并申请人的仲裁请求。仲

---

① 邓杰:《商事仲裁法理论与实务》,兰州大学出版社 2005 年版,第 167 页。

② 如《武汉仲裁委员会仲裁规则》(2018 版)第五十六条规定:“仲裁庭可以根据当事人的请求或者经当事人同意,先行调解。当事人自愿调解的,仲裁庭应当调解。”

③ 参见谢石松主编:《商事仲裁法学》,高等教育出版社 2003 年版,第 185 页;孙巍:《中国商事仲裁法律与实务》(第 2 版),法律出版社 2020 年版,第 180 ~ 186 页。

裁反请求存在的基础是申请人和被申请人之间联系的非单一性以及权利的交叉和重叠。仲裁反请求制度的实施,能有效地保护双方当事人的合法权益,节省仲裁中人、财、物的开支,提高仲裁彻底化解当事人争议的效率。《仲裁法》第二十七条规定:“申请人可以放弃或者变更仲裁请求。被申请人可以承认或者反驳仲裁请求,有权提出反请求。”但这里的“提出反请求”显然是“提出反请求申请”的意思。

7. 保全制度

保全制度包括两部分内容:证据保全和财产保全。该两部分又各自分为两部分:仲裁前证据保全和仲裁中证据保全;仲裁前财产保全和仲裁中财产保全。证据保全指在证据可能灭失或以后难以取得的情况下,人民法院根据当事人在申请仲裁前或仲裁进行中的申请,对可能灭失或今后难以取得的证据予以调查、收集和固定保存的行为。①《民事诉讼法》第八十四条第二款规定:“因情况紧急,在证据可能灭失或者以后难以取得的情况下,利害关系人可以在提起诉讼或者申请仲裁前向证据所在地、被申请人住所地或者对案件有管辖权的人民法院申请保全证据。”这是关于仲裁证据保全制度的一个重要补充,弥补了《仲裁法》原有的只有仲裁程序开始后才能申请证据保全的制度的不足,更有利于保护当事人的权益。财产保全指人民法院在利害关系人提起诉讼或申请仲裁前,以及在诉讼或仲裁过程中,根据利害关系人或当事人的申请对一定财产采取限制当事人处分,或责令当事人实施或不实施一定行为的临时性保障措施。②《民事诉讼法》第一百零四条规定:“利害关系人因情况紧急,不立即申请保全将会使其合法权益受到难以弥补的损害的,可以在提起诉讼或者申请仲裁前向被保全财产所在地、被申请人住所地或者对案件有管辖权的人民法院申请采取保全措施。申请人应当提供担保,不提供担保的,裁定驳回申请。”与仲裁前证据保全的规定类似,这同样是对仲裁保全制度的一个重要补充,也弥补了《仲裁

① 参见田平安主编:《民事诉讼法学》(第4版),法律出版社2015年版,第228页;江伟、肖建国主编:《仲裁法》(第3版),中国人民大学出版社2016年版,第196页;孙巍:《中国商事仲裁法律与实务》(第2版),法律出版社2020年版,第242~245页。

② 参见田平安主编:《民事诉讼法学》(第4版),法律出版社2015年版,第167页;江伟、肖建国主编:《仲裁法》(第3版),中国人民大学出版社2016年版,第247页;孙巍:《中国商事仲裁法律与实务》(第2版),法律出版社2020年版,第211~212页。

法》规定在“申请和受理”后才能申请进行财产保全的不足。但仲裁前的证据保全和财产保全都无须仲裁机构协助，由当事人自己径直向有管辖权的人民法院提出申请。而仲裁中的证据保全和财产保全都需要仲裁机构将当事人的申请依照《仲裁法》的规定提交有关的人民法院。

8. 送达（通知）制度

仲裁中的送达指仲裁机构按照《仲裁法》和仲裁规则规定的程序和方式，将仲裁文件发送当事人和其他仲裁参与人的仲裁行为。[①] 为与诉讼中的送达有所区别，《仲裁法》除了在第二十五条规定送达仲裁申请书副本、仲裁规则、仲裁员名册和仲裁答辩状副本，以及在第五十二条规定送达仲裁调解书之外，其余地方一律使用“通知”一词。送达和通知作为仲裁程序中的一项制度，包括送达（通知）主体、送达（通知）人、受送达（受通知）人、送达（通知）内容、送达（通知）方式、送达回证等。仲裁送达（通知）的意义在于，仲裁机构通过实时送达（通知）仲裁文书和有关事项给受送达（受通知）人，可以使他们及时了解仲裁程序的进程，明确有关事项的具体要求，方便并确保他们顺利进行仲裁活动。

除了上述制度外，仲裁制度还包含了一系列具体制度，如特有的仲裁庭自裁是否有权仲裁的制度等；以及与诉讼相同或相似的制度中的委托鉴定制度、时效制度、专家论证制度等。这些制度的具体内容将在涉及具体程序时再详述。

第三节　仲裁之制度属性及其法律实施

大陆法系（以成文法国家为代表）和普通法系（以不成文法国家为代表）各自渊源不同，各种理念及相应各项制度亦呈现巨大差异。虽然大陆法系和普通法系有很多共同的制度，但两者毕竟有很大不同，因此来自不同法系的同一制

---

① 参见江伟、肖建国主编：《仲裁法》（第3版），中国人民大学出版社2016年版，第176～177页；于俊奇主编：《仲裁法教程》（第2版），中国财政经济出版社2001年版，第170页；肖建国主编：《仲裁法学》，高等教育出版社2021年版，第144页。

度往往带有不同的属性,具备不同的典型特征。但同时两大法系之间并非完全不相容,二者的部分制度之间既有不同也有交融。在这方面,仲裁法律制度恰到好处地体现了二者的融合。对于仲裁这种制度,我们尤其需要进行系统的制度分析,掌握其制度属性,进而为解决实践中的难题提供依据。

一、仲裁法律制度之普通法系属性

国际上通行的仲裁制度,本质上属于普通法系之制度,带有明显的普通法系程序法之特色。我国移植而来的仲裁法律制度也体现了普通法系法律制度的传统。

其一,从仲裁法的起源看,较为一致的观点是:现代意义的仲裁制度始于资本主义早期的英国,[①]参与我国《仲裁法》立法工作的专家也这样认为。[②] 作为世界上最早通过仲裁法案,赋予仲裁裁决以强制执行效力的国家之一,英国的仲裁法案自然是按照普通法传统颁行,这样的制定法大都是对判例法之补充或整理,往往缺乏系统性,通过的法律也不像大陆法系那样高度概括、严密和富有逻辑性,在内容上往往比较狭窄,不以包罗万象地就一切可能的问题作出规定为目的。但英国悠久的法律传统和雄厚的法律人才储备亦足以奠定其仲裁法在全球纠纷解决领域的强大影响力,对国际商事仲裁的发展起着重要作用。[③]

其二,正是由于英国率先完成了工业革命,并且其法律制度的影响亦随着其势力扩张到全球,因此许多国家的仲裁制度都受到了英国仲裁制度的影响。[④]在联合国国际贸易法委员会制定《国际商事仲裁示范法》时,来自世界上 50 多个主要的市场经济国家和 10 多个国际组织的代表也必须面对国际商事仲裁主

---

① 郭寿康、赵秀文主编:《国际经济贸易仲裁法》,中国法制出版社 1995 年版,第 24 页;杨荣新主编:《仲裁法理论与适用》,中国经济出版社 1998 年版,第 9 页;于喜富:《国际商事仲裁的司法监督与协助——兼论中国的立法与司法实践》,知识产权出版社 2006 年版,第 1 页;邓瑞平等:《国际商事仲裁法学》,法律出版社 2010 年版,第 25 ~26 页。

② 河山、肖水:《仲裁法概要》,中国法制出版社 1995 年版,第 5 页。

③ 参见杨良宜:《国际商务仲裁》,中国政法大学出版社 1997 年版,第 3 ~4 页;张斌生主编:《仲裁法新论》(第 4 版),厦门大学出版社 2010 年版,第 301 页;史飚:《商事仲裁监督与制约机制研究》,知识产权出版社 2011 年版,第 6 页。

④ 杨良宜:《国际商务仲裁》,中国政法大学出版社 1997 年版,第 3 页;另参见高菲、徐国建:《中国临时仲裁实务指南》,法律出版社 2017 年版,第 8 ~9 页。

要集中在伦敦等城市之现实，[①]不可避免地在诸方面借鉴英国仲裁制度的经验（当然示范法也体现了其他国家的意志，因此英国仲裁法还进行了修订以求与示范法大致相容。但示范法仅针对国际商事仲裁，与必须兼顾国内仲裁的国内立法大有不同）。我国的《仲裁法》是一部“吸收国外现代仲裁制度”“使中国的仲裁制度与国际现代仲裁制度同步发展”[②]之法，吸收的国外仲裁制度的有益经验自然包括英国仲裁制度的内容，这使得我国成文法背景下的仲裁制度较好地保留了普通法系之特质。

其三，普通法系的传统便是倚重于法官的学识、经验与人品，因此法律本身只需规定一些基本规则以保证仲裁程序最低限度的规范性，而授予裁判者的权力极大；裁判者群体确实也深孚众望，具有极高的公信力和极大的权威。这一点也为我国立法所借鉴，强调仲裁员的权威性，如规定担任仲裁员的条件之一是必须曾任法官满八年，这样的苛刻条件要比对法官的要求高出至少八年的任职资历。[③]

其四，由于普通法系性质之仲裁法律制度能够弥补成文法国家的法律制度不足（如滞后性、机械性、缺乏弹性、存在法律漏洞等），可以取长补短，因此，一些成文法国家的仲裁机构的业务发展取得了巨大成就，例如，位于法国巴黎的国际商会、国际仲裁院就曾无论是受案数量、争议所涉金额、案件的种类，还是争议所涉国家的数量，均名列全球各仲裁机构榜首；《仲裁法》实施以前的中国国际经济贸易仲裁委员会和瑞典的斯德哥尔摩商会仲裁院、瑞士的苏黎世商会仲裁院也都是这方面的成功范例。[④] 而英美法系国家本身就不像大陆法系国家那样具有太多成文法的缺陷，司法制度与仲裁制度相似度更大，仲裁制度的优

---

① 张斌生主编：《仲裁法新论》（第 4 版），厦门大学出版社 2010 年版，第 302 页；于喜富：《国际商事仲裁的司法监督与协助——兼论中国的立法与司法实践》，知识产权出版社 2006 年版，第 46 ~ 47 页。

② 全国人大常委会法制工作委员会编：《中华人民共和国仲裁法法律释评》，法律出版社 1997 年版，第 6 页。

③ 但我国仲裁员的总体水平尚不能令人满意，大多数仲裁机构的仲裁员还远远达不到应有的水平。且依笔者观察，大多数仲裁机构聘任的仲裁员参差不齐，这种情况尤以普通地级市的仲裁机构为甚。没有受过良好培训的仲裁员难以承担稍微复杂一些的案件的仲裁，大多数仲裁员甚至也难得认真学习一下仲裁机构的仲裁规则。许多仲裁机构只能让本机构的工作人员来担任仲裁员，以尽可能保证案件质量。

④ 宋连斌主编：《仲裁法》，武汉大学出版社 2010 年版，第 49 页、第 54 ~ 56 页、第 62 ~ 64 页。

势反而并不像在成文法国家那样明显,多少影响了自身发展。

二、成文法环境下之仲裁法律实施

总体而言,颇具普通法系传统和特色的仲裁法律制度在我国实行得有些艰难。我国立法明显接近大陆法系而有别于英美法系,是较为典型的成文法国家。成文法国家或地区倾向于针对法律问题建构理论框架并使之成文化、法典化。但我们的《仲裁法》具有自己的特殊之处,既不像德国、法国那样将仲裁法作为民事诉讼法的一编,以便于对仲裁法未规定的内容直接引用诉讼法的相关规定,也不像我国台湾地区有单独的仲裁立法但规定可以直接引用“民事诉讼法”的规定。[①] 虽然《仲裁法》规定了“中国仲裁协会依照本法和民事诉讼法的有关规定制定仲裁规则”(第十五条)、“仲裁委员会依照本法和民事诉讼法的有关规定可以制定仲裁暂行规则”(第七十五条),有参与立法的专家据此甚至认为这是《仲裁法》原则中的“适用民事诉讼法有关规定原则”,[②]但显然“依照民事诉讼法的有关规定制定仲裁规则”与“适用民事诉讼法有关规定仲裁案件”有明显区别——前者是制定普遍适用之抽象法律规范,而后者则是仲裁纠纷时具体适用法律规范。按照通常的理解,《民事诉讼法》的有关规定应当列入仲裁规则后才能适用,否则就应当借鉴台湾地区“仲裁法”的规定模式才可以称为“适用民事诉讼法有关规定”。

这决定了中国仲裁法律制度在实际运作中与中国的成文法环境是有冲突的,实践中最典型而又常见的是关于“仲裁程序缺乏明确的法律规定”的观点。同样是解决民商事纠纷的程序性法律,《民事诉讼法》291 条的体例,加上体量数倍于此的审判解释[据笔者的不完全统计,《民事诉讼法》中与《仲裁法》有可比性的与一审程序有关的部分有 120 条,最高人民法院《关于适用〈中华人民共和国民事诉讼法〉的解释》(2020 修订,以下简称《民诉法解释》)的该部分条文则为 217 条,最高人民法院《关于民事诉讼证据的若干规定》有 100 条,等等],显示出成文法的典型特征,为法官依法裁判提供了依据。相比之下,《仲裁法》

---

① 我国台湾地区“仲裁法”第十九条规定:“当事人就仲裁程序未约定者,适用本法之规定;本法未规定者,仲裁庭得准用民事诉讼法或依其认为适当之程序进行。”

② 河山、肖水:《仲裁法概要》,中国法制出版社 1995 年版,第 32 页。

的区区 80 条条文显得极为单薄,而且其中还包含了包括各方面内容在内的若干非程序性条文。若仅看条文数量,难免使人觉得仲裁程序一定有很多问题欠缺法律的明文规定。显然,仲裁这样一种与成文法传统不同的法律制度的实施应当不同于那些与传统高度融合的法律制度的实施。这样的制度设计需要成文法语境下成长起来的仲裁员更新和完善法律适用的理念。对于国内的绝大多数仲裁员来说,习惯的是成文法的语境和成文法的理念,对仲裁法律制度中与成文法理念不同的部分还有个接受过程,这就导致仲裁法律适用上难免存在种种问题。

此外,我国的仲裁立法较其他成文法国家更缺乏弹性,仲裁协议之效力问题可以作为这方面一个突出的例子:《仲裁法》第十七条不仅明确规定了仲裁协议应当具有的基本内容,而且有种种关于仲裁协议无效之规定,被认为是“世界少见的严厉针对何为有效仲裁条文”。[①] 立法上的这种严厉在司法中又得到进一步强化。在仲裁实践中,如果当事人针对仲裁协议的效力提出异议,各地中级人民法院常常会对同样的问题作出不同的决定。

案 例 仲裁协议效力的认定[②]

某甲(信息技术有限公司)与某乙(自然人)签订了《移动 App 产品服务合同》,合同背面的《客户须知》中载明:“如双方就合同内容或其执行发生任何争议,应友好协商。协商不成时,应提交至中国国际经济贸易仲裁委员会进行仲裁。”后因发生争议,某乙向所在地基层人民法院提起诉讼。某甲公司提出管辖权异议,认为人民法院没有管辖权。在基层人民法院驳回其管辖异议后,某甲公司上诉至中级人民法院。中级人民法院认为:《移动 App 产品服务合同》背面的《客户须知》系格式条款,上诉人也无证据证明其已经采取合理方式提请被上诉人注意该管辖条款,根据最高人民法院《关于适用〈中华人民共和国民事诉

① 杨良宜、莫世杰、杨大明:《仲裁法——从 1996 年英国仲裁法到国际商务仲裁》,法律出版社 2006 年版,第 92 页。

② (2016)浙02 民辖终 113 号。参见环中仲裁团队:《格式合同中的仲裁条款,效力如何认定?》,载微信公众号“环中商事仲裁”2016 年 8 月 5 日,https://mp.weixin.qq.com。

讼法〉的解释》第三十一条"经营者使用格式条款与消费者订立管辖协议,未采取合理方式提请消费者注意,消费者主张管辖协议无效的,人民法院应予支持"的规定,该管辖条款无效。

【评析】 《民诉法解释》第三十一条规定中的"管辖协议"是否包括仲裁协议在内,目前大致有两种处理意见。一种意见认为,该条位于"管辖"这一章节之下,而《民事诉讼法》中的"管辖"仅指诉讼管辖;同时,该司法解释第二十九条对管辖协议的规定系对原《民事诉讼法》第三十四条(现为第三十五条)的说明和补充,而原《民事诉讼法》第三十四条所称的"书面协议"选择的是"法院管辖",即仅仅指选择法院的协议;因而本条所称"管辖协议"不包括仲裁协议。另一种意见认为,由于消费者在确定争议解决相关事项时通常处于弱势地位,将管辖协议解释为包括仲裁协议,有利于弱者利益的保护,因而此处的"管辖协议"可以扩大解释为包括仲裁协议在内。本案中,法院显然采纳了第二种处理意见。关于采取合理方式提请注意,根据当时有效的最高人民法院《关于适用〈中华人民共和国合同法〉若干问题的解释(二)》[①]第六条的规定:"提供格式条款的一方对格式条款中免除或者限制其责任的内容,在合同订立时采用足以引起对方注意的文字、符号、字体等特别标识,并按照对方的要求对该格式条款予以说明的,人民法院应当认定符合合同法第三十九条所称'采取合理的方式'。提供格式条款一方对已尽合理提示及说明义务承担举证责任。"本案法官在确立举证责任分配方面,即适用了该条规定。

但本案中中级人民法院的这种认定方式值得商榷。其一,根据当时有效的《合同法》第四十条的规定,"格式条款具有本法第五十二条和第五十三条规定情形的,或者提供格式条款一方免除其责任、加重对方责任、排除对方主要权利的,该条款无效"。[②] 本案中,主张将排除对方选择争议解决方式的权利认定为"排除对方主要权利"的观点恐怕难以成立。仲裁条款具有特别强的独立性和特殊性,与合同中其他关于实体权利义务安排的条款(通常一方的权利是另一方的义务)有着明显的差别。《仲裁法》第十九条规定:"仲裁协议独立存在,合同的变更、解除、终止或者无效,不影响仲裁协议的效力。"诉讼和仲裁同为争议

---

① 《民法典》实施后,该解释已经废止,相关内容纳入《民法典》第四百九十六条。

② 现为《民法典》第四百九十七条所取代。

解决方式，两者在争议解决中处于平等的地位，将仲裁协议理解为“排除对方主要权利”，多有不妥。同时，从已知的部分案例来看，各地法院对格式仲裁条款的判断缺乏统一标准，这种不统一必然导致实践中格式仲裁条款的效力处于不确定的状态。其二，本案事实上是认定仲裁协议效力问题而非管辖问题，依法不属于基层人民法院管辖的范围，《仲裁法解释》第十二条规定：“当事人向人民法院申请确认仲裁协议效力的案件，由仲裁协议约定的仲裁机构所在地的中级人民法院管辖。”因此，基层人民法院对当事人之间的仲裁协议不应先自行确认仲裁协议无效而受理，否则就违反了级别管辖的规则，变相行使了中级人民法院的权力。但最高人民法院《关于如何确认仲裁机构名称约定不明确的仲裁协议的效力的请求的复函》(〔2005〕民立他字第55号，2006年3月16日)的答复是：“被告认为约定的仲裁机构明确，提出管辖权异议的，受诉人民法院应就管辖权异议作出裁定。”因此，这里事实上出现了基层人民法院也有权确认仲裁协议效力的矛盾。当然，从诉讼策略讲，这里当事人提出的是管辖异议，由于最高人民法院上述答复意见的存在，基层人民法院的做法是有充分依据的。只有当事人径直向中级人民法院要求确认仲裁协议效力，才可以避免这一问题。

上面这个案例也清楚地显示了仲裁深受诉讼用语影响导致的不利后果：管辖是司法专用语，仲裁是仲裁机构依据法律和当事人的授权解决纠纷，当事人授权的性质决定了仲裁机构不能使用管辖这类权力意味十足的用语，因此仲裁机构有权仲裁案件不能叫有权管辖。依据《仲裁法》第六条，“仲裁不实行级别管辖和地域管辖”，与管辖对应的是“有权仲裁”(《仲裁法》第五十八条第一款第二项关于应当撤销仲裁裁决的情形规定为“仲裁委员会无权仲裁的”而非“仲裁委员会没有管辖权的”或“仲裁委员会无权管辖的”)，因此所谓管辖协议只能指司法机关的管辖，不能认为管辖协议包括了仲裁协议在内。江必新主编的《民事诉讼新制度讲义》中明确指出：“管辖是人民法院审理案件的分工与权限。”同时指出：“民事案件的管辖与受案范围既有区别又有联系。二者的区别是受案范围解决的是人民法院同其他机关、社会组织之间处理民事纠纷的权限分工问题(也即下文将提及的学者们所称的‘主管’——笔者注)，而管辖解决的是人民法院体系内部受理第一审民事案件的权限分工问题。”①

① 江必新主编：《民事诉讼新制度讲义》，法律出版社2013年版，第180～181页。

但我国仲裁立法方面的一些突出的专业性表述也根本没有引起仲裁实务界和理论界的注意。仲裁中使用“管辖”这一术语，似乎国内外已经约定俗成了，仲裁法教材和理论研讨文章中谈及是否有权仲裁时使用“仲裁管辖权”几乎是通例，大多数仲裁机构的仲裁规则中也出现了关于“管辖权”的内容。但这是不应当的。仲裁领域的这一术语源于德国，德语上表述为“权力—权力”(Kompetenz – Kompetenz)，常被翻译成对管辖权的管辖权(国内多译为“管辖权/管辖权”)。有学者认为德国法上的这一术语指仲裁员有权就自身的管辖权作出终局裁决，不受法院随后的司法审查，这一概念已经为德国现行法所否定，为避免基本含义的混淆，应当采用“权限—权限”(Competence – Competence)，也即“关于权限的权限”这一术语。但通说认为，Kompetenz – Kompetenz 一般用于描述产生管辖异议时仲裁员的权力，因此许多学者是并列使用 Kompetenz – Kompetenz 和 Competence – Competence 这两个术语的，以陈述仲裁员有权决定其自己的管辖权，而不需要事先的司法决定。故而该理论讨论的是在仲裁庭及内国法院之间分配对于仲裁协议的解释和执行的管辖权[①]。英语里的“jurisdication”通常译为管辖权，但这一概念也主要是权限的意思，与法律有关时常常被翻译成“司法权、管辖权、解释和运用法律的权利(力)”。杨良宜先生等人认真剖析了 Kompetenz – Kompetenz(仲裁庭自裁管辖权)与英国 1996 年《仲裁法》上的“独立原则”之间的不同以及与该法的 jurisdiction 的差别即该法第三十条关于仲裁庭自裁管辖权的内容以及决定(ruling)可以上诉等特点，但显然也是将“jurisdication”视为汉语中的管辖权。[②] 宋连斌教授认为，Kompetenz – Kompetenz、Competence – Competence、jurisdiction concerning the jurisdiction 大致同一含义，中文译法以“仲裁庭管辖权”为宜。[③] 但宋连斌教授也明确指出：“管辖权又称职权、国家管辖权，是国家对人和物实行管辖的权力。管辖权主要涉及立法和执行法律，包括行政管辖权和司法管辖权……基于这样的概念，可

---

① 于喜富:《国际商事仲裁的司法监督与协助——兼论中国的立法与司法实践》，知识产权出版社 2006 年版，第 256 页；冯克非:《管辖权/管辖权理论及其在中国的实践》，载《仲裁与法律》2002 年第 1 期。

② 杨良宜、莫世杰、杨大明:《仲裁法——从 1996 年英国仲裁法到国际商务仲裁》，法律出版社 2006 年版，第 455 ~ 458 页。

③ 参见宋连斌:《国际商事仲裁管辖权研究》，法律出版社 2000 年版，第 208 ~ 209 页。

以说,管辖权之于国际商事仲裁是转借。”[①]这样的表述是中允的,但这样的转借客观上却放弃了使用仲裁自身专业语言的努力,事实上加剧了仲裁的诉讼化。在国内仲裁领域,由于深受诉讼影响,国务院于1983年8月22日发布的《经济合同仲裁条例》第二章即为管辖专章,详细规定了仲裁的级别管辖和地域管辖。或许是受此影响,中国国际贸易促进委员会第一届第三次委员会会议于1988年9月12日为更名后的中国国际经济贸易仲裁委员会通过的第一部仲裁规则《中国国际经济贸易仲裁委员会仲裁规则》,其第一章第一节也规定“管辖”专节(并将管辖权概念一直沿用至今),而此前的《对外贸易仲裁委员会仲裁程序暂行规则》中并无管辖概念出现。虽然《仲裁法》第六条第二款明确规定“仲裁不实行级别管辖和地域管辖”,有意识地排除“管辖”概念在仲裁中的使用,并在第五十八条第二款第二项中使用“无权仲裁”排除掉“无权管辖”“没有管辖权”之类使用“管辖”一词的表述,但遗憾的是这一良苦用心被无情地忽视了,几乎所有的仲裁机构和研究者在探讨仲裁机构及人民法院之间对于仲裁协议的解释和执行问题时,都表述为仲裁机构和人民法院何者有“管辖权”。“管辖权”一词也堂而皇之地出现在各仲裁机构的仲裁规则中。

但必须指出的是在我国,讨论在仲裁机构及人民法院之间分配对于仲裁协议的解释和执行不是讨论“管辖权”的问题,而是另有专有术语——主管,即不同机构(机关)之间依法行使职权和履行职责的范围和权限。[②]《民事诉讼法》第一百二十七条第二项规定,“依照法律规定,双方当事人达成书面仲裁协议申请仲裁,不得向人民法院起诉的,告知原告向仲裁机构申请仲裁”,权威的注释称这是因为“属于不符合人民法院对民事案件的主管”。[③] 有学者认为,“仲裁主管”与“仲裁范围”可以通用。[④] 由于主管和管辖是两个层次的问题,只能用

---

① 宋连斌:《国际商事仲裁管辖权研究》,法律出版社2000年版,第39页。

② 王敬藩:《主张与选择——中国仲裁法论》,黑龙江人民出版社1998年版,第66页;叶青主编:《中国仲裁制度研究》,上海社会科学院出版社2009年版,第26页;梁书文等主编:《民事诉讼法及配套规定新释新解》,人民法院出版社1996年版,第48~49页;张卫平主编:《民事诉讼法教程》,法律出版社1998年版,第92页;田平安主编:《民事诉讼法原理》(第6版),厦门大学出版社2015年版,第160页。

③ 法律出版社法规中心编:《中华人民共和国民事诉讼法注释本》,法律出版社2012年版,第102页。

④ 王敬藩:《主张与选择——中国仲裁法论》,黑龙江人民出版社1998年版,第67页。

仲裁机构和人民法院何者主管,而根本不应有“仲裁机构和人民法院何者有管辖权”这样的理解和表述。如前面引用的权威表述,主管先于管辖发生,管辖是在确定某一纠纷属于民事诉讼受案范围即归人民法院主管之后,确定具体由哪家人民法院行使审判权的制度。换言之,上述的外文 Kompetenz – Kompetenz 和 Competence – Competence 译为“仲裁庭有权认定是否有权仲裁”为宜。

但遗憾的是,即便是注意到了“仲裁主管”的学者依然转身就使用“仲裁管辖权”这样的表述,无视《仲裁法》第五十八条“无权仲裁”这样的专业性表述,令人叹息。因此,基于我国《仲裁法》和《民事诉讼法》的规定,以及仲裁权需要当事人授权这一事实,仲裁理当拒绝使用诉讼上的“管辖”一词,而使用专业术语表述为“有权仲裁”。实践中俗称的“管辖权异议”则应当更正为“仲裁权异议”。

还有一些条文同样极大地限制了当事人的意思自治并束缚了仲裁庭的自主权,如在仲裁程序中要求当事人当庭出示证据等,[①]这会使得纠纷所属的经济贸易领域的专家仲裁员的作用大打折扣,特别是在认定交易习惯和惯例方面。

笔者认为,正因为仲裁法律制度本质上属于普通法系的程序法,所以应当从普通法系特点的角度来理解和落实国内仲裁法律制度,同时坚定不移地突出仲裁的专业性,才能够很好地发挥仲裁法律制度之作用。按照学者的观点,“法律规定的数量与法官自由裁量权的大小成反比;法律的模糊度与法官权力成正比;法律的精确性与法官的自由裁量权成反比”。[②] 这不仅仅适用于法官,也同样适用于仲裁员;而且按照普通法系之传统,法官就是“仲裁者”——美国联邦最高法院在其判例中即声称“法官不仅是仲裁者,而且也是法庭审判和决定法律问题的正确进行的统治者”。[③] 因此,《仲裁法》之较少的条文就是为了保证仲裁庭有更大的自由裁量权。许多人所认为的那些《仲裁法》欠缺的规定其实不是由于立法者的疏忽或者立法经验的欠缺,而是仲裁法律制度之内在要求所致——仲裁庭完全可以依据自己的理解和当事人的约定,每个案件都依据与其他案件不同的程序进行仲裁;仲裁员作为案件所涉及领域之专家,对于当事人

---

① 马占军:《仲裁法修改新论》,法律出版社 2011 年版,第 158 页。

② 徐国栋:《民法基本原则解释——成文法局限性之克服》,中国政法大学出版社 1992 年版,第 361 页。

③ Quercia v. United States,289 U. S. 466,469 (1933). 转引自易延友:《英美证据法的历史与哲学考察》, 载《中外法学》2004 年第 3 期。

之间的争点可以作出令人信服的判断；先例、交易惯例和交易习惯得到足够的尊重；为了效率，仲裁结果在外人看来未必那么公平；等等。《仲裁法》所规定的制度其实就是应当这样来实践的。

尤其需要强调的是，正如学者苏力所指出的："市场经济所需要的并不是一种抽象的法治，而是一种从总体上最大限度地减少交易成本、促进交换发生和发展、促进财富配置最优化的规则和制度，其中包括正式的法律和大量的习惯惯例。"[①]为市场经济服务的仲裁法律制度，显然正应当是这样的一种法律制度，需要充分发挥习惯惯例的作用。[②]

但是在成文法语境里，绝大多数仲裁机构及其仲裁员未能进行这样系统的制度分析，因而难以把握国内仲裁法律制度本质。因此，为了使仲裁裁决"符合法律规定"，也为了避免仲裁结果受到太多质疑，仲裁员自觉不自觉地要寻求明文规定作为裁判依据，于是包括最高人民法院的司法政策和审判解释等便不可避免地作为依据，在仲裁的法律适用中占据了绝对重要的位置。这样的结果，便显得国内仲裁法律制度既欠缺成文法传统的周详规定，又欠缺合适的仲裁员来发挥普通法系遵循原则和先例的传统以及灵活的优势。当面对同样案件而仲裁裁决将不同于人民法院的判决结果时，仲裁机构往往底气不足。

这种局面造成了一个恶性循环：仲裁机构无法理直气壮地解释自己不同于人民法院判决的裁决之合理性，这严重影响了公信力；公信力不足又使得仲裁裁决总是受到质疑；仲裁机构回应质疑的思路就是尽可能在法律适用上迎合成文法语境下的法律人共同体；于是仲裁制度的优势越发难以突出，缺点则越发明显。

同样的问题还表现在对仲裁员的认识上：发达国家和地区仲裁界的共识是仲裁的好坏取决于所选任的仲裁员，有什么样的仲裁员就有什么样的仲裁。[③]

---

① 苏力：《法治及其本土资源》（第3版），北京大学出版社2015年版，第11页。

② 参见张建华：《仲裁新论》，中国法制出版社2002年版，第253～263页。

③ 宋连斌：《理念走向规则——仲裁法修订应注意的几个问题》，载韩健、林一飞主编：《商事仲裁法律报告》第1卷，中信出版社2005年版，第99～100页；于健龙：《改革、开放、创新、打造国际化仲裁服务品牌——贸仲改革开放30年的成就》，载《中国法律》2008年第5期；马占军：《我国仲裁庭组成方式的修改与完善》，载《法学》2009年第1期；张斌生主编：《仲裁法新论》（第4版），厦门大学出版社2010年版，第148页。

但这其实主要是针对境外常见的临时仲裁和宣传协助型仲裁机构(如香港国际仲裁中心)而言的,对于全面管理型仲裁机构而言并非完全如此。就我国的国内仲裁情况而言,由于制度设计的原因,当事人难以仅仅因为信任一个仲裁机构所聘任的某一位或某几位仲裁员而选择该机构仲裁纠纷。因此,仲裁机构需要形成自己裁决案件的公信力,以便当事人的预期(某类案件将会如何裁决)可以实现,从而放心地在合同中选择仲裁解决争议,这需要由仲裁机构对仲裁庭作出的裁决进行核阅,以此保证不同的仲裁庭对某类案件将会作出大致同样的裁决,并以此指导法律适用的统一。否则,不同的仲裁庭将会对同样案件作出不同的(甚至是截然相反的)裁决,当事人对于案件将如何裁决的预期将有很大的不确定性,这肯定会影响对某个仲裁机构甚至是对仲裁方式的选择。

但仲裁员的作用毕竟很重要,尤其是首席仲裁员。据笔者观察,能够胜任仲裁员职责并为仲裁机构声誉作出贡献的仲裁员是稀缺资源。以《仲裁法》规定的条件之一的"从事法律研究、教学工作并具有高级职称的"为例,在国内的一些大城市,由于大学众多,法学院和法学研究机构自然集聚了相当多的人才。[①] 但在一般地级市,恐怕情况就难以乐观了,而中国的仲裁机构却大多位于一般地级市。一般地级市的仲裁机构所聘的大城市及其他外地的仲裁员对于解决地方性纠纷并无太大优势可言,反而会增加成本和沟通的难度。因此,大多数仲裁机构聘任仲裁员的余地非常有限,只能以律师、退休法官等为主。忙于生计的律师和年龄老化的退休法官大都是难以通过认真学习仲裁法律知识而掌握国内仲裁法律制度本质和精髓的,于是只能按照诉讼化模式裁决案件,这使得仲裁法律制度的优势难以发挥。过多的律师担任仲裁员还有一个后果,就是"人们普遍的对于律师的不信任(各国均如此,并历来如此)"[②]也影响了当地市场主体特别是工商界人士对仲裁的认可程度。

《仲裁法》规定的仲裁员条件之一是"曾任法官满八年的",如此苛刻的条件恰恰是符合普通法系传统,也符合仲裁规律和人类认识规律的。仲裁员作为专业化程度很高的裁判者,应当具有相当的专业水准(包括纠纷所涉及经济贸

---

① 张庆昌:《法治化进程中的中国法学教育》,载徐昕主编:《司法的知识社会学》,厦门大学出版社2008年版,第272页。

② 苏力:《道路通向城市:转型中国的法治》,法律出版社2004年版,第41页。

易不同行业的专业和纠纷解决专业),并参加足够的培训以掌握纠纷解决的知识和技巧,但实际上绝大多数仲裁员难以满足这一要求。仲裁员的这一现状也为仲裁法律制度在我国的实践和发展增加了难度,在相当程度上影响了仲裁的公信力。

第四节 关于国内仲裁模式的建议

如同诉讼有不同的诉讼模式,仲裁也应当有不同的仲裁模式。就一般认识和实践过程来看,人们确定某项活动之目的之后,接着就要解决实现目的之方法和手段问题,围绕该目的确定实施的方案和措施,确立实现目的之途径,这一切可以称为模式。或说所谓模式,就是通过实践活动系统化之目的结构,是实现目的之方法、手段、措施与途径的总称。① 笔者数次观摩香港国际仲裁中心模拟庭开庭的过程,显然纯粹的英美法系之仲裁模式与中国内地目前的仲裁模式相去甚远。而英国 1996 年《仲裁法》与我国的《仲裁法》两部法律所规定的仲裁也几乎是异同各半的两种制度——特别是针对国内仲裁而言。

鉴于目前国内绝大多数仲裁机构的仲裁案件模式是借鉴人民法院民事案件一审诉讼程序,即广受诟病的“司法化”或“诉讼化”模式,因此,笔者建议可以在已经运作熟练的现有模式基础上,进行适当的改进,建立起符合大多数仲裁机构国内仲裁实际的仲裁案件模式。

一、现有主要仲裁模式

仲裁模式是对仲裁内部结构进行平面和立体分析之后所作的形象概括,包括仲裁程序如何发生、进行、结束的全过程,它反映了仲裁程序的基本特征。这种概括建立在仲裁目的之定位和仲裁价值之取向上。简言之,仲裁模式指仲裁当事人及其他仲裁参与人与仲裁机构在仲裁中所处的地位、作用以及他们相互关系的外在表象在理论上的高度概括。

仲裁模式之划分,可以根据当事人和仲裁机构(主要通过其仲裁庭体现)何

① 何文燕、廖永安:《民事诉讼理论与改革的探索》,中国检察出版社 2002 年版,第 18 页。

者主导程序的进行而划分为当事人主义模式和职权主义模式。英美法系的仲裁模式是典型的当事人主义(如香港模式),当事人居于核心地位,仲裁请求的确定、仲裁证据的举证和质证概由当事人负责,而且当事人对法律适用亦有充分的选择权利;仲裁庭处于中立地位,处处充分尊重当事人的意志。我国的仲裁模式则带有明显的职权主义色彩,仲裁机构决定仲裁程序的采用和进行以及部分证据的收集和采信,表现在仲裁机构自行决定简易程序的采用、仲裁庭有权自行收集证据、有权决定是否对专门问题进行鉴定、可以就部分仲裁请求先行裁决等[①]。

虽然两种仲裁模式存在明显的差别,但两者并非水火不容,因为两者之间有明显的共通之处,如都由当事人提起、均采取"采信证据定案"、都要听取双方当事人的陈述并保障其辩论的权利、都要保障当事人的处分权等。随着两大法系的相互借鉴和吸收,纯粹的当事人主义或职权主义都越来越意识到自身的不足,各国的仲裁模式已开始相互接近。这方面的突出代表是新加坡仲裁模式,很好地借鉴吸收了两大法系的优势。[②]

二、建立协同型仲裁模式的建议[③]

仲裁制度以意思自治为基本原则,使得仲裁天然地具有当事人主义倾向,许多仲裁机构的仲裁规则也倾向于更充分地保障当事人的意思自治。但我国成文法环境和相关法律规定又决定了职权主义的合理性。因此,吸收两种模式之长处,既充分发挥仲裁机构及其仲裁庭的主观能动性,又保障当事人最大限度的意思自治,打造具有自身特色之新的仲裁模式,将成为打造仲裁公信力的有益尝试。协同型仲裁模式就是这样一种模式。

所谓协同型仲裁模式就是在充分保障当事人意思自治(特别是辩论权和处

---

① 参见《仲裁法》第四十三条第二款、第四十四条和第五十五条;关于简易程序的规定则见于各仲裁机构的仲裁规则,一般以案件标的额为标准,低于一定标的额之案件按照简易程序仲裁。

② 参见吴正坤:《新加坡国际仲裁中心 2007 年仲裁规则述评》,载《北京仲裁》2008 年第 2 期;廖雪钰:《国际商事仲裁协议法律适用规则的最新发展——基于英国与新加坡的实证研究》,载《商事仲裁与调解》2021 年第 3 期。

③ 本部分内容借鉴田平安先生关于诉讼模式的观点,参见田平安主编:《民事诉讼法学》(第 4 版),法律出版社 2015 年版,第 45 ~ 54 页。

分权)前提下,针对因仲裁程序复杂化和专业化所造成的当事人行使权利的困难(如举证方面)和因当事人滥用程序权而导致的案件迟延、成本剧增等弊端,为促进案件事实真相的发现、节约时间资源和成本,而确定仲裁庭和当事人协同行使仲裁权利和履行仲裁义务的一种新型仲裁模式。

建立协同型仲裁模式,应当是成文法国家的仲裁制度之趋势,因为这种模式可以最大限度地发挥两大法系之长处。但在我国,由于相当部分仲裁人缺乏制度自信的原因,加上法律人共同体对仲裁程序的评价往往是以一审诉讼程序作为标准,[①]大多数的国内仲裁事实上只能选择职权主义模式。基于这一现实,尝试建立协同型仲裁模式具有重要意义。

(一)模式要点

建立协同型仲裁模式,需要把握两个关键点:

一是确定仲裁庭积极性的“度”,也就是仲裁庭在仲裁中的权力行使的范围。仲裁庭的权力行使主要在程序的运行和案件事实的发现方面,要严格限定在仲裁协议、仲裁请求和仲裁规范(主要是《仲裁法》和仲裁规则)范围内。无论是行使何种具体权力,仲裁庭行使权力的根本目的都在于使仲裁程序顺利进行,以查明事实、确认民事权利义务关系而解决纠纷。仲裁庭的权力来自当事人的授权(包括仲裁机构依据当事人的授权进行的指定)和法律的授权,因此并不享有法官依法享有的某些权力(如追加当事人、传唤证人、制裁违法行为),也不得干涉当事人就某些事项另行约定(如仲裁规则的适用甚至法律的适用)。仲裁实务中常见的仲裁庭权力之滥用往往是仲裁员不恰当地将自己当成了法官所致。

二是明确当事人在仲裁中的权利和义务。只强调当事人权利而不强调当事人义务,必然会导致当事人权利的滥用——法律保护当事人的自由,但不保护当事人自由的滥用。只强调当事人的义务,而忽视当事人权利,就会出现当事人意思自治落空的危险,这同样与现代仲裁的发展潮流是相违背的。因此,

---

① 如关于证据制度,宋朝武教授指出:“仲裁机构、仲裁员和人民法院似乎是集体失语,大家理所当然地在仲裁程序中直接适用民事诉讼证据制度的有关规范,这似乎也成为了某种仲裁习惯。”参见宋朝武:《仲裁证据制度研究》,中国政法大学出版社 2013 年版,第 23 ~ 24 页。

仲裁庭必须明确告知当事人的权利和义务——尤其是当事人与仲裁庭协力促进仲裁的义务,使仲裁程序按照协同型模式顺利进行。

(二)制度建设

具体而言,建立协同型仲裁模式,在制度建设上可以如下考虑:

第一,基于仲裁是解决私权纠纷,而当事人对争议中的私权享有处分权的特点,在仲裁中应严格尊重当事人的处分权:仲裁只能由当事人提起;仲裁庭只对当事人提出的仲裁请求进行处理;申请人撤回申请应无任何障碍;当事人可以放弃仲裁请求、与对方当事人和解;等等。在当事人处分权范畴内,仲裁庭一律不得干预。这也是仲裁之本质所决定的——当事人的处分权是仲裁法律制度的基石之一。

第二,作为裁判基础的事实,由当事人与仲裁庭以及当事人互相之间协同发现:其一,在辩论主义(仲裁庭只能通过当事人的辩论来采信作为裁决基础的证据)和职权主义(仲裁庭可以依职权查明案件事实)二者之间,鉴于国内仲裁的当事人很难有对等的对抗能力,因此应当结合二者来尽可能发现案件事实;其二,在发现案件事实的制度设计上,从严控制仲裁庭收集证据,仲裁庭收集调取证据必须严格依当事人申请而为,且只有在当事人确因客观原因不能完成举证责任时,才能决定去收集。

第三,在程序的设计运行上,应当依照案件性质的不同而设计不同的程序规则,如金融仲裁规则、知识产权仲裁规则、海事海商仲裁规则等。在适用这些程序的过程中,应确定当事人与仲裁庭协力促进仲裁之义务。就仲裁庭的促进义务而言,案件受理后,根据案件性质、标的额大小、复杂程度,仲裁庭应当决定是采取必要的准备措施(如庭前证据交换、争点的确定),还是直接进入案件的开庭程序。为了协助当事人辩论,弥补当事人仲裁能力上的不足,需要保留一定的释明权,或说增加仲裁庭的阐明义务。释明权,指在纠纷解决过程中,为救济当事人因举证或辩论能力上的不足,在当事人的主张不明确或者有矛盾、或者不正确、或者不充分时,纠纷解决机构可以依据职权向当事人提出关于事实及法律上的质问,促请当事人进一步提出证据,进一步澄清其主张,引导和协助当事人就案件事实和相关的证据问题进行充分的辩论，以查明案件事实的权能。[①] 释明权问题将在后面章节专门探讨。就当事人促进义务而言，仲裁机构应当在仲裁规则中明确规定当事人诚信义务、及时提出证据资料的仲裁义务等。

（三）模式优点

协同型仲裁模式的优点主要体现在：

第一，建立协同型仲裁模式有利于防止仲裁制度内在的实质不公正之缺陷。首先，当事人仲裁能力上的不平等，决定了仲裁中的当事人责任原则只具有相对意义，仲裁庭不应以私权自治为借口放弃自己作为裁判者维护公正的责任。其次，仲裁中的证据资源是有限的，举证是有条件的，为了保障作为裁判基础之事实的真实性，要求充分保护和运用证据资源，为此要求仲裁庭对当事人收集证据进行必要的协助。再次，《仲裁法》很少的程序条文决定了法律规范的稀少，必须要借用诉讼法的法律规范才能更好地完成仲裁，协同型模式可以将法理依据不足的"借用"软化为"借鉴"，如通过征得当事人同意借鉴诉讼程序的做法推进程序，显然更有利于实现仲裁的自身价值。最后，每一个社会的仲裁资源都是有限的，这就要求仲裁资源的使用既符合高效率的要求，又要保障其产出的"公共产品"是优质的。而当事人基于仲裁利益上的对立，在仲裁中的活动往往具有利己倾向，当事人滥用程序权利就成为仲裁中比较常见的现象，由此导致了仲裁的迟延和成本的增加，甚至导致结果的不公。这就要求仲裁庭加强对程序的管理和对当事人行为的约束。

第二，建立协同型仲裁模式有利于提升裁决质量，提升仲裁公信力。仲裁公信力不会仅仅因为仲裁机构是法定的裁判者，其裁决有国家强制力作后盾而自然产生。仲裁公信力主要来自其裁决自身的公正性、合理性和纠纷解决的高效性：公正合理的裁决具有满足人的社会需要的特性。从仲裁模式的现实来看，那种将程序的运行和作为裁判基础之事实的来源完全归由当事人决定的模式，在仲裁中就难免出现因当事人的仲裁技巧相差过大或一方违反诚信的行为

---

① 参见田平安主编：《民事诉讼法学》（第4版），法律出版社2015年版，第258页；江伟主编：《民事诉讼法学原理》，中国人民大学出版社1999年版，第197页。

而导致不公正的仲裁结果发生之情形,不但违反社会正义,而且损及仲裁机构公信力。而那种片面强调仲裁机构权力的职权主义模式,又会导致无视当事人主体地位、压制或剥夺意思自治的现象发生,同样不利于公正裁决。

第三,建立协同型仲裁模式有利于高效率地利用有限的仲裁资源。协同型仲裁模式通过加强仲裁庭的指挥权和当事人的程序上义务,保障了仲裁迅速且有条理地进行,从而提高了效率,可以为商事主体提供更为优质的纠纷解决服务。实践证明,认为仲裁是当事人自己的事、强调仲裁庭消极中立、程序的进行放任当事人决定的做法必然导致仲裁的拖延和高成本,最终损害的是仲裁机构的影响力。

第四,协同型仲裁模式有利于建立良性的运行机制。这一模式对当事人和仲裁员提出了协助进行仲裁的义务。当前,我国民众普遍欠缺仲裁法律知识,解决纠纷时不愿支付律师费用,证人拒绝作证或作伪证的现象多发,加之仲裁法律文书不公开,导致不了解、不遵守《仲裁法》和其他法律的现象比较普遍和严重,而商事活动中存在的缺乏诚信的情况甚至已经严重影响市场经济秩序。在这样一种大背景下,强调仲裁员、当事人和其他诉讼参与人协同仲裁的义务,实质上是强化法律杠杆在构建符合社会正义的社会秩序和经济秩序方面的调控作用。

需要强调的是,协同型仲裁模式的建立,更多是为了查明案件事实,但仲裁庭完全可以更进一步,在法律适用上也充分发挥当事人的意思自治,以进一步增强仲裁裁决之可接受性。

从国内仲裁的实践特别是各仲裁机构仲裁规则的内容看,北京仲裁委员会的《仲裁规则》(2015 版,2022 版予以保留)事实上已经提出了这方面的要求,其第二条“本规则的适用”增加了第三款和第四款,第三款规定:“本规则未明确规定的事项,本会或者仲裁庭有权按照其认为适当的方式推进仲裁程序,以促使当事人之间的争议得到高效和公平的解决”;第四款规定:“本会、仲裁庭、当事人及其代理人均应当本着诚信、善意、合作及妥善解决纠纷的原则适用本规则。”这里增加的两个条款清楚地体现了前面笔者建议的协同型仲裁模式的两个关键点。

第二章

国内仲裁法律制度基本理论

仲裁作为一种与诉讼并行的纠纷解决制度,其基础理论应当具有与诉讼制度相似的深度和广度。但目前关于国内仲裁的理论研究尚未形成自己的体系,许多基础性的问题还远未达成共识,无法满足实践需要。实际上,正如在仲裁界享有盛誉的陈福勇博士所观察到的那样:"仲裁在每一个国家都是一个相当神秘的领域,通常只有少数圈内人知道仲裁到底是什么样的。"[①]笔者认为,仲裁具有与诉讼不同的特性,因而仲裁理论具有与诉讼理论不同的特殊性。其特殊性的依据在于:前述的仲裁基本制度和特有制度形成了与诉讼制度根本不同之制度体系,二者基础不同,制度内容不同,因而仲裁制度存在大量无法借鉴诉讼制度理论的内容,如仲裁协议的效力、仲裁规则的适用和仲裁庭的组成等,需要有自己的理论体系支撑。

从我国仲裁实践来看,早期的商事仲裁是极力借鉴诉讼制度理论的,连对当事人的称呼都直接使用诉讼用语。如中国国际贸易促进委员会(中国国际商会)第二届第一次常务委员会会议于 1994 年 3 月 17 日修订并通过的《中国国际经济贸易仲裁委员会仲裁规则》,对当事人的称谓为"申诉人"和"被诉人",仲裁申请称为"申诉",反请求称为"反诉";使用"管辖""仲裁案件的管辖权"之类的词汇;特别是第三节使用的"审理"作为该节节名,[②]开了仲裁机构仲裁规

---

① 陈福勇:《未竟的转型——中国仲裁机构现状与发展趋势实证研究》,法律出版社 2010 年版,第 102 页。

② 河山、肖水:《仲裁法概要》,中国法制出版社 1995 年版,第 163 ~ 177 页;肖永平编著:《中国仲裁法教程》,武汉大学出版社 1997 年版,第 304 ~ 315 页。

则中使用“审理”一词的先河。但当时《仲裁法》还没有颁布,国内仲裁“或裁或审”原则还未确立,而且中国国际经济贸易仲裁委员会是后来《仲裁法》中明确的涉外仲裁机构,与国内仲裁有很大的差别。遗憾的是,这一切并没有随着《仲裁法》的颁布实施而得到清理,而是被忽视了。时至今日,国内几家顶级仲裁机构在仲裁规则中仍然使用着诉讼用语,如在仲裁费用的负担方面不约而同地使用了“胜诉方”“败诉方”这样的诉讼用语。须知仲裁毕竟不同于诉讼,不应当像诉讼那样用胜诉方或败诉方来称呼当事人。可喜的是,国内一些仲裁机构已经开始了独立的仲裁理论的探索与实践。

出于实务的需要,本章尽可能简洁地概括一下我国国内仲裁的基本理论,以及这些理论与诉讼理论的异同。其中有部分观点是笔者个人一己之见,是为了弥补国内仲裁理论研究不足而抛砖引玉,其中不乏一些可能过于前卫的观点,希望通过同行的批评而有益于完善国内仲裁理论体系。

第一节　基本理念和概念

如前所述,国内仲裁指一国国内的仲裁机构对该国的当事人在该国国内经济贸易活动中发生的争议所进行之仲裁,或指解决本国当事人之间没有涉外因素的国内民商事纠纷之仲裁。

一、仲裁法律关系

仲裁法律关系,指仲裁法调整的权利义务关系,包括仲裁参与人(指当事人和鉴定人、证人等其他参与人)与仲裁机构(及其内部组织如仲裁庭,下同)之间的权利义务关系和仲裁参与人相互之间的权利义务关系,以及仲裁机构和当事人分别与人民法院之间的权利义务关系。[①] 探讨仲裁法律关系是为了更好地研究仲裁权利义务,以促进仲裁机构正确行使仲裁权,促进仲裁当事人正确行使

---

① 参见江伟、肖建国主编:《仲裁法》(第3版),中国人民大学出版社2016年版,第99页;李政、徐秋菊、韩红俊编著:《仲裁法学》,中国政法大学出版社2009年版,第40页。笔者增加了与人民法院之间的关系作为一家之言。

请求权和抗辩权及正确履行仲裁义务，促进其他参与人正确行使仲裁权利并履行仲裁义务，最终公正合理地仲裁纠纷，保护当事人的合法权益。

仲裁法律关系由主体、内容和客体三个要素组成。通常而言，仲裁法律关系主体指仲裁权利义务的承担者，包括仲裁机构和仲裁参与人；仲裁法律关系内容指仲裁主体所享有的仲裁权利（包括仲裁机构的权力）和应履行的仲裁义务（包括仲裁机构的职责）；仲裁法律关系客体是仲裁法律关系内容所指向的对象，即案件所要解决的纠纷。这里的客体不同于诉讼法上通说所称的法律关系客体系所指向的“物”或“行为”。既然主体之目的是解决纠纷，将纠纷（表现为案件）这一权利义务指向的目标作为仲裁法律关系客体是合适的。民事诉讼理论中也有学者持类似观点。[①] 除通常情况外，人民法院在涉及仲裁证据保全、仲裁财产保全、申请撤销仲裁裁决和申请不予执行仲裁裁决等活动时，也是仲裁法律关系的主体，依法享有审查、裁定的权力，其义务则是正确、合法、及时地完成《仲裁法》和《民事诉讼法》赋予的职责，不得拖延和随意拒绝仲裁机构和当事人的合理要求，配合仲裁程序的顺利进行，实现法律规定之目的。[②]

仲裁法律关系与诉讼法律关系相比，其最大之不同在于自愿原则的体现：仲裁法律关系主体基于意思自治原则而享有远比诉讼法律关系主体大得多之权利。当事人参与诉讼法律关系不需要什么特殊约定作为前提条件，而参与仲裁法律关系必须自愿形成书面的仲裁意思表示，在中国内地的语境下还必须自愿约定仲裁事项并自愿选定法律关系中的另一重要主体——仲裁机构，此三者缺一不可；当事人之外的其他主体也同样须自愿才能参与到仲裁法律关系中来，如证人须自愿作证而没有诉讼中证人负有的义务（《民事诉讼法》第七十五条规定：“凡是知道案件情况的单位和个人，都有义务出庭作证”，而《仲裁法》并无类似规定），如仲裁机构除必须履行其职责之外也以自愿为基础——仲裁规则如何制定需要仲裁机构在法律规定范围内的意思自治，组成仲裁庭的仲裁员须自愿参加仲裁而不能强行选定或指定，等等。换言之，在仲裁法律关系上，潜在的主体是权利本位的主体，具有诉讼法律关系的潜在主体所不享有之意思自治权利，直接决定着仲裁法律关系能否形成。例外的是人民法院这一特殊主

---

① 参见田平安主编：《民事诉讼法学》（第 4 版），法律出版社 2015 年版，第 44 页。

② 参见姜宪明、李乾贵主编：《中国仲裁法学》，东南大学出版社 1996 年版，第 184 页。

体,其参与仲裁活动完全是职责所定,与自愿原则无涉。

二、仲裁标的

标的是民商法上的重要概念,也是《民法典》第四百七十条规定的合同条款应当包括的内容。《现代汉语词典》对标的的注释为:靶子;目的;指经济合同当事人双方权利和义务共同指向的对象,如货物、劳务、工程项目等。[①] 学者们一致表述为:标的是合同的权利义务所指向的对象,是一切合同的主要条款;没有标的,合同的权利义务就失去所指,合同也不能成立和履行[②]。但学者们关于标的所指向之对象是静态的物、行为、无形财产还是动态的给付则存有争议。

标的这一实体法上的概念也是程序法上的重要概念,因此有诉讼标的和仲裁标的的概念。

(一)仲裁标的概念

仲裁标的理论与诉讼标的理论有相通之处。但诉讼标的理论之分歧很大且至今仍然没有达成共识[③],传统的民事诉讼教科书之通说常常将诉讼标的定义为"当事人之间发生争议,并且提交法院予以审理并作出裁判的民事法律关系"[④],这一概念因识别标准而分歧丛生。此前学界关于仲裁标的之权威概念

① 中国社会科学院语言研究所词典编辑室编:《现代汉语词典》(第6版),商务印书馆2012年版,第84页。

② 王利明、房绍坤、王轶:《合同法》(第4版),中国人民大学出版社2013年版,第79页;崔建远:《合同法》(第2版),北京大学出版社2013年版,第65页;杨立新:《合同法》,北京大学出版社2013年版,第91页;隋彭生:《合同法要义》(第4版),中国人民大学出版社2015年版,第60页。

③ 参见吴英姿:《诉讼标的理论"内卷化"批判》,载《中国法学》2011年第2期;梁开斌:《民事诉讼标的理论争鸣的终结》,载《甘肃政法学院学报》2009年第4期;程春华:《论民事诉讼中诉讼标的与诉讼请求之关系——兼论法官对诉讼请求变更及诉讼标的释明权之行使》,载《法律适用》2014年第5期。

④ 田平安主编:《民事诉讼法学》(第4版),法律出版社2015年版,第250页。另参见何文燕、廖永安:《民事诉讼理论与改革的探索》,中国检察出版社2002年版,第111页,该书对此理论缺陷进行了深入分析;笔者赞同其观点。也有学者认为:仲裁标的是指仲裁机关可得仲裁的事项。参见王利明:《海峡两岸仲裁立法的比较研究》,载《法学评论》2004年第1期。笔者认为此观点易于与仲裁范围相混,或疑是"仲裁的标的"之误。范明辛教授区分了诉的标的与诉讼标的,认为"诉的标的是原告因其合法权益受到侵犯或发生争议等情况自行提出的,诉讼标的是依双方当事人讼争焦点(情况)和人民法院依照法律确定的"。参见范明辛:《诉与诉权刍议》,载《法学家》1998年第4期。

是:“当事人请求仲裁委员会裁决的财产权利义务关系,称为仲裁标的。”[①]本书参考审判实践和仲裁实践,借鉴新诉讼标的理论(诉讼法而非实体法识别标准)的“二分支说”[②],定义仲裁标的为:当事人因纠纷而在向仲裁机构申请仲裁时,所提出的仲裁请求和事实理由。

在民事诉讼理论中,诉讼标的是整个诉讼的核心,是当事人争议和法院审判的对象[③],被当作识别此诉与彼诉、另行起诉、诉的变更和既判力客观范围四大问题的试金石[④]。这四大问题同样也是仲裁实务界经常面临的问题,但由于仲裁自身的理论体系没有建成,因此面对这些问题难以给出令人满意的回答,陷入了尴尬境地:仲裁同样需要识别何为“一事不再理”的“一事”、解决另行申请、仲裁请求的变更和仲裁裁决效力之客观范围等问题,但既不能照搬诉与诉权的理论,又缺乏自身独立的理论来回答所面临的问题。本书之仲裁标的定义同时确定了识别标准为仲裁请求和事实理由,其中事实理由即当事人争执的权利义务关系,此为仲裁标的的前提和基础;仲裁请求则是仲裁标的的核心。仲裁请求和事实理由二者之一发生变化即形成另一仲裁标的。

(二)仲裁标的之意义

仲裁标的理论是仲裁基本理论体系的重要组成部分,对仲裁实践具有三方面极为重要的意义[⑤]:

1. 仲裁标的是仲裁活动的中心,是仲裁机构处理和裁决的对象。基于意思自治原则,仲裁协议未约定的事项,以及当事人没有主张的权利或事项不能成为仲裁机构处理和裁决的对象。这里例外的是仲裁费用的承担问题。当事人往往在仲裁请求中要求对方承担仲裁费用,许多仲裁机构也认为当事人应当表明关于仲裁费用承担的主张,但这是没有必要的。仲裁费用是为解决争议而产

① 河山、肖水:《仲裁法概要》,中国法制出版社1995年版,第1页。

② 参见江伟主编:《民事诉讼法学》(第3版),北京大学出版社2012年版,第26~28页;田平安主编:《民事诉讼法学》(第4版),法律出版社2015年版,第251页。

③ 江伟主编:《民事诉讼法学》(第3版),北京大学出版社2012年版,第23页;田平安主编:《民事诉讼法原理》(第6版),厦门大学出版社2015年版,第46页。

④ 吴英姿:《诉讼标的理论“内卷化”批判》,载《中国法学》2011年第2期。

⑤ 参见何文燕、廖永安:《民事诉讼理论与改革的探索》,中国检察出版社2002年版,第113页。

生的费用,无论当事人是否主张,其承担已经由仲裁规则作了规定,只需按照仲裁规则办理即可。

2. 仲裁标的直接反映当事人之仲裁目的和案件性质,是仲裁机构决定适用普通程序还是简易程序,以及收取仲裁费数额的主要依据,也是指定仲裁员时考虑仲裁员专业方向的依据。

3. 仲裁标的决定"一事不再理"原则的贯彻和裁决效力范围,《仲裁法》第九条第一款规定:"……裁决作出后,当事人就同一纠纷再申请仲裁或者向人民法院起诉的,仲裁委员会或者人民法院不予受理。"判断是否同一纠纷,确定裁决之效力范围,均需要以仲裁标的为标准。仲裁标的相同之案件为同一纠纷,仲裁标的不同之案件则是不同纠纷。

笔者认为,仲裁标的作为重要的基础性概念,对于实务中许多问题的解决有着极为重要的决定性意义。以当事人的请求不能得到仲裁庭支持的裁决主文为例:对此类案件,人民法院通常是从程序上驳回起诉或从实体上驳回诉讼请求;但仲裁机构应当如何表述,《仲裁法》没有明确规定,国内绝大多数仲裁机构的仲裁规则也未作规定。实务中很多仲裁机构的裁决结果表述为"驳回仲裁请求",个别仲裁机构较为谨慎,表述为"驳回仲裁申请"。就前者"驳回仲裁请求"而言,驳回仲裁请求是对实体权利义务的处分,仲裁一裁终局制度和裁决书自作出之日起即发生法律效力的特点决定了当事人所主张的实体权利主张不能成立,而且无法再获得程序法上的救济。这里与人民法院的驳回诉讼请求不同的是,人民法院判决驳回诉讼请求的,当事人可以上诉;如果是因为证据不足未获支持,通常当事人不但可以提起上诉,在补充了证据后还可以在判决生效后通过再审制度获得救济。两相对比,仲裁的驳回仲裁请求因为完全缺乏救济而存在极大的弊端。就后者即"驳回仲裁申请"而言,这种表述为当事人以后寻求救济埋下了伏笔,降低了当事人实体权利消灭的风险。这里与人民法院裁定驳回起诉不同的是:人民法院裁定驳回起诉是对不符合《民事诉讼法》规定的起诉条件、本应不予受理的案件进入程序后的补救,通常不会进入实体审理;而仲裁机构则是在进行完了实体处理后,仅仅为了避免制度设计上的特点变成缺陷而有意识地表述为未进行实体处理。这种自相矛盾难以自圆其说,况且也无法与真正不应当进行实体处理但已经受理的仲裁案件的处理区别开;更大的麻烦是一般的当事人(包括大多数律师代理人)面对一份清楚叙述了实体处理过程和裁决理由的驳回仲裁申请的裁决书，无法理解当事人的主张是否还有救济途径及如何救济。仲裁机构显然不便于在送达时向当事人解释这一点。但以本书之仲裁标的理论为依据，上述两种结果的缺陷可以得到相当程度的完善，当事人可以获得救济途径。

例如，对于"驳回仲裁请求"，由于仲裁标的由仲裁请求和事实理由两者组成，二者之一改变则仲裁标的改变（成为另一个纠纷），因此，如果当事人提供了新的证据，虽然仲裁请求没有变化，但事实理由显然有重大变化，当事人申请仲裁是基于新的仲裁标的，是一个新的纠纷案件，这样并不违反"一事不再理"原则。这可以有效地解决仲裁制度一裁终局导致缺乏救济而存在的大弊端，也避免了"驳回仲裁申请"所存在的自相矛盾。不仅如此，由于仲裁机构可以在作出"驳回仲裁请求"时引用此仲裁标的理论解释当事人还可以行使的救济权利，这将大大增强当事人选择仲裁制度的信心。由此可以看出，仲裁制度具有自己的基础理论多么重要。

另外，仲裁机构仲裁案件是基于当事人的申请，其居中处理案件的机会源于当事人之授权，作出"驳回"之意思表示显然过于强势，权力意味过重。因此，笔者认为，裁决主文中之"驳回"（无论是驳回仲裁请求还是仲裁申请）不妥，应表述为"对×××的仲裁请求（或仲裁申请）不予支持"为宜。

（三）仲裁标的与标的物

合同之标的如果是物，则通常称为标的物。标的物是法律关系主体间权利义务所指向的对象之承载者，属于法律关系客体的有形载体。正如崔建远先生所指出的，其实《合同法》第十二条[①]以及相关合同法解释中所称的"标的"与"标的物"并未加以区分，故有"标的的数量和质量"的提法[②]。另外，除借贷关系等以货币为标的物之情形外，买卖合同等类的标的物不包括价款。如房屋买卖合同，标的物是房屋，而不包括房屋价款。

仲裁标的所指向之对象如果是物，同样也称为标的物。仲裁标的是每个案件都必须具备的，但不是每个案件都有标的物，如请求确认代理合同无效的案

---

① 现为《民法典》第四百七十条。

② 崔建远：《合同法》（第2版），北京大学出版社2013年版，第65页。

件,其仲裁标的是代理法律关系及仲裁请求,但并无具体标的物。

三、仲裁权利能力和仲裁行为能力

仲裁权利能力,也称当事人仲裁权利能力或者当事人能力,是指成为仲裁当事人,享有仲裁权利和承担仲裁义务所必需的仲裁法上的资格[①]。这是民事权利能力在仲裁中的体现。换言之,具有民事权利能力即具有仲裁权利能力。基于意思自治原则,有些非法人组织如业主大会和业主委员会,以及后面提到的其他非法人组织,虽然不像法人具有完全权利能力,但也可以具有仲裁权利能力,成为仲裁当事人。《仲裁法》第二条所列的仲裁当事人包括"公民、法人和其他组织",就清楚地表明这一点。

仲裁行为能力指当事人能够以自己的行为去行使仲裁权利、履行仲裁义务的资格[②]。通常具有完全民事行为能力即具有仲裁行为能力,而民事行为能力若有欠缺(如无行为能力或限制行为能力)则完全不具有仲裁行为能力。《仲裁法》第十七条第二项规定"无民事行为能力人或者限制民事行为能力人订立的仲裁协议"无效。仲裁协议无效,自然无法通过仲裁程序解决纠纷,这一规定清楚地将无行为能力或限制行为能力的人排除在仲裁行为之外。意思自治原则是仲裁制度的核心,行为能力不足则直接影响意思表示的效力。可见,在签订仲裁协议方面,限制行为能力即视为无仲裁行为能力,这体现出仲裁行为能力不同于民事行为能力的地方。这是因为仲裁主要是为商事主体提供服务的,法律对商事主体往往有高于一般主体的注意义务要求,因此行为能力方面不能有瑕疵。

但这里需要区分的是,对仲裁行为能力的要求始自签订仲裁协议时而不是仅仅指参与仲裁程序时。如当事人在签订仲裁协议时具有仲裁行为能力但其后因故失去行为能力,则其虽然已不具有仲裁行为能力,但此前的仲裁协议效力不受影响,如需参与仲裁活动,可以由其法定代理人代其参加。

当事人的仲裁行为能力既是对仲裁协议效力进行判断的前提,也是仲裁程

---

① 江伟、肖建国主编:《仲裁法》(第3版),中国人民大学出版社2016年版,第103页。

② 河山、肖水:《仲裁法概要》,中国法制出版社1995年版,第76页;另参见江伟、肖建国主编:《仲裁法》(第3版),中国人民大学出版社2016年版,第103页。

序中具有当事人资格的前提。

四、仲裁参与人①

仲裁参与人指除仲裁机构、仲裁员和仲裁秘书之外，参与仲裁活动中，享有一定权利、负有一定义务的组织和自然人。仲裁参与人包括当事人、代理人、证人、鉴定人和翻译人员等。

（一）当事人

仲裁当事人是仲裁法律关系之必不可少的主体，指仲裁协议的签订者在因约定的仲裁事项发生纠纷后，以自己的名义向约定的仲裁机构申请仲裁或因对方申请仲裁而被仲裁机构通知参加仲裁的自然人或组织。

以自己的名义向约定的仲裁机构申请仲裁的一方当事人称为申请人，因申请人申请仲裁而被仲裁机构通知参加仲裁的一方当事人称为被申请人。依据仲裁协议约定的情形，申请人或被申请人都既可能是自然人，也可能是法人或非法人组织；既可能是单独的自然人或组织，也可能是几个自然人或几个组织共同组成；一方当事人是一人以上（或双方均为一人以上）时该一人以上的一方当事人为共同仲裁当事人。**共同仲裁当事人在选定仲裁员时视为一方当事人，如果共同仲裁当事人中的各方意见不一致则由仲裁委员会主任指定。这种情况下，为公平起见，对方亦不能选定仲裁员，而都委托仲裁委员会主任指定为宜。**②

非法人组织签订仲裁协议和参加仲裁，分两种情况：

---

① 参见河山、肖水：《仲裁法概要》，中国法制出版社1995年版，第75页；周庆主编：《仲裁法学》，郑州大学出版社2010年版，第113页；肖建国主编：《仲裁法学》，高等教育出版社2021年版，第104～107页。

② 此为笔者个人意见。但国际商会国际仲裁院似乎亦持此观点，国际商会仲裁规则针对多方当事人明确规定要求多方当事人应当共同选定一名仲裁员；在多方当事人未能选定一名仲裁员且各方当事人不能就仲裁庭的组成达成一致意见时，由仲裁院委任仲裁庭全部成员。参见《国际商会仲裁规则》（2012版）第十条。国外亦有此方面的反面例子，即因为共同仲裁人一方无法达成一致意见而未能行使选定仲裁员权利，因而对对方行使选定仲裁员权利不满而提出程序不当，结果法院认为这剥夺了当事人指定仲裁员的权利，影响公正裁决。参见［英］艾伦·雷德芬、马丁·亨特：《国际商事仲裁法律与实践》（第4版），林一飞、宋连斌译，北京大学出版社2005年版，第181页。

一是具有相当行为能力的非法人组织,即合法成立、有一定的组织机构和财产,但又不具备法人资格的组织,包括:依法登记领取营业执照的个人独资企业,依法登记领取营业执照的合伙企业,依法登记领取我国营业执照的中外合作经营企业、外资企业,依法成立的社会团体的分支机构、代表机构,依法设立并领取营业执照的法人的分支机构,依法设立并领取营业执照的商业银行、政策性银行和非银行金融机构的分支机构,经依法登记领取营业执照的乡镇企业、街道企业,其他符合"合法成立、有一定的组织机构和财产"条件的组织。这类非法人组织视为具有仲裁行为能力。至于因此而可能产生的财产不足以承担裁决义务的问题可以在裁决的执行程序中向设立该组织的法人或出资的自然人主张。《民诉法解释》第四百七十一条规定:"其他组织在执行中不能履行法律文书确定的义务的,人民法院可以裁定执行对该其他组织依法承担义务的法人或者公民个人的财产。"

二是法人的不符合前述情形的内设机构或派出机构,如建设领域中施工企业的科室或项目部。这类机构通常也以自己的名义与相对人开展交易,签订合同。如果这类机构签订了仲裁协议,应当参照《民法典》第一百七十二条表见代理的规定①,认定仲裁协议有效。此类案件的当事人是这类机构所属的法人,这是仲裁机构受案进行形式审查时需要注意的。但法人有权就对方的相信理由提出抗辩。如抗辩成立,仲裁机构应当认定仲裁协议无效。

我国的《仲裁法》没有规定第三人制度。因此,对有的案件中出现的对于当事人争执的仲裁标的提出全部或部分权利主张之人(等同于诉讼中的有独立请求权之第三人),除非其加入仲裁的书面请求得到了申请人和被申请人书面同意(此时视为三方当事人达成了书面仲裁协议),才可以作为共同申请人参加仲裁,并与申请人一方共同行使选定仲裁员的权利;否则其只能通过诉讼向仲裁当事人主张自己的权利。至于其他的对于当事人争执的仲裁标的负有义务之人(等同于诉讼中的无独立请求权第三人),则不得根据当事人的申请通知其加入仲裁;但如该第三人书面自愿加入仲裁并得到了申请人和被申请人的书面同意,则可以作为共同被申请人加入仲裁,并与被申请人一方共同行使选定仲裁

① 《民法典》第一百七十二条规定:"行为人没有代理权、超越代理权或者代理权终止后,仍然实施代理行为,相对人有理由相信行为人有代理权的,代理行为有效。"

员的权利。上述书面意思表示必不可少,否则会产生争议,也有违仲裁意思自治的本旨[①]。此时的第三人有可能产生共同当事人之间的权利义务纠纷,出现多方当事人之间互提仲裁请求的特殊情形。但无论如何,此时的仲裁仍然只有申请人和被申请人,并没有第三人,无须借助诉讼中之第三人概念来论述其权利义务。很多学者和实务工作者热衷于探讨仲裁中的第三人问题[②],笔者认为此值得商榷。

通常仲裁协议的当事人即仲裁案件的当事人,但有两种例外情形:一是仲裁协议的当事人不再具有行为能力(包括自然人失去行为能力,以及自然人死亡和法人或其他组织终止),则自然人的法定代理人或协议当事人的权利义务继受者为事实上的仲裁当事人;二是合同权利义务转让时,受让人为当事人,但要注意受让人的意思自治,若受让人对仲裁协议不知情或表示了反对,则会导致合同中的仲裁协议对其不具有效力。《仲裁法解释》第八条和第九条对此作了规定。

(二)代理人

《仲裁法》第二十九条规定:"当事人、法定代理人可以委托律师和其他代理人进行仲裁活动。……"由此可知,仲裁制度中的代理制度也适用民法基本理论中的代理,即仲裁代理人分两种:基于法律规定的法定代理人和依据当事人(包括当事人的法定代理人)授权的委托代理人。

仲裁中的法定代理人常见的有两种情形:一是当事人在签订仲裁协议后失去行为能力的情形(如因意外事故或疾病而失去行为能力),此时其配偶或父母、成年子女等监护人可以作为法定代理人参加仲裁;二是合同权利转让(纯受益行为)的受让人为限制行为能力人或无行为能力人(未成年人或失去行为能力的成年人),由其配偶或父母、成年子女等监护人作为法定代理人参加仲裁。

---

① 参见宋连斌主编:《仲裁法》,武汉大学出版社2010年版,第166~167页。

② 参见张建华:《仲裁新论》,中国法制出版社2002年版,第196~200页;笔者赞同该学者的论断。关于仲裁第三人的争论及其评析,另参见江伟、肖建国主编:《仲裁法》(第3版),中国人民大学出版社2016年版,第116页;陈小平:《仲裁法新论》,贵州人民出版社2002年版,第154~161页;刘彤、张瑜:《从国际仲裁第三人规则看我国相关制度的构建》,中国仲裁法学研究会2019年年会暨第十二届中国仲裁与司法论坛优秀论文。

作为一种常见的中国现象,一些家长在购置商品房时将房屋所有权人写成未成年的孩子。这种买卖行为发生争议时也需要法定代理人参加解决。法定代理人不仅享有仲裁程序中的一般性权利,而且还可以根据其自身意愿处分被代理人的实体性权利,如承认、变更、放弃仲裁请求,以及请求或接受和解或调解[①]。但仲裁机构需要注意的是,如果法定代理人处分被代理人的不动产等重大权益(如子女中的一人为监护人,其欲处理被监护的父母之房产),要注意《民法典》第三十五条规定的“监护人除为维护被监护人利益外,不得处分被监护人的财产”。如监护人处理被监护的父母之房产至少需要征得其他子女的同意。

委托代理人指接受当事人的委托,以代理人身份参加仲裁活动的自然人。仲裁中的委托代理人具有不同于诉讼中委托代理人的特点:一是只要委托行为有效,仲裁庭不必审查代理人的身份和与被代理人的关系,这是尊重当事人意思自治的表现;二是对于书面授权的要求无须如诉讼般严格要求有“特别授权”,当事人授权“全权代理”“代理仲裁”或“特别代理”的,基于商事习惯,即可视为具有程序上和实体上的处分权,包括选定仲裁员、申请回避以及承认或放弃或变更仲裁请求、进行和解、提起反请求等[②]。

但如果出现代理权限变更或解除的情形,仲裁机构应当要求当事人书面明确代理人的代理权限和代理期限,并通知对方当事人,以避免对此前仲裁行为的争议,从而提高裁决的可接受性。

《仲裁法》第二十九条规定:“……委托律师和其他代理人进行仲裁活动的,应当向仲裁委员会提交授权委托书。”该条对委托代理人的身份未设限制条件。除非仲裁机构的仲裁规则对于代理人的人数和身份有明确规定,否则当事人有权自己决定代理人及人数。代理人可以收集证据,按照仲裁机构的规定查阅同本案有关的材料。

---

① 江伟、肖建国主编:《仲裁法》(第3版),中国人民大学出版社2016年版,第119页。

② 此为笔者个人意见,但实践中依此办理尚未遇到当事人的反对意见或被质疑违反程序,以下提到笔者个人意见时均同此。而依通常的理解,对于仲裁的授权要求几乎完全等同于诉讼,要求明确特别授权的内容。参见国务院法制办公室编:《中华人民共和国仲裁法注解与配套》,中国法制出版社2008年版,第34~35页;河山、肖水:《仲裁法概要》,中国法制出版社1995年版,第75页。当然,如果仲裁规则中规定了与民事诉讼法同样的要求,则应依照规则办理。

(三)其他仲裁参与人

其他仲裁参与人主要指证人、鉴定人和翻译人员。仲裁参与人是仲裁活动不可缺少的参与者。他们虽然与纠纷不存在直接的经济利益关系,但有着间接的社会利益关系。仲裁参与人的参与有助于仲裁机构查清事实、克服一些障碍(语言或证据等方面)从而公正、高效地解决纠纷。因此,仲裁参与人在仲裁活动中应当享有一定权利,同时承担一定的义务。《仲裁法》在第二十三条提及证人、第四十四条提及鉴定人,仲裁规则一般会有涉及翻译人员的规定。

由于仲裁制度的特点,如仲裁不公开进行、专家裁案等,因此仲裁参与人具有不同于诉讼参与人的特点,而且仲裁中无须单独列出勘验人,这主要是由商事合同的特点所决定的。因为普通勘验是仲裁庭根据案件需要进行的仲裁行为,如承揽合同中仲裁员到现场观察了解定作物的现状等有关情况;而复杂勘验通常由鉴定人完成。[①]

1. 证人。证人指了解仲裁案件的有关情况并自愿向仲裁庭提供言辞证明的自然人或因保存某些仲裁案件所需的证明材料而自愿向仲裁庭提供的组织,以及因为具有纠纷所涉领域专业知识而以专家身份向仲裁庭提供意见的专业人士。后一种证人称为专家证人。

对于证人,仲裁制度首先强调的仍然是自愿。由于仲裁的制度设计并不像诉讼那样具有较大的强制性,因此知道案件有关情况的人并不负有出庭作证的义务。仲裁庭也无权传唤自然人证人,或要求有关组织提供其保存的证明材料(但有关国家机关如市场监管部门或城市建设管理部门负有保障国家法律实施的义务,因而对于仲裁庭的要求应当予以支持)。这是仲裁制度自治性的一个重要表现。

证人提供证言,往往为人忽视的是在对方当事人对其提出真实性和关联性异议时,必须证明自己有证明资格——基于什么原因而了解案件的有关情况和有什么证据证明这一点,否则对方当事人的异议成立,其证言不应当被仲裁庭采信[②]。

---

① 此为笔者个人意见。

② 此为笔者个人意见。

2. 鉴定人。鉴定人指取得鉴定人执业证书,在鉴定机构中执业,具有专门知识或技能,对仲裁活动中涉及的专门性技术问题进行科学鉴别和判定的专门技术人员。

仲裁机构应当设立鉴定机构名册,供当事人在需要对专门性问题进行鉴定时选择。仲裁庭决定同意鉴定,应当明确鉴定的具体目的并告知鉴定机构;在选定鉴定机构之后,提交鉴定的证据材料均应经仲裁庭组织当事人确认其真实性及与需要鉴定事项的关联性,而不能笼统地将所有证据材料交给鉴定人了事,这是需要特别强调的。因为鉴定人并不清楚案件争点所在,也难以全面掌握所有证据材料之间的关系和证据材料的真实性,不明确鉴定目的、证据材料真实性和关联性则鉴定意见会引起很多争议,不仅会降低效率,还会影响事实之认定。仲裁实务中也常常会因此而导致仲裁裁决之可接受性大受影响。

鉴定人需要遵守回避制度,对了解的案件情况保守秘密,实事求是地进行鉴定,并根据需要参加开庭;开庭中要听从仲裁员指挥,接受当事人及其代理人与鉴定有关的询问。

当事人对鉴定结论提出确有理由的异议,如鉴定人不具备相应资格或鉴定机构执业资格发生了变化等,鉴定结论不应采信。仲裁庭可以根据当事人的申请重新安排鉴定。此时会涉及鉴定费用负担的问题,鉴定机构应当根据仲裁机构的要求将鉴定费用退还预交人。

鉴定人与专家证人不同。专家证人是应一方当事人或仲裁庭邀请而出庭作证的专业人士,鉴定人则仅指仲裁庭要求作出鉴定意见并根据需要出庭说明的专业人士。

3. 翻译人员。翻译人员指可以根据仲裁庭要求,将仲裁庭使用的语言翻译成当事人需要的语言,或将当事人的语言翻译成仲裁庭使用的语言之专业人员。翻译人员既可能翻译言辞,也可能翻译文字材料。翻译人员必须具备相应的资格条件。

翻译人员需要遵守回避制度,听从仲裁员指挥,帮助仲裁庭完成仲裁工作。另外,翻译人员必须对了解的案件情况保守秘密。

五、仲裁行为[①]

仲裁行为指仲裁主体实施的能够产生仲裁上法律效果之行为，包括仲裁委员会解决纠纷的各种行为和当事人及其他仲裁参与人的各种行为。

（一）仲裁委员会之行为

仲裁委员会之目的是公正及时地解决纠纷，因此其各种行为都是围绕这一目的进行的。仲裁委员会为解决纠纷所实施的具体职权行为包括：

1. 受案。重点是形式审查，包括对书面仲裁协议的存在、仲裁请求和事实理由、仲裁事项、是否有权仲裁的审查。此外，决定受案后，还要决定是否适用简易程序，并按照规定收取仲裁费。

2. 送达。这里的送达仅指受案后组庭前向申请人送达的受理案件通知书和向被申请人送达的仲裁申请书，以及向双方送达的仲裁规则、仲裁员名册和组庭通知书等；不包括组庭后仲裁庭向当事人和参与人送达的各种通知和文书。

3. 组庭。组织当事人选定或委托指定仲裁员组成仲裁庭，并将组庭结果通知当事人。

在此过程中，不同的案件还可能存在当事人文书瑕疵的处理、协助保全、仲裁协议效力异议的处理、回避申请的处理、答辩书的送达、先行调解等行为。上述1～3项仲裁委员会的仲裁行为，由仲裁委员会内设的职能部门及工作人员具体实施。

4. 庭前准备。包括接受当事人提交的证据材料、组织当事人确定举证期限和证据交换时间、确定开庭期日和地点并通知到当事人和仲裁庭成员。其中对仲裁请求变更的受理、反请求申请的受理、相关准备或答辩时间的确定、举证期限的重新确定等也均在此期间进行。

5. 开庭。包括对回避申请的处理、仲裁庭调查、鉴定申请的处理、当事人辩论、仲裁庭行使释明权、当事人陈述最后意见等。

6. 裁决的作出。包括当事人自行和解后出具裁决书或调解书、经调解达成

---

① 为避免分歧，在本书其他部分所称的仲裁机构在本部分和仲裁权部分均明确为仲裁委员会。

调解协议后出具调解书、仲裁庭评议后作出裁决书草案、核阅后签发裁决书、仲裁员签名、仲裁委员会盖章等。

在此过程中,不同的案件还可能存在相关证据的调取、现场勘验、组织调解、中止程序、仲裁申请或反请求申请的撤回、相关通知或文书的送达等。上述4～6项行为以及组庭后向当事人和参与人送达的各种通知和文书由仲裁庭实施,实则由仲裁员和秘书(包括记录人员)具体实施。但有的案件中会出现仲裁员更替的情形,那就需要仲裁委员会主任和相关内设职能部门按照规定重新组庭。

7. 后续事项。包括结案文书(包括裁决书、调解书、决定书)的送达;卷宗的归档。有的案件当事人不服裁决可能向人民法院申请撤销仲裁裁决,或请求不予执行仲裁裁决;人民法院可能通知仲裁庭重新仲裁,可能根据需要要求仲裁委员会作出说明或调取案件卷宗;等等。

(二)当事人之行为

当事人的仲裁行为指当事人为解决纠纷所为的与仲裁有关之行为,这些行为通常会产生一定的法律后果。

当事人行为要充分体现意思自治。仲裁制度最本质的特征和基础是尊重当事人意志之自愿原则,也即意思自治。根据《仲裁法》的规定,当事人之间的纠纷(或将来可能发生的纠纷)是否选择仲裁方式解决,选择哪家仲裁委员会解决,仲裁庭如何组成和由哪些或哪位仲裁员组成,仲裁的程序和方式等,均需要当事人在自愿的基础上协商确定。仲裁需要当事人以其行为来推动,离开了当事人的行为,仲裁既不可能提起,也不可能进行下去。仲裁当事人以自己的行为体现其意思自治,并且其行为会发生当事人追求的效果及法律规定的效果。

但仲裁毕竟是法律制度。除法律允许当事人自主决定的事项外,还有一些仲裁行为是当事人必须配合仲裁委员会完成的,其行为的后果也是法律规定而不允许当事人自行约定的。而且即便是当事人自主决定的行为,其后果也不完全取决于当事人的意志。如当事人提出回避申请的行为,即由仲裁委员会主任(主任担任仲裁员之特殊情况下由仲裁委员会集体)根据案件事实情况决定其后果。

1. 当事人自主协商之具体行为。可以按照时间顺序对当事人直接产生法律后果之行为进行如下划分：

(1)仲裁开始前的行为

①签订仲裁协议；

②对纠纷自行和解并准备请求仲裁委员会依据和解协议出具裁决书。

(2)仲裁中的行为

①选定仲裁员以组成仲裁庭；

②协商确定仲裁方式(是否主动适用简易程序,是否书面仲裁,是否公开开庭仲裁)；

③协商确定举证期限；

④协商确定具备鉴定资格的鉴定人；

⑤达成和解协议或调解协议；

⑥协商仲裁费用的负担。

2. 当事人自主之非协商行为：

(1)向人民法院申请仲裁前证据保全或财产保全；

(2)提起仲裁申请；

(3)预交仲裁费；

(4)提出仲裁证据保全或财产保全申请；

(5)提交答辩书或提交反请求申请；

(6)提交对仲裁协议的异议(向仲裁委员会或人民法院申请确认效力)；

(7)参加开庭(对席仲裁)或拒绝参加开庭(缺席仲裁)；

(8)提出回避申请(对仲裁庭成员、仲裁秘书、记录人、鉴定人、翻译人员等)；

(9)提交证据和进行质证；

(10)变更仲裁请求；

(11)仲裁庭开庭中的自认；

(12)撤回申请和撤回反请求申请；

(13)辩论终结时表达最后意见。

3. 仲裁程序后之行为：

(1)履行仲裁裁决；

(2)向人民法院申请执行仲裁裁决；

(3)向人民法院申请撤销仲裁裁决;

(4)向人民法院申请不予执行仲裁裁决。

(三)其他仲裁参与人的行为

其他参与人作为仲裁法律关系的参加者,需要按照仲裁庭的要求为一定行为(出庭参加仲裁活动、完成各种协助仲裁庭查明事实的工作等),并依法履行保密等义务。

六、纠纷之可仲裁性

纠纷之可仲裁性也称为仲裁范围,指依据法律可以通过仲裁解决的纠纷范围①;也有人将此称为仲裁对象②。《仲裁法》第二条规定:“平等主体的公民、法人和其他组织之间发生的合同纠纷和其他财产权益纠纷,可以仲裁。”第三条规定:“下列纠纷不能仲裁:(一)婚姻、收养、监护、抚养、继承纠纷;(二)依法应当由行政机关处理的行政争议。”这样的规定表明,立法者一开始就意识到需要明确争议的可仲裁性,划定仲裁可以解决的纠纷范围,因此在总则部分用两个条文从正反两方面进行了界定。同时,《仲裁法》第七十七条规定:“劳动争议和农业集体经济组织内部的农业承包合同纠纷的仲裁,另行规定。”这也是从反面进一步明确了民商事仲裁的范围。

(一)可仲裁性的特点

1.法定性,即纠纷是否可以仲裁必须依照法律规定判断。有学者认为:“可仲裁性问题本身也属于公共政策范畴。”③可仲裁性的首要特点是其法定性。当

---

① 江伟主编:《仲裁法》,中国人民大学出版社 2009 年版,第 149 页;李政、徐秋菊、韩红俊编著:《仲裁法学》,中国政法大学出版社 2009 年版,第 33 页;另参见欧明生:《民商事纠纷可仲裁性问题研究》,浙江大学出版社 2013 年版,第 3~4 页。

② 姜宪明、李乾贵主编:《中国仲裁法学》,东南大学出版社 1996 年版,第 55 页;杨荣新主编:《仲裁法理论与适用》,中国经济出版社 1998 年版,第 54 页。

③ 于喜富:《国际商事仲裁的司法监督与协助——兼论中国的立法与司法实践》,知识产权出版社 2006 年版,第 209 页;另参见欧明生:《民商事纠纷可仲裁性问题研究》,浙江大学出版社 2013 年版,第 114 页。

事人在签订仲裁协议时不得违反法律的明确规定,否则约定无效;仲裁机构受理案件,也不得违反法律的明确规定,否则对不具有可仲裁性之争议作出的仲裁裁决不具有法律效力。如《仲裁法》所明确规定的禁止由民商事仲裁机构进行仲裁的纠纷主要有四类:第一类是与身份关系有关的纠纷,即《仲裁法》第三条第一项规定的内容。《民事诉讼法》第三条将民事争议区分为"财产关系和人身关系"两大类,同为民事程序法的仲裁法律制度仅处理其中的财产关系部分。人身关系方面的争议因为涉及公共利益、社会秩序和公共道德,法律不允许当事人擅自处分而设定了种种限制,其纠纷的解决需要代表国家的司法机关按照更严格的程序进行处理,仲裁机构不能介入当事人没有完全的处分权之争议。第二类是行政争议,即《仲裁法》第三条第二项规定的内容。这类行政争议由于是发生在行政管理中,当事人之间是管理与被管理关系而非平等主体关系,而且争议事项通常涉及公共利益,因而不是当事人之间可以自行处分的,因此需要排除在仲裁范围之外。第三类是劳动争议。第四类是农业集体经济组织内部的农业承包合同。这两类纠纷另有专门法调整:劳动争议由《劳动争议调解仲裁法》调整;农业承包合同纠纷由《农村土地承包经营纠纷调解仲裁法》调整。从这两种仲裁的性质上讲,实质属于行政仲裁[①],因此由行政机关设置仲裁庭进行处理,而且作出的裁决不具有终局拘束力,法律允许当事人对仲裁裁决不服时向人民法院起诉。此外,有一些法律明确规定由人民法院主管的案件也不具有可仲裁性,如破产纠纷由法律规定为专属管辖(《企业破产法》第三条规定:"破产案件由债务人住所地人民法院管辖"),便不具有可仲裁性。当然,破产案件因为破产债务人存在大量潜在债权人,难以一一形成书面仲裁协议,事实上也根本无法仲裁处理。

2. 民商性(争议权益的可处分性)。《仲裁法》第一条规定的立法目的是"公正、及时地仲裁经济纠纷",表明仲裁范围是限于"经济纠纷",也即现在通常称的"民商事纠纷"。按照"法无禁止即自由"的原则,当事人在不违反法律规定的前提下,签订合同时有权决定自己将来可能发生的纠纷是否交由仲裁机构仲裁,或在遇到其他财产权益纠纷时决定是否签订仲裁协议以提交仲裁。如知识产权领域的著作权和专利权之许可合同、转让合同当然可以仲裁,专利和

---

① 河山、肖水:《仲裁法概要》,中国法制出版社1995年版,第53页。

商标侵权纠纷作为财产权益纠纷,如果当事人愿意选择仲裁也完全可以仲裁[①]。但因为商标权和专利权效力引发的纠纷依法属于行政机关决定的事项,不能申请仲裁。随着社会和经济的发展,权利内容和表现形式不断增加,而且随着改革开放的深入,许多争议也越来越难以仅凭法律的概括性规定来明确其性质。但争议的民商性(具体表现为当事人对争议的权益享有完全的处分权)是可仲裁性的一个鲜明特点,如果纠纷不具有此特点就不具有可仲裁性。

(二)可仲裁性的判断标准

仲裁机构对于当事人约定提交自己仲裁的纠纷是否可以受理,需要有明确的标准。

1. 纠纷为财产关系。这里没有特别强调主体的平等性,是因为平等性本身就需要进行界定,容易产生分歧。强调财产关系是为了排除纯人身关系的各种纠纷,突出仲裁为城乡工商界提供服务的特性。但与人身关系有关的纯粹财产关系,如因为生命权、健康权侵权行为造成的债权债务纠纷(如交通事故人身损害赔偿,医疗事故纠纷等),以及婚姻关系解除后单纯的财产分割纠纷、家庭分家析产纠纷等传统民事纠纷,如果当事人愿意选择仲裁方式,仲裁机构可以受理。

2. 纠纷为可处分性私权利。出于维护公共利益的考量,涉及国家和社会公共利益的财产权益纠纷不是私权利,因而不可仲裁。这里常常出现分歧的是行政合同类纠纷。长期以来,由于行政合同在诉讼实践中迟迟没有进入行政诉讼受案范围,人民法院对行政合同纠纷作为民事案件对待,因此此类合同是否具有可仲裁性存在较大争议。实践中大多数仲裁机构认为此类行政合同中的不影响公共利益的内容可以仲裁。如城市房屋征收关系,其中征收的正当性涉及公共利益,因而不可仲裁。但如果是单纯的补偿合同之纠纷,即房产当事人已经与征收主体就补偿问题达成一致并签订了合同,在履行合同过程中发生争

---

① 有学者依据我国《商标法》(2001 年修正)第五十三条(现为 2019 年修正后的第六十条)和《专利法》(2008 年修正)第六十条(现为 2020 年修正后的第六十五条)规定认为,我国商标和专利侵权纠纷不能仲裁,值得商榷。《商标法》(2001 年修正)第五十三条和《专利法》(2008 年修正)第六十条都规定当事人可以自行协商,而且都没有规定"不得仲裁",理当可以仲裁。相似观点也存在于股票发行及交易争议和其他证券争议,学者认为《证券法》和《信托法》均没有对证券争议的可仲裁性作出规定,这其实正证明上述争议具有可仲裁性。上述有关学者的观点参见江伟主编:《仲裁法》,中国人民大学出版社 2009 年版,第 155 页。

议,此时不再涉及公共利益;如果合同当事人选择仲裁,仲裁机构便可以受理。但这类合同一旦涉及解除或无效,又会影响公共利益,因此在仲裁过程中需要特别注意可处分性私权利这一标准。另外,如果当事人对纠纷所涉及的权利不具有完全的(而非部分的)处分权,也不可仲裁。

随着经济和社会的发展,法律越来越鼓励市场主体意思自治,因此可仲裁性范围有明显的扩大趋势。在不影响社会公共利益的前提下,国内仲裁解决纠纷的种类和范围正在逐步扩大。值得注意的是,随着最高人民法院《关于审理行政协议案件若干问题的规定》自2020年1月1日实施,行政协议被重新明确,对于行政合同的可仲裁性问题需要重新审视。该审判解释第一条明确:"行政机关为了实现行政管理或者公共服务目标,与公民、法人或者其他组织协商订立的具有行政法上权利义务内容的协议,属于行政诉讼法第十二条第一款第十一项规定的行政协议。"这一解释直接将"行政管理"和"公共服务"两个有区别的目标并列,将所有具有行政法上权利义务内容的协议扩大为行政协议,纳入行政诉讼法受案范畴。特别是其中的第二十六条:"行政协议约定仲裁条款的,人民法院应当确认该条款无效,但法律、行政法规或者我国缔结、参加的国际条约另有规定的除外。"这一重要变化直接认定行政合同不具有可仲裁性,必将对国内仲裁产生重大影响,尤其是会影响公共基础设施的PPP模式①可仲裁性问题。

七、仲裁规则

(一)仲裁规则的概念和特点

仲裁规则指规范仲裁进行的具体程序及此程序中相应的仲裁法律关系的规则②,也就是仲裁机构、仲裁员和仲裁参与人在进行仲裁活动时必须遵守的准

---

① PPP(Public - Private Partnership)模式,即政府和社会资本合作,是公共基础设施中的一种项目运作模式。该模式鼓励私营企业、民营资本与政府进行合作,参与公共基础设施的建设。此前较为一致的观点是PPP模式下的纠纷具有可仲裁性。

② 宋朝武主编:《仲裁法学》,中国政法大学出版社2006年版,第42页;黄进、宋连斌、徐前权:《仲裁法学》(第3版),中国政法大学出版社2007年版,第41页;武汉仲裁委员会编:《武汉仲裁委员会仲裁规则释义及适用指南》,法律出版社2015年版,第1页。

则[①]。有研究者称:世界各国普遍认为,仲裁规则是有关仲裁立法的重要组成部分,是基本程序法[②]。

《仲裁法》第十五条第三款规定:“中国仲裁协会依照本法和民事诉讼法的有关规定制定仲裁规则。”第七十五条规定:“中国仲裁协会制定仲裁规则前,仲裁委员会依照本法和民事诉讼法的有关规定可以制定仲裁暂行规则。”根据上述的法律授权,依法成立的仲裁委员会均有权自行制定仲裁暂行规则。为了指导各仲裁委员会制定合理的仲裁规则,国务院办公厅于 1995 年 7 月 28 日发布了《仲裁委员会仲裁暂行规则示范文本》。目前各地仲裁机构的仲裁规则基本上都是在这个示范文本基础上制定的。

仲裁规则具有以下特点:

一是法律性。目前的仲裁学界主流观点对此认识明显不足,大多仅仅意识到其强制性[③](虽然强制性是法律特性之一),这表明在仲裁这样一个本应当非常重视交易习惯和行业惯例的领域也普遍是仅视成文法为法律,而“否认中国社会中规范人们社会生活的习惯、惯例为法律”[④]。但仲裁规则是作为国际仲裁法的渊源的,某一特定的仲裁规则一旦为国际商事仲裁当事双方采纳,即对该当事双方和仲裁庭具有法律上的拘束力[⑤]。从英美法系的正式法律渊源的角度来看,博登海默指出:“所谓正式渊源,我们意指那些可以从体现为权威性法律文件的明确文本形式中得到的渊源。”他举出的例子是“宪法和法规、行政命令、

---

① 谢石松主编:《商事仲裁法学》,高等教育出版社 2003 年版,第 78 页;乔欣:《仲裁法学》,清华大学出版社 2008 年版,第 62 页;宋连斌主编:《仲裁法》,武汉大学出版社 2010 年版,第 45 页;周庆主编:《仲裁法学》,郑州大学出版社 2010 年版,第 36 页。

② 袁光辉主编:《仲裁理论与实务》,山东人民出版社 1997 年版,第 191 页:王敬藩:《主张与选择:中国仲裁法论》,黑龙江人民出版社 1998 年版,第 176 页。

③ 谢石松主编:《商事仲裁法学》,高等教育出版社 2003 年版,第 78 页;宋连斌主编:《仲裁法》,武汉大学出版社 2010 年版,第 46 页;周庆主编:《仲裁法学》,郑州大学出版社 2010 年版,第 37 页、第 39 页。

④ 苏力:《法治及其本土资源》(第 3 版),北京大学出版社 2015 年版,第 23 页。另外,一个有趣的例子是,本书主要参考著作之一在说明简易程序适用的两种形式时,分为“当事人合意适用”和“仲裁委员会依法适用”,对“依法适用”项下引用的依据是某仲裁委员会的仲裁规则;依规则适用在这里显然被该著作视为依法。参见江伟主编:《仲裁法》,中国人民大学出版社 2009 年版,第 190 页。

⑤ 郭寿康、赵秀文主编:《国际经济贸易仲裁法》,中国法制出版社 1995 年版,第 31 页。

行政法规、条例、自主和半自主机构和组织的章程与规章、条约与某些其他协议,以及司法先例”。[①] 显然,仲裁机构属于自主机构,其规章(仲裁规则是最主要的规章)属于正式法律渊源。从国内立法来看,由于仲裁制度作为重要民事程序制度的地位,《立法法》第十一条第十项明确“诉讼制度和仲裁基本制度”“只能制定法律”,因此,各仲裁机构依据《仲裁法》第七十五条的授权制定的仲裁规则作为仲裁制度的主要组成部分无可置疑地具有法律性。仲裁规则法律性的另一个例证是关于简易程序的设置,《仲裁法》并无简易程序的规定,《仲裁委员会仲裁暂行规则示范文本》也无此规定,但各仲裁机构为了快捷和低成本地仲裁案件,均在仲裁规则中确立了简易程序。最高人民法院《仲裁法解释》也明确“仲裁法第五十八条规定的违反法定程序,是指违反仲裁法规定的仲裁程序和当事人选择的仲裁规则可能影响案件正确裁决的情形”。这也从另一个角度证明仲裁规则的法律性。有学者认为:“仲裁规则的地位应仅次于仲裁法强制性规范和仲裁所涉及的民事实体法规范”,“仲裁规则对当事人而言具有不亚于法律的效力”[②],很有道理。

二是契约性[③]。正如最高人民法院《仲裁法解释》所明确的“当事人选择的仲裁规则”,仲裁规则是需要当事人选择的,即当事人可以在仲裁协议中选择适用的仲裁规则,这一点在涉外仲裁中有特殊重要的意义。对国内仲裁而言,通常当事人是通过选择仲裁机构而间接选定该仲裁机构的仲裁规则的,但国内已经有部分仲裁机构允许当事人选择其他仲裁规则而不仅仅限于适用自己的仲裁规则[④]。契约性也标志着仲裁法律适用的一个特点,当事人的意思自治还体

---

① [美]E. 博登海默:《法理学——法律哲学与法律方法》,邓正来译,中国政法大学出版社 2004 年版,第 429 页。

② 袁忠民:《仲裁机构的学理与实证研究》,法律出版社 2008 年版,第 49 页、第 57 页。

③ 谢石松主编:《商事仲裁法学》,高等教育出版社 2003 年版,第 78 页;宋连斌主编:《仲裁法》,武汉大学出版社 2010 年版,第 46 页;周庆主编:《仲裁法学》,郑州大学出版社 2010 年版,第 36 ~ 37 页。

④ 例如,《中国国际经济贸易仲裁委员会仲裁规则》(2015 版)第四条第三项规定:“当事人约定将争议提交仲裁委员会(指该会,下同)仲裁但对本规则有关内容进行变更或约定适用其他仲裁规则的,从其约定,但其约定无法实施或与仲裁程序适用法强制性规定相抵触者除外。当事人约定适用其他仲裁规则的,由仲裁委员会履行相应的管理职责。”再如,《武汉仲裁委员会仲裁规则》(2018 版)第三条第二项规定:“当事人约定适用其他仲裁规则,从其约定,该约定无法实施或者与仲裁地法律的强制性规定相抵触的除外。当事人约定适用其他仲裁规则的,由本会履行相应的管理职责。”

现在可以选择适用法律规范和其他规则。

(二)仲裁规则的内容

仲裁规则通常涵盖以下内容:仲裁组织、仲裁范围(可仲裁性)、仲裁协议、仲裁申请、案件受理、仲裁答辩和反请求、仲裁员选定或指定、仲裁庭的组成、开庭程序、仲裁决定和裁决的作出、送达、期间和仲裁费用等。

如前所述,国内绝大多数仲裁机构都是以《仲裁委员会仲裁暂行规则示范文本》为基础制定的,其中大部分条文是对《仲裁法》的引用,对于《民事诉讼法》相关规定引用很少,只是在实务中默认诉讼制度的规定适用于仲裁。因为许多实务中的问题,在《仲裁法》和仲裁规则中没有规定时只能从《民事诉讼法》中寻找依据。但事实上没有进入仲裁规则的《民事诉讼法》规定是不宜引用的。在这方面,如果不能意识到法律授权制定仲裁规则的意义和仲裁规则应有的内容,不能形成尽可能完备的仲裁规则,就不可能很好地发挥仲裁规则的作用。仲裁机构需要以极大的努力来完善自己的仲裁规则。包括联合国贸易法委员会的仲裁规则在内的国际上的仲裁规则通常条文简单,但其后是大量的仲裁惯例和习惯做法在支撑(也算是一种商业惯例);立足于国内仲裁实际,我们在成文法环境下需要尽可能详尽的规定以减少争议,而不能邯郸学步。

笔者认为,对国内仲裁而言,目前国内所有仲裁机构的仲裁规则都存在一个不应有的缺憾,没有在自己的仲裁规则中增加至关重要的一条:“仲裁法及本规则未规定者,本会可以根据仲裁法原则和实际需要,适用民事诉讼法有关规定。”这一表述的依据是《仲裁法》第七十五条的规定:“中国仲裁协会制定仲裁规则前,仲裁委员会依照本法和民事诉讼法的有关规定可以制定仲裁暂行规则。”这一方面授权仲裁委员会以民事诉讼法的有关规定为依据,另一方面是对仲裁必须借鉴或者使用一些两者共同概念用语这一事实的认可(如“当事人”“证据”等概念)。这可能会引发“加剧仲裁诉讼化”的担忧,但平心而论,这要比动辄感慨无法可依(或说法律规定不足)好得多,也有利于仲裁制度更好地适应我们的成文法环境。

第二节　仲 裁 权

一、仲裁权之含义

仲裁权问题可以说是仲裁界分歧最大的问题之一——无论是概念、权力性质、具体内容还是行使主体，都存在分歧和争议。就中国国内仲裁而言，仲裁权的行使主体是仲裁委员会还是仲裁庭，是争议最大并在仲裁实践中造成极大混乱的问题。部分认为仲裁权由仲裁庭行使的仲裁员按照自己的理解作出裁决，不考虑其他仲裁庭已经作出的生效裁决和仲裁委员会核阅意见，导致同一仲裁机构对案件事实基本相同的类案作出截然相反的裁决。这类现象严重影响了仲裁公信力，影响了仲裁制度的实施及其效果。

（一）仲裁权概念

关于仲裁权的概念，学者们有多种表述，如"仲裁权指仲裁委员会、仲裁庭仲裁财产权益纠纷的权力"①，"仲裁权就是指在法律授权的范围内，经双方当事人授权的仲裁庭，对当事人提交仲裁的争议作出裁决的权力"②，"仲裁权即仲裁庭所享有的对当事人提交仲裁解决的特定争议进行审理和裁决的权力"③，"所谓仲裁权，就是指仲裁主体对争议双方当事人议定由其裁决的某些民商事纠纷以第三者的身份依法作出公断的权力"④，等等。从前列表述可以看出，这

---

① 河山、肖水：《仲裁法概要》，中国法制出版社 1995 年版，第 3 页；表述相近的另参见郭寿康、赵秀文主编：《国际经济贸易仲裁法》，中国法制出版社 1995 年版，第 2 页。

② 江伟主编：《仲裁法》，中国人民大学出版社 2009 年版，第 37 页；表述相近的另参见乔欣：《仲裁权研究：仲裁程序公正与权利保障》，法律出版社 2001 年版，第 15 页；王彦、殷洁主编：《仲裁法学》，中国财政经济出版社 2002 年版，第 21 页。

③ 宋连斌主编：《仲裁法》，武汉大学出版社 2010 年版，第 150 页；相近的表述另参见杨荣新主编：《仲裁法理论与适用》，中国经济出版社 1998 年版，第 152 页。

④ 谭兵主编：《中国仲裁制度研究》，法律出版社 1995 年版，第 140 页。这里涉及常见的"审理仲裁案件"的表述。笔者认为："实行或裁或审制度"的表述而不是"或裁或判"，已经将"裁"与"审"分开了，"审"属于诉讼专用语，而且《仲裁法》通篇未提及仲裁委员会或仲裁庭"审理"案件，因此仲裁案件不能称为"审理"。本部分引用的其他学者论述也往往提及"审理"一词，特此注明。

些概念之间分歧最大的是,究竟是仲裁委员会行使仲裁权还是仲裁庭行使仲裁权。

笔者认为,就中国国内仲裁而言,仲裁权指仲裁委员会对当事人依据仲裁协议提交的纠纷进行仲裁、作出裁决之权力。这一概念强调仲裁权之行使主体是仲裁委员会而非仲裁庭,仲裁庭只是仲裁委员会职责的具体执行者,不能单独作为行使仲裁权的主体。

机构仲裁制度下,仲裁机构行使仲裁权本是共识[①]。但部分学者借鉴国际上的仲裁理论和仲裁庭主导模式,认为行使仲裁权的主体是仲裁庭而不是仲裁机构,且形成了相当部分专著和教材的通行观点[②]。本节将从法教义学立场出发,紧扣《仲裁法》详细分析为什么通行观点不能成立,以完成共识的否定之否定。

(二)仲裁权之内容

通说认为,仲裁权包含多项内容,如对仲裁协议效力的确认权、案件受理权、程序指挥权及核心的裁决权等[③]。

笔者认为上述表述不够全面,故借鉴民事诉讼法学审判权理论[④],严格对照

---

① 河山、肖水:《仲裁法概要》,中国法制出版社1995年版,第3页;谭兵主编:《中国仲裁制度研究》,法律出版社1995年版,第140页;杨荣新主编:《仲裁法理论与适用》,中国经济出版社1998年版,第127页;乔欣:《仲裁权研究:仲裁程序公正与权利保障》,法律出版社2001年版,第17页。

② 乔欣:《仲裁权研究:仲裁程序公正与权利保障》,法律出版社2001年版,第15页;王彦、殷洁主编:《仲裁法学》,中国财政经济出版社2002年版,第24页;宋朝武主编:《仲裁法学》,中国政法大学出版社2006年版,第59页;黄进、宋连斌、徐前权:《仲裁法学》(第3版),中国政法大学出版社2007年版,第62页;常英主编:《仲裁法学》(第2版),中国政法大学出版社2007年版,第142页;乔欣:《仲裁法学》,清华大学出版社2008年版,第44页;张斌生主编:《仲裁法新论》(第4版),厦门大学出版社2010年版,第107页;杨秀清、史飚:《仲裁法学》(第2版),厦门大学出版社2016年版,第77页。

③ 河山、肖水:《仲裁法概要》,中国法制出版社1995年版,第3页。也有学者将仲裁权称为仲裁管辖权,认为仲裁管辖权是指仲裁委员会对当事人之间的某些商事纠纷享有审理并作出具有法律效力的裁决的权力。参见张斌生主编:《仲裁法新论》(第4版),厦门大学出版社2010年版,第107~108页;宋连斌:《国际商事仲裁管辖权研究》,法律出版社2000年版,第39页。但笔者认为,上述的"管辖权"实为受理权,仲裁这样一种由当事人授权处理纠纷的制度不应当使用"管辖"这样有特殊含义的用语。详见本书第一章第三节有关案例中的分析。

④ 参见田平安主编:《民事诉讼法原理》(第6版),厦门大学出版社2015年版,第107~108页。

《仲裁法》条文，将仲裁权细分为以下几种：

1. 受理权，即仲裁委员会有权决定是否受理申请人的仲裁申请，包括有权核实当事人之间的仲裁协议及内容等事项，并决定预收的仲裁费用。见《仲裁法》第二十一条至第二十五条。

2. 仲裁协议效力决定权，即受理案件后，如果当事人提出仲裁协议效力异议（包括仲裁协议是否存在的异议），仲裁委员会依法作出决定的权力。见《仲裁法》第二十条。

3. 程序安排权，即仲裁委员会和仲裁庭按照仲裁规则和当事人的约定，安排正常推进程序的权力，如组庭、确定开庭时间和地点、主持开庭、作出裁决等。见《仲裁法》第四章诸条。

4. 认定事实权，即仲裁庭对当事人提交证据加以证明的案件事实予以认定或者不予认定的权力，以及认定仲裁庭是否有必要自行收集证据以查明某些事实。见《仲裁法》第四十三条至第四十八条。

5. 特定事项处理权，即仲裁委员会和仲裁庭对于仲裁程序推进过程中的一些特殊事项作出处理的权力，如仲裁员的回避、仲裁员的变更、先行裁决和裁决书补正等。见《仲裁法》第三十一条至三十七条、第五十五条、第五十六条等。

6. 调解主持权，即仲裁庭为使当事人协商达成解决纠纷的意见而主持调解的权力。依据调解协议制作的仲裁调解书与裁决书具有同等法律效力。见《仲裁法》第五十一条。

7. 裁决权。这是仲裁权的核心，包括仲裁庭在认定案件事实基础上正确适用法律对争议进行裁决和仲裁委员会在裁决书上盖章宣示对裁决结果负责。见《仲裁法》第五十三条至五十七条。

在上面法条的表述中，分别出现了仲裁委员会和仲裁庭行使相关权力的规定，似乎至少两者都是主体。但这里的关键是：仲裁委员会当然是以自己的名义行使权力，在各种文书上以冠名、落款和加盖公章等明示的方式告知相关各方。《仲裁法》第十一条第一款第一项明确规定仲裁委员会应当“有自己的名称”，从而决定了仲裁委员会可以以自己的名义行使权力并承担与行使权力相关的后果。但仲裁庭却不能以自己的名义行使权力。《现代汉语词典》“名义”

词条的解释为“做某事时用来作为依据的名称或称号”。[①]仲裁庭是一类组织形式的统称,一个组织必须有具体的名称或称号才能具有可识别性,不然就没有“以自己名义”行事的可能性。没有自己名称的仲裁庭显然无法以自己的名义对外行使权力,何况仲裁庭是临时性组织,通常在仲裁裁决作出后即告解散,表明其显然也没有可能承担后果。

二、仲裁权之性质

(一)关于仲裁性质理论的辨析

仲裁权的性质往往被错误地与仲裁性质混为一谈。谢石松教授明确指出:国际上讨论仲裁性质的各种理论其实不是在讨论仲裁的性质,而是在讨论仲裁的效力依据或是其效力渊源[②]。笔者认为,仲裁的效力依据事实上是仲裁权的效力依据,即仲裁权从何而来和何以有效,以及仲裁权属于何种性质。事实上,有些学者可能也已经意识到这一问题,如乔欣教授在探讨仲裁权的法律性质时就几乎直接将关于仲裁性质的各种理论视为关于仲裁权性质的理论,只是没有展开论证[③]。笔者赞同谢石松教授的观点,一是因为性质是一事物区别于其他事物的根本属性,一种制度的性质是其区别于其他相似或相关制度的本质属性,仲裁的性质也就是其区别于其他纠纷解决方式所具有的本质属性[④],仲裁的根本性质在于它是一种基于当事人私权利基础之上建立的争端解决机制[⑤],或

---

① 中国社会科学院语言研究所词典编辑室编:《现代汉语词典》(第5版),商务印书馆2005年版,第955页。

② 谢石松主编:《商事仲裁法学》,高等教育出版社2003年版,第9页。

③ 乔欣:《仲裁权研究:仲裁程序公正与权利保障》,法律出版社2001年版,第29页。另外,也有学者径直讨论仲裁权的性质而不谈仲裁的性质,参见杨荣新主编:《仲裁法理论与适用》,中国经济出版社1998年版,第152~154页;干俊奇主编:《仲裁法教程》,中国财政经济出版社2001年版,第3~4页。

④ 宋朝武主编:《仲裁法学》,北京大学出版社2013年版,第12页。

⑤ See Ilias Bantekas, *An Introduction to International Arbitration*, Cambridge University Press, 2015, p. 5; Margaret L. Moses, *The Principles and Practice of International Commercial Arbitration*, Cambridge University Press, 2017, p. 1. 转引自张铁铁:《我国法律制度对商事仲裁性质的误解——从临时仲裁谈起》,载《北方法学》2020年第4期。另外,谢石松教授认为,商事仲裁是商事交往中一种特殊的商事争议的法律解决方式。参见谢石松主编:《商事仲裁法学》,高等教育出版社2003年版,第9页。

其性质是法律冲突救助机制①。二是因为仲裁的性质与仲裁权的性质虽密切相关，但分别属于必须加以区分的不同范畴，不可混为一谈。笔者认为，仲裁权作为仲裁制度的核心所在，其性质决定了仲裁的性质，决定了在哪些方面和何种程度上仲裁不同于行政仲裁、诉讼、调解等纠纷解决方式。

国际上最具代表性的关于仲裁性质的理论有四种，即仲裁具有司法权性质的司法权理论、仲裁具有契约属性和特征的契约理论、仲裁来自契约又属于司法权力的混合理论和仲裁是超国家的自治体系的自治理论②。这四种理论为中国学者广泛引用，成为主流观点③。

笔者认为，从法教义学角度来看，上述四种理论是否可用来理解中国仲裁制度都值得商榷：司法权理论与契约理论都注意到了仲裁权的部分典型特征（司法权注意到裁决与司法判决相似的法律效力，契约理论注意到了解决争议基础的合意性质），但二者均过于片面，不仅无法相互说服，而且各有明显缺陷（司法权忽视了当事人授权对于仲裁权的基础性作用，契约理论忽视了国家法律对仲裁权的决定性作用）；混合理论貌似结合了前两者的突出特征并解决了

---

① 刘景一、乔世明：《仲裁法理论与适用》，人民法院出版社 1997 年版，第 41～45 页。

② 国内外最具代表性的四种理论参见韩健：《现代国际商事仲裁法的理论与实践》，法律出版社 1993 年版，第 27 页；（国内众多教科书和论著关于仲裁性质的理论均引自该书，见后释）赵威主编：《国际仲裁法理论与实务》，中国政法大学出版社 1995 年版，第 20～23 页。

③ 引用国外最具代表性的四种理论的教材或论著，笔者手头的资料如下：肖永平编：《中国仲裁法教程》，武汉大学出版社 1997 年版，第 7～13 页；刘景一、乔世明：《仲裁法理论与适用》，人民法院出版社 1997 年版，第 36～38 页；朱志国、张运所编著：《中国仲裁基础》，警官教育出版社 1997 年版，第 2～4 页；王敬藩：《主张与选择——中国仲裁法论》，黑龙江人民出版社 1998 年版，第 17～18 页；宋连斌：《国际商事仲裁管辖权研究》，法律出版社 2000 年版，第 11～22 页；乔欣：《仲裁权研究：仲裁程序公正与权利保障》，法律出版社 2001 年版，第 29～33 页；王彦、殷洁主编：《仲裁法学》，中国财政经济出版社 2002 年版，第 33～35 页；王斐弘主编：《仲裁法学》，甘肃人民出版社 2003 年版，第 31～34 页；邓杰：《商事仲裁法理论与实务》，兰州大学出版社 2005 年版，第 13～17 页；宋朝武主编：《仲裁法学》，中国政法大学出版社 2006 年版，第 5～8 页；黄进、宋连斌、徐前权：《仲裁法学》（第 3 版），中国政法大学出版社 2007 年版，第 8～12 页；常英主编：《仲裁法学》（第 2 版），中国政法大学出版社 2007 年版，第 11～12 页；乔欣：《仲裁法学》，清华大学出版社 2008 年版，第 10～14 页；江伟主编：《仲裁法》，中国人民大学出版社 2009 年版，第 16～20 页；李政、徐秋菊、韩红俊编著：《仲裁法学》，中国政法大学出版社 2009 年版，第 10～14 页；宋连斌主编：《仲裁法》，武汉大学出版社 2010 年版，第 8～13 页；蔡虹、刘加良、邓晓静：《仲裁法学》，北京大学出版社 2011 年版，第 3～5 页；欧明生：《民商事纠纷可仲裁性问题研究》，浙江大学出版社 2013 年版，第 7～24 页；杨秀清、史飚：《仲裁法学》（第 2 版），厦门大学出版社 2016 年版，第 4～9 页。

前两者的不足,但完全无法解释中国仲裁制度中明显具有自身突出特色的部分(如“或裁或审”这一立法说明中使用的语言对仲裁中“审理”理念的彻底排除以区别于司法、仲裁庭形不成多数意见时裁决按照首席仲裁员意见作出而不是一定要形成多数意见等),因而无法据此解释中国仲裁的性质;较为有说服力的自治理论立足于商事主体解决争议的基本需要以及惯例的必须性,可以在涉外仲裁中形成更多共识,但对于中国的国内仲裁显然无法解释仲裁立法的特殊安排(最重要的是排除临时仲裁)和国内司法对仲裁的实际影响力的具体情况(如不具有涉外因素的合同纠纷选择境外仲裁机构进行仲裁的仲裁协议无效①)。

国内理论界关于仲裁性质也提出来一些理论,如准司法权理论、行政权理论、民间性理论、综合性理论等②。但这些理论都没有以《仲裁法》和相关规定为基础进行有说服力的论证,难以令人赞同。

(二)适合于仲裁权性质的社会公权力理论

笔者认为,仲裁权的性质是社会公权力,即国家机构之外的社会组织以“准公共产品”供给为目的,以社会利益实现为宗旨,对组织成员所产生的影响力与支配力③;或是产生和存在于社会生活中的并对人们的社会活动具有支配作用

---

① 2013 年,最高人民法院《关于北京朝来新生体育休闲有限公司申请承认大韩商事仲裁院作出的第 12113-0011 号、第 12112-0012 号仲裁裁决案件请示的复函》指出:“我国法律未授权当事人将不具有涉外因素的争议交由境外仲裁机构或者在我国境外临时仲裁,故本案当事人约定将争议提交大韩商事仲裁院仲裁的条款属无效协议。”但 2016 年,最高人民法院《关于为自由贸易试验区建设提供司法保障的意见》第九条对此放宽了限制,规定:对在中国自贸试验区内注册的外商独资企业相互之间约定商事争议提交域外仲裁的,不应仅以其争议不具有涉外因素为由认定相关仲裁协议无效。

② 参见乔欣:《仲裁法学》,清华大学出版社 2008 年版,第 10~14 页;江伟主编:《仲裁法》,中国人民大学出版社 2009 年版,第 16~20 页;李政、徐秋菊、韩红俊编著:《仲裁法学》,中国政法大学出版社 2009 年版,10~14 页;杨秀清、史飚:《仲裁法学》(第 2 版),厦门大学出版社 2016 年版,第 4~9 页。

③ 徐靖:《论法律视域下社会公权力的内涵、构成及价值》,载《中国法学(文摘)》2014 年第 1 期。该学者认为,作为社会公权力内容之一的“准司法权”即“纠纷裁决权”是社会公权力组织解决内部成员之间或成员与组织之间纠纷的必然性权力,这既是社会自治的表现,又是缓解国家司法、行政压力的需求;且内部纠纷内部解决,还能有效突出社会公权力组织的专业优势。

的影响力,是社会主体以其所拥有的社会资源对社会的支配力①。社会公权力首先是一种经同意的权威,经过权力效力所及范围内的人和组织的同意而具有正当性和权威性;其次是一种契约性权力,社会公权力之强制力并非奠基于国家公权力所依据的暴力基础之上,而是以契约为基础。社会公权力产生于契约主体的同意,权力的强制力和支配力源于契约主体的约定②。

社会公权力具有以下特性:社会公权力的行使主体为社会组织、社会公权力的基础在于社会自治、社会公权力行使的基本依据是法律和社会组织内部章程、规则及惯例③。社会公权力的行使主体为社会组织,这是其与国家公权力相区分的一个重要标志。

大多数学者意识到了仲裁机构"民间性(非官方性)""独立性"④等性质,因此往往囿于当事人意思自治基础上的仲裁是"私权利"领域的理念,认为仲裁权既然不是国家公权力,只能是私权利,没有注意到社会公权力的理念,因此论证上往往难以自圆其说。有学者指出,私权的核心是"自由",社会权力的核心是"自治",国家权力的核心是"强制力"。仲裁权作为保障和实现意思自治的权力完全符合前述的社会公权力之性质与特征(权力产生于契约主体的同意,权力的效力源于契约主体的约定;行使社会公权力的仲裁委员会为社会组织,权力基础在于意思自治,行使权力的基本依据是仲裁法和仲裁委员会章程及规则;等等),同时又有国家公权力提供强制力(强制执行)予以保障。社会公权力的仲裁权与国家公权力的司法权(主要是审判权)相对应,但不宜被称为"准司法权",也不宜被认为是具有"民间性(或契约性)与司法性混合"的权力或是"被让渡的司法权"。仲裁委员会也不宜被简单地认为是"私法主体"。

---

① 魏静:《商会自治权性质探析》载《法学评论》2008 年第 2 期,但该学者定义的是"社会权力",笔者将"社会权力"表述为"社会公权力"。宋朝武教授主张"仲裁权可谓是一种社会权力"。参见宋朝武:《仲裁证据制度研究》,中国政法大学出版社 2013 年版,第 8 页。

② 魏静:《商会自治权性质探析》,载《法学评论》2008 年第 2 期。

③ 参见王振标:《论作为社会公权力的基层自治权之本源》,载《北方法学》2018 年第 6 期。

④ 参见谭兵主编:《中国仲裁制度研究》,法律出版社 1995 年版,第 145 页;乔欣:《仲裁权研究:仲裁程序公正与权利保障》,法律出版社 2001 年版,第 16 页;姜丽丽:《论我国仲裁机构的法律属性及其改革方向》,载《比较法研究》2019 年第 3 期。

一些重要的社会公权力需要国家通过法律承认,其行使不得违反法律规定(而不是“国家公权力不得介入”)。以仲裁为例,仲裁范围必须按照仲裁法的规定予以确定,而不得超越仲裁法规定的范围。这是仲裁制度作为立法保留内容和被列入非诉讼程序法的原因[①]。与之相似,主要行使社会公权力的民族区域自治制度和基层群众自治制度也列入立法保留内容,排除了行政法规、地方性法规和行政规章等的染指。

三、仲裁权的行使主体

就国内仲裁而言,如前所述,仲裁权的行使主体是仲裁委员会还是仲裁庭,是一个争议很大的问题。不同于多数专著和教材认为行使仲裁权的主体是仲裁庭的观点,笔者赞同的观点是:我国的仲裁权行使主体是仲裁委员会而非仲裁庭,仲裁庭作为仲裁委员会的内设组织来承担仲裁委员会职能,不能作为独立的权力行使主体[②]。理由如下:

(一)从《仲裁法》的规定看仲裁权行使主体

1. 从机构仲裁的基本制度看仲裁权

首先,我国《仲裁法》规定的是机构仲裁,所谓机构指仲裁委员会[③]。《仲裁法》第六条规定“仲裁委员会应当由当事人协议选定”;第十六条关于仲裁协议也要求有“选定的仲裁委员会”,因此,当事人选定的是仲裁委员会而非“仲裁

---

① 《立法法》第八条规定:“下列事项只能制定法律:……(三)民族区域自治制度、特别行政区制度、基层群众自治制度……(十)诉讼和仲裁制度……”此即立法保留。第九届全国人大常委会将国内法律部门分为七个,其第七个法律部门即“诉讼与非诉讼程序法”,便包括《仲裁法》;参见全国人大培训中心编:《全国人大干部培训讲义》,中国民主法制出版社 2004 年版,第 154 页。

② 谭兵主编:《中国仲裁制度研究》,法律出版社 1995 年版,第 414 页、第 416 页、第 420 页。其主要理由为:“仲裁员以仲裁委员会而非以自己的名义进行仲裁”,“仲裁权统一以仲裁委员会的名义行使”,“法律规定仲裁权由仲裁委员会行使”。另参见杨荣新主编:《仲裁法理论与适用》,中国经济出版社 1998 年版,第 127 页。其理由是,仲裁庭是仲裁机构内部具体负责审理和裁决案件的组织形式。

③ 立法过程中,1994 年 8 月 30 日,全国人大法律委员会主任薛驹在作《关于仲裁法(草案修改稿)和审计法(草案修改稿)修改意见的汇报》中说明:根据一些委员的审议意见和有关部门的意见,建议把“仲裁机构”明确规定为“仲裁委员会”。可见立法者在当初已经明确了仲裁机构的含义。参见河山、肖水:《仲裁法概要》,中国法制出版社 1995 年版,第 158 页。

庭”,解决纠纷的主体是仲裁委员会。其次,体现仲裁独立性规定的是第八条“仲裁依法独立进行,不受行政机关、社会团体和个人的干涉”。依体例解释,此条与第四条“没有仲裁协议,一方申请仲裁的,仲裁委员会不予受理”、第七条“仲裁应当根据事实,符合法律规定,公平合理地解决纠纷”,显然主体都是指仲裁委员会,是仲裁委员会的仲裁活动。最后,依据前面关于仲裁权内容的分析,《仲裁法》众多条款均规定仲裁委员会而非仲裁庭行使仲裁权,如第二十条关于当事人对仲裁协议的效力异议是由“仲裁委员会作出决定”,特别是在被申请人一收到仲裁申请书等材料即提出仲裁协议效力异议的情形,此时不可能组成仲裁庭,因为当事人(通常是被申请人)既然对仲裁协议效力有异议,自然会视解决仲裁协议效力异议是进行仲裁活动的前提条件,解决之前不会来选定仲裁员组成仲裁庭;此时只能由仲裁委员会的办事机构之内设职能部门(秘书部、受案部等)以仲裁委员会名义作出决定。即便当事人是在仲裁庭首次开庭前提出,即仲裁庭已经组成,依据《仲裁法》第十九条第二款“仲裁庭有权确认合同的效力”,对仲裁协议的效力异议似乎可以由仲裁庭作出决定;但依据第二十条“当事人对仲裁协议的效力有异议的,可以请求仲裁委员会作出决定”,规定的依然是由仲裁委员会作出决定,清楚地表明即便是仲裁庭作出决定,也是代表仲裁委员会作出的,仲裁庭只是具体承办者而已——所以有的仲裁机构在仲裁规则中规定为“仲裁委员会有权对仲裁协议的存在、效力以及仲裁案件的管辖权作出决定。如有必要,仲裁委员会也可以授权仲裁庭作出管辖权决定”①或“本会或者本会授权的仲裁庭有权就仲裁案件的管辖权作出决定”②。再如,《仲裁法》第四章第一节“申请和受理”规定的均是仲裁委员会的仲裁行为——此时亦尚未组成仲裁庭;第三十一条规定的是当事人“委托仲裁委员会主任指定仲裁员”;第三十二条规定的是“当事人没有在仲裁规则规定的期限内约定仲裁庭的组成方式或者选定仲裁员的,由仲裁委员会主任指定”,这里的指定显然既包括指定仲裁庭的组成方式也包括指定仲裁员;第三十六条关于仲裁员的回避“由仲裁委员会主任决定”或“仲裁委员会集体决定”;等等。尤其是以下五条:第三十三条通知当事人组庭情况的是仲裁委员会而非仲裁庭;第四十一条通知当事

---

① 《中国国际经济贸易仲裁委员会仲裁规则》(2015 版)第六条第一项。

② 《北京仲裁委员会仲裁规则》(2019 版)第六条第四项。

人开庭日期的是仲裁委员会而非仲裁庭——如果是仲裁庭通知,如何落款就成为问题;第五十二条和第五十四条规定调解书和裁决书要加盖仲裁委员会公章,这是宣示仲裁委员会对调解书和裁决书负责;而在文书上签名以示负责的是仲裁员而不是仲裁庭(仲裁庭无法以自己的名义落款);**特别是第五十八条,规定撤销裁决的理由之一是:“裁决的事项”是“仲裁委员会无权仲裁的”,已经明白无误地指明了仲裁权的行使主体只能是仲裁委员会;如果仲裁庭也是仲裁权的行使主体,就应当规定为“仲裁庭无权仲裁的”了。**

需要探讨的是法律规定之外的其他规定,特别是仲裁委员会的章程。按照国务院办公厅公布的《仲裁委员会章程示范文本》①,仲裁委员会会议职责里并无仲裁案件这一条,与行使仲裁权相关的规定仅有“仲裁委员会主任担任仲裁员的,决定主任的回避”。而主任会议“在仲裁委员会会议闭会期间,负责仲裁委员会的重要日常工作”,也没有明确“重要日常工作”有哪些。其办事机构的职责中规定:“(一)具体办理仲裁案件受理、仲裁文书送达、档案管理等程序性事务;(二)收取和管理仲裁费用;(三)办理仲裁委员会交办的其他事务。”显然,《仲裁法》里规定“仲裁委员会如何如何”不是指“仲裁委员会集体”而是指仲裁委员会这个机构,因此都应当由办事机构办理。

2. 对“仲裁庭仲裁纠纷时”等法条的理解

仲裁庭是仲裁委员会处理争议案件而临时设置的组织形式,承担仲裁具体案件的职责②,即在仲裁委员会受理案件后组成的负责开庭查明案件事实和作出裁决草案的临时性组织,由一名或三名仲裁员组成。正如前面分析仲裁权内容时所提及的,《仲裁法》有些条文的表述似乎是在表明仲裁庭是仲裁权行使主体,有权按照自己的意志推进程序和裁决案件。除了第十九条第二款“仲裁庭有权确认合同的效力”,在开庭和裁决一节,规定的是“仲裁庭认为有必要收集的证据,可以自行收集”;“调解达成协议的,仲裁庭应当制作调解书或者根据协议的结果制作裁决书”;“裁决应当按照多数仲裁员的意见作出……不能形成多数意见时,裁决应当按照首席仲裁员的意见作出”;“一部分事实已经清楚,可以就该部分先行裁决”;“对裁决书中的文字、计算错误或者仲裁庭已经裁决但在

---

① 苏庆、杨振山主编:《仲裁法及配套规定新释新解》,人民法院出版社1998年版,第117~120页。

② 苏庆、杨振山主编:《仲裁法及配套规定新释新解》,人民法院出版社1998年版,第393页。

裁决书中遗漏的事项，仲裁庭应当补正”……以及第六十一条关于重新仲裁的规定，规定人民法院“认为可以由仲裁庭重新仲裁的，通知仲裁庭在一定期限内重新仲裁……仲裁庭拒绝重新仲裁的，人民法院应当裁定恢复撤销程序”。按照上述规定，既然法条已经指明是仲裁庭的行为或权限，显然是仲裁庭在行使仲裁权特别是行使核心的裁决权。但这样的理解是简单地从表面看问题。如前所述，所谓仲裁权的行使主体只能是指以自己的名义行使权力的主体；仲裁庭只是仲裁委员会的一个办案组织，只能以仲裁委员会的名义行使仲裁权，而没有办法以自己的名义行使仲裁权，因为仲裁庭没有自己的名义，没有可供识别的名称。仲裁庭本身是名称，但那是一类组织的通称，如同仲裁委员会是通称一样，不是可供识别从而具有的“自己名义”。一个组织必须有自己可供识别的名称才有可能以自己的名义行使权力。所以裁决书必须冠以“××仲裁委员会裁决书”之名，按照仲裁委员会的规定载明案号，并需要加盖仲裁委员会印章以示负责。这证明，虽然法律明确规定的是仲裁庭如何行为，但该行为无法以仲裁庭的名义进行，而是以仲裁委员会的名义进行的，其法律后果也由仲裁委员会承担。这里可以佐证的是，第四十七条规定：“……辩论终结时，首席仲裁员或者独任仲裁员应当征询当事人的最后意见。”征询最后意见显然是行使仲裁权的行为，法律规定“首席仲裁员或者独任仲裁员”如何作为，并不意味着“首席仲裁员或者独任仲裁员”个人是行使仲裁权的主体——虽然一个组织行使权力一定是由具体的人来完成的，但组织和人不可以混淆。例如，“独任仲裁员”是仲裁庭的唯一组成者，但仍然必须以成立仲裁庭方式成为组织而不能以仲裁员个人名义进行。**第四十七条表明并不是法律明文规定的行为主体就是权力行使主体，特别是对独任仲裁庭不称仲裁庭而点明独任仲裁员，二者的实质区别仅仅在于名义——以组织名义还是以自然人名义。**另外，仲裁委员会以自己的名义“仲裁案件”是有坚实的法律依据的，许多法律条文——包括以前的《合同法》《物权法》，现在的《民法典》——是授权“人民法院和仲裁机构”行使审判权和仲裁权处理案件的，如《民法典》第五百八十五条第二款规定“约定的违约金低于造成的损失的，人民法院或者仲裁机构可以根据当事人的请求予以增加……”。仲裁机构如何行使权力（包括依据规则安排哪个内部组织或人员具体行使）是仲裁机构自治范围内的事，但权力行使主体只能是仲裁委员会。

3. 与审判权行使主体的对比

有人可能从《民事诉讼法》规定的“人民法院审理”而不是“审判组织(如合议庭)审理”,但《仲裁法》却规定“仲裁庭有权确认合同效力”等明确仲裁庭作为主体的行使权力行为,得出是仲裁庭而非仲裁机构行使仲裁权的结论。这同样不能成立,可以将审判权与仲裁权的运行进行对比以得出合理结论。

借鉴一下人民法院的组织形式可知:人民法院是国家审判机关,民事审判权是宪法和法律赋予人民法院所独自享有的权力,但具体审理工作必须由法官(自然人)组成的审判组织进行,据此不可以认为只有自然人组成的合议庭或者独任庭才是审判权主体而人民法院不是审判权主体。“审判组织是指人民法院对民事案件、经济纠纷案件进行审理并作出裁判的组织形式。审判组织是人民法院实现其审判职能的组织保证,在民事诉讼中,人民法院正是通过审判组织的活动,对民事、经济纠纷案件行使审判权。”[①]按照体系解释的方式分析一下《民事诉讼法》条文中的用语,如第一百四十五条的“法庭辩论终结,应当依法作出判决”,虽然没有提及审判组织(没有主语的条文也可以推知是指“人民法院”),但显然是由审判组织来完成。依笔者个人理解,法条没有提及“审判组织”,如使用“合议庭(或独任庭)审理”代替“人民法院审理”,是立法用语表达上的习惯,而不是为了强调“审理”的主语只能是“人民法院”而不能是“审判组织”或“合议庭(独任庭)”,因为第一百六十条和第一百六十五条规定了“派出的法庭审理”,第四十条第二款和第一百六十三条规定“由审判员一人独任审理”,第四十二条规定“不得由审判员一人独任审理”。

这里也曾产生过“行使民事审判权的是审判组织还是人民法院”这样的问题,因此引发了“审判权”和“审判管理权”的探讨[②]。与仲裁制度相同的是,人民法院行使审判权包括立案、管辖权异议处理和审判员回避等内容,但立案阶段合议庭和独任庭都还没有组成,决定审判员(陪审员)回避也不是合议庭的权

① 梁书文等主编:《民事诉讼法及配套规定新释新解》,人民法院出版社1996年版,第114页;相似分析和说明参见杨荣馨主编:《〈中华人民共和国民事诉讼法〉释义》,清华大学出版社2012年版,第60页;田平安主编:《民事诉讼法学》(第4版),法律出版社2015年版,第75页、第77页。

② 参见胡云腾、范跃如:《审判权与审判管理权运行机制研究》,载《人民司法(应用)》2011年第15期;蒋惠岭:《“法院独立”与“法官独立”之辩——一个中式命题的终结》,载《法律科学》2015年第1期;高欧、郭松:《审判权与审判管理权、审判监督权的关系重塑》,载《交大法学》2022年第1期。

力。关于人民法院行使审判权的较为权威表述是,“人民法院行使审判权,不是人民法院这个机构在审判,也不是法院的全体人员在审判,更不是行政科层式的机关首长负责,而是以一个个具体的合议庭、独任庭的方式完成的”。[①]但审判组织行使审判权也同样需要其他内部机构和人员协助,如行使案件受理权和审判人员回避决定权。

同样地,仲裁委员会仲裁案件也需要组织形式来作为实现其仲裁职能的组织保证,即需要有仲裁组织来实现仲裁委员会的职能。这个仲裁组织就是仲裁庭。因此,仲裁庭无法成为一个独立于仲裁委员会的组织或机构,何况也确实没有自己可供识别的名称。

认为仲裁庭而不是仲裁委员会行使仲裁权还会造成其他混乱。以《仲裁法》第六十一条关于重新仲裁的规定为例:通说认为,仲裁庭是临时性组织,在仲裁裁决作出后即告解散[②];且仲裁协议也随着裁决的作出而失去效力[③],人民法院如何通知并无具体名称和地址且已经解散的仲裁庭?通知何人就可以视为是通知到仲裁庭了?重新仲裁的仲裁庭是如何又组成的?原来的仲裁秘书(包括记录人员)并非仲裁庭成员,是否仍然应当参与重新仲裁过程?如果参与又根据何种指示或通知参与?仲裁庭如果拒绝重新仲裁,又以何种名义和方式回复人民法院?这些问题显然都无法依据这一条文给出合理解释。实际运作方面人民法院也只能是通知仲裁委员会,由仲裁委员会再组织原仲裁庭按照原仲裁协议进行“重新仲裁”。事实上,人民法院对这个问题是有着清醒认识的。《仲裁法解释》第三十条规定:“根据审理撤销、执行仲裁裁决案件的实际需要,人民法院可以要求仲裁机构作出说明或者向相关仲裁机构调阅仲裁案卷。人

---

① 蒋惠岭:《“法院独立”与“法官独立”之辩——一个中式命题的终结》,载《法律科学》2015年第1期。

② 江伟主编:《仲裁法》,中国人民大学出版社2009年版,第134页;宋连斌主编:《仲裁法》,武汉大学出版社2010年版,第34页。

③ 参见国务院法制办公室编:《中华人民共和国仲裁法注解与配套》,中国法制出版社2008年版,第52页;江伟主编:《仲裁法》,中国人民大学出版社2009年版,第115页。另外,《仲裁法》第九条第二款规定“裁决被人民法院依法撤销或者不予执行的,当事人就该纠纷可以根据双方重新达成的仲裁协议申请仲裁”,也表明裁决作出后,原仲裁协议已经失效。当然,由于仲裁协议的可分性,当事人可能就约定的仲裁事项分别申请仲裁,此时只有约定已经裁决的事项之仲裁协议部分失效,其余部分仍然有效。

民法院在办理涉及仲裁的案件过程中作出的裁定,可以送相关的仲裁机构。"这里清楚地指明"要求仲裁机构作出说明",而不是要求仲裁庭作出说明,因为是由仲裁庭还是其他内设部门来说明是仲裁委员会自己内部的事情。如果是仲裁庭行使仲裁权,那就无法要求并未行使仲裁权的仲裁机构来说明了。

(二)从仲裁委员会和仲裁庭的关系看仲裁权行使主体

主张仲裁权的行使主体是仲裁庭的代表性观点认为:仲裁委员会行使的是仲裁程序上的管理权,仲裁庭行使的是仲裁裁决权[①]。这是值得商榷的。事实上,主张上述观点者同时承认:仲裁裁决权包括案件受理权和对仲裁协议效力的裁决权[②],而案件受理权显然行使在仲裁庭组成之前;仲裁委员会是否受理案件,决定了仲裁庭能否对案件行使仲裁裁决权[③]。而从前述的《仲裁法》的相关规定可以清楚地看出:案件受理权和对仲裁协议效力的决定权属于仲裁委员会。再参考关于仲裁委员会主任指定仲裁庭组成方式和仲裁员、决定仲裁员是否回避的规定,以及仲裁裁决需要仲裁委员会审查和批准的事实[④],显然,仲裁委员会并不仅仅行使程序管理权,而是在行使仲裁裁决权,仲裁庭就是仲裁委员会的具体执行组织。从仲裁委员会和仲裁庭的关系可以更清楚地看清这一点:

第一,仲裁委员会作为机构,要完成仲裁纠纷的职责,必须依靠内部的组织和人员来具体实施。但需要说明的是,具体实施者只能以仲裁委员会的名义履行职务,而不能以内部组织或个人的名义,其行为的后果均由仲裁委员会承担。如案件受理部门工作人员的受理案件的职务行为,就是仲裁委员会的行为,而不能称是工作人员个人或案件受理部门的行为。因此,认为仲裁委员会只履行服务和管理监督职能而不具体负责仲裁案件的观点值得商榷。须知履行服务

---

① 刘家兴:《论仲裁权》,载《中外法学》1994 年第 2 期;乔欣:《仲裁权研究:仲裁程序公正与权利保障》,法律出版社 2001 年版,第 28 页;宋连斌主编:《仲裁法》,武汉大学出版社 2010 年版,第 150 页;张斌生主编:《仲裁法新论》(第 4 版),厦门大学出版社 2010 年版,第 107 ~ 108 页;涂卫:《仲裁机构监管与治理机制研究》,法律出版社 2015 年版,第 158 ~ 160 页。

② 刘家兴:《论仲裁权》,载《中外法学》1994 年第 2 期。

③ 张斌生主编:《仲裁法新论》(第 4 版),厦门大学出版社 2010 年版,第 108 页。

④ 宋连斌主编:《仲裁法》,武汉大学出版社 2010 年版,第 36 页。

和管理监督职能的也是仲裁委员会的具体内设部门(当然是常设的部门,通常是秘书部或仲裁部、业务部)。仲裁庭就是仲裁委员会具体负责处理和裁决纠纷的组织(可以称为“仲裁组织”,以对应于人民法院的“审判组织”),是由仲裁委员会在当事人选定或委托仲裁委员会主任指定后组成,并以仲裁委员会的名义行使仲裁权。所以调解书和裁决书都必须明确是仲裁委员会的裁决书和调解书,必须加盖仲裁委员会的公章,而不会是某个仲裁庭的裁决书或调解书。如果仲裁庭有自己独立的仲裁权,而该权力又是由仲裁员来行使的,是否可以认为仲裁权的行使主体是仲裁员?事实上,由于对仲裁权的行使主体究竟是仲裁委员会还是仲裁庭存在分歧,理论界也真产生了这样的问题。有学者研究仲裁监督与制约机制,最终表述的仲裁责任主体却只能是仲裁员和仲裁委员会(二者均有自己的名义),而不是学者自己主张的仲裁权行使主体仲裁庭(没有自己的名义)①。再如关于笔者不赞同的所谓仲裁管辖权的表述,有学者认为:“仲裁管辖权”“仲裁员的管辖权”“仲裁庭的管辖权”“仲裁机构的管辖权”等说法并无实质性区别②。但实务中如果仲裁庭对某起具体案件的裁决无视仲裁委员会此前的同类案例,或者仲裁庭对仲裁委员会就实体问题提请注意的建议拒绝接受而坚持自己意见,就会显现出其中的实质性差别。有学者研究认为当事人与仲裁机构之间形成仲裁管理服务合同,与仲裁庭之间形成仲裁服务合同③。但即使按照仲裁机构和仲裁庭与当事人是合同关系的观点,行使合同权利收取仲裁费的是仲裁机构,仲裁费的用途之一是支付仲裁员酬金而不是仲裁庭酬金,仲裁庭与当事人之间的合同竟然与酬金无关,反倒是仲裁机构与当事人之间的合同与仲裁费有关,这仍然表明仲裁庭是在完成仲裁机构的义务而非仲裁庭与当事人之间合同的义务。有学者从仲裁员协议角度看待“仲裁员管辖权”,认为仲裁员与当事人之间系契约关系④,更表明无法将仲裁庭作为独立主体对待。

第二,仲裁庭作为临时性组织,是在当事人选定了仲裁委员会并在向仲裁

---

① 史飚:《商事仲裁监督与制约机制研究》,知识产权出版社 2011 年版,引言第 5 页、正文第 113 ~ 128 页。括号内的内容为笔者所加以示强调。

② 宋连斌:《国际商事仲裁管辖权研究》,法律出版社 2000 年版,第 39 ~ 40 页。

③ 涂卫:《仲裁机构监管与治理机制研究》,法律出版社 2015 年版,第 158 ~ 160 页。

④ 张建华:《仲裁新论》,中国法制出版社 2002 年版,第 176 ~ 181 页。

委员会提起仲裁后才组成,虽然是当事人选定(或委托指定),但仲裁庭既无自己名义,又需要按照仲裁委员会规则(或当事人约定的其他规则)的要求行事,仲裁庭所有仲裁行为的后果也都由仲裁委员会承担,足见仲裁庭行使的是仲裁委员会的仲裁权。况且仲裁员行使权利必须以仲裁机构聘任某人为仲裁员(聘任自然是任命其代表仲裁机构行使职权)为基础,而且很多仲裁委员会都在仲裁规则中明确:仲裁裁决要经过仲裁委员会审查和批准[①];中共中央办公厅和国务院办公厅印发的《关于完善仲裁制度提高仲裁公信力的若干意见》明确要求"建立仲裁委员会对仲裁裁决的核阅制度"[②]。事实上,即使是主张仲裁庭是仲裁权行使主体的学者们也承认仲裁庭是仲裁委员会内设机关,是仲裁委员会组织结构之一[③],仲裁独立是仲裁委员会的独立,仲裁委员会是受理、裁决案件并管理仲裁程序的机构[④],仲裁庭和仲裁委员会之间是同一关系或代理关系[⑤]。既然如此,再强调仲裁庭是行使仲裁权的主体且独立于仲裁委员会不合逻辑。何况,国内那些著名的仲裁委员会为与国际接轨而成立的仲裁院或仲裁中心,虽然以新的名称(如××国际仲裁中心)开展各种活动(包括仲裁案件),但仍然必须以仲裁委员会名义作出裁决而不能以国际仲裁中心名义作出才有法律效力,更遑论仲裁庭了。

第三,当事人在仲裁协议中选定的是仲裁委员会,也就是将权利授予该仲裁委员会,由仲裁委员会来行使仲裁权这一社会公权力[⑥]。仲裁委员会得到当事人和法律的授权,只能是通过内设职能部门、具体工作人员和仲裁庭来行使。虽然仲裁庭也是由当事人约定其组成方式并选定(或委托选定)仲裁员组成,但这只是次一级的意思自治了。当事人放弃约定仲裁庭的组成方式或选定仲裁

---

① 宋连斌主编:《仲裁法》,武汉大学出版社2010年版,第36页。

② 武汉仲裁委员会(武汉国际仲裁中心)、湖北省法学会仲裁法研究会主办:《武汉仲裁》(第2辑),法律出版社2019年版,第159页。

③ 宋连斌主编:《仲裁法》,武汉大学出版社2010年版,第33~34页。

④ 江伟主编:《仲裁法》,中国人民大学出版社2009年版,第128页、第124页。

⑤ 张斌生主编:《仲裁法新论》(第4版),厦门大学出版社2010年版,第308页。

⑥ 马克斯·韦伯认为:"权力意味着在一种社会关系内,自己的意志即使遇到反对也能贯彻的任何机会,而不管这些机会建立在什么基础上。"参见[德]马克斯·韦伯:《社会学的基本概念》,胡景北译,上海人民出版社2000年版,第85页。依据这一概念,虽然当事人授予仲裁委员会的是权利,但仲裁委员会行使时成为权力。

员(视为当事人放弃了权利)的,并不影响仲裁程序的进行,但如果放弃对仲裁委员会的选定则仲裁协议无效,则根本不能进入仲裁程序。这是机构仲裁的特性,是有别于临时仲裁的重要区别。有学者表述即使当事人在仲裁协议中约定将争议提交某仲裁委员会进行裁决,该仲裁委员会也不实际地拥有仲裁权,不能对当事人之间的争议进行审议并作出裁决,因为仲裁委员会只享有法律规定的仲裁事务管理权而不享有仲裁权,仲裁庭才是既享有法律授权又有当事人授权的仲裁权行使者①。这种表述令人难以理解。如果是这样,那《仲裁法》第五十八条第二项"仲裁委员会无权仲裁的"该如何理解?况且明明是当事人在仲裁协议中授权给了仲裁机构,而且没有任何可以推定的意思表示是授权给某一仲裁庭(签订仲裁协议时仲裁庭根本不存在),并且当事人放弃选择仲裁员组成仲裁庭权利并不影响仲裁的进行,那么当事人是以什么方式授权给仲裁庭的?而没有自己名义的仲裁庭(并无法律上人格因而不具有行为能力)又怎么接受授权?

第四,从对仲裁委员会组成人员要求上来看,《仲裁法》第十二条第二款规定:"仲裁委员会的主任、副主任和委员由法律、经济贸易专家和有实际工作经验的人员担任。仲裁委员会的组成人员中,法律、经济贸易专家不得少于三分之二。"这是为了体现仲裁委员会的专业属性。仲裁委员会的组成人员应当符合仲裁员资格②,仲裁委员会主任是当然的仲裁员,所以《仲裁法》第三十六条规定:"仲裁员是否回避,由仲裁委员会主任决定;仲裁委员会主任担任仲裁员时,由仲裁委员会集体决定。"否则,如果在组庭前当事人提出仲裁协议效力异议,此时不可能组成仲裁庭,只能由仲裁委员会来作出决定,而仲裁委员会的成员不具有仲裁员水准,何以让当事人信任?此外,仲裁委员会主任是具有明确法定职责,必须介入仲裁程序的职务,要依据《仲裁法》第三十一条的规定接受当事人委托"指定仲裁员",依据第三十二条的规定"指定""仲裁庭的组成方式""指定仲裁员",依据第三十六条的规定"决定""仲裁员是否回避"。这都是

---

① 乔欣:《仲裁权研究:仲裁程序公正与权利保障》,法律出版社 2001 年版,第 26 页、第 54 ~55 页。

② 这是笔者的个人见解。但可以佐证的是,中国国际经济贸易仲裁委员会的前身对外贸易仲裁委员会成立时,仲裁员皆由仲裁委员会委员担任。参见《中央人民政府政务院关于在中国国际贸易促进委员会内设立对外贸易仲裁委员会的决定》,载中国国际贸易促进委员会编:《对外贸易仲裁手册》,法律出版社 1957 年版,第 1 ~2 页。

仲裁委员会行使仲裁权的重要内容而不能用“服务和管理监督”来涵盖。换言之,这清楚地表明,仲裁委员会并不仅仅是在仲裁程序“履行服务和管理监督职能”,而是本身就是仲裁权的行使主体,只是上述权力依法由仲裁委员会主任行使,而开庭和作出裁决草案的权力由仲裁庭行使。若仲裁委员会既不仲裁案件也不能对仲裁庭进行实质管理,对裁决结果也不能干预,那只需对仲裁员提出专业方面的要求即可,何必要求仲裁委员会由法律专家和经贸专家组成?

第五,从不同仲裁机构的比较角度来看。事实上,认为是仲裁庭而非仲裁委员会独立行使仲裁权的观点混淆了不同仲裁机构的职责。“只履行服务和帮助义务而不具体负责办理仲裁案件”是对宣传协助型仲裁机构(如香港国际商事仲裁中心,主要为临时仲裁提供服务和帮助)而言的,“只履行服务和管理监督职能而不负责解决争议”是国际上的全面管理型常设仲裁机构(如国际商会国际仲裁院)而言的①。但“不负责解决争议”似乎取决于如何解释“解决争议”与“对争议解决实施管理”。以国际商会国际仲裁院为例,虽然2012年版《国际商会仲裁规则》第一条第二款声称“仲裁院自身并不解决争议”,而只“根据仲裁规则对争议解决实施管理”,强调“由仲裁庭解决争议”,但该款同时明确“仲裁院是唯一经授权对仲裁规则项下仲裁活动实施管理的机构,包括对按照仲裁规则所作出的裁决进行核阅、批准”。再结合其仲裁规则第三十三条“裁决书形式未经仲裁院批准,仲裁庭不得作出裁决”的规定,第十四条“仲裁院……对回避申请的实质问题作出决定”的规定,第十五条“仲裁院认为仲裁员在法律上或事实上不能履行仲裁员职责,或者未按照仲裁规则或未在规定期限内履行职责时,可对该仲裁员予以替换”的规定,以及第十八条“仲裁地由仲裁院确定”的规定,足以令人相信,是仲裁机构(仲裁院)对裁决结果负责而非仲裁庭对裁决结果负责,也即仲裁院行使仲裁权而仲裁庭只负责在仲裁院管理下完成相关工作。所谓的“仲裁院自身并不解决争议”只是对其管理体制的特殊表述,笔者认

---

① 关于仲裁机构的此种分类,参见张斌生主编:《仲裁法新论》,厦门大学出版社2002年版,第182页;乔欣主编:《比较商事仲裁》,法律出版社2004年版,第40页;康明:《商事仲裁服务研究》,法律出版社2005年版,第148页;谭兵主编:《中国仲裁制度的改革与完善》,人民出版社2005年版,第153页;江伟主编:《仲裁法》,中国人民大学出版社2009年版,第127页。

为是为了避免与仲裁机构所在地法国的《民事诉讼法典》第一千四百五十一条[①]发生冲突。国内的仲裁委员会与前述两类均不相同,法律规定更是相去甚远,自然不应人云亦云,认为“仲裁委员会自身并不解决争议”。

（三）从仲裁实务看仲裁权行使主体

需要强调的是,正如本书绪论所述:本书针对的是全国范围内的普通仲裁委员会,而不仅仅是其中之佼佼者。因此,我们需要承认几个前提:一是绝大多数仲裁委员会的仲裁员欠缺基本培训是不争之事实;二是绝大多数地级市的仲裁委员会是亦步亦趋地按照人民法院民事案件一审程序来仲裁案件的;三是绝大多数地级市的仲裁委员会之案件来源不是依靠仲裁的制度优势,而是依靠人脉关系来“找米下锅”;四是仲裁制度是当事人“用脚投票”的制度,一个案件处理失当,可能让一大批潜在当事人对仲裁委员会敬而远之。

在上述前提之基础上来讨论仲裁权的行使主体是仲裁委员会还是仲裁庭,有助于我们得出理性的结论:首先,之所以强调仲裁权之行使主体是仲裁委员会而非仲裁庭,最重要的原因在于:当事人选择的就是仲裁委员会,如果仲裁结果得到当事人的认同,当事人才会在以后的合同中继续选择仲裁方式并选择该仲裁委员会处理争议,这样仲裁委员会才形成了自己的公信力。仲裁委员会在解决同类型案件中形成的具有确定性、统一性和普适性之规则可以建立起当事人对仲裁委员会的信任。如果是仲裁庭独立行使仲裁权,仲裁委员会如何保证培训不足之仲裁员组成的不同仲裁庭“同样问题同样解决”？如果某些案件的处理意见本来就有分歧,几个仲裁庭各自按照自己的理解来裁决,同样案件出现几个不同结果,当事人如何肯选择仲裁方式解决纠纷？因此,仲裁委员会必须保证是自己在行使仲裁权,在与仲裁庭的意见出现重大分歧时,仲裁庭应当服从仲裁委员会的意见;如果仲裁庭拒绝服从仲裁委员会的意见,则仲裁员可

---

① 法国《民事诉讼法典》第一千四百五十一条规定:“仲裁员之任务只能交由自然人担任,该自然人应能完全行使其民事权利。如果仲裁协议指定一法人,该法人仅享有组织仲裁之权力。”需要注意的是,依据这一规定,是仲裁员而不是仲裁庭享有仲裁权,因为仲裁庭也不是自然人。

以主动申请退出仲裁庭,或者被劝说退出仲裁庭[1]。其次,从制度设计来看,当事人不可能因为相信仲裁委员会的某个仲裁员或仲裁庭而选择该仲裁委员会。即便当事人慕某仲裁员之名而选择该委员会仲裁,除非双方当事人一致选定该仲裁员,否则该仲裁员不可能成为该案件的仲裁庭独任(或首席)仲裁员;而仲裁庭的组成就更加具有不可预见性。因此,若是一个个临时组成的仲裁庭独立于仲裁委员会而行使仲裁权,当事人基于对仲裁委员会的信任而做的选择就会完全落空,变成了需要基于对不一定由何人组成的仲裁庭的信任才能选择仲裁,这只能让当事人逃离仲裁制度。最后,仲裁庭究竟对谁负责?是对仲裁委员会负责还是直接对当事人负责?对当事人负责又是如何负责?这些问题直接涉及仲裁委员会公信力的打造。强调独立通常是因为可能有分歧,如果仲裁委员会的意见与仲裁庭的意见高度一致,是否独立就失去了谈论的必要。实践中,一个临时组成的仲裁庭必须对仲裁委员会负责,通过公正合理地仲裁纠纷(这是仲裁委员会的职责)来体现其对当事人负责,而不是独立地越过仲裁委员会直接对当事人负责——这也才符合仲裁委员会聘任仲裁员之意[2]。况且仲裁员的酬金也是由仲裁委员会支付的[3]。如果仲裁委员会聘任的仲裁员不对仲裁委员会负责,不仅逻辑上讲不通,事实上也会严重打击仲裁委员会聘任仲裁员和管理仲裁员的积极性。再者,仲裁庭对当事人负责又该怎样负责?仲裁委员会是需要对当事人负责的,希望当事人能够接受裁决结果并在此后的合同中继续选择自己来解决争议;如果一个个当事人都因为对过程和结果不满意而拒绝

---

① 此为笔者个人观点。但《国际商会仲裁院仲裁规则》(2012 年版)第十五条"仲裁院认为仲裁员在法律上或事实上不能履行仲裁员职责,或者未按照仲裁规则或未在规定期限内履行职责时,可对该仲裁员予以替换"的规定,以及《武汉仲裁委员会仲裁规则》(2018 年版)第二十七条"仲裁员在法律上或事实上不能履行其职责,或没有依据本规则的要求或在本规则规定的期限内履行应尽职责时,本会主任有权决定将其更换"的规定,是对笔者观点的有力支持。

② 曾担任中国国际经济贸易仲裁委员会副秘书长、中国海事仲裁委员会副主任兼秘书长的康明先生认为,我国所实行的机构仲裁制度中的仲裁机构与仲裁员的关系是委托关系,仲裁员不与当事人直接发生合同关系,其在仲裁中只向仲裁机构负责。笔者赞同这一观点。参见康明:《商事仲裁服务研究》,法律出版社 2005 年版,第 65 页。

③ 有人认为仲裁员酬金由当事人支付,只是由仲裁委员会从仲裁受理费中支出而已。这与事实不符。因为相当多的案件中仲裁委员会收取的全部费用尚不够支付仲裁员酬金。国外的仲裁庭可以追加收取仲裁费用,而我国的国内仲裁不可以追加,只能按照《仲裁委员会仲裁收费办法》收取案件受理费。

选择仲裁方式和选择某一个令人不满的仲裁委员会解决纠纷,那么仲裁委员会不仅是公信力受到损害,甚至生存都会成为问题。而仲裁庭即便造成仲裁委员会被市场主体抛弃这样的后果也不需要承担多大的责任,充其量只是失去了在这个仲裁委员会仲裁案件的机会。另外,即便当事人对仲裁庭满意而选择仲裁,其下一个案件又如何能保证该仲裁庭还会依原样组成或具有同样的业务水平和道德水准？特别是,在当前的法治环境下,如果当事人对仲裁裁决不服而去设立该仲裁委员会的人民政府信访,仲裁庭是否要去息访？又如何息访？

因此,正是为了打造仲裁机构的公信力,维护仲裁委员会的良好信誉和仲裁裁决的权威性,必须明确仲裁权的行使主体是仲裁委员会而非仲裁庭。也正因如此,仲裁委员会必须对仲裁裁决进行核阅(或说进行审查和批准)。当然,这一点应当在仲裁规则中载明。

本书之所以不赞同多数专著和教材关于仲裁权行使主体的意见,是因为笔者所接触的专著和教材都更愿意兼顾国内仲裁和涉外仲裁两个层面,而国际上的涉外仲裁常常因为临时仲裁的存在而强调仲裁庭之仲裁权。但临时仲裁的仲裁庭享有仲裁权不仅是因为当事人对仲裁庭的授权是完全的,也是因为仲裁庭之上没有其他行使仲裁权的机构存在,这与机构仲裁有本质上的不同。事实上,借鉴来的法律也会本土化的,中国的国内仲裁应当依照自己的法律规定来进行,必须考虑到自身所处的成文法语境。例如,《仲裁法》第二十条将确认仲裁协议效力的权力授予仲裁委员会,就与绝大多数国家和地区的直接授予仲裁员的做法不同[①]。我国这种制度设计是合理的。在当事人已经对仲裁协议效力有异议的情况下,如果仍然要求其先去仲裁委员会选定仲裁员组成仲裁庭之后再提出异议,一是会遇到当事人较大的反感和抵触,认为其意思自治受到影响；二是为仲裁委员会留下隐患,如果组成的仲裁庭认为当事人异议成立而撤销案件,那仲裁员的酬金问题就难以解决。特别是仲裁员酬金问题往往为人忽略。有人认为当事人即便去选定仲裁员组成仲裁庭也不意味着其放弃仲裁协议效力异议,仍然可以按照《仲裁法》第二十条第二款的规定在首次开庭前提出[②]。但这种情形下如果异议成立就必然产生仲裁员酬金如何处理的问题。

---

① 张斌生主编:《仲裁法新论》,厦门大学出版社 2002 年版,第 101 页。

② 张斌生主编:《仲裁法新论》,厦门大学出版社 2002 年版,第 208 页。

当然,学者们力主仲裁庭独立仲裁也可以理解。由于国内仲裁委员会是由地方政府为主成立的,尤其是绝大多数仲裁委员会人财物不能自主,因此学者们会担心仲裁委员会缺乏必要的和真实的独立性[①],希望能够通过强调仲裁庭的独立性以保持公正中立。但这里存在一个严重的逻辑缺陷:既然地方政府可能的干涉会导致仲裁委员会缺乏必要的和真实的独立性,那处处要受到仲裁委员会管理的仲裁庭如何具有这样的必要的和真实的独立性?以国际商会仲裁规则为例:《国际商会仲裁规则》第一条第二款强调"仲裁院是唯一经授权对仲裁规则项下仲裁活动实施管理的机构,包括对按照仲裁规则所作出的裁决进行核阅、批准"。第三十三条强调"裁决书形式未经仲裁院批准,仲裁庭不得作出裁决",第十四条规定"仲裁院……对回避申请的实质问题作出决定",特别是第十五条"仲裁院认为仲裁员在法律上或事实上不能履行仲裁员职责,或者未按照仲裁规则或未在规定期限内履行职责时,可对该仲裁员予以替换"的规定,可见,仲裁机构具有巨大的干预仲裁庭之权力——特别是决定性的可以替换仲裁员之权力。《中国国际经济贸易仲裁委员会仲裁规则》(2015 年版)同样规定仲裁委员会有核阅仲裁裁决书、更换仲裁员这样的权力。这种情形下仲裁庭如何保持对仲裁委员会的独立性?因此,不能因为担心仲裁委员会的独立性而无视实际情况来解释法律规定,讨论具体问题仍然需要回到《仲裁法》的规定上来,确认仲裁委员会而非仲裁庭是仲裁权的行使主体。况且,临时组织的仲裁庭比不够独立的仲裁委员会更欠缺制约措施,仅仅通过仲裁员信息披露制度和回避制度来保证仲裁员中立公正而完全不加其他监督措施[②]——因为确实也无其他稍微像样的合法的监督措施,是希望仅仅依靠仲裁员的自律自重作为保持公正独立的保障,并不现实且有违法律人的思维方式。

(四)从典型案例看仲裁权行使主体

下面的最高人民法院案例有助于我们更好地分析仲裁委员会和仲裁庭何者为仲裁权行使主体。

---

① 谭兵主编:《中国仲裁制度研究》,法律出版社 1995 年版,第 38 页。

② 张斌生主编:《仲裁法新论》(第 4 版),厦门大学出版社 2010 年版,第 148 页。

案例 仲裁机构对裁决的补正文件未经仲裁员签字,不构成生效法律文书[①]

华宇公司与纬群公司于2003年10月2日签订了《房地产合作开发合同》(以下简称《开发合同》),约定:双方共同合作开发"中加教育园"地块中相配套的房地产项目。同日,双方签订《补充协议》,约定:因纬群公司负责销售进度的执行,且纬群公司已付的1100万元作为购买55%房子的定金,故纬群公司应在项目竣工后3个月内,通过销售房子,或其他来源付清所有房款。在履行合同过程中,双方发生纠纷。纬群公司依据《开发合同》约定的仲裁条款向上海仲裁委员会申请仲裁,即(2005)沪仲案字第1070号案件。2009年9月9日上海仲裁委员会裁决结果为:一、纬群公司与华宇公司于2003年10月2日签订的《开发合同》自2005年6月2日起解除;二、华宇公司向纬群公司支付《开发合同》项下应得款项9,509,300.85元,可得利益应得款项13,240,881.16元,以及该二笔款项自2005年6月2日起至实际付清之日为止按中国人民银行同期贷款利率计算的利息;三、华宇公司应支付款项,应于裁决书作出之日起三十天内一次性给付纬群公司(仲裁费及其他费用负担略)。上述裁决生效后,华宇公司未履行裁决书确定的义务,纬群公司向苏州市中级人民法院(以下简称苏州中院)申请执行。

因华宇公司在第1070号案件中提出反请求超过了《上海仲裁委员会仲裁规则》第十七条第三款规定的时限,上海仲裁委员会未予受理,但告知其可另案申请仲裁。华宇公司于2006年9月26日依据上述同一份《开发合同》向上海仲裁委员会申请仲裁,2011年1月14日,上海仲裁委员会作出(2006)沪仲案字第1063号裁决书(以下简称第1063号裁决),裁决:一、纬群公司以购房定金名义支付的款项,华宇公司对其中的750万元,不予返还给纬群公司;二、仲裁费99,800元,由华宇公司承担29,940元;由纬群公司承担69,860元,并于裁决书作出之日起十日内一次性支付给华宇公司;三、华宇公司的其他仲裁请求事项,不予支持。华宇公司据此向上海市第一中级人民法院(以下简称上海一中院)

---

① 环中仲裁团队:《案例评析:仲裁机构对裁决的补正文件未经仲裁员签字,不构成生效法律文书》,载微信公众号"环中商事仲裁"2016年9月30日,https://mp.weixin.qq.com。

申请执行,因第1063号裁决第一项无执行内容,故该执行案件在纬群公司履行了该裁决第二项,即支付仲裁费后结案。

根据第1063号裁决,华宇公司向苏州中院提出,应该在执行第1070号裁决时扣除750万元。纬群公司不同意华宇公司的上述抵扣意见,双方发生争议。华宇公司致函上海仲裁委员会,上海仲裁委员会于2011年12月8日向华宇公司发出(2006)沪仲案字第1063号回函:"仲裁庭认为,该笔不予返还的款项,华宇公司可在与纬群公司结算合作开发款时进行抵扣"。该回函加盖了上海仲裁委员会印章,但没有仲裁庭成员签名。

苏州中院审查认为:华宇公司依据第1063号裁决向上海一中院申请执行,该院在执行第1063号裁决第二项后即结案,执行并未涉及第一项,故华宇公司依据第一项向苏州中院提出申请,请求苏州中院在执行第1070号裁决时扣除750万元合理。据此,苏州中院作出(2012)苏中执异字第008号民事裁定书,裁定华宇公司主张不予返还给纬群公司的750万元,在该院执行的(2010)苏中执字第0175号案的执行标的中扣除,扣除时间为2005年6月2日。纬群公司不服上述异议裁定,向江苏省高级人民法院(以下简称江苏高院)申请复议。2013年4月16日,江苏高院作出复议裁定,驳回纬群公司的复议申请。纬群公司向最高人民法院申诉。最高人民法院认为:根据《仲裁法》第五十六条的规定,裁决书应当由仲裁庭补正,而上述回函没有仲裁庭的仲裁员签名,不具有仲裁裁决的法律效力。因此裁定如下:一、撤销江苏高院执行裁定书;二、指令江苏高院再行审查。

【评析】 **仲裁裁决事项,应当明确、具体且具有可操作性。本案中,上海仲裁委员会作出(2006)沪仲案字第1063号裁决书,其裁决内容"纬群公司以购房定金名义支付的款项,华宇公司对其中的7,500,000元,不予返还给纬群公司",在表述方面不够直接,因而会影响裁决的可执行性。仲裁裁决事项表述内容,很大程度上也和当事人的仲裁请求如何提出有关,裁决内容是对仲裁请求的回应。当仲裁员认为仲裁请求不够明确时,可以行使释明权要求明确,以防止出现影响可操作性的裁决结果。本案中的仲裁员显然没有意识到这一点,否则完全可以表述为:"纬群公司应向华宇公司支付7,500,000元,从纬群公司以购房定金名义支付的款项中扣除。"**

仲裁裁决是由仲裁庭代表仲裁委员会作出的,因此,关于仲裁裁决补正,也

必须由仲裁员签字。本案中,上海仲裁委员会(2006)沪仲案字第1063号回函加盖了上海仲裁委员会印章,但却没有仲裁庭成员的签字。根据《仲裁法》第五十六条的规定,“对裁决书中的文字、计算错误或者仲裁庭已经裁决但在裁决书中遗漏的事项,仲裁庭应当补正;当事人自收到裁决书之日起30日内,可以请求仲裁庭补正”。由此可见,对裁决进行补正是仲裁庭的职责。

本案中仲裁委员会出具的回函被最高人民法院认为是“裁决书的补正”,这是有道理的,因为回函中称“仲裁庭认为……”但根据《仲裁法》第五十六条关于三十日内请求仲裁庭补正的规定,本案显然超出了当事人可以请求补正的时限。因此,即便仲裁庭成员签了名,本案也依然可能被人民法院认为超过补正时限而无效。需要说明的是,本案司法程序十分特殊,当事人对中级人民法院执行异议裁定不服而向高级人民法院申请复议,又对高级人民法院的复议裁定不服而向最高人民法院申诉。最高人民法院依法有权监督地方各级人民法院的执行工作,对于当事人的申诉予以受理并作出裁定。因此,本案有最高人民法院介入虽然罕见,但法律依据是充分的。

这里需要探讨的是,第一,如果华宇公司不是致函上海仲裁委员会而是致函办理案件的“仲裁庭”,应当向谁致函?向首席仲裁员致函还是向仲裁庭三名成员逐一致函?向三名仲裁员逐一致函就等于向仲裁庭致函吗?仲裁庭既已解散,其成员收函有什么意义?况且仲裁庭成员是否有权在仲裁庭解散多年后因为接到当事人致函而重新聚到一起再以仲裁庭的名义研究答复?这显然超过了《仲裁法》第五十六条规定的三十日内请求仲裁庭补正的时限。第二,即使仲裁庭形成了一致的意见,该答复意见是否需要仲裁委员会同意?如何启动程序获得仲裁委员会同意?第三,如果仲裁庭三名成员一概不理睬当事人的致函,当事人又有什么救济措施或途径?

按照仲裁庭是仲裁权行使主体的观点,上述问题都是无法合理解答的大问题。但如果认为仲裁委员会是仲裁权的行使主体,上述问题均不成问题(除非仲裁员因为各种原因无法履行职责)。事实上当事人也正是通过致函仲裁委员会得到答复的。更重要的是,《仲裁法解释》第三十条规定:“根据审理撤销、执行仲裁裁决案件的实际需要,人民法院可以要求仲裁机构作出说明或者向相关仲裁机构调阅仲裁案卷。”“要求仲裁机构说明”清楚地表明了最高人民法院的意见:既然裁决书是以仲裁委员会名义作出的,就应当是仲裁委员会说明;这里不能要求仲裁庭作出说明而是要求仲裁委员会作出说明,因为仲裁委员会应当对以自己名义作出的裁决负责。

可以大胆假设,依据最高人民法院的裁定,上海仲裁委员会完全可以由仲裁委员会自己发现该裁决存在执行上的问题,召集仲裁庭成员作出补充裁决并由仲裁员签字后交付当事人,解决华宇公司的难题。这样运用服务性权力,可以更好地得到当事人的信赖,也不辜负当事人对仲裁委员会的选择。

四、仲裁权的特性[①]

从仲裁机构的立场出发,行使仲裁权必须符合仲裁委员会之宗旨,实现仲裁委员会之目的。通说认为,仲裁权的权力来源是法律的授权和当事人的授权二者的结合[②],其中法律的授权是概括的,当事人的授权是具体的[③]。这使得仲裁权具有自己的特性——由于仲裁委员会需要得到当事人的授权(在仲裁协议中选定)才有可能行使仲裁权,因此主动权是在当事人手中。仲裁委员会行使仲裁权是当事人意思自治的结果,前提是满足当事人解决纠纷的需求以赢得当事人的认可,这表明仲裁权具有与审判权完全不同的属性,是一种服务性质的权力[④]。一旦脱离了服务性,当事人会拒绝选择仲裁方式解决纠纷从而不再给予仲裁委员会行使仲裁权的机会。而仲裁委员会必须有机会行使仲裁权才能证明自身存在的价值,完成法律赋予的职责。因此,虽然仲裁权具有权力属性,但与人民法院审判权那样的权力大相径庭。

---

① 参见江伟主编:《仲裁法》,中国人民大学出版社 2009 年版,第 35 ~ 36 页。

② 乔欣:《仲裁权研究:仲裁程序公正与权利保障》,法律出版社 2001 年版,第 15 ~ 16 页;王彦、殷洁主编:《仲裁法学》,中国财政经济出版社 2002 年版,第 22 页。

③ 于喜富:《国际商事仲裁的司法监督与协助——兼论中国的立法与司法实践》,知识产权出版社 2006 年版,第 257 ~ 258 页。

④ 康明:《商事仲裁服务研究》,法律出版社 2005 年版,第 57 ~ 75 页。另外,中共中央办公厅、国务院办公厅印发的《关于完善仲裁制度提高仲裁公信力的若干意见》明确提出:"仲裁委员会是政府依据仲裁法组织有关部门和商会组建,为解决合同纠纷和其他财产权益纠纷提供公益性服务的非营利法人。"这明确了"公益性服务"这一权力性质和权力行使主体(仲裁委员会而不是仲裁庭)。参见武汉仲裁委员会(武汉国际仲裁中心)、湖北省法学会仲裁法研究会主办:《武汉仲裁》(第 2 辑),法律出版社 2019 年版,第 158 页。

第三节　仲 裁 协 议

一、仲裁协议之概念和特征

仲裁协议是纠纷得以提交仲裁解决的前提和基础，也是排斥诉讼的依据，因此被认为是仲裁制度之基石[①]。因为仲裁协议的特殊性，仲裁协议被视为一种程序性契约[②]，即当事人以发生民事程序法上的效果为目的之协议，协议当事人之间的权利义务不是对立的而是相同的，违反此协议并不导致因违反约定而应承担的义务或责任，但相对方可以援引此协议使之发生民事程序法上之效果，实现协议目的并使违反协议方之目的不能实现。

按照国内仲裁的法律规定，笔者认为，仲裁协议是当事人自愿约定将已经发生或将来可能发生的特定纠纷提交选定的仲裁机构仲裁之书面协议。这里包含了《仲裁法》规定的仲裁协议应有内容[③]：书面形式、特定的纠纷、提请仲裁的意思表示、仲裁事项和选定的仲裁机构以及排除诉讼。

---

① 河山、肖水：《仲裁法概要》，中国法制出版社 1995 年版，第 68 页；刘敏、陈爱武主编：《现代仲裁制度》，中国人民公安大学出版社 2002 年版，第 139 页；王彦、殷洁主编：《仲裁法学》，中国财政经济出版社 2002 年版，第 94 页；邓杰：《商事仲裁法理论与实务》，兰州大学出版社 2005 年版，第 33 页；张斌生主编：《仲裁法新论》（第 4 版），厦门大学出版社 2010 年版，第 65 页；江伟主编：《仲裁法》，中国人民大学出版社 2009 年版，第 92 页；宋连斌主编：《仲裁法》，武汉大学出版社 2010 年版，第 105 页。

② 参见江伟主编：《仲裁法》，中国人民大学出版社 2009 年版，第 93 页；叶青主编：《中国仲裁制度研究》，上海社会科学出版社 2009 年版，第 74 页；周庆主编：《仲裁法学》，郑州大学出版社 2010 年版，第 133 页。

③ 《仲裁法》第二条规定："平等主体的公民、法人和其他组织之间发生的合同纠纷和其他财产权益纠纷，可以仲裁。"第三条规定："下列纠纷不能仲裁：（一）婚姻、收养、监护、扶养、继承纠纷；（二）依法应当由行政机关处理的行政争议。"第五条规定："当事人达成仲裁协议，一方向人民法院起诉的，人民法院不予受理，但仲裁协议无效的除外。"第十六条规定："仲裁协议包括合同中订立的仲裁条款和以其他书面方式在纠纷发生前或者纠纷发生后达成的请求仲裁的协议。仲裁协议应当具有下列内容：（一）请求仲裁的意思表示；（二）仲裁事项；（三）选定的仲裁委员会。"第七十七条规定："劳动争议和农业集体经济组织内部的农业承包合同纠纷的仲裁，另行规定。"

仲裁协议具有四大突出特征:一是其独立性[①]。虽然作为纠纷解决条款(或单独的协议、其他能够确定仲裁意思表示的书面材料)是为合同或某一财产权益服务的,但仲裁协议一经成立即不受所依附之合同影响。《仲裁法》第十九条第一款规定:“仲裁协议独立存在,合同的变更、解除、终止或无效,不影响仲裁协议的效力。”《仲裁法解释》第十条对此进一步扩充为:“合同成立后未生效或者被撤销的,仲裁协议效力的认定适用仲裁法第十九条第一款的规定。当事人在订立合同时就争议达成仲裁协议的,合同未成立不影响仲裁协议的效力。”二是其要式性[②]。《仲裁法》第十六条规定:“仲裁协议包括合同中订立的仲裁条款和以其他书面方式在纠纷发生前或者纠纷发生后达成的请求仲裁的协议。”这里强调“书面方式”是对仲裁协议要式性的规定,要求必须有其书面载体。这里的书面形式不仅是传统的文字记载的概念,还需要按照《电子签名法》等法律法规的规定来确认。《电子签名法》第四条对书面形式作了如下扩展:能够有形地表现所载内容,并可以随时调取查用的数据电文,视为符合法律、法规要求的书面形式。因此,当事人采用诸如短信、微信等方式进行协商并约定仲裁的,即是采用了书面形式。三是其对司法救济的处分性[③]。司法救济通常不允许当事人以约定方式排除,无论当事人是否做出过放弃诉讼的意思表示均不影响其提起诉讼的权利,这是当事人的基本权利之一,但仲裁协议具有排除诉讼之效力。当事人通过仲裁协议的签订合法处分了诉权,这是其他任何协议都不具有的特

---

① 杨荣新主编:《仲裁法理论与适用》,中国经济出版社1998年版,第168页;刘敏、陈爱武主编:《现代仲裁制度》,中国人民公安大学出版社2002年版,第150页;王彦、殷洁主编:《仲裁法学》,中国财政经济出版社2002年版,第128页;邓杰:《商事仲裁法理论与实务》,兰州大学出版社2005年版,第71页;张斌生主编:《仲裁法新论》(第4版),厦门大学出版社2010年版,第75页;江伟、肖建国主编:《仲裁法》(第4版),中国人民大学出版社2016年版,第57页;宋连斌主编:《仲裁法》,武汉大学出版社2010年版,第128页。

② 河山、肖水:《仲裁法概要》,中国法制出版社1995年版,第72页;杨荣新主编:《仲裁法理论与适用》,中国经济出版社1998年版,第158~159页;叶青主编:《中国仲裁制度研究》,上海社会科学出版社2009年版,第72~74页;周庆主编:《仲裁法学》,郑州大学出版社2010年版,第134页。

③ 刘景一、乔世明:《仲裁法理论与适用》,人民法院出版社1997年版,第135页;杨荣新主编:《仲裁法理论与适用》,中国经济出版社1998年版,第166页、第171页;刘敏、陈爱武主编:《现代仲裁制度》,中国人民公安大学出版社2002年版,第145页;王彦、殷洁主编:《仲裁法学》,中国财政经济出版社2002年版,第128页;江伟主编:《仲裁法》,中国人民大学出版社2009年版,第93页;周庆主编:《仲裁法学》,郑州大学出版社2010年版,第134页。

性。四是仲裁协议基于约定事项产生的效力可拆分性[①]。通常认为仲裁协议的效力在仲裁裁决的范围内归于失效[②],这种观点容易产生分歧。在仲裁协议的制度设计中,《仲裁法》第十六条第二款作了关于仲裁协议应当明确"仲裁事项"的规定。在仲裁协议笼统约定仲裁事项或约定多项仲裁事项时,当事人特别是申请人在申请仲裁时有权在一次仲裁中只主张约定的仲裁事项之一部分,即只授权仲裁机构处理其中的一部分事项,其余部分则根据需要决定是否另行申请仲裁。在申请人就其余部分另行申请仲裁的情形,以及在被申请人可以提起仲裁反请求但因故(如超过仲裁规则规定的提起反请求时间)而愿意另案申请仲裁的情形下,如果忽视了仲裁协议效力的可拆分性,认为在裁决作出后仲裁协议即告失效,显然有悖于关于仲裁事项的制度设计,也无法处理前面提到的仲裁请求拆解和反请求另行申请两种常见情形。因此,正确的表述应当是,**仲裁裁决作出后,仲裁协议对于已裁决事项失效,而协议中关于其他事项的约定继续有效,当事人有权依据该仲裁协议就未裁决事项继续申请仲裁。**

二、不同形式的仲裁协议

仲裁协议通常有以下几种形式:

1. 合同中的仲裁条款。当事人在合同中通常会有专门的争议解决条款,《民法典》第四百七十条关于合同内容的规定中,第八项就是"解决争议的方法"。如果当事人在合同中约定了将可能发生的争议提交某个仲裁机构仲裁,该条款即为仲裁条款。这也是最常见的仲裁协议。各仲裁机构通常都会提供标准条款供当事人作为争议解决条款使用。

2. 单独的仲裁协议。这是当事人在合同之外就合同争议的解决单独签订的仲裁协议,或是约定已经发生或将来可能发生的其他财产权益纠纷提交仲裁的协议。有的涉外合同的仲裁协议会包含极为复杂的内容,甚至连仲裁程序等

---

① 这是笔者的见解,且为实务中的案例所支持。

② 参见江伟主编:《仲裁法》,中国人民大学出版社 2009 年版,第 115 页。另外,《仲裁法》第九条第二款规定"裁决被人民法院依法撤销或者不予执行的,当事人就该纠纷可以根据双方重新达成的仲裁协议申请仲裁",也表明裁决作出后,原仲裁协议已经失效。但由于当事人重新达成仲裁协议的情形极为少见,因此当事人通常会通过诉讼主张权利。此时对方当事人不能以原仲裁协议为由再提出管辖异议,也表明仲裁协议已经失效。

都进行了约定。国内由于交易习惯和文化传统等方面的原因,通常是在合同中没有签订仲裁条款时,为了将合同争议提交仲裁,或是为了将其他财产权益纠纷提交仲裁而进行的单独约定。从实务中来看,各仲裁机构在推广仲裁制度中,促成了相当一部分事后达成的仲裁协议,产生了很好的法律效果和社会效果。

对于单独的仲裁协议,有一种常见情况需要特别注意,即当事人签订的基础合同(或说总合同或主合同)中约定了仲裁条款,但其后签订的其他补充合同(具体合同)中没有约定争议解决方式。例如,某建筑公司与某房地产开发公司签订了建设工程施工合同,合同中约定"因本合同或与本合同有关的争议提交××仲裁委员会仲裁",但后来在双方签订的以房抵顶工程款的合同中没有争议解决条款。再如,某律师事务所与某公司签订法律顾问合同,约定了顾问费并约定在合同期内代理案件减半收费,并约定了仲裁条款;后来公司发生诉讼案件,双方签订的委托代理合同中没有争议解决条款。这类情况下,应当视总合同中所约定的仲裁条款为后面合同之单独的仲裁协议。最高人民法院在案例中对此作了另一种解释:存在主合同与补充协议的情形时,当事人在主合同中约定其争议纠纷由仲裁机构解决,对于没有约定争议纠纷解决方式的补充协议可否适用该约定,其关键在于主合同与补充协议之间是否具有可分性。如果主合同与补充协议之间是相互独立且可分,那么,在没有特别约定的情况下,对于两个完全独立且可分的合同或协议,其争议解决方式应按合同或补充协议约定处理。如果补充协议是对主合同内容的补充,必须依附于主合同,而不能独立于主合同存在,那么,主合同所约定的争议解决条款也适用于补充协议①。对于最高人民法院在案例中的前提条件即"特别约定的情况",即看主合同的仲裁条款是否约定为"与本合同有关的一切争议"(或如案例中的主合同约定"本合同在履行过程中发生的争议",补充合同约定"所签补充协议与前签协议有同等效力"),如是这样约定则可以视为特别约定,则仲裁条款自然适用于补充合同。

出于对当事人负责的立场,在上述主合同约定了仲裁条款的情况下,即便后来的补充合同中约定了"向人民法院起诉",为了防止当事人就同一个总合同

① 最高人民法院案例(2015)执申字第33号,湖南华厦建筑有限责任公司与常德工艺美术学校不服执行裁定申诉案,载《最高人民法院公报》2016年第8期。

项下的争议要分别向人民法院和仲裁机构寻求救济的困境，仲裁机构也有权认定：虽然补充合同中约定诉讼，但当事人并未明示放弃总合同中的仲裁条款，因此仲裁机构有权仲裁。这方面也有人民法院支持的先例①。

3. 可以推定的仲裁协议。这是指具有合同关系或其他财产权益关系的当事人在相互之间书面传递信息、表达要求时形成的将争议提交仲裁之意思表示。这些意思表示往往分散在当事人彼此间多次往来的不同形式文函中。依据交易习惯的不同，具有合同关系或其他财产权益关系的当事人可能通过相互往来的信函、传真、电子邮件、短信、微信（包括现在已不常见的电报、电传等方式）等探讨将可能发生或已经发生的纠纷提交仲裁的意思表示。如果提起仲裁申请的一方当事人提供了这种意思表示的有效载体，对方承认或不予否认，则应当视为当事人之间具有有效的仲裁协议。如果对方否认，则需要否认方证明自己不具有这种意思表示。从实务来看，应当倾向于尽可能尊重当事人的仲裁意思表示，也即在受理案件阶段，仲裁机构应当在申请人提交了单方的仲裁意思表示后即可立案。有的仲裁机构以“仅有一方的意思表示而无对方的签章或其他回应”来质疑仲裁协议存在因而暂不立案的做法是值得商榷的，至少是没有全面理解和认识法律规定的“其他书面方式”的含义，没有全面理解仲裁协议的不同表现形式。这种做法会给当事人增加不必要的麻烦，且会严重影响当事人以后对仲裁方式的选择。当然，这种情形下立案时，需要对申请人进行风险提示，告知其如果对方否认仲裁协议的存在，仲裁机构可能失去案件仲裁权，申请人需要承担因此产生的费用。如果受理后经送达，被申请人一方提出仲裁协议效力异议，仲裁机构只需依法对仲裁协议效力进行审查并作出正确判断即可。

三、仲裁协议的效力及其认定

仲裁协议因为具有特殊的意义，因而不仅要具备合同有效的一般要件，还要符合法律针对其作出的特殊规定才能有效。

① 见本节后面引用的案例：(2006)鲁01民特27号。

(一)仲裁协议的效力[①]

仲裁协议集中体现了仲裁自愿原则和协议仲裁制度的要求,对参与仲裁的当事人、仲裁机构和人民法院均具有重要意义。仲裁协议的效力主要有三个方面:对当事人的效力、对仲裁机构的效力和对人民法院的效力。

1. 对当事人的效力。对当事人而言,他们之间是否存在仲裁协议以及仲裁协议是否有效直接决定了他们之间的纠纷能否通过仲裁方式解决。

当事人签订仲裁协议是一种特殊的民事法律行为,将产生特殊的拘束力:第一,仲裁协议约定的纠纷发生后,当事人不享有作为基本权利的诉权,即不能向人民法院提起诉讼以寻求司法救济,而只能按照仲裁协议的约定到选定的仲裁机构申请仲裁。第二,当事人约定的仲裁事项决定了仲裁机构仲裁的范围,对超出仲裁协议约定的事项,当事人只能另行寻求救济(包括寻求司法救济即向人民法院起诉)。第三,当事人承担仲裁程序上的义务,包括遵守仲裁程序、服从仲裁机构作出的程序性决定、承担相关费用、履行裁决确定的义务等,还包括申请人预交仲裁费(提起仲裁反请求的当事人预交反请求申请的仲裁费)等。

2. 对仲裁机构的效力。对仲裁机构而言,有效的仲裁协议是其仲裁案件的前提,协议约定的仲裁事项范围、适用规则等也构成对仲裁机构行使仲裁权的制约。

仲裁以意思自治为首要原则,对一起纠纷而言,仲裁机构行使仲裁权需要双重授权:法律的授权和当事人的授权。前者决定了仲裁机构的合法性、仲裁裁决的法律效力和纠纷解决的终局性,后者决定了该纠纷是否可以仲裁和由哪个仲裁机构仲裁。因此,仲裁协议意味着仲裁机构受理案件的可能性,而且仲裁协议也决定了获得仲裁权之仲裁机构的唯一性。

仲裁协议对仲裁机构的效力还表现在两个方面:一是有效仲裁协议对仲裁权行使范围的限制,仲裁机构只能对仲裁协议中约定的事项享有仲裁权,并需

---

① 参见叶青主编:《中国仲裁制度研究》,上海社会科学出版社 2009 年版,第 90 ~ 92 页;张斌生主编:《仲裁法新论》(第 4 版),厦门大学出版社 2010 年版,第 65 ~ 69 页;周庆主编:《仲裁法学》,郑州大学出版社 2010 年版,第 149 ~ 150 页。对当事人和仲裁机构的效力还参见杨荣新主编:《仲裁法理论与适用》,中国经济出版社 1998 年版,第 166 ~ 167 页;于喜富:《国际商事仲裁的司法监督与协助——兼论中国的立法与司法实践》,知识产权出版社 2006 年版,第 239 ~ 241 页、第 253 ~ 255 页。

要按照仲裁协议的约定适用仲裁规则，否则即有可能构成超裁或程序违法。二是无论仲裁协议是否有效，均赋予仲裁机构对合同效力的确认权，其中最重要的是对仲裁协议效力的确认权。《仲裁法》第十九条第二款明确"仲裁庭有权确认合同效力"，第二十条第一款规定仲裁机构可以根据当事人的请求作出关于仲裁协议效力的决定。

3. 对人民法院的效力。"或裁或审"和"一裁终局"是《仲裁法》确立的重要制度，因此，在调解和其他方式无法解决纠纷时，当事人选择仲裁或选择诉讼来解决纠纷，二者只能选其一。对人民法院而言，有效的仲裁协议能够排除诉讼，对合同中有仲裁条款但当事人向人民法院起诉的，人民法院应告知其向仲裁机构申请仲裁；当事人坚持起诉的，按照《民事诉讼法》第一百二十七条第二项和《仲裁法》第五条的规定裁定不予受理。但对于选择了仲裁的当事人向相关人民法院提出的仲裁前财产保全、仲裁前证据保全、仲裁财产保全和仲裁证据保全申请，相关人民法院仍然应当依法办理[①]；对于仲裁机构依据有效仲裁协议作出的裁决，人民法院应当根据权利人的申请予以执行；对于仲裁机构已经裁决的事项，当事人再向人民法院起诉的，人民法院不予受理。但无效、失效的仲裁协议则不具有此种拘束力，不能影响人民法院行使对案件的管辖权。

正因为仲裁协议如此重要，因此法律赋予人民法院以较为特殊的权力：一是人民法院在对仲裁协议效力的认定上有优先于仲裁机构的权力（《仲裁法》第二十条第一款）。二是对当事人默示放弃仲裁协议的决定权，即对于当事人虽然达成仲裁协议但一方向人民法院起诉而另一方在人民法院首次开庭前未对人民法院受理该案提出异议的，则视为当事人放弃仲裁协议（《仲裁法》第二十六条）。三是仲裁协议无效是人民法院依照当事人的申请而撤销或不予执行仲裁裁决的法定原因。虽然《仲裁法》第五十八条规定人民法院应当裁定撤销仲裁裁决的情形中仅规定"没有仲裁协议的"而并没有"仲裁协议无效的"情形，但《仲裁法解释》第十八条对此进一步明确："仲裁协议被认定无效或者被撤销的，视为没有仲裁协议。"

---

① 仲裁财产保全和证据保全参见《仲裁法》第二十八条、第四十六条，仲裁前财产保全和仲裁前证据保全参见《民事诉讼法》第一百零三条、第八十四条第二款。

(二)仲裁协议效力认定

仲裁协议应当具备合同有效的一般要件,包括当事人具有仲裁行为能力、意思表示真实、形式合法(书面形式)、内容不违反法律和社会公共利益等。特别值得重视的是仲裁协议必须符合法律针对其作出的特殊规定才能有效,即具备特别要件。

有效仲裁协议的特别要件是:

1. 约定的仲裁事项必须具有可仲裁性。可仲裁性的概念和判定标准见前述。需要注意的是,对可仲裁性的判定应当尽量从宽,以满足当事人选择仲裁的需求。

2. 选定的仲裁机构。这是为了更好地体现当事人的真实意思而作出的特殊安排,突出强调当事人的自愿性,并有利于减少对仲裁协议效力的异议。《仲裁法解释》第三条至第七条明确了对当事人就仲裁协议是否选定了仲裁机构产生争议时的认定规则,如第三条规定:"仲裁协议约定的仲裁机构名称不准确,但能够确定具体的仲裁机构的,应当认定选定了仲裁机构。"

3. 不违反《仲裁法》第十七条的规定。《仲裁法》第十七条规定:"有下列情形之一的,仲裁协议无效:(一)约定的仲裁事项超出法律规定的仲裁范围的;(二)无民事行为能力人或者限制民事行为能力人订立的仲裁协议;(三)一方采取胁迫手段,迫使对方订立仲裁协议的。"上述无效的三种情形,第一种是实际上即不具有可仲裁性,第二种是当事人不具有仲裁行为能力,第三种则违背了当事人的意志,违反了自愿原则。但第三种情形"一方采取胁迫手段,迫使对方订立仲裁协议的"其实极少遇到,这与仲裁协议的特殊性质有关。通常当事人采取胁迫手段迫使对方签订合同是为了在双方的权利义务约定上造成对对方极为不利的后果,《民法典》对原《合同法》有关胁迫的规定进行了修订,第一百五十条将胁迫行为定为可撤销的行为,允许受损害方当事人请求人民法院或仲裁机构予以撤销。但《民法典》第一百五十三条第二款还规定:"违背公序良俗的民事法律行为无效。""胁迫"肯定是违背公序良俗的行为,因此,不宜因为《民法典》对胁迫的新规定而认为不能将胁迫签订的合同认定为无效。这里将"胁迫"定为无效,固然突出了对当事人自愿意志这一仲裁制度基础的保护,但由于仲裁协议不是双方之间彼此对立的权利义务关系,而是选定依法设立的中立之仲裁机构来处理纠纷,这种选定只是当事人的程序性权利,且正常情况下实体性权利可以在仲裁程序中得到公正保障,因此胁迫选择仲裁未必能够达到胁迫者的目的。实务中如果整个合同是胁迫订立的,而其中有仲裁条款,在被胁迫方当事人主张仲裁条款因胁迫而无效时,才可以认定仲裁条款无效。

(三)仲裁协议效力认定的原则

实务中的仲裁协议可能不像仲裁机构推荐的标准文本那样规范,而是会有各种各样的瑕疵或缺陷。因此,认定仲裁协议效力需要把握两个原则:

1. 尊重当事人意志原则。如果一方当事人(通常是被申请人)提出仲裁协议效力异议,无论其出于何种考虑,均已表明该方当事人并不愿意将纠纷提交仲裁。如果仲裁协议又确实存在瑕疵或缺陷,可以作出不同的解释,仲裁机构要考虑到此种情况下已经大大降低了仲裁裁决的可接受性,因此不宜强行仲裁。当然,如果仲裁协议并无瑕疵或缺陷,当事人的效力异议明显没有依据,仲裁机构自然应当继续仲裁。

2. 尽量有效原则。在被申请人一方没有明确提出仲裁协议效力异议的情况下,除非明令禁止,否则仲裁机构应当尽可能地对仲裁协议效力作宽泛解释,使仲裁协议能够发生效力。最高人民法院对此也持同样态度。《仲裁法解释》第七条规定:“当事人约定争议可以向仲裁机构申请仲裁也可以向人民法院起诉的,仲裁协议无效。但一方向仲裁机构申请仲裁,另一方未在仲裁法第二十条第二款规定期间内提出异议的除外。”这里体现了司法的谦抑态度:虽然当事人的这种约定由于违反了仲裁协议对诉讼之排斥原则即或裁或审原则,因而可以认定为无效;但审判解释未能解决的问题是,如果仲裁协议无效,为何当事人不提异议又可以具有效力?这需要从法理上作出解释。从成文法文义解释和体系解释的角度来看,毕竟当事人选择仲裁的意思表示是清楚的,《仲裁法》在确立或裁或审原则时并未就当事人约定既可以向仲裁机构申请仲裁也可以向人民法院提起诉讼时仲裁协议无效,因此这种违反或裁或审原则的约定并非自始无效之情形。这种情况应当视为有瑕疵的仲裁协议,当事人之意思表示需要进一步明确其真实含义,对方当事人有权根据自己的意志来决定是进行仲裁还是进行诉讼。既然一方当事人向选定的仲裁机构申请仲裁且对方并未在法定期间内提出异议,显然双方的共识是选择仲裁方式解决纠纷。同样地,虽然当事人之间有仲裁协议,但一方当事人向人民法院提起诉讼而另一方并没有在法定期间内持仲裁协议提出异议,也表示双方的共识是选择诉讼方式解决争议,不再受仲裁协议约束。

按照尽量有效原则,如果当事人申请仲裁时提交的仲裁协议有瑕疵或缺陷,仲裁机构应当受理案件,然后视对方当事人的意思表示而决定仲裁程序是否进行下去。

案 例 或裁或审[①]

2003 年 8 月 12 日,济南甲建设工程公司(承包人,后更名为山东甲建设集团有限公司)与被申请人乙村委会(发包人)签订《建设工程施工合同》一份,主要约定:承包人承建发包人位于济南市乙村小区内的旧村改造第 15 号楼工程……该合同第三部分《专用条款》第十条《违约、索赔和争议》之 37.1(2)约定:"在履行合同过程中产生争议,向济南仲裁委员会提请仲裁或向人民法院提起诉讼。"后因发生纠纷,当事人向济南市中级人民法院申请确认仲裁协议效力。

济南市中级人民法院认为,济南甲建设工程公司与被申请人所签订的《建设工程施工合同》中,约定产生争议向济南仲裁委员会提请仲裁或向人民法院提起诉讼。上述约定中,约定的仲裁机构为济南仲裁委员会,其对于仲裁机构的约定,明确、具体且唯一;而其对于人民法院的约定,因未载明具体、明确的管辖法院,约定不明而无效。故涉案当事人的仲裁意思明确且仲裁机构唯一,其签订合同中的仲裁条款应为有效。当事人因履行《建设工程施工合同》所产生的纠纷,应由济南仲裁委员会仲裁。

【评析】 本案涉及仲裁协议中或裁或审条款的认定,也即本案中的争议解决条款是否构成或裁或审条款。若是构成或裁或审条款,依据《仲裁法解释》第七条规定,"当事人约定争议可以向仲裁机构申请仲裁也可以向人民法院起诉的,仲裁协议无效"。本案中法院认为,认定某一争议解决条款是否构成或裁或审条款,要看关于仲裁的约定和关于诉讼的约定是否十分明确。本案中,当事人关于仲裁的约定具体、明确,足以认定当事人选定了济南仲裁委员会仲裁,但

① 该案为(2016)鲁 01 民特 27 号,案情较复杂,涉及债权转让。笔者引用时重点在于对"或裁或审"条款效力的认定,因此对其余部分进行了技术处理。

关于诉讼管辖的约定中却没有明确具体的管辖法院,因此,关于法院的约定因不明而无效。这对于理解《仲裁法解释》第七条的本意很有意义,而且也是基于当事人对仲裁制度了解不足的现实而作的解读。可见当事人约定或裁或审的仲裁协议之无效并非绝对无效,只是因为未能明确对诉讼的排除而违反了或裁或审原则;在当事人以实际行为表明选择仲裁机构仲裁时,仲裁协议则有效。若是或裁或审仲裁协议绝对无效,则不应当因为另一方未提异议而成为有效协议。本案例充分体现了法院的谦抑和对仲裁的支持。

(四)仲裁协议的失效[①]

仲裁协议的失效,指当事人所签订的原本有效的仲裁协议因为法律规定的某项特定事由的发生而丧失其既有的法律效力。仲裁协议的失效不同于仲裁协议的无效,是既有效力的丧失而并非因不符合法律规定的条件自始无效。但二者的后果有相同处,即不再具有有效仲裁协议的效力。

仲裁协议的失效主要有以下三种情形:

1. 因约定事项的仲裁裁决生效。仲裁协议必须具备的内容之一是仲裁事项。一份仲裁裁决总是针对一定的争议事项的,仲裁裁决的生效意味着仲裁协议约定事项的部分或全部纠纷已经得到处理,仲裁协议的目的已经实现,仲裁协议作为仲裁基础的效力也就耗尽。《仲裁法》第九条规定:“仲裁实行一裁终局的制度。裁决作出后,当事人就同一纠纷再申请仲裁或者向人民法院起诉的,仲裁委员会或者人民法院不予受理。”这意味着裁决作出后,针对已经解决的争议事项的原仲裁协议不能再作为申请仲裁的依据。该条第二款还规定:“裁决被人民法院依法撤销或者不予执行的,当事人就该纠纷可以根据双方重新达成的仲裁协议申请仲裁,也可以向人民法院起诉”,要求重新达成仲裁协议而不是依据原仲裁协议申请仲裁,即表明裁决作出后,原仲裁协议已经失效。而且如果达不成仲裁协议,一方当事人向人民法院起诉的,对方当事人不能依

---

① 参见叶青主编:《中国仲裁制度研究》,上海社会科学出版社 2009 年版,第 94 ~ 96 页;周庆主编:《仲裁法学》,郑州大学出版社 2010 年版,第 157 ~ 159 页;马德才编著:《仲裁法学》,南京大学出版社 2016 年版,第 125 页。另参见肖永平编著:《中国仲裁法教程》,武汉大学出版社 1997 年版,第 117 ~ 118 页;李广辉、王翰:《仲裁法》,对外经济贸易大学出版社 2011 年版,第 178 ~ 179 页。

据原仲裁协议排除诉讼。

这里需要注意的是,由于仲裁事项的可分性,如果有仲裁裁决未处理事项的纠纷,仲裁协议在未处理事项方面仍然未失效,当事人可以申请仲裁。这不属于“一事不再理”的范畴。通常专家学者们表述为“仲裁裁决生效后仲裁协议即失效”,这种表述是值得商榷的,如果仲裁裁决不是针对全部事项而是针对部分事项作出的,对未经仲裁的其他事项而言,仲裁协议依然有效;况且另行提起反请求的情形也证明,即便是针对全部事项的仲裁裁决,也需要区分依据不同事项而确立之仲裁标的,而不能认为原仲裁协议已经失效,否则就不能允许被申请人依据已经失效的仲裁协议另行对原本应通过提起仲裁反请求解决的争议申请仲裁。

2. 因当事人合意放弃仲裁协议而失效。这里分两种情形:一种是明示放弃,即当事人在形成约定仲裁的书面协议后,又形成新的争议解决条款,如约定放弃原来的仲裁协议、放弃原选定的仲裁机构而重新选择仲裁机构或约定向人民法院起诉,则原仲裁协议因新的合意的形成而失效。另一种是默示放弃,即《仲裁法》第二十六条规定的情形:“当事人达成仲裁协议,一方向人民法院起诉未声明有仲裁协议,人民法院受理后,另一方在首次开庭前提交仲裁协议的,人民法院应当驳回起诉,但仲裁协议无效的除外;另一方在首次开庭前未对人民法院受理该案提出异议的,视为放弃仲裁协议,人民法院应当继续审理。”

3. 因当事人约定的失效条件成就而失效。如当事人约定仲裁协议在签订后的一定时间内有效,则超过该期限后,仲裁协议即告失效,当事人不能再依据该仲裁协议对有关争议申请仲裁。

第四节 请与请权①

民事诉讼法中有个重要基础性概念:诉。诉与诉权是民事诉讼理论的基石。但仲裁理论研究无法借用诉讼法上的这些概念,学界又尚未确定一个与此对应的概念并据以建立起理论框架,在一定程度上导致仲裁理论研究难以深入

---

① 本部分为笔者所提出的一己之见,所借鉴的民事诉讼内容参见田平安主编:《民事诉讼法学》(第4版),法律出版社2015年版,第245~258页。

下去。很多时候,为了从理论上说明某个问题,仲裁员和学者们不得不借用诉权理论来进行仲裁案件的分析评判。例如,在确定当事人提起的仲裁请求是否有违于“一事不再理”时,为解决仲裁制度理论研究的不足,只能借用“确认之诉”“给付之诉”这样的诉讼理论专用术语来展开分析①。但仲裁既然并非诉讼,这样的借用往往难以清晰地说明问题的关键,尤其是在遇到诸如约定之仲裁事项和可仲裁性等与诉讼完全不同的问题时。笔者认为,仲裁需要创制符合自身实际的新概念,既与民事诉讼理论相对应,又可以打下自身的基础,为进一步深化理论探讨创造条件。因此,笔者提出一个新的概念“请”,并在此基础上提出“请权”“本请”“反请”“既决力”等概念和理论。需要说明的是,这样的探索已经有学者尝试过②,但或许是因为不够简洁也不够有说服力,所以很遗憾地未能为仲裁界接受。

一、请

“请”是笔者为更好地解决仲裁理论方面的不足而尝试创出的一个概念,以对应诉讼制度中的“诉”。请,是指当事人基于仲裁协议和一定的权利义务纠纷,就特定的事项向选定之仲裁机构提出的进行仲裁之请求。

使用“请”这个概念,首先,其与“诉”对应。同样的纠纷仅仅因为是否有一纸仲裁协议而分别进入了人民法院和仲裁机构解决,因此诉讼制度中遇到的问题大多也会在仲裁制度中遇到。“诉”是指基于一定的民事权利义务争议,一方当事人以另一方当事人为相对方,向特定的法院提出的进行审判的请求③。因此,仲裁制度也需要有个“请”这样的适当概念来对应。其次,仲裁制度既可对应于诉讼制度,又可对应于诉讼制度内部的审判制度,由于“或裁或审”和“裁判”的习惯性表述,已经无法从“仲裁”二字中选择一个“仲”或“裁”来对应

---

① 参见刘晓红主编:《仲裁“一裁终局”制度之困境及本位回归》,法律出版社 2016 年版,第 42 页。

② 据笔者考证,国内仲裁界中,黄胜春先生最早提出“仲裁请求权”概念以对应诉讼中的诉权,并进行了深入研究。但遗憾的是“仲裁请求权”太容易与当事人的“仲裁请求”概念相混淆。参见谭兵主编:《中国仲裁制度研究》,法律出版社 1995 年版,第 158 ~ 175 页。

③ 田平安主编:《民事诉讼法学》(第 4 版),法律出版社 2015 年版,第 245 页;江伟主编:《民事诉讼法学》(第 3 版),高等教育出版社 2015 年版,第 21 ~ 22 页;张卫平主编:《民事诉讼法教程》,法律出版社 1998 年版,第 169 页。

“诉”。“诉”既是一种请求,而仲裁也需要提出请求且“请”本身就含有“请求”之意,用“请”来对应较为妥当。最后,如果说“诉”令人联想到“对簿公堂”之意,则为商事主体提供纠纷解决服务的仲裁用彬彬有礼的“请”来代表解决君子之争的制度,更能表现其特色。

仲裁制度之请具有以下特点:一是请的提起必须有符合《仲裁法》规定的仲裁协议;二是请的提起以存在(或可能存在)权利义务纠纷为前提;三是请只能由仲裁协议的当事人(以及和仲裁协议有关并与所提请求存在利益关系的主体——如合同权利义务的承继者)提起;四是请只能向仲裁协议约定的仲裁机构提起;五是请的目的是启动仲裁程序、解决纠纷。

二、请与仲裁请求

请与仲裁请求是两个有关系但不同的概念。仲裁请求是指申请仲裁的当事人向仲裁机构提出的仲裁要求和向对方提出的实体权利主张(这里的当事人和对方都可能是一位或多位)。二者的关系是:请是向仲裁机构提起的程序请求,而仲裁请求还包含向对方当事人提出的实体权利主张;请是仲裁请求的实现途径和方法,仲裁请求是请的内容;请是一种法律制度,仲裁请求是请这一制度保障的具体权利主张。

三、请之构成

请之构成指请的组成内容或说必备要素。明确请之构成,一是可供仲裁机构判断一个请形式上是否成立,对于形式上不成立的请则拒绝受理;二是请的构成明确了仲裁的对象与范围,既为仲裁机构明确了仲裁的范围,也为对方明确了抗辩的内容;三是为了使请具体化和特定化,以区别不同的请,解决“一事不再理”的“一事”之含义。

请的构成要素有四:一是书面仲裁协议(包括合同中的仲裁条款或能够表明请求仲裁的意思并明确了仲裁事项和所选仲裁机构之书面载体),这是形式要件;二是明确的当事人,包括申请人和被申请人,这是主体要件;三是依据仲裁协议确定的仲裁机构,这是另一个主体要件;四是仲裁标的,即当事人的仲裁请求和事实理由,也即主张权利的内容及依据。这其中的仲裁协议和仲裁机构是请不同于诉的本质区别。四者中任何一个发生变化即构成一个新的请。

四、请的种类

请需要依据一定之标准进行理论上的分类，以利于当事人明确仲裁标的、围绕仲裁请求准备证据和在仲裁中展开辩论，也明确仲裁机构之仲裁范围、裁决内容及法律效果，以及仲裁庭释明权之行使。

参考诉的理论，请可以分为确认之请、给付之请和变更之请（形成之请）。

（一）确认之请及特点

确认之请指一方当事人向仲裁机构提起的确认其与相对方之间存在或不存在一定民商事法律关系之请求。提起确认之请须有当事人之间关于法律关系存在与否的纠纷，且确认之请的目的即在于通过仲裁机构有法律效力之认定来消除法律关系不明状态。

仲裁机构对法律关系是否存在进行确认有法律的明确规定作为依据，《仲裁法》第十九条第二款规定："仲裁庭有权确认合同的效力"；第二十条规定："当事人对仲裁协议的效力有异议的，可以请求仲裁委员会作出决定或者请求人民法院作出裁定。"

确认之请的显著特点是：一是该种纠纷的裁决结果无须申请人民法院强制执行，因为该类纠纷并不是当事人行使权利和履行义务是否适当之争，而是关于一定法律关系存在与否、效力如何发生争议而需要进行确认。二是确认之请常常是另外两类请之前提，在作为前提时，确认之请无须单独存在，可以视为被给付之请或变更之请所吸收。常见的确认之请主要是仲裁协议效力确认、合同效力确认、合同解除确认等。

（二）给付之请及特点

给付之请指一方当事人向仲裁机构提起的要求裁决对方当事人为一定的民商事义务履行之请求。给付之请是仲裁中最有代表性的一类请，也是仲裁实践中数量最多的一类请。提起给付之请须当事人之间存在给付纠纷（如应否给付、给付的质量数量或时间、方式等），目的是权利人通过仲裁机构裁决对方当事人履行义务而实现自己的权利。给付之请按其内容可以分为财产给付之请（履行给付财产义务）和行为给付之请（为一定之行为或不为一定之行为）。

给付之请的裁决具有终局的强制执行力,这是其最突出特点。义务人不履行裁决确定的义务,权利人有权请求人民法院通过执行程序实现权利。

(三)变更之请(形成之请)及特点

变更之请又称形成之请,指一方当事人向仲裁机构提起的裁决变更或消灭与对方当事人之间既存的民商事法律关系之请求。提起变更之请须当事人之间对既存之法律关系的合法性、有效性无争议而对是否应当变更或消灭发生争议,如变更或撤销某一合同、划分共有财产的产权等。

变更之请的特点是在变更裁决作出之前,原法律关系不变;变更裁决作出后,原法律关系即变更为新的法律关系。

这里需要指出的是,随着纠纷解决实践的发展,法律确立了关于确认调解协议的一些特殊程序。《人民调解法》第三十三条规定:"经人民调解委员会调解达成调解协议后,双方当事人认为有必要的,可以自调解协议生效之日起三十日内共同向人民法院申请司法确认,人民法院应当及时对调解协议进行审查,依法确认调解协议的效力。人民法院依法确认调解协议有效,一方当事人拒绝履行或者未全部履行的,对方当事人可以向人民法院申请强制执行。"相应地,《民事诉讼法》第十五章增加了第六节"确认调解协议案件",第二百零一条和第二百零二条明确了当事人申请司法确认调解协议的程序和法律后果。一些仲裁机构也借鉴这一确认程序,提出"确认仲裁"作为仲裁程序的特殊形式①,对当事人签订的合同或就解决争议达成的和解协议、调解协议进行审查和认定,依法评判该合同、和解协议或调解协议的效力并作出确认裁决。这样的确认裁决重点在于化解和预防潜在的民商事争议,通过确认裁决赋予和解协议与调解协议以强制执行力,这与确认之请有重大区别,是需要加以澄清的。《民事诉讼法》规定之确认调解协议属于特别程序,归入特别程序的通常不能归入普通程序中诉的类别,如确认调解协议就不属于确认之诉。仲裁机构可否通过制定仲裁规则确立仲裁的特别程序,由于缺乏相关的法律(如《人民调解法》和《民事诉讼法》)予以明确,理论和实践上均不无争议。

---

① 参见武汉仲裁委员会编:《武汉仲裁委员会仲裁规则释义及适用指南》,法律出版社2015年版,第222~226页。

以武汉仲裁委员会的确认仲裁为例,该会《仲裁规则》第六十条规定:“本会可以根据双方当事人达成的仲裁协议,对下列请求作出确认裁决:1. 当事人请求确认合同效力的;2. 当事人在本会之外已经就争议达成和解协议或者调解协议,请求本会制作裁决书的。”该规则的依据是清楚的,分别是《仲裁法》第十九条、第四十九条和第五十一条的规定[①]。确认合同效力无疑属于确认之请,但当事人达成和解协议或调解协议然后请求仲裁机构制作裁决书,则需要依据当事人所提出的仲裁请求和裁决之内容分别确定是否属于确认之请。对于其中以给付为内容或以变更法律关系为内容之合同或和解协议、调解协议的确认裁决,目的是产生具有可以申请强制执行效力的裁决书。按照通常之理解,具有给付内容或变更法律关系内容的确认裁决以确认之请为前提,但实际上属于给付之请或变更之请的一种特殊表现方式,因而当事人可以向人民法院申请强制执行确认裁决。但实践中,由于缺乏《民事诉讼法》关于司法确认的程序和法律后果之类的规定,仲裁机构的类似仲裁确认有时难以得到人民法院的强制执行。这是仲裁机构必须正视之现实。

据观察,武汉仲裁委员会的确认仲裁这一举措产生了较好的法律效果和社会效果,对于化解潜在的纠纷作用尤其巨大[②]。在国内仲裁形成自己的理论体系后,如何更好地为实践中的这种创新服务,将是一个很有意义的课题。

五、请之合并与分离

请之合并,指仲裁机构将两个(或两个以上)已经受理的独立存在之请合并在一个仲裁程序中进行处理(或合并处理并裁决)。请之合并既可以是开庭和裁决的合并,如最常见也是最重要的请之合并是申请人的仲裁请求与被申请人

---

① 《仲裁法》第十九条规定:“仲裁庭有权确认合同的效力。”第四十九条规定:“当事人申请仲裁后,可以自行和解。达成和解协议的,可以请求仲裁庭根据和解协议作出裁决书,也可以撤回仲裁申请。”第五十一条规定:“仲裁庭在作出裁决前,可以先行调解。当事人自愿调解的,仲裁庭应当调解。调解不成的,应当及时作出裁决。调解达成协议的,仲裁庭应当制作调解书或者根据协议的结果制作裁决书。调解书与裁决书具有同等法律效力。”

② 熊先胜、王平:《“确认仲裁”,小贷企业风险防控新招式》,载刘健勤主编:《商事仲裁》第12集,法律出版社2015年版,第78~84页;樊堃:《仲裁在中国:法律与文化分析》,樊堃等译,法律出版社2017年版,第247~248页。

的仲裁反请求之合并处理、一并裁决;也可以是仅合并开庭而裁决分别作出,如多个案件的被申请人是同一法人,案件性质或仲裁标的为同一种类,各方申请人和被申请人都同意合并开庭分别裁决。合并是为了简化程序提高效率,也是为了避免有关联的纠纷由不同的仲裁庭处理而增加成本,并避免不同的仲裁庭作出相互矛盾之裁决。

实践中有的当事人会自行进行请之合并,如申请人将借款合同纠纷和担保合同纠纷作为一个请,或将多个连续的同类合同发生的纠纷作为一个请向仲裁机构提起。这在一些仲裁委员会的仲裁规则里称为"多份合同的仲裁"[①]。对当事人的这种选择,仲裁机构应予尊重。

许多仲裁机构的仲裁规则中都规定了合并处理条款,也有的径直规定为合并仲裁[②]。仅从这些机构仲裁规则中规定的内容看,二者是同一用语,但事实上二者是有区别的。合并处理显然只是合并仲裁的一部分(主要是开庭部分,未必包含了合并裁决)。

请之合并事实上还包括一方多个当事人之间互提仲裁请求以及被追加当事人与同为一方的当事人之间之仲裁请求(如第三人通过签订仲裁协议加入仲裁程序后产生的与自己同为申请人或被申请人的当事人之间的权利义务之争)之类的特殊情形。如何合并,需要仲裁机构在自己的仲裁规则中作出规定。

请之分离指仲裁机构受理案件后,将两个(或两个以上)请由一个案件分离开来,作为独立的案件分别进行处理。最为常见的是裁决另案处理的请。例如,建设工程施工合同的施工人请求建设方给付工程款,但有部分质量保证金尚未成就支付条件,仲裁机构裁决此部分另案处理;再如,依据《仲裁法》第五十五条规定,对纠纷的部分清楚的事实先行裁决;以及对于给付之请中作为前提的确认之请(如合同是否有效)的裁决。将一个请区分开来对于仲裁机构明确

---

① 参见《中国国际经济贸易仲裁委员会仲裁规则》(2015 版)第十四条规定:"申请人就多份合同项下的争议可在同一仲裁案件中合并提出仲裁申请,但应同时符合下列条件:1. 多份合同系主从合同关系;或多份合同所涉当事人相同且法律关系性质相同;2. 争议源于同一交易或同一系列交易;3. 多份合同中的仲裁协议内容相同或相容。"

② 规定合并处理的,如《北京仲裁委员会仲裁规则》(2019 版)第二十九条,《武汉仲裁委员会仲裁规则》(2018 版)第五十一条。规定合并仲裁的,如《中国国际经济贸易仲裁委员会仲裁规则》(2015 版)第十九条。

此请与彼请有重要意义,也可以有效地增强仲裁裁决的可接受性。

六、反请

反请指在已经开始的仲裁程序中,被申请人向仲裁机构提起的以自己为申请人、以对方为被申请人的旨在抵销或吞并对方原仲裁请求(原请求称为本请)的独立之请。该独立之请须与本请在事实上或法律上有牵连,与本请是基于同一事实或同一法律关系(此种法律关系中内容相对立,一方权利即另一方义务,反之亦然)。《仲裁法》第二十七条规定:“申请人可以放弃或者变更仲裁请求。被申请人可以承认或者反驳仲裁请求,有权提出反请求。”此处的“提出反请求”,即反请制度。但反请与反请求是两个概念,如同请与仲裁请求,二者的关系是:反请是向仲裁机构提起的程序请求,而反请求还包含向对方当事人提出的实体主张;反请是反请求的实现途径和方法,反请求是反请的内容。反请是一种法律制度,反请求是反请制度保障的具体权利主张。

需要注意的是,被申请人提出的申请人请求不能成立之主张构不成一个独立之请,是反驳而并非反请。例如,本请是基于买卖合同关系主张支付货款,被申请人主张因存在质量问题(或数量问题)应当减少货款数额为反驳,而主张因质量问题造成损失进而要求对方赔偿损失或同时要求对方承担违约责任才构成反请。

反请的特点:一是反请的当事人与本请的当事人相同而地位互换;二是反请应当在本请开庭终结之前(如仲裁规则有具体规定则在规定期限前)向同一仲裁机构提起;三是反请具有独立性,其本身是一个独立之请,虽针对本请提起,但不因本请的撤回申请而受影响。反请的特点决定了提起反请的条件,即只能由被申请人在案件开庭终结之前(或仲裁规则规定期限前)向同一仲裁机构提起,提起的是与案件有事实上或法律上牵连关系的独立之请。

七、请权

诉讼制度理论上关于诉权有不同的学说,本书借鉴其中最为符合仲裁制度目的之观点,认为:请权就是当事人要求仲裁机构就其基于与相对方存在的纠纷而提起的仲裁请求能否成立作出裁决之权利,也即要求对纠纷进行裁决之权利。对此权利的行使,仲裁机构应当予以回应,行使仲裁权,作出支持、部分支持或不支持其主张之裁决,或以其他方式(调解或动员各方当事人和解等)使得纠纷得到解决。

请权是一种程序性权利,可以理解为提起和参与仲裁的权利。请权本身不能引起仲裁法律关系的产生,只有当事人行使请权才能引起仲裁法律关系的产生[①]。以反请为例,“提出反请求”与“反请求”是两个概念,前者是行使请权,只不过是被申请人行使的权利,而且是针对申请人行使的请权的,因而称为反请;后者是前者的内容,是通过前者所要实现的目的。

请权有以下几种含义[②]:(1)请权是国家法律制度赋予并由当事人自愿选择的权利,当事人若不签订仲裁协议则只会享有诉权而不会享有请权。(2)请权是双方当事人都享有的一种权利,申请人的仲裁请求和被申请人的答辩、被申请人的仲裁反请求和申请人的答辩都是在行使请权。(3)请权贯穿于仲裁的全过程,仲裁制度的处分原则、辩论原则等都是为了保障当事人行使请权。

请权涉及仲裁制度与诉讼制度的或裁或审之分野,当事人基于仲裁协议而享有的请权排除了其原本应当享有的诉权。对诉讼而言,诉权是当事人寻求司法救济的基本权利,与人民法院的审判权是诉讼制度的两个基本构成要素,共同构成民事诉讼制度之基础。同样地,对仲裁而言,请权是当事人将纠纷提交仲裁机构解决的权利,与仲裁机构的仲裁权构成仲裁制度之基础。但不同于诉权的是,请权不是当事人自然具有之基本权利,需要当事人通过有效的仲裁协议产生,因而其权利范围、行使方式和实现程序都受制于仲裁协议;而仲裁机构之仲裁权也同样受制于仲裁协议。

请权原本只能由仲裁协议的签订者享有,但最高人民法院《仲裁法解释》对此进行了合理扩展,使得合并或分离后的法人之继受人、自然人的继承人以及债权债务转让的受让人也享有了请权[③]。除此之外的案外人因为没有请权而不

---

① 参见张卫平主编:《民事诉讼法教程》,法律出版社 1998 年版,第 166 ~ 167 页。

② 参见潘剑锋:《民事诉讼原理》,北京大学出版社 2001 年版,第 52 ~ 53 页。

③ 最高人民法院《仲裁法解释》第八条规定:“当事人订立仲裁协议后合并、分离的,仲裁协议对其权利义务的继受人有效。当事人订立仲裁协议后死亡的,仲裁协议对承继其仲裁事项中的权利义务的继承人有效。前两款规定情形,当事人订立仲裁协议时另有约定的除外。”第九条规定:“债权债务全部或者部分转让的,仲裁协议对受让人有效,但当事人另有约定、在受让债权债务时受让人明确反对或者不知有单独仲裁协议的除外。”

能参加仲裁。这可以解释为何仲裁制度并不存在第三人的原因:第三人(无论是否有独立请求权)因为与当事人之间没有仲裁协议,因而不享有请权;仲裁制度中作为意思自治重要体现的选择仲裁员组成仲裁庭之权利,因而只能安排双方当事人行使,并未给第三人留有行使这一权利之余地;但第三人可以通过与当事人达成仲裁的书面意思表示而参加仲裁,并与当事人中的一方共同行使选择仲裁员组成仲裁庭之权利;这显然并不利于保护第三人之程序权利。同时,仅限仲裁协议当事人参与仲裁也有效地保证了仲裁的保密性。

八、既决力

既决力即通常诉讼中所称之既判力。既判力是西方民事诉讼法和仲裁法的一个概念[①],指作为争议标的之法律关系作出终局判决(裁决)后,当事人就不得再以该法律关系作为标的而提起诉讼或仲裁,并且在其他诉讼或仲裁中所运用的攻击或防御主张也不得与该确定的判决(裁决)相抵触。就法院和仲裁机构而言,亦不得再就已判决或裁决的法律关系作出相反的裁判(有相反证据足以推翻原判决或裁决的除外)。如果当事人再就已判决的法律关系提起诉讼,则法院应以其违背一事不再理原则为由不予受理[②]。笔者借鉴既判力概念并稍加变通,称为既决力,以表明探讨的仅是仲裁裁决之效力而不包括法院判决之效力,指仲裁机构作出的仲裁裁决所仲裁之仲裁标的对当事人和仲裁机构所具有的确定力。《仲裁法》第九条规定:“仲裁实行一裁终局的制度。裁决作出后,当事人就同一纠纷再申请仲裁或者向人民法院起诉的,仲裁委员会或者人民法院不予受理。”这通常被认为是关于仲裁裁决的既决力之规定[③]。

仲裁裁决一经作出即成为纠纷的最终解决结果,其法律效力体现在:

1. 拘束当事人服从裁决内容,使其无权就已经仲裁的纠纷再向人民法院起诉,或向仲裁机构重复提出同一争议,这是一裁终局原则之体现。

---

① 如法国《新民事诉讼法典》第四百八十条规定:“在其主文中对本诉讼之全部或一部作出裁判的判决,或者对程序上的抗辩、不受理或其他任何附带事件作出裁判的判决,一经宣告,即相对于所裁判的争议具有既判力。”第一千四百七十六条规定:“仲裁裁决一经作出,即对其裁决的争议具有已决事由之既判力。”参见《法国新民事诉讼法典》,罗结珍译,中国法制出版社 1999 年版,第 96 页、第 312 页。

② 《民事诉讼法学》编写组:《民事诉讼法学》(第 2 版),高等教育出版社 2018 年版,第 51 页。

③ 张楠:《仲裁案外人权利救济制度研究》,载《西部法学评论》2013 年第 4 期。

2. 仲裁机构必须尊重该裁决,作出后即不得重新审查、变更自己作出之结果——除非人民法院在申请撤销仲裁裁决程序中发出重新仲裁的通知;但依据《仲裁法》第五十六条的补正除外①。

3. 对于已经裁决确认之事实或法律关系,不允许在其他纠纷解决程序中进行争执或重新处理:已经为生效裁决确认之事实在其后的纠纷解决程序中(无论是诉讼还是仲裁)属于不需要证明之事实,可以直接作为裁判之依据;对生效裁决确认的法律关系,其后的纠纷解决程序不得作出与该裁决不一致之判断。

既决力的客观范围指仲裁裁决中哪些判断事项具有既决力。既决力原则上限于裁决主文中的内容,即裁决书中"裁决如下"之后、仲裁费用如何承担之前的内容,该部分为经过裁决的仲裁标的。

如同既判力的客观范围取决于诉讼标的之定义,采纳的诉讼标的理论不同会导致既判力之客观范围不同,既决力之客观范围同样也取决于仲裁标的之定义。这的确会在实践中产生争议。

仲裁实务中容易引起争议的问题之一是裁决理由中的判断是否具有既决力。由于缺乏行业统一的裁决模式,也是为了执行的方便,国内仲裁的主文追求简洁明确,因此有些应当在主文中出现的判断被放在了说理部分,常见的是对于给付之请,在裁决主文中不再判断作为前提的确认之请的内容,如合同效力问题。因此,不宜笼统判断裁决理由中的判断是否具有既决力。笔者的建议是:**裁决理由中对于裁决赖以成立的明确的直接判断具有既决力,如对前提之确认、当事人履行义务情况之确认、权利范围之确认(如孳息的计算方法和期间)等,具有既决力,以避免产生法律逻辑上的问题并使纠纷解决复杂化。对于其他的间接判断,特别是基于事实认定中的证据采信问题而作出之判断,通常不具有既决力。**

---

① 《仲裁法》第五十六条规定:"对裁决书中的文字、计算错误或者仲裁庭已经裁决但在裁决书中遗漏的事项,仲裁庭应当补正;当事人自收到裁决书之日起三十日内,可以请求仲裁庭补正。"

第三章
仲裁法律适用之基础理论

如前所述，所谓法律适用，指将法律规范适用于由事实构成的案件获得一个正当法律决定的过程，通常被认为指法院或仲裁机构依据法律规范解决各类案件的活动。就仲裁机构而言，由于法律适用直接影响仲裁协议效力的认定（这决定了争议可否通过仲裁方式解决及由哪个仲裁机构受理）以及仲裁的进程，更直接影响仲裁的结果，因此，法律适用被视为当事人之间纠纷解决的关键。

法律适用具有以下特征[①]：第一，法律适用是普遍性法律规范与特殊性个案事实结合的过程。第二，法律适用是裁判者对法律规范和案件事实的具有主观能动性的结合。第三，法律适用是裁判者依职权（或者依授权）并按照程序解决纠纷的过程和手段。第四，通常有表明法律适用结果的法律文件，如判决书、裁定书、裁决书等。

通说认为[②]，仲裁机构及其仲裁庭进行仲裁活动要符合法律规定，根据法律的相关规定来查清事实，确认各方当事人的权利、义务和责任。《仲裁法》第七条规定仲裁"应当符合法律规定"，这一规定本身就包含着法律适用问题；而且离开正确的法律适用，仲裁结果也是难以保证公平合理的。

---

① 参见单兆洪：《法律适用研究的新思路》，载《法律适用》2002 年第 2 期。笔者在这里只是择要总结借鉴了部分重要特征。

② 苏庆、杨振山主编：《仲裁法及配套规定新释新解》，人民法院出版社 2001 年版，第 70 页；江伟主编：《仲裁法》，中国人民大学出版社 2009 年版，第 26 页；张斌生主编：《仲裁法新论》（第 4 版），厦门大学出版社 2010 年版，第 210 页。另参见张建华：《仲裁新论》，中国法制出版社 2002 年版，第 238 ~ 252 页。

我国是一个“一国两制”(社会主义制度、资本主义制度)、“三大法系”(社会主义法律体系、大陆法系、英美法系)、“四个法域[1]”[中国内地(大陆)、香港特区、澳门特区、台湾地区四个法域]的复合法域国家,这使得我国的法律适用情形较为复杂多样,但也有利于我们对比仲裁制度在不同法系和法域中作用的发挥。

正确的法律适用需要扎实的法律基础知识。本章根据仲裁实践需要,择要介绍我国(除港澳台外)法域仲裁法律适用之基础理论。

第一节 法律规范

通说认为[2],成文法有四个构成要素:法律规范、法律原则、法律概念和法律技术。法律适用就是依据成文法特别是其中的法律规范,运用逻辑推理(分析推理或辩证推理)解决纠纷的过程。

就仲裁制度而言,法律适用主要是依据法律规范解决各类案件的活动,因此法律规范的概念、逻辑结构和分类等内容是仲裁员和仲裁机构工作人员应当掌握的重要基础知识。

一、法律规范的概念

法律规范是国家意志的体现,是通过一定的法律条文表现出来的具有一定内在逻辑结构的由国家强制力保障实施的特殊行为规则,是法最基本的组成部分,是用以指导、约束人们行为的一种社会规范[3]。法律规范通常也可以称为法

---

① 法域是法律有效实施或适用的范围,或说法域是具有独特法律制度的地区。参见谢晖:《我国未来多法域之间的冲突及其调控》,载《法学研究》1996 年第 4 期;杨涛:《“一国两制”下多法域的法律冲突及解决》,载《法制与社会》2009 年第 10 期。

② 胡土贵主编:《法理学》,法律出版社 1999 年版,第 59 页;陈金钊、熊明辉主编:《法律逻辑学》,中国人民大学出版社 2014 年版,第 55 页。

③ 卢云主编:《法学基础理论》(修订本),中国政法大学出版社 1999 年版,第 290 页;胡土贵主编:《法理学》,法律出版社 1999 年版,第 58 页。

律规则，以有别于法律原则①。

法律规范是普遍适用的行为规则。它所针对的不是个别的、特定的事或人，而是适用于大量同类的事或人，是多次适用的一般规则。至于只适用于某一具体的事或人的具体命令或判决裁决，虽然也具有必须遵守的性质，但它们不是法律规范，而是法律规范在具体条件下的适用，是非规范性的文件。例如，最高人民法院的判例作为非规范性文件，是法律适用的较为典型的例子，但成文法语境下判例本身不是法律规范，不能作为裁判案件的依据。

二、法律规范的逻辑结构

法律规范通常由三个部分组成，即假定（适用条件）、行为模式、法律后果。这三个部分也称为构成法律规范的三个要素②。

假定指适用规范的必要前提条件。每一个法律规范都是在一定条件出现的情况下才能适用，而适用这一法律规范的该种条件就称为假定。假定主要是指适用该规范的主体、时间、地点等条件和情况。

行为模式指法律规范中具体规定的主体行为规则。它规定人们的行为——应当做什么、允许做什么、禁止做什么；或说它规定了权利、义务内容。这是法律规范的中心部分，是法律规范的核心内容。

法律后果指法律规范中规定的遵守或违反该规范之行为模式将导致的法律结果。如遵守法律规范以实现行为目的，以及因违反法律规范而产生的民事责任、行政法上的责任甚至刑法上的责任等。

例如，《刑法》第三百九十九条规定："依法承担仲裁职责的人员，在仲裁活动中故意违背事实和法律作枉法裁决，情节严重的，处三年以下有期徒刑或者拘役；情节特别严重的，处三年以上七年以下有期徒刑。"这就是关于枉法仲裁罪的刑事法律规范。其构成要素为：假定——主体条件为承担仲裁职责的人员，时间和行为条件是在仲裁活动中。行为——故意违背事实和法律作枉法裁

① 笔者是从实务出发进行的简单分类。也有学者认为法律规范是法律规则和法律原则的共同上位概念。参见刘叶深：《法律规则与法律原则：质的差别?》，载《法学家》2009年第5期。

② 卢云主编：《法学基础理论》（修订本），中国政法大学出版社1999年版，第290页；胡土贵主编：《法理学》，法律出版社1999年版，第58页；张文显：《法哲学范畴研究》，中国政法大学出版社2001年版，第49页；吕忠梅主编：《法学通识九讲》（第2版），北京大学出版社2014年版，第65页。

决。后果——情节严重的,处三年以下有期徒刑或者拘役;情节特别严重的,处三年以上七年以下有期徒刑。

法律规范这三个部分是密切联系、不可或缺的。但这三个部分不一定都明确规定在法律条文中,有的条文未叙述假定部分,有的把假定与行为模式结合在一起,从表面上看似乎只有行为模式与法律后果两个要素。

法律规范与法律条文既有区别又紧密联系:法律规范由法律条文体现,一个法律规范可能由一个或多个法律条文构成,也可能由一个法律条文体现一个或多个法律规范。

三、法律规范的分类

按照不同的标准或从不同的角度出发,法律规范可以作出不同的分类[①]:按照调整对象分,可以分为刑事法律规范、行政法律规范和民事法律规范;按照适用范围分,可以分为国际法法律规范和国内法法律规范;按照内容和功能分,可以分为程序性法律规范和实体性法律规范;等等。除此之外,还有一些对法律适用有特殊意义的分类:按照在同一部法律中的地位与作用不同,分为法律原则与法律规则;按照在一国法律渊源之内的效力不同,分为上位法与下位法;按照一国之内针对某类社会关系调整的一般性规定和特定性规定,分为一般法与特别法;按照法律规范颁行的时间顺序,分为新法与旧法;按照法律规范之强制性程度的不同,分为强行性规范和任意性规范;等等。

从仲裁实务出发,需要注意的常见而重要的分类是以下两类:

(一)程序法(程序性规范)和实体法(实体性规范)

程序法和实体法的分类是法律的基本分类方式之一,是依据法的内容与功能的不同而进行的。现实中的法律一定是以某类法律规范为主体的,因此"法律规范"和"法"常常相互指代,如以程序法来指代程序法律规范。程序法指所规定的主要是保证法律关系主体的权利与义务得以实施之程序或方法的法律;实体法指所规定的主要是法律关系主体之实体权利与义务等的法律[②]。程序法

---

① 胡土贵主编:《法理学》,法律出版社 1999 年版,第 58 页。

② 公丕祥主编:《法理学》,复旦大学出版社 2002 年版,第 322 页。

和实体法都规定具体的权利义务内容,规定各种行为模式的法律后果。

有些法律往往不是简单分类所能准确定位的,如《保险法》既有保险合同、保险主体及参与人等民商事实体法内容,还有相当数量的行政法规范。有的法律虽然偏重于程序或实体,但往往同时有实体法律规范和程序法律规范的规定。如《仲裁法》虽然以程序法律规范为主,但也有实体法律规范:第十六条至第十九条关于仲裁协议的规定,以及第七十四条关于仲裁时效的规定就是实体法律规范。再如《民法典》虽然以实体法律规范为主,但其中很多将举证责任分配给特定当事人的规范显然属于程序法中的举证责任的范畴。

将法律规范区分为程序性法律规范和实体性法律规范对于仲裁制度的意义在于:程序性法律规范在为实体性法律规范的实施提供保障的同时,自身具有特殊的价值和功能,详见后述。程序性规范与实体性规范犹如马车之双轮,共同服务于纠纷解决,具有目标一致性和功能互补性。

从法律适用的角度讲,仲裁机构如果适用法律错误,适用程序性法律规范错误和适用实体性法律规范错误的后果是不同的:适用程序性法律规范错误,仲裁裁决经司法监督将可能被撤销或不予执行,这将对仲裁机构的公信力造成重大损害;但适用实体性法律规范错误,最大的可能是因为违反法律适用的统一而影响仲裁活动的公信力,司法监督通常不对此进行干预。适用程序性法律规范错误即程序违法的后果要远比适用实体性法律规范错误的后果要重。

(二)强行性规范和任意性规范

这是按照法律规范的强制性程度的不同所作的分类。强行性规范指对于权利和义务的规定十分明确,不允许人们变更或者违反的法律规范;任意性规范指允许人们在法定的范围内自行确定其权利和义务或选择行使权利和履行义务方式的法律规范[①]。

这种区分的意义在于:无论是通过诉讼还是仲裁,在解决合同纠纷和其他财产权益纠纷时,纠纷当事人对于自己的行为是否违反强行性规范可能缺乏认识,导致其行为效力出现问题。人民法院需要体现国家意志,必须坚决维护强

---

① 卢云主编:《法学基础理论》(修订本),中国政法大学出版社 1999 年版,第 295 页;胡土贵主编:《法理学》,法律出版社 1999 年版,第 67 页。

行性规范的效力,确认违反强行性规范的行为无效,并可能对违反者施加制裁(如对于恶意串通、损害国家、集体和他人利益的无效合同所得财产收归国有);但仲裁机构由于不承担直接的公共政策职能而重在解决纠纷,对强行性规范的认定要宽松得多。在区分规范的强制性程度时,仲裁庭应当更多地关心纠纷的合理解决而减少对当事人行为的干预;即便是对于违反强行性规范的行为,也要区分违反的是管理性强行性规范还是效力性强行性规范,只对那些违反了明确的、无分歧的效力性法律规范的行为认定为无效(通常是法律条文中明确规定某种行为"无效",而不仅仅是"禁止""不得"等用语所制止的行为)。这样可以尽量减少无效合同的数量,促进交易,避免因为轻易认定合同无效而产生的难题(诸如无效合同只能按有效合同处理等)。需要强调的是,人民法院认定无效的合同或行为,未必会被仲裁机构认定为无效。

四、法律规范与法律原则

法律规范与法律原则同是成文法的构成要素。法律原则指法律体系或一部具体法律中可以作为法律规范(法律规则)之基础或本源的综合性、稳定性原理和准则①。例如民法的原则,是效力贯穿民法始终、体现民法的基本价值、集中反映民事立法的目的和方针、对各项民法制度和民法规范起统率和指导作用的原则,是民事立法、司法中必须遵守的原则。《民法典》第三条至第九条分别规定的权益保护、平等、自愿、公平、诚信、守法与公序良俗、保护生态等原则莫不如是。《民法典》中的具体法律规范都是上述某个或多个原则的体现。

法律原则是法律规范的基础,各种具体的法律规范都是在法律原则的精神指导下制定的。除在具体法律中所具有的基础功能外,法律原则之重要功能还在于它是法律解释的依据,是克服成文法局限性和弥补法律规范漏洞、解决具体法律规范矛盾的工具,同时法律原则也是授权裁判者自由裁量的基础。英美法系学者同样重视对于法律原则与法律规则之分析。如美国法学家罗纳德·德沃金所言:"在大多数情况下,我总是概括使用'原则'这个词汇,用以指法律规则以外的其他准则的总体。……我把这样的一个准则称为一个'原则',它应该得到遵守,并不是因为它将促进或者保证被认为合乎需要的经济、政治或者

---

① 沈宗灵主编:《法理学》,高等教育出版社1994年版,第39页。

社会形势,而是因为它是公平、正义的要求,或者是其他道德层面的要求。”①

法律原则的特点是,它不预先设定任何确定的、具体的事实状态,没有规定具体的权利和义务,更没有规定确定的法律后果②。法律原则通常不具有确定的内涵、外延,又具有开放的指导性,其文义是空泛的、抽象的。法律原则在具体案件中的适用可以克服成文法僵化与滞后的局限性,因而在解决疑难案件方面发挥着重要作用。对比法律规范的逻辑结构可以看出,由于法律原则欠缺行为模式和后果的确定性,因此法律原则本身通常不被视为是法律规范,只是在处理特别疑难案件、需要超越形式推理(分析推理)而依靠实质推理(辩证推理)时,才变通作为法律规范适用。法律原则和具体的法律规则在此种情形下共同构成法律规范,但它们在内容的明确性、适用范围、适用方式和作用上存在明显的区别。

第二节　法律概念和法律技术

法律适用虽然主要是对法律规范的适用,但成文法之四个构成要素——法律规范、法律原则、法律概念和法律技术——在法律适用中是缺一不可的。除了前述的在处理特别疑难案件需要实质推理(辩证推理)时需要适用法律原则外,任何的法律适用都离不开概念——任何一个法律规范都包含着法律概念,“法律规范”本身也是需要定义的法律概念,法律概念和法律规范共同构成了法律适用的基础。而法律技术,包括法律发现、法律解释、法律推理、法律论证等,是法律适用的方法或手段,是法律适用正确的保障。

一、法律概念

概念是反映客观事物本质属性的思维形式。法律概念就是对各种法律事

① [美]罗纳德·德沃金:《认真对待权利》,信春鹰、吴玉章译,中国大百科全书出版社1998年版,第40~41页。

② 沈宗灵主编:《法理学》,高等教育出版社1994年版,第39页。

实进行概括,抽象出它们的共同特征而形成的权威性范畴[①]。英美法系有代表性的法律概念则指"可以被视为是用来以一种简略的方式辨识那些具有相同或共同要素的典型情形的工作性工具"。"法律概念是解决法律问题时所必需的和必不可少的工具。没有限定严格的专门概念,我们便不能清楚地和理性地思考法律问题。没有概念,我们便无法将我们对法律的思考转变为语言,也无法以一种可理解的方式把这些思考传达给他人。"[②]

(一)法律概念的内涵和外延

法律概念的内涵,指反映在法律概念中的事物之本质属性,通常也称为法律概念之含义。如"法律规范"概念的内涵,反映的是"法律规范"这类事物的本质属性,即"由国家颁布或认可并以国家强制力保证其实施的行为规则"。因为事物的本质属性可以由一个或几个属性组成,所以,构成法律概念内涵的属性可能是一个,也可能是几个。

法律概念的外延,指具有法律概念所反映的本质属性之对象,通常也称为法律概念之适用范围。如截至2008年年初,中国现行有效的"民法商法",包括民法通则、物权法、合同法、海商法、公司法、保险法等32部法律[③],所有这些法律都具有"民法商法"概念所反映的本质属性。由于法律概念所反映的对象不同,所以外延的范围和对象的数量也不同,既可以只有一个对象,也可以包含很多对象。

法律概念的内涵和外延既相互区别又相互联系,且有一定的制约关系:内涵确定了,外延也相应地确定;内涵变化,外延也相应地变化;通常一个概念的内涵与其外延成反比关系,即内涵越多则其外延越小;反之亦然。

---

① 沈宗灵主编:《法理学》,高等教育出版社1994年版,第40页。

② [美]E. 博登海默:《法理学——法律哲学与法律方法》,邓正来译,中国政法大学出版社2004年版,第501页、第504页。

③ 参见国务院新闻办公室2008年2月28日发表的《中国的法治建设》白皮书之附录。其后民法商法又增加了《侵权责任法》和《民法总则》等。但《民法典》施行后,还需要减去九部废止的民商事法律。

(二)法律概念的特征①

法律概念具有以下特征:

1. 规范性。规范性主要指法律概念对于法律文义和价值的承载以及由此而来的对人思维的约束。在成文法的大环境下,就立法者而言,必须事先对法律概念的意义范围有一个基本的确定,并希望这一概念所体现的法律价值能在实践中得以实现;而就法律适用者而言,除了完成立法者交给的任务外,还需要结合法律适用时的社会情势,对法律概念的范围根据法律整体及价值倾向进行缩限或扩张的理解,以保证法律适用的妥当性。

2. 开放性。法律概念虽然是人们用以分析法律问题的必要的抽象工具,但法律概念并不像自然科学的概念那样具有封闭的意义。相对于社会现实来说,法律概念往往过于呆板固定,常常需要解释才能适用。在被解释的过程中,法律概念要融入事实、解释者个体因素和价值观。但是,这种开放必须以规范目的为限度,遵循严格的程序,并以法律共同体的合意为准。

3. 实践性。法律概念意义的实现需要实践,并在实践中不断丰满。在新生事物层出不穷的社会现实面前,法律的滞后性决定了法律概念需要通过法律职业者在实践中的解释才能满足实践需求,才有发挥作用的空间。满足实践需要是法律概念生命力所在。

4. 衍生性。这是与法律概念的开放性相联系的特性。法律概念必须与推理等方法结合起来才能衍生出意义,而推理的过程事实上是解释的过程。

(三)法律概念的功能②

法律概念是法学体系的基本组成部分,与法律规则、法律原则共同构成法律体系,因此其具有体系建构功能。法律概念是对本质特征和共同特征的概括,因此具有意义储藏和固定功能。法律概念在适用过程中借鉴案件中的具体的事实行为,可以创造出立法者未曾预料到的新的意义和价值,因此具有意义及价值演进功能。

---

① 陈金钊、熊明辉主编:《法律逻辑学》,中国人民大学出版社 2014 年版,第 70 ~ 73 页。

② 陈金钊、熊明辉主编:《法律逻辑学》,中国人民大学出版社 2014 年版,第 73 ~ 76 页。

二、法律技术

法律技术,是法律职业者在解决案件过程中,针对法律文本的理解、法律事实的发现以及法律的具体适用所采取的方法或手段,从而使法律问题的解决具有科学性、合理性与权威性[①]。简言之,从某种意义上讲,法律技术可以视为法律适用的方法或手段,属于法律适用中的实践技能。

(一)法律技术与法律方法论

有学者指出:法学界目前流行一种趋向,即将法律适用的方法(法律技术)用来涵盖“法学方法论”的内容,认为法学方法论就是对法律解释、法律推理、法律发现、法律论证等规则进行的论证。尤其是自我国台湾地区学者杨仁寿先生的《法学方法论》以及德国学者拉伦茨的《法学方法论》引入我国大陆以来,“方法论”似乎在很大程度上就蜕化成一种法律适用的方法,诸如法律解释、利益衡量、漏洞补充等,俨然成了“法学方法论”的主干。这样的理解一方面冲淡了方法论的理论意味;另一方面则仅突出了研究法律适用方法的重要性,使法学研究有可能演变为规则研究、技术研究[②]。

这样的观点提示我们:理论研究与实务是有巨大差异的。从实务的角度,我们希望突出研究法律适用方法的重要性,突出规则研究和技术研究的重要性。有学者主张把法律方法作为一种技术来认识和对待[③],笔者赞同这种观点。

(二)法律技术的技术属性

有学者总结法律技术的技术属性表现为[④]:第一,法律的产生和实施必须依靠一定的技术操作程序。一方面,从社会实践对法律的需求到法律变成现实的法律规范,需要技术性保障和科学的立法知识;另一方面,从立法、司法的目的看,通过法律调整复杂的社会关系,就需要技术,将法律规范转换为现实的法律

---

① 胡玉鸿:《法律技术的正当性基础》,载《法学》2007 年第 7 期。

② 胡玉鸿:《法律技术的内涵及其范围》,载《现代法学》2006 年第 5 期。

③ 严存生:《作为技术的法律方法》,载《法学论坛》2003 年第 1 期。

④ 参见尹伊君:《论法律技术》,载《法律科学》1991 年第 5 期。

关系。“法律职业”一词实际已经包含了技术的含义在内。第二，作为技术主要载体的法律规范本身就表现为法律的技术属性并体现了技术的进步：法律规范内部各个组成部分的搭配和排列必须严谨、协调、逻辑性强，法律规范中概念的使用必须准确、科学、规范，法律规范的外部形式必须明确、合理，实施法律规范的机关机构必须分工明确、相互协调。第三，法律的产生和实施离不开人所具备的法律技能。立法和法律适用的具体工作总要由特定的人依其法律技能去实现和完成，而个人法律技能的高低从技术上决定和影响着立法和法律适用的质量。

（三）法律技术的范围①

法律技术的内容可以分解为以下三个主要的方面：

1. 文本分析技术。这是针对法律文本所进行的技术性理解，主要包括“类型及类型化思维技术”、“法律注释技术”和“不确定法律概念的判断技术”等内容。

（1）类型及类型化思维技术。法学中所称“类型”，是一种“类”思维的方法论原则。它一般发生在抽象概念（或称一般概念）及其逻辑体系不足以掌握某生活现象或意义脉络的多样表现形态时，通过借助某种“典型”或者“标准形态”的设定，来诠释相关的类似情境。由于“概念”将整体的行为、现象予以分割，使人们通过概念所获得的印象只能是一种断裂式的意义回忆，所以，法律上的术语更多的不是概念而是类型。例如，人们往往将“买卖合同”作为一个概念来加以理解，试图精确地对这一概念作出内涵及外延上的界定，但实际上，“买卖合同”只是一种类型，指当事人支付对价获取标的物所有权或其他权利的协议，包括了各种买卖关系。所以，确定哪些术语是类型及对类型的分析技术，构成了法律技术中至关重要的一个内容。

（2）法律注释技术。人们对法律规范的理解，首先从明白法律条款的意义开始；而法律能够作为一种调整人们行为的普遍规则，也正是在于它的基本含义能够为人们所理解。在法律规范里，存在能够为人们所共同感知的法律意义存在。通过权威的“注释”而不仅仅是各自为政的“解释”法律文本，不仅有助

---

① 参见胡玉鸿：《法律技术的内涵及其范围》，载《现代法学》2006 年第 5 期。笔者依据自己的理解并结合仲裁实务的需要，对部分内容进行了调整。

于法律理解,对保证法律适用正确更有重要意义。

(3)不确定法律概念的判断技术。任何一个法律概念的给定都难以穷尽列举所包含事物的所有主要特征,从而通过逻辑的推论方式来对事物进行认识、评价。一件具体纠纷是否符合既定的规范,裁判者需要对这些规范中没有说明的含义进行注释。这就涉及"不确定法律概念"的适用问题。如何将这些模糊、抽象的术语或标准(如诚实信用或公平)适用于现实中的个案,就需要确定其适用技术及其范围。

2. 事实发现技术。这是针对法律适用中与"法律"处于同等地位的"事实"的认定与发现问题。有关事实认定的技术,主要包含以下几个主要问题:

(1)法律事实采证技术。这主要是研究如何发现法律事实的技术规则问题,如事实调查技术、事实收集技术。需要注意的是,这部分的技术规则大多受制于伦理规则的限制。简单地说,在调查取证上的"合法性"方面,以符合人之尊严的方式来收集的证据方才能被认定为合法、有效证据。因而,所谓法律事实的采证规则,必须同时结合技术与人文两个方面来予以确定。

(2)法律事实判断技术。证据能否用作定案的根据,还必须通过相关的技术规则来予以确定。举证、质证、内心确信等,均需要按照合乎程序与伦理的规则来进行。

(3)法律事实解释技术。法律事实的解释指对法律行为(占主要比重)和法律事件(如法律规范的立、改、废)的解释。对法律事实(特别是法律行为)的解释关键不是推断当事人的内心动机,而是要对其表现于外部的行为在法律上进行评价,然后根据法律规范来确定法律后果。

3. 法律适用技术。这是法律适用的重要组成部分,主要包括以下内容:

(1)法律渊源识别技术。法理学上的法律渊源可以说是一种规范的集合体。它既包括国家的制定法,同时又涉及法律的社会渊源,诸如习惯法、公共政策、社会价值、法理学说,等等。因此,在法律渊源之间,首先就存在识别的问题。它包括:①某一个特定的个案应当适用何种规范?当两种规范的内容相悖时,如何选择其中的一个规范加以适用而排斥另一个规范的效力?②当法律与法律之间存在位阶关系时,如何选择其中的法律文件加以适用?例如,调整某一项事务的法律规则,存在宪法、法律、法规、规章等不同层次,那么应当首先适用哪一个规则?③特别法优于普通法、前法优于后法虽然是人们所熟知的法律渊源的适用规则，然而，何者为特别法和普通法，何者为前法和后法？特别是在上述两类规范之间出现竞合时，如何确定法律的适用，就是一个极为重要的问题。后面将详述法律渊源识别问题。

(2)判例识别技术。就实行判例法的国家而言，存在一个"遵循先例"的规则，这意味着法官在面临一个具体案件时，首先就要找出是否存在相关判例。如何运用以前的判例，遵循先例中的哪些内容以及如果该案与先例有矛盾应如何处理的问题，在英美法系称为区别的技术。"区别的技术"也称之为"判例的识别技术"。正如成文的法律规则不会自动地与案件对号入座一样，判例与正要处理的案件也不会自动地发生关联，只有通过识别，才能确定前例的判决中的事实或法律问题和当前案件中的事实和法律问题有什么异同，这种异同已达到什么程度。否则，将先例适用于现在的案件就缺乏法律上的正当性。带有英美法系传统属性的仲裁需要遵循先例，这种需要远远超过成文法环境下的法院对遵循先例的需要。有违先例之裁决不仅仅影响法律适用的一致性，还会影响仲裁机构公信力，进而影响当事人对仲裁机构甚至对仲裁方式的选择。

(3)法律解释技术。法律解释技术既可属于法学研究的技术分析方法，同时又是狭义的法学方法论内容。后面将详细论述。

(4)法律原则适用技术。法律原则的重要性自不待言，其在法律适用中的地位也为人们所公认。当法律规则不足以解决面对的个案时，裁判者往往引用法律原则来作为解决纷争的依据。法律原则之适用是解决疑难复杂案件、进行实质法律推理的重要技术。

(5)利益衡量技术。利益分配在立法中虽然有所安排，但在司法实践中还往往存在同为法律所承认的利益之间发生相互冲突的情况。在合法的利益之间发生冲突时，如何调适利益之间相互的关系，就成为执法与司法所必须面对的重要任务。那么，如何对冲突的利益确定其轻重而进行权衡与取舍呢？这里既有利益衡量的依据和正当性问题，同时也有利益衡量的技术规则问题。

(6)法律推理技术。法律推理是人们从一个或几个已知的前提(法律事实或法律规范、法律原则、法律概念、判例等法律资料)得出某种法律结论的思维过程。在纠纷解决实践中，由于法律的技术性以及"事实"的不完全性，人们往往借助于推理的手段，得出某个法律结论。后面将详细论述法律推理问题。

(7)法律漏洞补充技术。就法律而言，任何法律(作为一个整体的文件)都不可避免地存在漏洞与空白,这是立法本身的缺陷使然。而在法律实践中,又不允许在法律出现缺漏时,裁判者将案件置之不理,由此就产生了法律漏洞补充技术的必要。如何通过类推、目的限缩与目的扩张等技术手段来弥补法律的不足,成为法律漏洞补救的重要手段。当然,这是一种具有很强技术性的内容,例如,在何种情形下才允许类推?立法目的在何种情形下必须予以限缩,何种情况下必须予以扩张,以及采用什么样的技术使这种类推、限缩和扩张合理化,都是必须认真对待、慎重处理的问题。

(8)裁决说理技术。法律是一项民主的事业,法律也是一项说理的活动。裁判者在适用法律对当事人各方的权利、义务进行判定时,提供相关的裁决理由就成为纠纷解决活动之核心问题。仲裁裁决之最佳效果,在于当事人各方心悦诚服地接受裁决;要达到这一目的,仲裁裁决需要告诉当事人:决定裁决结果的规则从何而来,规则如何适用于争议事实,规则的适用是否遵循先例,等等。就裁决说理而言,如何掌握必要的技术规则,就成为裁决是否能为当事人及社会所接受的重要前提。

三、寻找法律规范——法律渊源识别

为具体案件而在法律渊源中寻找、选择、确定可供裁判适用的法律规范,即法律发现,是成文法国家裁判者的重要工作,也是法律适用水平或说裁判水平的重要因素。这也被称为法律渊源识别。以依据程序法律规范确定案件事实和发现可资适用的实体法律规范为核心内容的法律适用过程表明,对于一起具体的纠纷案件,仲裁员必须运用法律渊源识别技术,寻找适合于该案的法律规范,以得出正确的法律决定。寻找法律规范需要掌握法律渊源和法律部门方面的知识。法律渊源理论确定了法律发现之范围和顺序;法律部门是将法律渊源分割而成的单元,以指引法律发现的方向和路径,并进行法律关系定性和识别①。

(一)法律渊源和法律部门

1. 法律渊源

法律渊源指法的不同表现形式,指由不同国家机关制定或认可的,具有不

① 陈金钊、熊明辉主编:《法律逻辑学》,中国人民大学出版社 2014 年版,第 196 页、第 201 页。

同法律效力和法律地位的各种类别的规范性法律文件的总称[①]。

参照传统理论，笔者认为，与法律适用关系密切之法的渊源可以按照效力高低分为以下几种：宪法、法律、行政法规、审判解释和行政解释、部门规章和地方性法规、自治条例和单行条例、有关经济特区的法规和规章、地方政府规章。与多数学者观点不同的是，其中审判解释和行政解释的引入及其位置。原因在于：审判解释是人民法院在判决书上可以直接援引的依据，自然是重要渊源；而行政解释虽然较少，重要性却并不逊色，如《仲裁法》实施后成立的仲裁机构可以受理涉外案件便是依据行政解释而非依据《仲裁法》[②]。

有研究者从纠纷解决的实务出发，在传统理论的基础上，提出法的渊源指法律人必须、应该或可以提出的支持法律决定的权威理由[③]；并借鉴国外的分类方式，将法的渊源分为以下三类：一是"必须法律渊源"，即宪法、法律、行政法规、地方性法规、民族自治法规、经济特区法规、特别行政区的规范性文件、国际条约等；二是"应当法律渊源"，即部门规章、地方性规章、审判解释；三是"可以法律渊源"，即习惯（包括国际惯例）、政策、道德、判例、法理[④]。

笔者认为这种分类方式值得借鉴，可以帮助仲裁员较好地判断如何寻找法律。但其中的"必须"和"应当"作为法律用语，按照《立法技术规范（试行）（一）》[⑤]第十四条，二者的含义没有实质区别。另外，审判解释位于部门规章和地方性规章（可能称为"地方行政规章"更合适）之后，这种分类显然是适合仲裁胜于适合诉讼。作为参考，仲裁员寻找法律渊源的步骤为：先从"必须法律渊源"中寻找，且按照效力由低到高的顺序寻找，因为通常效力低者规定的更具体更明确，而像宪法这样具有最高法律效力的法律规范则很少会成为裁决案件的

---

① 卢云主编：《法学基础理论》（修订本），中国政法大学出版社1999年版，第52页；胡土贵主编：《法理学》，法律出版社1999年版，第70页。

② 《国务院办公厅关于贯彻实施〈中华人民共和国仲裁法〉需要明确的几个问题的通知》（国办发〔1996〕22号）第三条规定："新组建的仲裁机构的主要职责是受理国内仲裁案件；涉外仲裁案件的当事人自愿选择新组建的仲裁机构仲裁的，新组建的仲裁机构可以受理"。参见国务院法制办公室、广州仲裁委员会编：《中国仲裁大事记》，广东人民出版社2010年版，第848页。

③ 权威理由指以特定的国家机关依据一定的法律程序制定的或提出的法律规范作为理由，这有别于往往是一些道德的、经济的、政治的或制度的理由的实质理由。

④ 王夏昊：《法适用视角下的法的渊源》，载《法律适用》2011年第10期。

⑤ 参见全国人大常委会法制委员会：《立法技术规范（试行）（一）》（法工委发〔2009〕62号）。

依据;如果在“必须法律规范”中找不到适用的规范,则再从“应当法律渊源”中寻找;如果仍然找不到,则到“可以法律渊源”中寻找。

2. 法律部门

法律部门,又称为部门法,是根据一定标准和原则所划定的同类法律规范的总和[①]。基于调整的社会关系及其调整方法不同,理论界将调整同一类社会关系的现行法律规范的总和视为一个独立的法律部门。

第九届全国人大常委会提出了国内法律部门的七分法[②],即在宪法统率下根据法律规范调整的社会关系和调整方法的不同,将我国法律规范划分为七个法律部门:宪法相关法、民法商法、行政法、经济法、社会法、刑法、诉讼与非诉讼程序法。仲裁法属于其中的非诉讼程序法。这一分法较其他分类方法更为权威和全面。

与仲裁关系密切的法律部门,最主要的是民法商法,以及诉讼与非诉讼程序法,因此找法主要从这两大部门法中寻找。但有时也需要到经济法和社会法甚至行政法中寻找与个别案件相关的法律规范。如施工合同纠纷,对应当招投标而未经招投标的合同效力涉及的招投标法属于经济法部门[③],即需要到经济法部门寻找相关法律规范。这方面较为典型的例子还有土地使用权出让合同纠纷之类的行政合同纠纷的仲裁,需要专题探讨。

(二)法律发现的路径

到法律渊源和法律部门中寻找法律需要遵循一定的路径。虽然法官与仲裁员在处理纠纷时都要循径找法,但由于专业化程度的不同,二者之间有较大的差距。以实体法为例,纠纷所在的领域通常有自己的专业化知识和专业性特点,例如,建设工程领域、保险领域或者交通运输领域发生的纠纷,其实都有着本专业人士才掌握、了解的很多交易惯例、交易习惯和特点。该领域的专家仲裁员对于纠纷的发生原因和责任承担通常都积累了一定的经验知识,因此几乎可以不

---

① 胡土贵主编:《法理学》,法律出版社1999年版,第88页。

② 参见乔晓阳:《关于中国特色社会主义法律体系的构成、特征和内容》,载全国人大培训中心编:《全国人大干部培训讲义》,中国民主法制出版社2004年版,第154~159页。

③ 谭敬慧:《招标投标法若干法律问题最新解读》,载《北京仲裁》2012年第2辑。

假思索地完成找法过程;而法官通常需要有一个较为复杂的找法过程。最高人民法院一直在倡导的按照案件类型组成专业化审判庭,便是为更好地解决各个领域的纠纷而做的努力,而专业化恰恰是由各领域专家组成的仲裁庭之特殊优势。

但对于形成纠纷后如何寻找解决纠纷所需要的程序性法律规范,则通常是法官的强项;某个领域的专家仲裁员所熟知的只是实体法律方面的经验知识,对程序问题往往并不熟悉。因此,仲裁员尤其需要注意按照什么路径寻找程序性法律规范的问题。

有学者将法律发现,"找法"的路径大致概括为:"阅读案件事实—概括案件事由—针对案件的部门法识别—从法律规范到裁判规范"①。这是一种较好的总结,对仲裁员有很好的指导作用。

简言之,首先,仲裁员基于其对法律认知与理解基础上的"阅读",阅读案件事实的法律意义,或者是阅读有法律意义的案件事实。"阅读"本身就是"法律"与"事实"的互动过程,通过阅读逐步集中案件的法律意义,为下一步法律发现限缩指向。其次,通过阅读逐步集中案件的法律意义,概括案由,确定争议所包含的民事法律关系之性质。再次,从案由指向的部门法再向章、节、条、款、项(目)逐步缩小范围,获得具体的法律规范。最后,将抽象性、普遍性、事先性的法律规范结合案件事实,转换为直接导引裁判结论的裁判规范。

在上述寻找法律规范的过程中,即使可能无法直接将个案事实与具体的法律规范对应起来,但经过专业培训的仲裁员也应当明确个案事实所属的法律部门,以便进一步在这一部门中找寻恰当的法律规范。这一做法的好处,就是限缩法律发现的范围,提高找法的效率和准确性。

前面所述的找法,其重心在仲裁员,是在仲裁庭组成后的找法,即已经具备程序性条件、组成仲裁庭对争议事实进行了调查并由仲裁庭进一步寻找恰当的实体法规范。但事实上,仲裁庭组成前仲裁机构也需要找法,即在受理案件之初应该首先寻找与个案事实相关的程序性条件,也即审查自己是否有权按照《仲裁法》和仲裁规则受理案件以解决当事人的纠纷:首先,依据《仲裁法》第十六条和第十七条的规定对仲裁协议的审查,初步确认有仲裁协议且仲裁协议没有无效的确切信息,才能进入下一步的审查;如果仲裁协议无效,则应当告知申

① 赵玉增、王海霞:《法律发现:法官"找法"的路径分析》,载《法律方法》2015 年第 2 期。

请人另行寻求救济方式。其次,对仲裁请求事项的审查,初步确认属于仲裁协议范围和仲裁机构有权处理的范围,对于超出范围的请求应当要求申请人补正或修改。最后,对申请人身份的审查,主要是其行为能力和可否自主主张权利。这种仲裁机构的"找法"通常称为"受案"时的审查。

为了保证找法的效率和准确性,仲裁机构特别需要借鉴人民法院的民商事案件案由制度,并进而建立起仲裁机构自身的案由制度。因为案由"反映案件所涉及的民事法律关系的性质,是对当事人诉争的法律关系性质进行的概括",《民事案件案由规定》(2020 修订)的宗旨就是"为了正确适用法律"①。

由于侵权类的纠纷也有可能事后达成仲裁协议(如交通事故或医疗事故)而不仅仅是合同类纠纷,因此,仲裁机构几乎可以采取"拿来主义",将去除了涉及身份关系及法律明确规定归人民法院管辖的纠纷(如破产纠纷、劳动合同争议纠纷等)之外的民商事案由用作仲裁案由。仲裁案由不仅仅方便案件统计分析,更是对案件仲裁法律关系的概括,可以指引仲裁庭更快捷更准确地找法,有效地提高法律适用水平。笔者认为,案由不仅仅是准确找法的需要,也是规范仲裁员所属专业的需要。目前国内仲裁机构普遍没有建立起合适的案由制度,同时在仲裁员名册中所列出的仲裁员所属专业也不够规范。这是需要尽快解决的问题。

四、法律解释

法律解释是法律适用技术的一部分,但对法律适用的意义重大。德国学者拉伦茨有言:"假使认为,只有在法律文字特别'模糊'、'不明确'或'相互矛盾'时,才需要解释,那就是一种误解,全部的法律文字原则上都可以,并且也需要解释。需要解释并不是一种——最好应借助尽可能精确的措辞来排除的——'缺陷',只要法律、法院的判决、决议或契约不能全然以象征性的符号语言来表达,解释就始终必要。"②我国台湾地区学者王泽鉴亦有言:"法律之解释乃成文法律适用之基本问题。法律必须经由解释,始能适用。"③

---

① 参见最高人民法院《关于印发修改后的〈民事案件案由规定〉的通知》(法〔2020〕346 号)。此处引用的是通知中的第一条和《民事案件案由规定》的第一句。

② [德]卡尔·拉伦茨:《法学方法论》,陈爱娥译,商务印书馆 2003 年版,第 85 ~ 86 页。

③ 梁慧星:《民法解释学》,中国政法大学出版社 1995 年版,第 193 页。

(一)法律解释的含义

法律解释是对法律文本意思的理解和说明。这里用词的基本含义是:“法律”主要指制定法;“法律文本”指“法律条文”;“意思”也即“含义、意义”,包括内涵和外延;“理解”指解释者对法律文本意思的内心把握;“说明”指对理解结果的外在展示。简单地说就是解释者将自己对法律文本的理解通过某种方式展示出来①。

梁慧星先生对广义的法律解释概括为三项内容:一是在有可适用的法律规范情况下确定法律规范意义内容的作业,即狭义的法律解释;二是在没有可适用的法律规范情况下的漏洞补充;三是在法律规定因过于抽象一般而不确定情况下的价值补充②。

法律解释有不同的分类方法。就仲裁而言,较为重要的分类是抽象法律解释和具体法律解释。抽象法律解释指具有普遍效力的规范性解释,由法定的立法机关、司法机关和行政机关依据法律授权和自身职责针对某一类事项作出,属于对一般性事项的正式解释,通常被称为立法解释、司法解释和行政解释。具体法律解释指裁判者针对个案的法律适用过程中的解释,这种解释仅仅适用于所解释的个案且不具有普遍效力,但产生具有法律效力的裁判结果。

抽象法律解释中最常用的是司法解释,尤其是最高人民法院的审判解释。对于审判解释在仲裁中的适用,本书有专文论述。而仲裁员裁决案件中对法律的理解和解释,就是具体法律解释。

(二)法律解释的方法③

法律解释的方法指法律解释的思路、方式和程序,是一门理解、解释和运用

---

① 张志铭:《法律解释操作分析》,中国政法大学出版社 1998 年版,第 16 页。这是操作性定义,符合本书对实践性的要求。张先生在此详细总结了对法律解释的 9 种理解和界定,见该书第 12 ~ 16 页。

② 梁慧星:《民法解释学》,中国政法大学出版社 1995 年版,第 192 ~ 193 页。

③ 参见陈金钊、熊明辉主编:《法律逻辑学》,中国人民大学出版社 2014 年版,第 226 ~ 230 页;付子堂主编:《法理学进阶》(第 5 版),法律出版社 2016 年版,第 166 ~ 174 页;梁慧星:《民法解释学》,中国政法大学出版社 1995 年版,第 213 ~ 243 页;张志铭:《法律解释操作分析》,中国政法大学出版社 1998 年版,第 104 ~ 119 页。

法律的技术。法律解释方法可以分很多类,笔者赞同分为四类的主张:

1. 文义解释方法。也称语义学解释,指按照法律条文用语的文义及通常使用方式,以阐释法律的意义内容。这是法律解释最常用也是最重要的方法。

2. 体系解释方法。也称体系与逻辑解释、系统解释、整体解释,指以法律条文在法律体系上的地位,即依其编、章、节、条、款、项、目之前后关联位置,或相关法条之法意,阐明其规范意旨的解释方法。

3. 目的解释方法。指根据法律之目的,以确定法律文本的意义内容。

4. 社会学解释方法。指将社会学方法运用于法律解释,着重于社会效果预测和目的衡量,在法律条文可能文义范围内阐释法律规范的意义内容。

(三)法律解释的原则与规则[①]

成文法国家的法律解释需要坚持一定的原则:一是忠于宪法和法律的原则;二是对明晰的法律直接适用、反对解释的原则;三是以人为本、追求社会公平正义的解释原则。

法律解释还必须按照一定规则进行,否则无法体现其说服力和妥当性。规则大致为[②]:

1. 文义优先规则。任何法律条文之解释,均必须从文义解释入手,亦即在顺序上应首先应用文义解释方法。

2. 经采用文义解释方法,若并无一个以上的解释结果存在之可能性时,不得再运用其他解释方法;只在有两个或两个以上的解释结果时,才能进行体系解释。

3. 在运用体系解释探求法律规范的意旨和意义内容仍然不能完全澄清法律文义之疑义时,才能进一步作目的解释,从立法精神探求确定法律规范的意义内容。

4. 经目的解释仍不能确定法律的意义内容,可进一步作社会学解释,进行利益衡量或价值判断,以选出更具有社会妥当性的解释结果。但体系解释、目

---

① 陈金钊、熊明辉主编:《法律逻辑学》,中国人民大学出版社 2014 年版,第 217 页、第 219 ~ 221 页。

② 梁慧星:《民法解释学》,中国政法大学出版社 1995 年版,第 245 ~ 246 页。

的解释和社会学解释的结果只有在不超出法条语义可能的范围时方可采信。

五、裁决理由说明

仲裁裁决中应当明确阐明认定事实和法律适用的理由,这是提高裁决结果可接受性的必然要求。裁决理由说明是裁决说理技术的重要体现。仲裁实务中,在当事人提供的证据证明力都不足时,如何认定案件事实是需要作出解释的;当仲裁员面临两种不同的甚至是相互冲突的法律规范时,尤其是当这些法律规范竟然出现前述法律适用规则中的两个甚至三个竞合时,例如,下位法又是特别法和新法时[①],如何适用法律,同样需要仲裁员展现智慧,并作出说明。

正确的法律适用不但要体现在裁决结果中,还必须由仲裁员认真详细地说明法律适用的理由。现行仲裁制度下的仲裁员不具有官方身份,案件的受理、开庭和裁决都源于当事人通过仲裁协议表达的合意和授权,因此必须以合理的态度回应当事人的信任,这就要求裁决书必须说明理由。网络时代和信息社会条件也对裁决书说明理由提出了更高的要求。事实上,裁决说理技术也是法律适用技术的重要组成部分。

通常说明理由包括两个方面:采信证据确定事实之理由和适用法律之理由。

(一)采信证据确定事实之理由

“发现以及准确地界定或者明确法律适用的各项前提,也即一方面是应适用的法律规范以及另一方面是需要对其作出裁判的事实,是更为困难的任务。”[②]对于事实认定的问题,本书将在仲裁程序法适用和仲裁证据部分专题探讨。

(二)适用法律之理由

仲裁员必须高度重视说明法律适用的理由并体现在裁决书中[③]。仲裁以解

---

① 参见汪全胜:《法律适用原则竞合时的司法选择》,载《北京理工大学学报(社会科学版)》2009年第6期。

② [德]齐佩利乌斯:《法学方法论》,金振豹译,法律出版社2009年版,第125页。

③ 参见张建华:《关于说明理由义务》,载北京仲裁委员会编:《北京仲裁》2011年第2辑,中国法制出版社2011年版。

决纠纷为目的,而裁决结果是以法律适用为依托的。法律职业离不开说理,在适用法律对案件当事人的权利、义务进行判定时,提供相关的裁判理由就成为核心问题。纠纷解决的最佳效果,在于当事人双方心悦诚服地接受结果,这与裁决所提供的理由分析是分不开的。就裁决说理而言,仲裁员应掌握必要的技术,使得裁决结果易于为当事人和法律人共同体及社会公众所接受。

成文法国家法律适用经常出现的情况是,作为大前提的法律规范并不是像字面上看起来那样的精确,其意义常常并不明确和清楚,在面对已经查实且不能作任何"剪裁"的事实即小前提时,往往并不适合,因此仲裁员必然有一个对大前提进行解释推理的过程。

这个过程必须加以说明才能使得当事人易于接受裁决结果。首先,为回应当事人的信任,并便于当事人接受裁决结果——尤其是不利的裁决结果,必须向当事人解释法律适用的理由。如果所引用的法律规范已经明确包含裁决的结果,仲裁庭需要说明其归纳、演绎的过程,即为什么该案应当适用这一法律规范。如果法律规范不明确,则需要仲裁庭说明其类推、适用等情况。这也是说服法律职业共同体和整个社会共同体的需要。其次,仲裁员由当事人选定,但却不是选定自己的那方当事人之代理人,且不能私下向当事人说明理由,因此必须在裁决书中通过说明法律适用理由以体现公正,而且裁决书也是说明理由之唯一正当途径。最后,只有充分说明法律适用理由的裁决结果才具有公信力。在机构仲裁的背景下,要得到当事人的选择,仲裁机构就必须倾力打造公信力,而说理严谨充分的裁决书和公平合理的案件结果无疑是最有说服力的。

仲裁裁决结果的权威性,不仅仅在于由国家强制力作保证,更在于论理的透彻和逻辑的严谨,使结论合乎当事人和社会群体的正常预期,合乎法制统一性的要求。

第三节 法律适用应遵循之原则

一、法律适用之原则

法律适用虽然主要是法律规范的适用,但因为法律规范还可能存在法律漏洞或法律冲突,因此也就有可能需要适用法律原则和立法精神来解决一些疑难案件。为避免不适当地适用法律规范或法律原则,法律适用自身需要遵循一定的原则和规则。

法律适用应遵循的原则有三,依次是:

1. 有法律规范适用法律规范,而不得越过明确的法律规范去适用法律原则、法律基本原则和立法精神。

法律规范是成文法的主体,因此法律适用主要是法律规范的适用。为此,在有法律规范的时候必须禁止"向一般条款的逃逸"。一般条款是一个以德国法为代表的传统大陆法系所使用的基础性概念,指《民法典》以一般性规定,确立了最抽象的概括规范——民法原则,如诚实信用、公序良俗等,后世称为一般条款[①]。一般条款只能是部分基本原则,而其余的基本原则和具体原则则不能成为一般条款。"向一般条款逃逸"指裁判者置明确的法律规范于不顾,而按照自己的理解适用一般条款解决纠纷。这是对裁判者将法律原则直接作为裁判依据的限制。

法律适用首先应适用具体性、明确性、可操作性的法律规范。在法律规范缺乏或出现冲突时,才可以适用具有抽象性、概括性的法律原则来解决纠纷。这是因为[②]:

第一,法律的直接目的在于通过规定行为模式及法律后果,具体地指引人们的行为,使之符合法律的价值取向和立法的直接目的。法律规范的逻辑结构决定了其最能发挥明确的指引作用。

第二,法律规范具有较强的可操作性,能够减少法律适用过程中偏离法律原则的行为,减少法律解释可能发生的误解和随意解释,从而有利于提高法律适用的效率,有利于维护法律的统一和公正。

第三,法律后果是由国家的强制力保证实现的,因此必须对法律后果特别是不利后果加以明确规定,以防止法律的滥用和对违法行为的放纵。

如果允许裁判者随意将法律原则直接作为裁判规范,最有可能导致的后果

---

① 参见龙卫球:《民法总论》,中国法制出版社2001年版,第34页。

② 参见沈宗灵主编:《法理学》,高等教育出版社1994年版,第41~42页。

是裁判者撇开法律规范而广泛适用法律原则①,进而滥用自由裁量权,造成裁判不公。因为法律原则所包含的诚实信用、公平等一般条款是法律的终极价值,但这些终极价值不能作为具体的裁判规范,否则将可能导致裁判者从不同角度解释甚至曲解这些法律价值的含义,从而任意裁判。

2. 没有明确的法律规范或法律规范出现冲突则适用法律原则和法律基本原则,而不得越过法律原则去适用立法精神。

法律原则可以分为基本原则和具体原则。基本原则指在一定法律体系中作为全体法律规范的指导思想,反映立法的目的和方针,基本或本原的、综合的、稳定的原理和准则,其效力贯彻法律体系的全部,体现法的基本价值。而法律原则通常只是部分法律规范或具体法律制度的指导思想。如前所述,法律原则的特点是,它不预先设定任何确定的、具体的事实状态,没有规定具体的权利和义务,更没有规定确定的法律后果。这样的特点决定了法律原则通常不被视为法律规范,而是为了帮助人们准确理解和正确适用法律规范②。法律原则内涵具有不确定性,但外延具有开放性,且通过其特有的规范功能得以表征,又具规范性概念之特征。立法者并没有为法律原则确定明确的特征,以使裁判者可据以进行逻辑操作,而只是为裁判者指出一个方向,使其朝着这个方向去进行裁判,至于在这个方向上裁判者到底可以走多远,则让其自己去判断③。

法律原则帮助准确理解和正确适用法律规范的指导作用表现在:(1)法律规范的字面含义模糊而难以确定,因而可以产生不同的意义,在此情况下,仲裁员根据法律原则选择其中一种最为合乎个案公正处理的规范解释;(2)同一位阶,甚至同一法律文本之内,两个或两上以上不同的规范之间的效力发生冲突,此时究竟要确定哪一个规范的优先适用,必须利用法律原则来予以解决;(3)法律规范明显不合理,适用该规范将会产生极不公正的结果。这时就应当适用法律原则而取代法律规范,减少可能产生的实质不公问题。

---

① 邹碧华:《要件审判九步法》,法律出版社 2010 年版,第 73 页。该书作者根据自己在上海市基层人民法院和高级人民法院工作时的经历指出,“有的法官,一引用法律条文,就引用《民法通则》第五条,即诚实信用原则”,而且“大部分引用这个条文的案件都是有具体法律条文规定的”。专司纠纷解决的法官尚且如此,兼职的仲裁员又会如何? 笔者的经历也证明此判断并非杞人忧天。

② 参见孙国华主编:《法学基础理论》,法律出版社 1982 年版,第 264 页。

③ 梁慧星:《民法解释学》,中国政法大学出版社 1995 年版,第 292 ~ 293 页。

因此，在没有明确的法律规范或法律规范出现冲突的疑难案件中，法律原则和具体的法律规则可以共同构成法律规范，但它们在内容的明确性、适用范围、适用方式和作用上存在明显的区别。所以，法律原则的适用，需要进行如下限定：其一，适用法律原则前应穷尽规则的法律解释和类推适用，防止向一般条款逃逸现象，确保法律适用的体系性；其二，适用法律原则进行裁判时，应进行合理化论证，结合具体案件的事实情况说明原则充当裁判依据的可能性与合理性。

3. 没有法律原则可用则适用立法精神。

立法精神是针对具体法律而言的，被视为立法者制定该部法律应把握的指导思想和原意，是基本原则的基础，但通常不会或不完全会体现为法律条文。适用法律需要严格遵循立法精神，客观真实地发现和阐明立法原意。就仲裁而言，适用立法精神解决具体纠纷只能是极为特殊的情况，但面对特殊的新型商业模式产生的争议适用立法精神，通常可以有效弥补成文法的局限性，公正合理地解决纠纷。

在适用法律基本原则和立法精神方面，我国的国内仲裁与诉讼相比有天然的优势。源自英美法系传统的仲裁制度的法律适用应当可以有效地平衡当事人之间的权利义务关系，有效地解决纠纷。

二、仲裁实体法律适用之原则

就仲裁所要解决的民商事纠纷而言，规定实体权利义务的法律部门主要是民法、商法，特别是其中的商法部分。中国商法学界通说认为①，商法虽源于民法，但由于在理念、法益目标、调整方法等方面的差异，与传统民法大有不同，如是私法而具有公法色彩、属于技术性而非伦理性立法、服务于商人的营利目的等，以及注重商事主体和商行为的一些特性、具有的营利调节机制，这些都不能用传统民法的理念来解释。商法有一些特殊规定，有的是对民法个别规定的补充变更，有的是对民法一般制度的特殊化规定，还有的则是创设民法所没有的商法特殊制度，

① 参见顾功耘主编：《商法教程》，上海人民出版社 2001 年版；范健主编：《商法》，高等教育出版社、北京大学出版社 2000 年版；梁宇贤：《商事法论》，中国人民大学出版社 2003 年版。上述三本教科书中均表达了同样的观点。另见赵旭东：《商法的困惑与思考》，载法苑精萃编委会编：《中国商法学精萃》2003 年卷，机械工业出版社 2004 年版，第 10 页；邹海林：《私法规范文本解释过程中的价值判断》，载陈洁主编：《商法规范的解释与适用》，社会科学文献出版社 2013 年版，第 1 ~ 31 页。

如商号制度和共同海损制度等[①]。商事纠纷的处理,需要以商法理念为指导。

商法是民法的特别法,商法法律适用的原则与民法密切相关。按照王保树先生的观点,商法适用的原则是[②]:

一是民法的一般适用和补充适用。在商事关系的调整中,一些民法的基本概念和原则,如平等和自愿等原则、权利能力和行为能力等概念,都应无例外地适用于商法。同时,商法凡未设特别规定者,均应补充适用民法的规定。

二是商法的适用优先于民法。凡有关商事的事项应先适用商法,尤其于商法规定与民法规定不一致时;商法未规定者方可依照前述的民法补充适用原则。例如,鼓励交易是商法的原则,在面对合同解除之请求时,仲裁庭对于不属于严重违约等导致实在无履行必要之情形,应尽可能促使履行合同,包括行使释明权提出建议等方式以促进合作,而不轻言支持解除。

三是商法的效力优于民法。商法的私法而具有公法色彩的特性是因为很多商法规定的事项都涉及公法,如保险法关于行政处罚、刑事责任等方面的规定。这些公法色彩的规定之效力要优于纯私法性质的民法。

作为主要解决商事纠纷的仲裁制度,其法律适用不仅要遵循前述法律适用自身的原则,在实体法的适用上还要遵守上述商法的适用原则。

第四节　法律适用应遵循之规则

法律适用不仅要遵循自己的原则,还有自身的三大规则:一是特别法优于一般法规则,二是新法优于旧法规则,三是上位法优于下位法规则。法律适用事实上主要是法律规范的适用,因此,本部分亦可称为法律规范之适用规则。

法律规范的三个适用规则是基于《立法法》的规定,但其内涵有所不同。

---

① 王保树:《商事法的理念与理念上的商事法》,载王保树主编:《商事法论集》第1卷,法律出版社1997年版,第8~9页。

② 王保树:《商事法的理念与理念上的商事法》,载王保树主编:《商事法论集》第1卷,法律出版社1997年版,第9页;寇志新:《民法总论》,中国政法大学出版社2000年版,第67页。

《立法法》不仅是关于立法的法律，对于法律的适用也起着重要作用[①]。《立法法》第八十八条规定："法律的效力高于行政法规、地方性法规、规章。行政法规的效力高于地方性法规、规章。"第九十二条规定："同一机关制定的法律、行政法规、地方性法规、自治条例和单行条例、规章，特别规定与一般规定不一致的，适用特别规定；新的规定与旧的规定不一致的，适用新的规定。"第九十六条规定："法律、行政法规、地方性法规、自治条例和单行条例、规章有下列情形之一的，由有关机关依照本法第九十七条规定的权限予以改变或撤销：……（二）下位法违反上位法规定的。"由此确立了特别法优于一般法、新法优于旧法、上位法优于下位法的规则。

在上述法律适用原则的基础上，基于通常之法律适用原理，解决商事纠纷的法律适用规则主要是：

第一，法律规范优于法律原则。商法确立了大量具体规范，在有具体规范的情况下则不能适用原则。这其实也是特别法优于一般法的体现。例如，《保险法》第十七条第二款规定："对保险合同中免除保险人责任的条款，保险人……未作提示或者明确说明的，该条款不产生效力。"这就是一个明确的法律规范：行为模式是"保险人对于格式合同中的免责条款未作提示和明确说明"，法律后果是"该条款不产生效力"。再如，《保险法》第十二条确立了保险利益原则，又在第四十八条规定："保险事故发生时，被保险人对保险标的不具有保险利益的，不得向保险人请求赔偿保险金。"这里保险利益原则就具体化为保险利益规范，在相关具体案件的法律适用过程中，需要适用的是保险利益规范而不是适用保险利益原则。

第二，特别规范优于一般规范。这仍是特别法优于一般法适用的体现。涉及商事行为，商法的特殊规范要优于商法的一般规范，更优于民法的一般规范和原则。如《保险法》第十五条规定："除本法另有规定或者保险合同另有约定外，保险合同成立后，投保人可以解除合同，保险人不得解除合同。"通常情况下，投保人在保险合同成立后可以解除合同而保险人不得解除合同，就是一条特别规范，与一般合同的解除规范不同，在涉及保险合同的解除问题时必须优

---

① 《立法法》第五章为"适用与备案审查"。其第二章第四节为"法律解释"，对于法律适用也很重要。

先适用。

第三,强行性规范优于任意性规范。以保险法律制度为例,其中就存在大量的强行性规范:如《保险法》第五十条规定,货物运输保险合同和运输工具航程保险合同,保险责任开始后,投保人和保险人均不得解除合同。这种强行性规范就剥夺了当事人通常情况下享有的解除合同的权利。有关公法的规范通常是强行性规范,不允许任意变更。一些基本规范,如关于行为能力、行为效力的规定也是强行性规范。任意性规范是与公益并无多大关系因而允许选择适用的规范,当事人可以有自己的意思表示。例如,合同的效力是强行性规范,属于国家对合同效力进行价值判断和效力评价的范畴,违反效力性强制规范的合同或条款无效①。但对于合同的生效,《保险法》第十三条第三款规定:“投保人和保险人可以对合同的效力约定附条件或者附期限。”这就是任意性规范。对一份合同,要先看是否有效,然后在有效的基础上再看有无影响效力的约定。但无效的合同不能通过当事人的约定成为有效合同,即任意性规范不得改变强行性规范的规定。

第四,例外规范应特别注意。商法上的不少特别规范属于例外规范,如人寿保险单因具有现金价值因而得设定质押等,即与正常的质押规范有别,更与财产保单不得质押有别。这类例外规范常常是商法的特殊价值之体现。

成文法的制度环境决定了仲裁法律适用需要遵守这些规范,以保证同样问题同样处理,体现法律结果的可预测性,并提高仲裁裁决的可接受性,进而提升仲裁机构的公信力,实现公平合理地解决纠纷的制度要求。

第五节　法律思维、法律推理和法律论证

尽管仲裁员的判案活动难以准确的描述,但大致都要经历法官经历的“获得案件事实→择取法律规范→解释法律规范→对法律规范与案件事实的价值

---

① 崔建远:《合同法》(第2版),北京大学出版社2013年版,第89~90页。

和逻辑关系进行内心确信→形成判决”的思维推理过程[①]。可见法律适用需要法律思维和法律推理。

但据学者观察[②]，很多法律人对法律问题的分析缺乏基本的符合法律思维的手段和技术，即缺少一种科学的、正常的、能够运用自如的逻辑推理能力；法律思维常常被简单的价值判断和利益思维所代替。其他人可能就更欠缺这种能力了。需要强调的是，各仲裁机构聘任的仲裁员相当部分可能是“其他人”而不是法律人，因此，训练仲裁员的法律思维和提高其法律推理能力，不仅是对仲裁员自身的基本要求，也是各仲裁机构极为重要而艰巨的任务。

一、法律思维[③]

法律思维指人们在建构规范并将规范应用于事实作出判断时的精神活动方式[④]。

一般法学院或法学教师都会宣称，他们的首要任务是教会学生像法律人那样思考。很多法学院毕业的学生（更不要说老师）会认为自己已经能够像法律人那样思考法律问题了，但事实上，人们不能指望通过法律知识的传授和标准化的案例教学可以教会学生知道法律人（如律师或法官）是如何理解法律问题的，尤其是如何理解有些难度的问题[⑤]。这其中，是否真正掌握法律思维是关键。

（一）法律思维的含义和作用

法律思维有几个方面的含义：第一，法律思维是法律职业思维，法律人共同体成员一般都在运用这种思维方式以分析问题、解决纠纷；第二，法律思维是一种规范性思维，思维过程是紧扣着法律规范进行的，这是其本质特征；第三，法

---

① 吕忠梅：《法官审判技能培训丛书》，载郭卫华：《“找法”与“造法”：法官适用法律的方法》，法律出版社 2005 年版，总序第 2 页。

② 陈金钊、熊明辉主编：《法律逻辑学》，中国人民大学出版社 2014 年版，第 55 页；尹田：《民法思维之展开》，北京大学出版社 2008 年版，第 37 页。

③ 参见陈金钊、熊明辉主编：《法律逻辑学》，中国人民大学出版社 2014 年版，第 29 ~ 48 页。

④ 郑永流：《法律方法阶梯》，北京大学出版社 2008 年版，第 32 页。

⑤ 参见葛云松：《法学教育的理想》，载《中外法学》2014 年第 2 期。

律思维的方法主要是运用逻辑的规则思考规范与事实之间的关系,在事实与法律之间建立恰当的逻辑判断。

法律思维的作用是:它是职业法律人从事职业活动的基础;是法治、法律价值、法律理念等实现的思想基础;其对法律刚性规定的松动使得法律原则也有适用空间以彰显实质正义。

要使法律思维能够充分发挥作用,应当符合六个要求[①]:一是以权利义务为线索,通常可以从法律关系性质入手(我国也有学者引用德国学者的观点称法律关系性质为"请求权基础");二是普遍性(一般)优于特殊性(个别),因此商业惯例和交易习惯应受到重视;三是合法性优于客观性,不合法的行为及后果不能因为在现实中客观存在而片面强调其合理性;四是形式合理性优于实质合理性,关注案件之法律事实而不刻意追求无法还原之真正事实;五是程序问题优于实体问题,不仅程序问题解决后才能解决实体问题,而且要重视程序问题超过重视实体问题;六是理由优于结论,要体现法律思维之逻辑性,以理服人。

(二)法律思维的模式

法律思维模式主要有两种:

1. 涵摄模式。涵摄模式也被称为演绎模式,而三段论又是演绎模式的主要形式。三段论是一种建立在逻辑三段论基础上的法律适用模式,其大前提是法律规范,小前提是案件事实,该事实属于法律规范所设定的法律构成要件,结论则是将法律规范适用于待决案件的法律效果。这是成文法国家最重要的法律思维模式,也是仲裁员必须熟练掌握的法律思维模式。

2. 类型模式。这是运用类比推理方法之思维模式,是法律解释的核心模式。这种思维模式强调一般性的法律规定实际上是对同类事实的抽象,因而法律可以被视为类型化了的事实或制度性事实。

类型模式是英美法系最重要的法律思维模式。英美法系通常被视为判例法,就是因为其强调先例与当下案件的类比,强调同等类型同样对待。在英美

① 郑成良:《法治理念与法律思维》,载《吉林大学社会科学学报》2000年第4期;陈金钊、熊明辉主编:《法律逻辑学》,中国人民大学出版社2014年版,第32页。

法系国家，遵循先例是一个基本要求，先例被视为法律的正式渊源[①]。

原则上说，法律思维模式取决于所处的法律体系，要看是在判例法体系还是在成文法体系下运作。在判例法体系里，裁判者必须找出有可比性的判例，并参考已有判例得出解决方案，制定法只起辅助作用。而在成文法体系里，法律规范是法律思维的核心。在成文法国家，当事人的主张要依据法律规范或合同，裁判者审查时必须依据法律规范，把当事人的诉讼请求涵摄进去，否则就构成对法治原则的违背。

就国内仲裁而言，仲裁庭同时运用两种思维模式，公平合理地解决纠纷，这是仲裁与诉讼相比具有的明显优势。源自英美法系的仲裁制度结合成文法传统，可以充分发挥两大法系之长处而避免二者之不足。事实上，两种思维模式的差别在案件的裁决结果上并不那么显著。正如类型模式下法律规范可以被视为类型化之事实，而涵摄模式下同类案件依据同样的法律规范裁决，也必然形成某类案件之判例——最高人民法院自从 2010 年开始在全国法院实施案例指导制度，就是例证。许多仲裁机构定期发布自己的案例供仲裁员学习参考，也都取得了不错的效果。

二、法律推理

推理通常指人们逻辑思维的一种活动，即从一个或几个已知的判断（前提）得出另一个未知的判断（结论）。法律推理就是一个从查证事实和寻找到适用的法律规范出发推论出结论之过程。

法律推理是法律适用的重要组成部分，沈宗灵先生甚至认为，没有法律推理，就没有法律适用[②]。

（一）形式法律推理和实质法律推理

法律推理有两种模式：一是根据前提与结论之间的形式联系进行推断，通常是根据一个特定的权威法律规范的存在推断某一行为应当引起某个特定法

---

① ［美］E. 博登海默：《法理学——法律哲学与法律方法》，邓正来译，中国政法大学出版社 2004 年版，第 429 ~ 430 页。

② 沈宗灵：《法律推理与法律适用》，载《法学》1988 年第 5 期。

律后果,例如,根据主体行为能力推断其合同效力(如没有资质的建设工程施工合同的承包人签订的施工合同无效);二是根据前提与结论之间的历史的、社会的、政治的、价值的等实质性联系进行推断,如民间借贷约定的较高利率应否得到支持。前者为形式法律推理,包括演绎推理、归纳推理和类推推理;后者为实质法律推理[①]。形式推理也称分析推理,实质推理也称辩证推理。

这种两分法的法律推理分类主要是受美国法学家博登海默的影响[②]。本书秉持的观点是,仲裁制度是源自英美法系的制度,因此源于英美法系法学家的观点非常值得重视[③]。

在我国法律实践中,法律适用通常采用的是形式推理,法律适用模式属三段论演绎推理,这也是成文法国家的主要法律推理模式。但在某些情况下,特别是在一些疑难案件中形式推理已不能够得出很好的结论,必须代之以更复杂的实质推理。

仲裁员应当扎实掌握三段论为主的形式推理。如果不能很好地掌握形式推理,事实上是无法进行实质推理的。有学者甚至认为,实质法律推理仅仅是形式推理的一个环节,最终依然要通过形式推理的形式得以表达[④]。

(二)法律推理的一般过程[⑤]

学者认为,法律推理一般过程可分为以下几个环节:案情描述,经验判断,寻找、解释法律,适用规则,论证评估,结论表达。其中前两个阶段主要是建构法律推理的小前提的过程,通过直觉和经验对案件事实进行范畴归类,识别、分析相关法律因素和意义,确定相应案件的法律性质,进行基本的法律定位。中间两个阶段是建构法律推理大前提的过程。对于一个典型的案件,如果案件事

---

① 陈金钊、熊明辉主编:《法律逻辑学》,中国人民大学出版社 2014 年版,第 155 ~ 156 页。

② [美]E. 博登海默:《法理学——法律哲学与法律方法》,邓正来译,中国政法大学出版社 2004 年版,第 509 ~ 529 页。另参见陈金钊、熊明辉主编:《法律逻辑学》,中国人民大学出版社 2014 年版,第 156 页,著者对该分类进行的论述。

③ 但对于司法实践则不然,成文法体制就是要特别注重形式推理而不可轻易进行实质推理,尤其是英美法系的后现代法学对形式推理持批判态度的观点值得司法界警惕。

④ 陈金钊、熊明辉主编:《法律逻辑学》,中国人民大学出版社 2014 年版,第 157 页。

⑤ 参见陈金钊、熊明辉主编:《法律逻辑学》,中国人民大学出版社 2014 年版,第 153 页。

实清楚,法律规定明确,可以直接形成案件事实和法律规范的逻辑连接。而对于一个非典型案件,则需要通过对法律规定的解释、漏洞补充以及不同规则间的衡量,才可能确定可供适用之法律规范,实现案件事实和法律规范之逻辑联系。后两个阶段根据相应标准对法律推理的结论进行衡量、筛选。由于法律推理的大前提和小前提往往都不具有认知上的唯一性,因而不同的案件事实认定、不同法律规范的选择会形成不同的法律推理链条,得出不同的法律推理结论,因而还需要根据相关标准对法律推理进行评估,如所作出的裁决结果是否真正符合相关价值要求,是否保持了与相似案件一致的结果,是否实现了法律效果与社会效果的统一,等等。如果结论是否定的,则需要确定新的推理的大小前提,得出新的结论,再进行评估。如此循环往复,最终得出一个最具合理性之法律裁决结果。

(三)实质法律推理之运用①

一般地说,在面临疑难案件时需要进行实质推理。但疑难案件分不同情况:有的仅仅是有关案件事实的疑难,案件情况复杂,难以查证,难以认定事实等;有的仅仅是有关法律规定的疑难,如法律中没有明文规定,法律规定本身模糊不明等;也有的是案件事实和法律规定结合在一起的疑难。就研究运用法律推理而论,疑难案件主要是指有关法律规定的疑难案件,或法律规定与案件事实结合在一起的疑难案件。那些仅仅有关案件事实的疑难案件不直接涉及法律适用过程中的法律推理问题。

仲裁员面临的疑难案件中,有以下几种情况可能需要进行实质推理。一是法律规定本身意义含糊不明,而且这种含糊不明并不是文字上的含糊,无法通过文字解释来解决。而法律规定本身意义含糊是指实质内容的含糊,如果要进行法律解释,这种解释已不是文字解释而是实质内容或价值观的解释,已属于实质推理的范围。如对法律规定中所讲的"公平""正当""公共利益"之类概念的解释,都是涉及实质内容或价值观的解释,就属于实质推理的范畴。二是法律中对有关主题本身并无明文规定,也就是出现了法学著作中通常所讲的"法律漏洞"(或称"法律空隙")。出现"法律漏洞"有各种原因,它可能是在制定有

---

① 参见沈宗灵:《法律推理与法律适用》,载《法学》1988 年第 5 期。

关法律时在客观上应作规定,但由于某种原因而未加规定;也可能是在有关法律制定后出现了难以预料的新情况,如我国近年来随着经济发展而出现的新经营模式(如私募基金),以及由于科技的发展带来的新课题(如电子商务),它们都使原有的法律中出现了某种"漏洞"。三是法律中可能规定两种或两种以上可供选择适用之法律规范,有时法律规范之间相互抵触,如《民法典》施行前关于担保问题在《物权法》和《担保法》中的不同法律规范。四是出现"合法"与"合理"之间的矛盾,即某一行为或关系"合法",但从经济、政治、伦理等角度讲却"不合理",或从法律上讲"违法"但从其他角度讲却"合理"。这种情形往往会产生争议,严重时会影响纠纷解决机构之公信力。

在出现以上这些情况时,仲裁员在适用法律时显然已不能只运用形式推理了,因为在这些情况下,或者是大前提含糊不明,或者是缺乏大前提,或者是有几个大前提,或者是原有大前提不合适,必须明确或另找一个大前提。

从各国法治实践尤其是司法实践来看,在出现以上这些情况时,主要通过以下一些形式来进行实质推理:第一,通过司法机关对法律的精神进行解释(而非仅仅文字上解释,否则不能列入实质推理范畴);第二,提出新判例,修改或推翻前判例;第三,通过衡平法来补充普通法;第四,根据正义、公平等法律、伦理意识来作出判断;第五,根据习惯、法理(权威性法学著作中所阐述之学理)来作出判断;第六,根据国家的政策或法律的一般原则来作出决定。

在我国的司法实践中,法律适用过程中的实质推理形式,主要是最高人民法院对法律之精神进行解释,以及各级人民法院根据国家政策或法律的一般原则来作出判断。如关于仲裁协议效力的认定,《仲裁法》第十九条第一款规定:"仲裁协议独立存在,合同的变更、解除、终止或者无效,不影响仲裁协议的效力。"但对于合同未成立、成立但未生效和被撤销情形下的仲裁协议效力未作规定,可以认为是出现了"法律漏洞"。《仲裁法解释》第十条对此作了解释:"合同成立后未生效或者被撤销的,仲裁协议效力的认定适用仲裁法第十九条第一款的规定。当事人在订立合同时就争议达成仲裁协议的,合同未成立不影响仲裁协议的效力。"这就是典型的对法律之精神进行的解释,该解释通过实质推理使得仲裁协议的独立性得到更全面的落实。

仲裁实务中,由于仲裁机构不具有执行公共政策的职能,因此对疑难案件更需要注意实质推理,尤其是在新类型案件面临"无法可依"和"有法难依"的情况下①。正如苏力教授主张的那样:“法律人不能沉湎于纯粹由概念和规则所编织出来的天国,而应当在实践中慎重考虑社会后果,善于运用各种社会、政治的知识与经验,最终作出恰当的判断和行为。”②这是对仲裁法律适用的最佳建议,其指导意义远远胜于对诉讼法律适用的指导意义。作为专家的仲裁员显然是以拥有知识和经验见长的,更有能力来“公平合理地解决纠纷”(《仲裁法》第七条)。

换言之,仲裁员有理由更好地超越法律,更多地考量法律效果和社会效果,以“公平合理地解决纠纷”。仲裁制度既然更多遵循的是英美法系传统,辩证推理(如同样案件同样处理,如按照合法性原则和正当性原则选择法律规范)才是其最为精彩的部分,最能够体现仲裁的特殊价值。我国的仲裁机构身处成文法环境,法律人共同体又有重视形式推理的传统,因此仲裁机构有很大的优势可以将形式推理和辩证推理二者有机地结合,以保证裁决之法律适用效果最佳。

三、法律论证

何为法律论证,学界似乎并没有一个普遍性答案③。但法律论证对仲裁机构而言又是极为重要的,要远远超过法律论证对人民法院之意义。原因在于,仲裁机构对于仲裁庭作出的裁决意见应当进行核阅④,以保证裁决质量,维护本机构的公信力。这恰恰就是一个法律论证过程。

法律论证较为全面的表述为:法律论证指通过提出一定的根据和理由来证明某种法律决定(也包括立法意见、法律表述、法律陈述和法律学说等)的正确

---

① 范健:《商法规范解释与适用的法律问题研究》,载陈洁主编:《商法规范的解释与适用》,社会科学文献出版社 2013 年版,第 33 ~ 36 页;王建文:《中国商事司法实践中的法律适用:困境与出路》,载《现代法学》2010 年第 5 期。

② 苏力:《法律人思维?》,载《北大法律评论》2013 年第 2 辑。

③ 陈金钊、熊明辉主编:《法律逻辑学》,中国人民大学出版社 2014 年版,第 166 页;付子堂主编:《法理学进阶》(第 5 版),法律出版社 2016 年版,第 199 页。

④ 中共中央办公厅、国务院办公厅于 2018 年 12 月 31 日印发的《关于完善仲裁制度提高仲裁公信力的若干意见》明确提出“建立仲裁委员会对仲裁裁决的核阅制度”。此前已经有许多中外仲裁机构都在自己的仲裁规则中规定了核阅程序,参见国际商会《国际仲裁院仲裁规则》(2012 版)第三十三条、《中国国际经济贸易仲裁委员会仲裁规则》(2015 版)第五十一条、《青岛仲裁委员会仲裁规则》(2022 版)第六十四条第五款。

性与正当性[①]。本书采用以仲裁裁决为中心的概念:法律论证是从裁决结果出发,对法律规范命题和事实命题的真实性、正当性和合法性进行论证,同时对法律适用中的其他法律方法进行证成,从而确保裁决结果的合理性[②]。证成也称证立,指证明某一特定的决定、方法或行为是正当的,以获得人们对其正当性的评价或认可[③]。法律论证是提高仲裁裁决可接受性的重要步骤。

(一)法律论证之特征[④]

法律论证过程是一个由经验和逻辑、直觉和理性交互作用而形成的复杂过程。从仲裁的角度而言,具有以下特征:

1. 法律论证具有目的性。追求仲裁裁决的正当性、合理性和可接受性是仲裁机构的目标,法律论证就是具体围绕这一目标而展开。不仅仲裁庭需要形成自己的判断后再进行法律论证以证明自己主张的正确性和结论的合理性,而且仲裁机构通过核阅也需对裁决结果能否实现目的展开法律论证。

2. 法律论证具有交涉性。这里有两个层面:一是仲裁庭成员之间的交涉:仲裁庭的组成人员具有不同的专业特长、学术背景和职业经历,常常相互并不熟悉甚至并不认识。首席仲裁员固然主持案件开庭和评议过程,但是裁决结果需要形成多数意见甚至一致意见才能提高裁决之可接受性,因此在形成裁决意见时,每位成员都有一个展示自己的推理过程、证明自己意见合理的论证过程,特别是被各方当事人选定的仲裁员都要考虑裁决意见是否能够为选定自己的当事人认可和接受,因此仲裁庭的法律论证就非常重要。二是仲裁庭与仲裁机构之间的交涉。《仲裁法》第五十三条、第五十四条规定仲裁裁决由仲裁庭作出并加盖仲裁机构印章,但仲裁庭的一些特点(如临时性、专业性不足等)决定了

---

① 张静焕:《法律论证的性质和规则——司法的能动性及其限度》,载《甘肃政法学院学报》2010 年第 1 期。另参见雷磊:《法律论证中的权威与正确性——兼论我国指导性案例的效力》,载《法律科学》2014 年第 2 期。概念中括号内的内容为笔者所加注。

② 参见王晓:《法哲学视野下的法律论证研究》,山东人民出版社 2011 年版,第 4 页。

③ 参见蔡琳:《裁判合理性理论研究》,法律出版社 2009 年版,第 23 页。

④ 参见付子堂主编:《法理学进阶》(第 5 版),法律出版社 2016 年版,第 200 ~ 201 页。[德]罗伯特·阿列克西所著、舒国滢译、中国法制出版社 2002 年版的《法律论证理论》,因理论性太强,过于艰深,且本书限于篇幅无法展开,未予引用。

其无法落实仲裁机构“同样情形同样处理”等的要求,因此仲裁裁决需要仲裁机构的核阅。这同样是一个更为典型的法律论证过程。虽然通常仲裁机构轻易不就实体问题与仲裁庭交涉,但仲裁机构显然有权提出该份裁决是否正当、合理和可接受,以及是否符合先例之类的问题。这是因为当事人的仲裁协议选定的是仲裁机构而非仲裁庭,并且在进入仲裁程序后组成仲裁庭时,当事人认可的仲裁员常常难以成为自己纠纷的首席仲裁员;况且仲裁庭作为临时组织,无法对裁决结果承担仲裁机构要承受的后果。比如当事人因为对纠纷解决的结果不满意而从此不再选择该仲裁机构,这对仲裁机构是一个严重后果,但对仲裁庭则难言是什么严重后果。本书第二章详细论述了仲裁权由仲裁委员会而非仲裁庭行使的理由,这里仲裁庭与仲裁机构之间的交涉需要体现这一点。

3. 法律论证具有实践性。首先,绝大多数仲裁裁决所解决的纠纷需要仲裁庭通过开庭得出结论,这种亲临处理而非书面审查具有极强的实践性。仲裁庭不仅要保证程序正当无误,还要通过开庭查明事实,有时还有释明问题,因此仲裁庭对于事实的认定结论应当受到充分尊重。在此基础上的法律推理和法律论证是实践性的而非理论性的。其次,法律论证所产生的仲裁裁决直接产生法律上的效力,对相应的社会关系产生法律调整的现实效果,这也是其实践性的一个方面。

4. 法律论证具有拘束性。这里的拘束性指法律论证可以多维度形成对仲裁机构和仲裁庭主观擅断或任意裁决的方法上之约束。一方面,法律论证的形式化要求,使得仲裁员会遵循法律思维展开法律推理,并参考先例,这对于满足当事人的心理预期、增强裁决的可接受性很有意义;另一方面,仲裁员和仲裁机构进行法律论证时,既要受制于法律规则和先例的外在约束,又要受制于形式逻辑的内在制约,这对于法律适用之统一有着重要意义。

(二)法律论证之路径[①]

法律论证目的在于使人确信法律决定是正确的,因而法律论证理论的核心问题就是:应如何做才能使人确信法律决定是正确的?这一问题内在地包括两个层次的问题:其一,判断法律决定是否正确的标准是什么?如何才能使人确

---

① 参见冉杰:《法律论证理论述评》,载《法律科学》2010 年第 5 期。

信这是判断法律决定正确与否的标准？这意味着不仅要提出正确性的标准，而且要证明这一标准可以成立。其二，应如何做才能使人确信某一法律决定是符合这一标准的？这意味着要按照正确性的标准来建构法律决定。

解决这一问题的路径必须同时具备两个条件：(1)是规范性的。(2)能解决事实认定、语义分析、价值衡量和逻辑推理的正确性问题：确立并证立相关的正确性标准，该正确性标准包括形式上的和实质上的。

由于法律评价或决策的正确涉及多种正确性，所以法律论证的通常路径是：从多种路径来解决"多种正确性"的问题。它意味着：从规则角度（举证责任分配规则）来解决事实认定的正确性问题；从语言学的路径来解决语义分析的正确性问题；从实践哲学的角度来解决价值衡量的正确性问题；从逻辑学角度来解决逻辑推理的正确性问题。这是一个很容易被直观证立的路径。

（三）仲裁裁决之法律论证①

仲裁庭自身之法律论证与仲裁机构对裁决之核阅，都需要满足以下要件才能实现法律论证的目的：

1. 前提。由于简单案件通常按照三段论可以得出令人信服的结论，因此其法律论证较为简单且不易引发争议。但对容易引发争议、形成不同意见的复杂案件则必须通过法律论证以提高裁决的可接受性。因此，展开法律论证的前提是出现了不同意见或争议。

2. 规则。无论是仲裁庭内部的交流沟通，还是仲裁庭与仲裁机构的交流沟通，都必须遵循以下规则才能展开论证：(1)论题明确性规则。任何一方不得使用不够明确或者模棱两可之表达方式。(2)不矛盾规则。任何一方不得自相矛盾。(3)统一性规则。任何一方不得用不同的意义来做相同的表达。(4)平等、自由、论辩规则。(5)证成（证立）义务规则。任何一方必须应他方的请求就自己所主张的内容加以证成（证立）。(6)相关性论辩规则。反对某个论点必须与对方实际已经提出的论点相关。(7)普遍性规则。首先是换位思考特别是站在当事人立场时自己的主张仍然不会改变，其次是适用规则造成的对他人利益变动之结果必须能够为所有人接受。

---

① 参见付子堂主编：《法理学进阶》（第5版），法律出版社2016年版，第211～215页。

3. 论证责任。提出裁决意见的一方应承担论证和说服责任。但为了适当减轻论证负担,无须对一切问题都进行证立;反对或批评什么必须提出其反对或批评的理由。

4. 结果。法律论证追求的是具体裁决的正当合理性和可接受性,但疑难案件的法律问题常常并不存在绝对正确的唯一答案,因此只能尽力做到经得起反复追问。

第四章
国内仲裁法律适用原理与方法

依据前章所列明的法律适用的特征可知，国内仲裁法律适用是普遍性法律规范与特殊性个案事实结合的过程，是仲裁员发挥主观能动性将法律规范和案件事实加以结合的过程，是仲裁员依职权和授权按照程序解决纠纷的过程和手段，最终产生表明法律适用结果的裁决书（调解书）等法律文书。

因此，国内仲裁法律适用方法就是仲裁员依据查明的案件事实，依据相关法律规范作出判断的方法。这里的法律规范既包括程序性法律规范，也包括实体性法律规范；正确适用这些规范作出公平合理的裁决，不仅需要掌握更多的法律适用原理，还需要掌握正确的方法。

第一节　程序法和实体法的关系①

传统的法理学依内容与功能的不同，将法律区分为实体法与程序法两大类，认为实体法是确定权利义务发生、生效、变更、消灭的法；与此相对应，程序法规定的是保证有关权利义务的实质性内容具体实现所需的制度和技术上的程序。另一种传统的表述为：实体法是指所规定的主要是法律关系主体的实体权利与义务等内容的法律；程序法是指所规定的主要是保证法律关系主体的权

① 参见齐树洁、张冬梅：《试论民事程序法的意义》，载《法学评论》2000 年第 1 期；万毅：《程序法与实体法关系考辨——兼论程序优先理论》，载《政法论坛》2003 年第 6 期；廖永安、黎藜：《论民事诉讼法与民事实体法的关系》，载《北方法学》2008 年第 1 期。

利与义务得以实施的程序或方法的法律[①]。

这样的分类很有实用价值，对于法律适用的指引作用尤其明显。对于解决程序性问题，如回避问题，需要到程序法律部门找法律规范；对于涉及当事人的实体权利义务关系的问题，如合同的成立和生效，需要到实体法的具体法律部门找法律规范：这大大缩小了找法的范围和工作量。

但这样的分类显然过于简单，有些法律不是简单分类所能准确定位的，并且程序法中规定实体法内容和实体法中规定程序法内容也很常见。如《仲裁法》虽然以程序法律规范为主，但也有实体法律规范：第十六条至第十九条关于仲裁协议的内容，以及第七十四条关于仲裁时效的规定显然属于实体法律规范；而《民法典》虽然是实体法，但其中存在大量的条文从立法语言上就可以直接识别出是证据规则，如第五百二十七条、第五百九十条、第六百一十四条、第八百二十三条、第八百三十二条、第八百九十七条和第九百二十五条等，立法者在这些条文中明确用"证明"的表述，将举证责任分配给特定合同当事人一方，而就当事人的证明责任作出的规定通常都会被视为程序法的内容。不仅我国的法律是这样，"在民法典里容纳相当数量的证据规范早已是大陆法系国家通行的事实，不仅以法国为代表的大陆法国家民法典专章规定了证据，而且在最强调实体法与诉讼法分离的德国法中，民法典里仍保留着数目惊人的证据规范"[②]。这是因为，从纠纷解决的角度看，民商事实体法"与其说是私人的生活规范，倒不如说是为解决纠纷而制定的规范，是为裁判而制定的规范"[③]。

肖建国教授从另一个角度表述为：法律程序调整两类社会实践过程，有实体性法律程序与程序性法律程序之别。实体性法律程序以设立、变更、转让和消灭实体性权利义务关系为目的，程序性法律程序以解决实体性权利义务分配的争执或者实体性权利义务关系设立、变更、转让和消灭过程中发生的争执为目的。调整这两类行为过程的法律规范，可以分为实体性法律规范与程序性法律规范[④]。关于实体性法律程序，较为典型的是《民法典》关于合同部分的规

---

① 沈宗灵主编：《法理学》，高等教育出版社 1994 年版，第 320 页；胡土贵主编：《法理学》，法律出版社 1999 年版，第 56 页；公丕祥主编：《法理学》，复旦大学出版社 2002 年版，第 322 页。

② 肖建国：《论合同法上的证据规范》，载《法学评论》2001 年第 5 期。

③ [日]兼子一、竹下守夫：《民事诉讼法》，白绿铉译，法律出版社 1995 年版，第 8 页。

④ 参见肖建国：《民事诉讼程序价值论》，中国人民大学出版社 2000 年版，第 29～30 页。

定,从订立合同程序的要约承诺到履行合同程序的交付验收,都是关于实体程序的规定,因而都是实体性法律规范。

程序法与实体法的关系问题,主要是要解决如何从功能上划清程序法与实体法的界限,以及程序法与实体法在运作中的关系问题。这里讨论的主要是民商事程序法与民商事实体法的关系。关于程序法和实体法,目前已为学界所普遍接受的观点是:程序法与实体法作为统一的法律体系的共同组成部分,程序法应保证实体法目标实现,并体现程序法自身独立的价值和功能;程序法与实体法相辅相成,共同达成定分止争的目标,实现公正与效率、程序正义与实质正义的统一,从而构建和谐的法律体系和良好的法治秩序①。

程序法与实体法的关系并非一成不变,而是随着时代的变迁以及"正义""平等"等观念的发展而不断变化。从世界范围看,二者之间的关系经历了"程序工具论"到"程序优先论"再到"程序法与实体法并重"三个重要阶段。这三个阶段在两大法系中又有不同的表现。

随着英美法系程序正义理念的极度张扬,程序被赋予神圣、至上的色彩。这导致了诸多不良后果:诉讼(包括仲裁)甚至成为律师施展技艺的舞台,演变为形式上的表演,案件成败的关键取决于律师之优劣而非实体权利义务之有无,实质正义面临被虚置的危险。从仲裁实践看,参加国际仲裁的中国企业失败率高得惊人,其中一个重要原因竟然不是由于主张的实体权利不成立或未履行合同义务,而是因为不熟悉仲裁程序和不重视律师在仲裁程序中的重要作用等原因②,这显然成了实质正义欠缺的例证。

相当多的实质正义欠缺的案例和由此引发的争议使各国逐渐认识到:过度强调形式上的平等只能加剧事实上的不平等,对实质平等的保障也应作为国家的义务之一,对实质正义的追求应成为重要目标。基于这种背景,实体法与程序法关系的理论与实践再次受到了人们的重新审视:无论是英美法系还是大陆法系,都在承认纠纷解决制度具有局限性后,开始注重追求实质正义,以建立程序法与实体法有机统一的和谐关系。

---

① 廖永安、黎藜:《论民事诉讼法与民事实体法的关系》,载《北方法学》2008 年第 1 期。

② 参见杨良宜、莫世杰、杨大明:《仲裁法——从 1996 年英国仲裁法到国际商务仲裁》,法律出版社 2006 年版,第 91 页、第 133 页、第 149 页、第 268 页。

在这样的背景下,为了实现与实体法的良好衔接,程序法的实践(主要是诉讼)开始关注当事人的实力均衡,处分原则和辩论原则受到一定程度的限制;英美法系国家一改法官在诉讼中过于消极、被动的做法,开始强调法官在诉讼程序中的指挥作用;大陆法系国家尤其是德国,也开始将释明视为法官的一项义务。

这样的趋势使得立法者(也包括司法者)不仅关注权利在实体法上之有无,同时也关注实体权利之实现途径,以保护当事人的程序利益,即在当事人起诉前,防止他们因为诉讼程序所要求花费的过高成本而放弃诉讼;在诉讼过程中,避免他们花费过多的、与诉讼标的不相称的时间、精力和费用,使实体权利变得有名无实。为此,民事诉讼程序开始出现了一些新趋势:针对某些特定的案件,改变管辖规则、增加诉讼形态、变更证明责任分配、减少诉讼费用等。这种趋势体现了民事诉讼法与民事实体法关系的变迁,两者关系开始走向有机融合的新时代。

综上所述,程序法与实体法二者的关系可以概括为两个方面:其一,程序法与实体法作为统一的法律体系之共同组成部分,二者相互独立,互不从属。程序法在保证实体法目标实现之外,还有着独立的价值和功能,如保障裁判者造法活动的正当性等。程序法和实体法在各保其功能独立性的同时,在形式上又有一体化的倾向,这有助于协调二者在实现特定法律价值时出现的冲突和紧张关系。其二,程序法与实体法相互依存,相辅相成。一方面,实体法作为抽象的、一般的法律规范,其生命力必须通过程序法的保障作用来体现;而程序法因其浓厚的技术性色彩和强制性效力,必须以代表广泛民意的立法机关制定之实体法律为基准,以实现结论的正当化。另一方面,程序法通过对实体规范的选择适用、填补漏洞和矫正不足来推动实体法的发展;而实体法则通过更加精微、技巧的利益衡量对程序提出更高要求而推动程序法的进步。程序法与实体法之间相互独立而又相辅相成的关系,决定了二者不应有主次、轻重之分,而应通过建立一种协调互动机制,使当事人依实体法的规定(对实体权利的请求权)进入诉讼或仲裁程序,法院或仲裁机构依程序法的规定(正当程序)查明当事人之间的权利义务关系从而依法解决纠纷,二者配套实施,共同促进和实现对社会民商事关系的规范和维护。

但在程序法和实体法两者发生冲突的情况下,由于实体公正与程序公正之间内在规定性的不同以及资源的有限性,在两种价值目标的实现过程中,产生冲突,出现难以兼顾的情况,应如何进行价值选择?基于实体公正与程序公正两种价值各自的内在属性,应当坚持程序优先的价值选择方案。在无法兼顾实体公正与程序公正的前提下,程序公正的实现具有优先性,有限的资源配置应当首先致力于实现程序公正。

这是因为,实体公正要求事实认定正确和法律适用无误。但事实认定和法律适用都存在很大的不确定性:前者可能因为案件事实的复杂或案件事实查明过程中人为因素的介入而产生偏差;后者则既是因为法律本身的不确定性,也是因为法律适用过程的不确定性。相比之下,程序公正之内涵具有确定性,这源于程序以及程序法本身所固有的自治性(程序有意识的功能自治与独立使得程序活动成为一个相对封闭隔离的场域以专注于解决问题)、规范性(具有可见的外在形式和可操作性)、强制性(必须服从而不得规避,违反即产生不利后果)和安定性(可预见和具有既决力)特征。因此,在实体公正与程序公正发生冲突而难以兼顾的情形下,坚持程序优先,是唯一现实、可行的价值选择方案。

第二节 仲裁程序法之价值

价值指与主体的需要和欲求具有相洽互适性从而受到主体重视的事物之存在、性状、属性或作用。而法的价值应当指社会全体成员根据自己的需要而认为、希望法所应当具有的最基本的性状、属性或作用[①]。正确看待作为纠纷解决制度重要组成部分的仲裁程序法之价值,并通过分析研究,提出充分实现仲裁程序法价值的意见,对于实现《仲裁法》的立法目的、充分发挥仲裁机构的作用、调动仲裁机构和机构工作人员积极性,具有重要意义。鉴于《仲裁法》及其配套制度(见本书绪论部分对仲裁法律制度的总体论述)主要是作为程序法律制度看待的,因此本节中的“仲裁程序法”可以视为“仲裁法律制度”的另一种表述。

---

① 张恒山:《“法的价值”概念辨析》,载《中外法学》1999年第5期。

参照以《简明不列颠百科全书》为代表的关于法的价值的通说[①],仲裁程序法的价值包括其工具性价值和目的性价值。

一、工具性价值[②]

在现代社会中,法律的功能日趋多元化,但是作为一种纠纷解决机制,法律存在的根本目的和基本功能仍然在于解决现实生活中存在的大量纠纷。仲裁程序法规定了仲裁程序启动和进行的条件,规定了仲裁程序进行的一系列具体规则和详细步骤,以保证当事人实体权利和其他权利得到实现。需要指出的是,相比于诉讼程序法,仲裁程序法在大多数情况下,是更有利于解决商事纠纷的一种制度安排。

(一)仲裁程序法规范、指导、促进仲裁法律行为,以及时、公正地解决纠纷

1. 仲裁程序法之规范价值。为了实现解决纠纷之目的,仲裁程序法通过对仲裁行为的时间、空间要素的强制性或者确定性安排,明确各仲裁主体(包括仲裁机构、仲裁庭、当事人、证人、鉴定人、翻译人员等)之间的活动范围、内容和权限,以克服和防止仲裁主体行为的随意性和随机性。

2. 仲裁程序法之导向价值。仲裁程序法通过对时空要素的安排,指导仲裁主体的法律行为按照指定的方向和标准,在时间上得以延续,在空间上得以展开。这一方面从总体上为仲裁主体的具体行为提供了统一化、标准化的模式,克服了行为的盲目性和相互的冲突性;另一方面保证了仲裁主体的法律行为在时间和空间上的有序性和连贯性,提高了纠纷解决的效率。同时,经过仲裁程序产生的结果(裁决书或调解书)具有法律效力,对当事人行为的效力和后果产生了法律评价,这对以后当事人如何进行交易起到了导向作用。另外,当事人在其后的交易中还会根据裁决结果判断自己行为的后果。

3. 仲裁程序法之协商价值。仲裁程序法是通过和平的协商对话机制来解

---

① 简明不列颠百科全书编辑部译编:《简明不列颠百科全书(4)》(中译本),中国大百科全书出版社1985年版,第306页。

② 参见齐建辉:《正当法律程序价值理论的反思和重构》,载《甘肃政法学院学报》2011年第6期。

决利益冲突的。一般来说,协商方法比对抗的方法更加理性,本身就有利于公正地解决争执。仲裁程序的时空设计和相应的制度安排,从形式上消除了利害关系人之间极端化的敌对气氛,缓和了相互间的正面冲突和主观上的心理对峙;具有行业优势之仲裁员更易于发现纠纷之关键所在,善于引导当事人展开协商,将直接的利益冲突化为仲裁程序中的对话和谈判,有利于比较准确而且迅速地查明事实、分清是非,公正地解决争执。尤其是双方可以通过协商确定仲裁庭成员、适用之仲裁规则等重要内容,更为协商打下了基础;这是诉讼所不具备的优势。

4. 仲裁程序法之角色定位和分工价值。仲裁程序法不仅使法律行为主体的原始主体身份发生了转化(由合同当事人转化为申请人和被申请人),将对抗式的利益冲突转变成和平的磋商沟通,同时还通过仲裁程序的角色定位和职责分工,使各主体之间形成一种既相互牵制又共同合作的关系;在各自利益的促动下,各主体的积极性和相互的合作意识将会被激发和提高,进而有利于发现事实真相和作出公正的裁决。

5. 仲裁程序法之教化价值。法律行为和法律问题通过仲裁程序得以展开的过程既是一个裁决的过程,也是一个学习、认识、说服和顺从的过程。一起具体的纠纷案件中,当事人的意见分歧甚至对抗,客观上可能是由于其现实的法律权利受到了某种侵害,但也可能是主观认识上的无知和情感上本能的自卫。仲裁程序的参与机制使得利益主体的主观心理疑虑得到消除,同时也通过仲裁程序的展开和法律问题的形式化使主体的主观认识得到提高;这样也就使客观利益纷争因主观随意性的降低和情感因素的淡化而简单化和明朗化,裁决的公正性也就相应地提高了。

(二)仲裁程序法促进仲裁机构正确实施法律

仲裁程序法规定了仲裁机构的设立、职能、履职程序、与人民法院的关系(仲裁机构处理的民商事纠纷人民法院均可处理,但二者主管权相互排斥[①];人民法院不干预仲裁但依法进行监督)等内容。仲裁机构作为仲裁法律适用的最重要主体,其行为的客观性和公正性并非是先验的,也非不证自明的。仲裁机

---

① 王敬藩:《主张与选择——中国仲裁法论》,黑龙江人民出版社 1998 年版,第 69 页。

构由具体的个人组成，因此其行使权力和适用法律的行为难免会掺杂个人的情感和私人利益等主观因素，从而使其行为的客观公正性受到损害。所以，有必要运用法律手段来促进仲裁机构解决纠纷的客观性和公正性，发挥仲裁程序法所具有的规范和校正价值。

1. 仲裁程序法是约束仲裁机构（特别是其仲裁庭）权力的重要机制。纠纷解决法律制度的主要目的之一就是保护私权利，这需要限制和规范权力。仲裁机构权力的基本运行方式是通过仲裁活动，对市场主体的利益冲突和权利争执进行事后的、消极的处理和救济。仲裁机构行使的并非是国家公权力的社会公权力，对这种社会公权力的行使必须由法律予以规范。因此，仲裁程序法的内容之一是对仲裁机构的仲裁活动进行约束和规范。仲裁活动中的申请、受理、选定仲裁员组庭、举证、质证、辩论、评议等程序制度的建立，其目的不仅仅是保证查明事实，还包括制约仲裁机构的自由裁量权，避免仲裁机构滥用职权，达到法律适用之公正、合法。仲裁程序法设定的书面仲裁协议制度还使得仲裁具有一种“用脚投票”的天性——如果当事人对仲裁机构不满意，只需在以后签订合同或遇到纠纷时不签订仲裁协议即可远离仲裁；这必然使得仲裁机构行使权力时需要考虑如何赢得当事人的信赖，不辜负当事人的选择。

此外，仲裁程序法对仲裁机构权力的约束和规范还表现在仲裁规则的制定、仲裁规则的执行等行为的各个环节和领域。

2. 仲裁程序法是法律适用结果合理性的保证机制。人类社会之所以选择法律作为社会治理的主要手段和方法，主要原因是因为法律认可或创制了一整套最具说服力的论证机制，这种论证机制使法律具有丰富的道德伦理和知识理性内容。但是，法律的这种将人类文明和智慧进行制度化整理和交流的重要功能并不能单纯地依靠实体法律规定来直接实现，而必须通过程序法规定的举证、质证、辩论等环节和机制才能进行。通过仲裁程序的进行及其裁决书载明的法律论证过程，当事人可以对具体的裁决获得理性认识和道德认同，加深对裁决结果和法律制度内容的理解，从而可以降低和消除对裁决的心理抵触和主观误解，提高法律适用的合理性与实效。仲裁程序法之开放性结构（当事人可以选择适用原有仲裁程序法之外的法律和仲裁规则）和协商论辩机制则能最大限度地吸纳参与者的意见，最充分地对特定事实进行论证，最广泛地开拓仲裁员和利害关系人的视野和思路，并有效地防止仲裁机构的非理性化行为，最终使裁决公正、合理。

二、目的性价值

仲裁程序法之价值当然并非仅仅是为了对处争执中的权利义务作出客观公正的裁决,同时还有其独立于程序结果的其他功能和价值,如正义、实现意思自治和体现人格尊严等,此即为其目的性价值。

诚如学者所观察到的那样,“就正当性资源和程序控制的机理而言,一种机制中信任越少,则程序越多,成本就越高;当事人控制能力越强,风险越低,则法律干预的力度就越小”。[①] 反之,一种机制中信任越多,则程序越少,成本就越低;当事人控制能力越弱,风险越高,则法律干预的力度就越大。对比国内的诉讼制度和仲裁制度,可以清楚地看出:《民事诉讼法》及审判解释的庞大体量所构成的众多程序,就是因为诉讼程序并不借助于当事人的信任而推进,而且法院要承担公共政策职能,所以需要尽可能地对诉讼程序的每一环节都制定明确的规则,减少法官之自由裁量空间,因而诉讼的成本往往居高不下;《仲裁法》及相关解释(包括在申请撤销仲裁裁决和执行程序中的审判解释)数量远远低于前者,就是因为当事人基于信任而选择了仲裁制度,因而《仲裁法》仅仅就保障基本程序正义作出规定,其余的尽可能交给仲裁机构通过制定仲裁规则、交给当事人及其选定之仲裁员组成的仲裁庭来处理,法律并不过多干预。当然,这是就理想状态或说应然状态而言的,实际中的大多数仲裁机构还处于“仲裁司法化”之模式中,仲裁规则较为简单,还远远达不到这样的理解程度,也就难以摆脱仲裁优势难以发挥的困境。

仲裁程序法在目的性价值方面,与法律人普遍熟悉的诉讼程序有很大不同。这种不同在很大程度上是由仲裁的本质和特质所决定的,要解释和解决仲裁制度所面临的部分“瓶颈”问题需要从仲裁的本质和特质入手。仲裁程序法之目的性价值也分为程序正义和程序效益两部分。比较起来,程序正义和程序效益在仲裁制度中的价值都远胜于其在诉讼制度中的价值。

---

① 江伟主编:《仲裁法》,中国人民大学出版社 2009 年版,第 2 页。

(一)仲裁程序法之程序正义

仲裁程序法所体现的程序正义,指仲裁程序自身的正当性和合乎理性等法律程序的内在价值追求,主要体现在其自治性(尊重当事人的意思自治,允许当事人选择程序、选择仲裁员、选择适用的法律和规则等)、中立性(一方当事人选定的仲裁员也必须保持中立而不得有偏袒倾向)、参与性(当事人不仅可以选择程序还可以自行制定程序,对于程序的进程有很大影响力)以及透明性、合理性、合法性诸方面。

但仲裁程序法之程序正义也有不足之处。诉讼程序法不但能够保障所有与程序的结果有利害关系或者可能因该结果而蒙受不利影响之人参加该程序(以第三人制度最有代表性),还有利于最大限度地查明事实(以强制传唤证人制度最有代表性)。这两方面都是仲裁程序法所不具备的。仲裁程序法设置的和解制度也存在被不良当事人通过虚假行为损害他人利益或社会公共利益的风险。

只是这种不足并不影响仲裁之目的性价值。没有哪种制度是完美无缺的,关键在于如何扬长避短。“同司法相比,仲裁的力量在于其弱,而不在于其强。”①因此,对于仲裁机构作出的关于当事人之间权利义务的裁决在既决力方面应当有所限制,特别是要注意到裁决结果可能产生的对案外人之影响,以免不当地影响其他人的正当权益。

笔者的建议是,对于当事人自行和解或经仲裁庭调解而达成的和解协议,当事人要求制作裁决书的,仲裁机构应当有必要的对于此类裁决书既决力的限制,如在裁决书上明确载明“本裁决确认的权利不具有对抗案外人的效力”。这种确认权利的裁决需要加以注意的原因在于,仲裁的保密性决定了裁决书不像判决书一样可以通过公开途径获得,因此一旦损害了案外人的利益,往往难以补救,需要以适当方式加以限制,将损害他人利益的风险降至最低。

(二)仲裁程序法之程序效益

仲裁程序简便、快捷、经济、保密的特点决定了其比诉讼程序具有更高的效

---

① 江伟主编:《仲裁法》,中国人民大学出版社 2009 年版,第 6 页。

益,毕竟当事人选择仲裁之根本目的是解决将要或已经发生的纠纷,仲裁程序法能够很好地服务于这一根本目的,在不违背社会公共利益和尽量少动用国家公权力前提下解决纠纷,从而促进市场的有序运转及实现社会资源的合理配置。对当事人而言,选择仲裁不仅使当事人之间的纠纷通过专业化的仲裁庭得到公平合理的解决,还因程序的灵活性、保密性、对当事人之间关系损伤程度轻等而具有更高的多方面效益;对国家而言,仲裁是减轻司法机关压力、减少纳税人负担、有效化解矛盾的重要途径。

不同的纠纷解决程序对于程序效益的追求程度不同,相应的纠纷解决机构在纠纷解决活动中实现的程序效益也不同。以诉讼与仲裁相比为例,虽然诉讼也注重程序效益,如通过减少时间投入和提高效率可以有效地减少法官的工作量,减轻法官的工作压力;但人民法院更多关注的是保障纠纷得到公平处理,对程序效益考虑较少。人民法院的公信力对社会之意义(实现司法公正、保护正当权益、维护法治秩序等)要大于对具体法院自身的意义。但仲裁机构与人民法院不同,必须高度重视程序效益,因为当事人对是否到某个仲裁机构解决纠纷享有决定权,如果当事人不愿意选择仲裁,就不会有仲裁协议,也不会将纠纷提交仲裁机构解决。如果当事人都拒绝到某个仲裁机构进行仲裁,那该仲裁机构就会失去存在价值,进而面临生存危机。要让当事人愿意选择仲裁,仅靠仲裁的制度优势(一裁终局、专家断案、快捷保密等)是远远不够的,我国二十余年的仲裁实践已经证明了这一点①。仲裁机构需要在保证程序正义的前提下提升仲裁效益。只有更高的程序效益,才可以吸引当事人到某个仲裁机构解决纠纷。事实上,更多地考虑程序效益也是仲裁制度和仲裁机构可以证明自身价值的地方。

仲裁程序效益包括经济性效益和伦理性效益,对仲裁机构和当事人都是如此。

1.经济性效益

对当事人而言,经济性效益即权利人挽回的经济损失和实现的经济利益与投入的成本之比,以及义务人避免的经济损失和获得的收益与投入的成本之比。这里的当事人成本不包括发生纠纷时进行交涉、协商、谈判、补救等交易中

---

① 参见本书绪论部分的全国仲裁机构受理案件数量与法院受理的同类案件的比例。

所耗费的时间、精力、财物、费用、信息等常规和非常规资源，而仅指为解决纠纷而进行仲裁过程中直接产生的时间、精力、财物、费用、信息等“直接成本”。相比较而言，当事人的收益是较为确定的，通常有预期的上限；但其成本却是不确定的，未必可以预期其上限，尤其是投入的时间成本——这里假设其他支出不是按时间收费，否则还要加上对应的按时间支出的花费。另一不确定的成本是风险成本，即仲裁机构之错误裁决导致的“错误成本”。

(1)收益与直接成本

这里将挽回或避免的经济损失也视为收益。下面的仲裁案例可以较好地说明收益。

案 例 当事人的经济性权益

申请人某房产中介公司称，被申请人某甲利用某物业顾问有限公司提供的某某路某号房屋销售信息，故意跳过申请人，私自与卖方直接签订购房合同，违反了与申请人所签订的房地产求购确认书的约定，属于恶意跳单行为，请求裁决某甲按约支付违约金 2 万元。被申请人某甲辩称，涉案房屋原产权人李某委托多家中介公司出售房屋，申请人公司并非独家掌握该房源信息，也非独家代理销售，某甲并没有利用申请人公司提供的信息，并非跳单违约行为。经查，原产权人李某到多家房屋中介公司挂牌销售涉案房屋。2008 年 10 月 22 日，申请人公司带着某甲看了该报价 200 万元的房屋，并于看房前签订了房地产求购确认书，约定签订确认书之日起 6 个月内，某甲或其委托人、代理人、代表人、承办人等与某甲有关联的人利用申请人公司提供的信息、机会等条件，但未通过申请人公司而与第三方达成该房屋买卖交易的，某甲应当按照与出卖方就该房地产买卖达成的实际成交价的 1% 向申请人公司支付违约金；如果成交，则按照成交价的 1% 支付佣金。在此之前 4 天，某顾问有限公司带甲妻也看了该房屋但未签订房地产求购确认书，但向甲妻报价 180 万元。10 月 27 日，某甲与卖方李某签订了房屋买卖合同，价款 175 万元，买卖双方办理了过户手续，某甲向某顾问公司支付佣金 1.75 万元。依据上述事实和开庭情况，仲裁委员会裁决某甲向申请人支付佣金 1.75 万元并承担仲裁费用。

【评析】 本案中，申请人因为被申请人违约而主张其支付违约金并得到支持,实现了合同约定的经济利益(收取房屋成交价的1%),属于挽回的损失,但投入了人力、时间和精力。被申请人理性地选择违约并支付违约金而履行与案外人签订的协议,虽然多支付了一份违约金,但比起履行原合同要少支付20余万元,该20余万元即其通过违约行为避免的经济损失。但被申请人因为仲裁另外要投入人力、时间和精力,以及可能的因故意违约导致的声誉损失。

案例中债权人的收益是可以计算出上限的;债务人的收益也是可以计算出上限的(已避免多付出的20多万元房款),损失则是因违约而需要承担的违约金——因为双方的居间合同之性质决定了违约行为通常不可能给债权人造成更多的损失,只需承担约定的违约金即可。如果是买卖合同或承揽合同,债务人违约所面临的赔偿损失责任有可能不会像本案这样处理,而是根据当事人对违约责任的约定情况和实际损失情况,尽量使恶意违约的债务人不能因违约而受益。但案例中债务人避免的损失并非因仲裁而避免,而是自己理性选择的结果。

该案中,不确定的是时间成本,即多长时间可以得到裁决结果。其他直接成本,可以清楚计算的主要包括当事人聘请律师的费用、交通费、就餐费、住宿费等;而投入的精力、信息等则难以具体物化计算。

(2)风险成本(错误成本)

这是指仲裁机构作出的裁决存在实体上或程序上的重大问题,裁决依法不能成立的情况。由于一裁终局的制度设计,仲裁程序没有与诉讼程序相似的二审或再审那样的救济;并且《仲裁法》第五十七条规定的是"裁决书自作出之日起发生法律效力",这意味着除了法律规定的可以补正的内容之外,对裁决内容的错误和可能的程序错误,仲裁机构自身也无权纠正。这种情形下,受损当事人的成本不仅仅是超出预期的经济性损失,还有伦理方面的损失;而受益当事人则获得了超出预期的经济利益,但同样遭受了伦理方面的损失。

这是很多人对仲裁制度信心不足的原因。坦率地讲,这种风险确实存在。仲裁员培训不足、仲裁员主要由律师担任、仲裁机构听任仲裁庭作出有悖先例的裁决等现实又进一步强化了当事人的疑虑。但不同于诉讼对这种风险的克服,仲裁制度自身带有极强的防范机制——如果仲裁机构不能证明自身具有将风险成本降至最低的能力,那么仲裁之制度优势都会因为如此巨大风险的存在而使得市场主体远离仲裁:不仅受损的当事人从此不会再选择仲裁,受益的当事人因为无法保证自己能够总是受益并因为知晓这一制度的巨大风险也不会再选择仲裁,并且这种对仲裁的拒绝还会被以各种方式传递给当事人的交易对象,传递到其他市场主体甚至当地所有市场主体,后果就是当事人不会在合同中约定仲裁条款,发生纠纷时也不会达成将纠纷提交仲裁的合意。这样的局面意味着仲裁(至少是该仲裁机构)被市场彻底抛弃。由此可知,风险成本虽然存在,但这一风险与其说是当事人的效益风险,不如说是仲裁机构的生存风险。防范这一风险,仲裁机构有更强大的动力和更坚定的决心。

仲裁机构必须防范此类风险,还因为其自身具有明显不同于人民法院的经济效益需求。虽然仲裁机构是非营利组织①,但仲裁机构需要盈利,只是盈利之目的是仲裁发展,而非回报出资人和管理者。例如,为了吸引更优秀的人才来担任仲裁员,仲裁机构需要提升自己的美誉度和公信力,使得符合条件的专家能以担任该机构的仲裁员为荣;同时,仲裁机构要尽可能提供更高的酬金使仲裁员觉得自己的付出得到应有的(甚至超出预期的)回报,以形成对仲裁员的更强的吸引力,进而进入良性发展的轨道,这需要更多的收入来支撑。再如仲裁程序强调效率,要求之一便是仲裁员能够减少开庭次数以减少投入,从而实现更高的经济效益。

2. 伦理性效益

伦理性效益指权利人通过解决纠纷获得的心理满足程度(包括精神上损害的减轻),和义务人通过解决纠纷获得的心理满足(减少的心理压力)、减少的名誉上之损失等,以及仲裁机构需要通过满足当事人对伦理效益的追求而实现的自身特殊价值。换言之,伦理性效益主要体现为对当事人个性化需求的满足程度。

仲裁的当事人都是通过自愿选择后才来到仲裁机构解决纠纷的。由于仲裁程序法对于仲裁协议的要求比较严格,需要当事人明确具体地做出选择才有

---

① 刘茂亮、黄幼园、聂贤彬主编:《仲裁营销研究》,中国法制出版社 2005 年版,第 6 ~ 7 页。另外,中共中央办公厅、国务院办公厅印发的《关于完善仲裁制度提高仲裁公信力的若干意见》明确提出:“仲裁委员会是政府依据仲裁法组织有关部门和商会组建,为解决合同纠纷和其他财产权益纠纷提供公益性服务的非营利法人。”载武汉仲裁委员会(武汉国际仲裁中心)、湖北省法学会仲裁法研究会主办:《武汉仲裁》(第 2 辑),法律出版社 2019 年版,第 158 页。

效,因而当事人选择仲裁而排除诉讼、选择某一仲裁机构来解决纠纷,正常情况下一定是经过比较和思考的。从实务看,这种选择主要取决于当事人对程序效益的考量,以及更多个性化需求满足程度的考量——伦理效益的考量。仲裁程序法为当事人提供了选择的机会,将之作为当事人的权利,并在制度设计上较好地关注了伦理效益。

(1)仲裁程序法对当事人伦理效益之支持

市场经济的理性主体通常会选择快捷而非拖沓、简便而非繁复、经济而非昂贵、保密而非公开、有更多自治性的程序来解决纠纷,常常还会希望满足自己有尊严地实现权利或不失尊严地履行义务的要求、纠纷解决结果大致双赢的要求等。仲裁程序法在制度设计上有效地考虑了上述因素:

仲裁程序法通过各种制度安排以及时有效地解决纠纷,保护当事人的整体利益。通过对仲裁程序法和诉讼程序法的对比可以清楚地看出这一点。《仲裁法》第一条规定的立法目的之一是“为保证公正、及时地仲裁经济纠纷”,及时是一个与效率密切相关的概念,表明了对效率的特别要求。为实现这一目的,《仲裁法》第二十四条规定的受理审查期为 5 日,要比《民事诉讼法》第一百二十六条规定的 7 日提速 30%。另外,其他的程序时间则授权仲裁委员会在仲裁规则中规定,各仲裁委员会仲裁规则规定的案件办理期限都明显短于《民事诉讼法》的规定。此外,程序的效率常常与程序的可操作性联系在一起。人们对程序理解、接受并且感到可操作、易操作,通常这个程序就会更符合效率要求。有时迟来的裁决结果可能是正确的,但有可能因为迟来而失去了意义(如当事人申请仲裁以避免某种损失且及时裁决可以避免之损失,因为时间的拖延而未能避免导致损失发生),造成当事人的既得利益、现有权利或可得利益的损失。

当事人希望的程序尽可能简化(包括较宽松的委托代理人资格限制)和程序费用尽可能低廉而又有较高的公平性,以及充分尊重当事人的各种个性化要求,依据仲裁程序法,这些都可以通过仲裁程序得到满足。首先,在程序简化方面,不仅《仲裁法》关于程序的规定仅有四十余条,各仲裁机构之仲裁规则规定的程序内容也大致如此,将程序如何进行的决定权授予仲裁庭和当事人,对比诉讼程序法之众多程序性规定,显然要简化得多。再如关于代理人资格问题,《仲裁法》第二十九条规定“当事人、法定代理人可以委托律师和其他代理人进行仲裁活动”。对比《民事诉讼法》第六十一条、《民诉法解释》第八十五条至第八十七条的规定,可以清楚地看出仲裁程序法对于委托代理人的限制要小得多。诉讼程序法要求委托代理人只能"一至二人"而《仲裁法》则未加限制,很多仲裁机构的仲裁规则也未对代理人的人数加以限制。其次,程序费用尽可能低廉而又有较高公平性的问题,在保持较高公平性的前提下①,且不论一裁终局注定减少了程序费用的支出,只看仲裁规则的规定即可知道,许多仲裁机构通过设定单独的仲裁规则,将金融等领域的仲裁费用大幅降低②。最后,关于尊重当事人的各种个体性要求方面,许多仲裁机构的仲裁规则允许当事人自行约定开庭地点③,有的仲裁机构针对当事人的呼声并结合仲裁员多为兼职的现实,有意识调整秘书工作时间,将开庭日安排在周六周日,以方便仲裁员和当事人安排时间。

当事人希望的保密方式是仲裁的特殊原则和制度,无须多言。至于有尊严地实现权利或不失尊严地履行义务的要求,由于仲裁程序法要求仲裁员按照专业设置,本专业的专家通常有能力帮助当事人找到这样的结合点。《仲裁法》第十三条第三款规定:"仲裁委员会按照不同专业设仲裁员名册。"这不仅仅便于仲裁机构组织专业的培训、交流,更重要的是便于当事人从中选定本专业之专家,以更专业、更权威的方式解决纠纷。

(2)追求程序效益并实现实质正义

仲裁机构应当理直气壮地追求程序效益,以提升公信力,回应当事人的信赖。当然,这也需要提升仲裁能力和水平。

追求程序效益的理念有助于仲裁机构发挥制度优势,努力防止仲裁程序法中的特殊规定对当事人的权益可能造成的损害。由于仲裁程序法之特殊性,有些在诉讼中根本不会出现的问题有可能成为严重影响当事人程序效益的因素。下面的例子比较有代表性:

---

① 张维:《中国仲裁业迈入二次跨越时期　标的额增长55%实现完美开局》,载《法制日报》2016年3月31日,第4版。依据该报道引用的权威统计,大约只有1%的仲裁案件被撤销。

② 当然,目前关于仲裁收费问题是与仲裁机构性质紧密联系的,因此对于仲裁收费的性质还有争议,如果是行政事业性收费则争议更大。但许多仲裁机构利用一些地方政策如"减免涉企业收费"等而进行了很多尝试,大幅降低了仲裁收费。

③ 如《青岛仲裁委员会仲裁规则》(2022版)第五十二条规定:"开庭地点在本会所在地。……当事人另有约定,可以在约定地点开庭。由此增加的费用,由当事人承担。"

案 例 连续交易的合同纠纷

甲建材公司自2012年开始长期为乙建筑公司提供建材。2015年之前,双方在买卖合同中没有约定争议解决方式。2015年3月3日,根据甲公司提议,双方在此后的买卖合同中均约定“发生争议提交丙仲裁委员会仲裁”。后因故乙公司拖欠货款,至2016年4月累计拖欠额为77万余元。甲公司催讨无果,依据合同提起仲裁。丙仲裁委员会受理后组成三人仲裁庭进行开庭,查明以下事实:双方2015年3月2日后的8份合同总标的额为211万元,此间乙公司分5次支付货款140万元;甲公司供货的数量和质量、日期等均严格按照合同要求履行,乙公司付款并未按照合同约定而是不定期支付整数额。乙公司称只欠71万元,另外6万元为没有约定仲裁条款的合同的货款;甲公司称乙公司该5次付款的第一次已经将此前的6万元付清。仲裁庭评议意见为:自2015年3月3日之后的付款应当认定为是支付自该日后新签订的合同的款项,因此认为乙公司的主张成立,3月3日之前的6万元应当视为没有仲裁协议的部分,另行诉讼主张权利。

【评析】 既然双方的交易习惯很清楚,乙公司并非每一笔付款都针对一个具体的合同,因此一笔付款是否是支付3月3日之后合同的货款应当结合双方的解释、此前的交易习惯来判断。其一,连续交易的付款应当是先支付在先的债务,因此,虽然是3月3日之后的付款,如果此前有货款未付,理应先扣除未付货款,剩下的才是支付新形成的即3月3日之后的债务。其二,由于乙公司不是按照合同约定支付货款,除非乙公司明示或以合同约定的数额表明是结算某个合同项下的货款,否则结算应视为一个连续的过程,没有理由不支付前边合同的款项而径直支付其后的货款。因此在双方没有合意表明3月3日之前的货款将另行结算的情况下,乙公司支付的211万元货款应先减去3月3日之前的应付款6万元,剩下的才是支付3月3日以后合同的货款。据此,甲公司主张乙公司支付77万元,理应支持。仲裁庭认定甲公司没有仲裁协议部分的欠款不予处理,貌似合法,却是武断地对当事人的付款习惯(交易习惯)进行了自以为是的判断;而且这种裁决有违伦理效益——当事人因为选择了仲裁而导致自己的债权需要到人民法院和仲裁机构分别主张权利,这自然超出了当事人的正常预期:换位思考一下当事人对仲裁程序的主观体验和感受,以及对程序权威和可靠性的评价,仲裁庭的评议意见最终将会迫使当事人不敢轻易选择仲裁方式解决纠纷。

上面的案例中,由于仲裁机构之仲裁权要受到仲裁协议的严格约束,因此出现了诉讼中不会出现的问题——有一部分权利可能会被认为不属于仲裁协议约定的范围。这种情况是实践中常常遇到的情形,机械地按照案例中仲裁庭的思维方式处理,就会产生严重的后果:当事人因为选择了仲裁而需要就同一批债权分别到人民法院和仲裁机构寻求救济,这只能迫使当事人为防止这种情形的出现而拒绝选择仲裁。这种情况下,仲裁机构应当充分考虑纠纷解决的法律依据,尊重当事人的交易习惯和行业惯例,保证当事人的程序效益,合理合法地解决纠纷;这既是实现实质正义之要求——债权人的正当权益应当得到保护,也是减轻当事人负担之要求——将债权的某一部分分离出来交由法院处理会大大增加当事人的诉累。这个过程同时也是保证仲裁机构自身之程序效益的过程。

综上所述,对仲裁当事人而言,通过仲裁程序使其感受到人格受到尊重、意见受到重视、被予以公平对待,使其感知到有机会通过自己的努力争取令自己满意的结果,这能够使得当事人对伦理效益的追求得到较好的满足,也将有利于提高仲裁裁决的正当性和可接受性。

第三节　国内仲裁法律适用存在的问题

本书的重点在于探讨国内仲裁的法律适用实务,因此,需要从分析国内仲裁法律适用的现状入手,尤其是要认真分析当前法律适用实务中存在的问题。

随着仲裁制度的实施,仲裁法律适用开始为国人所重视。从实务的角度,仲裁机构处理的任何一起合同纠纷或其他财产权益纠纷,如果当事人没有约定向某仲裁机构申请仲裁而排除诉讼,就需要向有管辖权的人民法院提起诉讼;进入人民法院的案件将面临法律适用问题,进入仲裁机构的同样案件当然也要面临法律适用问题。

对人民法院而言,诉讼证据制度和法律适用规则是整个审判活动十分重要之“两翼”,两者不可偏废[1]。仲裁机构同样也是凭借这“两翼”而推进纠纷解决的——毕竟诉讼制度和仲裁制度都是适用法律解决纠纷的过程。但我国法律适用研究明显不足,理论界和实务界关于仲裁法律适用的研究和探讨既不全面也不深入,且偏重于涉外仲裁和国际仲裁,关于国内仲裁法律适用之研究成果就更是凤毛麟角。

缺乏研究和探讨加剧了仲裁实践中法律适用的不统一,造成了相当多的问题,影响了仲裁制度的推行和仲裁机构的公信力。对于仲裁实践中的法律适用,有人认为“实践中适用法律错误的仲裁裁决大量堆积”[2],也有人评论“一些仲裁裁决质量低下甚至常识性错误百出”[3],虽然可能有失偏颇,但国内仲裁的法律适用状况确实很不理想,法律适用不统一甚至成为影响仲裁机构公信力的重要原因之一。

据笔者多年来对国内多家仲裁机构裁决文书的观察分析,从表面上看,目前国内仲裁的法律适用问题表现为两个方面:体现在裁决结果中的法律适用问题和表现在裁决书上的法律适用问题。

一、体现在裁决结果中的法律适用问题

体现在裁决结果中的较多见的法律适用问题,多是仲裁机构没有遵循法律适用原则和法律适用规则所致。常见的问题有:

(一)实体法适用上之错误

一是法律规范选择错误。例如,对合同效力,法律有明确的效力强制性规定,但仲裁机构无视此规定且未作出合理解释即作出与法律规定相反的裁决,如将不具有《民法典》第五百零六条规定情形的免责条款认定为无效。再如,对某类合同,有明确的法律渊源可以援引,但仲裁机构未援引而作出不正确的裁决,如对于委托合同,未援引“任意解除权”条款支持当事人要求解除合同的请求,反而以促进和鼓励交易为理由支持了对方当事人继续履行合同的主张。

---

① 单兆洪:《法律适用研究的新思路》,载《法律适用》2002 年第 2 期。

② 张华:《合法裁决与仲裁法律适用司法监督》,载《北京仲裁》2011 年第 2 辑。

③ 张民:《法院别成仲裁机构的“执行局”》,载《法制日报》2016 年 7 月 1 日,第 2 版。

二是法律规范选择失当。例如，在一般法和特殊法中适用一般法而未适用特殊法，如适用《民法典》而不适用《保险法》解决保险合同争议；再如，在新法和旧法中适用旧法而未适用新法，如引用《民法通则》而不引用《民法典》解决合同争议。

三是积极或消极滥用法律规范。例如，对当事人在合同中约定的应由行政机关处理的问题按照《民法典》规定作出裁决，如裁决房屋买卖合同的一方当事人按照合同约定迁出户口；或对应当由仲裁机构处理的权利义务关系不予处理，如应当依照《民法典》第二百二十九条对物权进行确认而不予确认。

（二）程序法适用上之错误

程序法方面的问题主要是由于对程序重要性的漠视，未能正确适用程序法和仲裁规则，导致违反法定程序或出现重大程序纰漏。如《仲裁法》明确规定应当将仲裁规则和仲裁员名册送达当事人，但仲裁机构由于疏忽漏送；仲裁规则中明确规定了简易程序的适用条件，但未予遵守而对不符合条件的纠纷（如当事人明确约定适用普通程序）适用了简易程序。

出现上述这些法律适用问题，极有可能导致仲裁裁决在司法监督程序被撤销或不予执行。即便未进入司法监督程序，这些法律适用的错误也往往产生错误的裁决结果，严重影响当事人合法权益的实现，并影响仲裁机构的权威性和公信力。

案　例　申请撤销仲裁裁决案之适用法律错误①

2011年4月，甲公司与乙公司未履行招投标程序即签订建设工程（商品住宅）施工合同并开始施工，合同中约定仲裁条款；7月，因涉案工程未履行招投标程序被当地行政主管部门责令停止施工；9月，甲公司通过招投标对涉案工程中标，甲乙双方又签订了新的施工合同。2014年8月，甲公司向乙公司提交竣工验收申请并将工程交付乙公司。后因乙公司拖欠工程款，甲公司依据双方2011

---

① 山东省东营市中级人民法院民事裁定书，(2016)鲁05民特9号。笔者认为：以违反公共利益为名撤销仲裁裁决，虽是法律规定，但如何认定违反公共利益，似可商榷。

年4月所签订的合同申请仲裁。双方在仲裁条款中选定的仲裁委员会受理该案,组成仲裁庭进行了开庭并作出裁决。仲裁庭认为该份未经招标的施工合同有效,裁决乙公司支付工程款并支付利息损失。乙公司向当地中级人民法院提起撤销仲裁裁决之诉,认为仲裁裁决认定未经招投标的涉案工程施工合同有效违反了法律的强制性规定,违背社会公共利益,应予撤销。人民法院认为,原国家发展计划委员会经国务院批准发布实施的《招标范围和规模标准规定》第三条明确规定,商品住宅属于《招标投标法》第三条第一款第一项规定的关系社会公共利益、公众安全的公用事业项目范围。本案涉案工程作为商品住宅施工工程,关涉社会公共利益和公众安全,依法应当进行招投标,否则施工合同应为无效。本案中,双方当事人在没有经过招投标的情况下,签订合同并开始施工,显属违法。后虽经招投标,但仍由甲公司中标并继续施工。甲公司中标后的施工行为所遵循的不应当是双方签订的第一份合同,而应当是经过招投标的合同。如果仍然以第一份合同认定与涉案工程相关的施工行为,确定双方的权利义务,无疑架空了《招标投标法》的强制性规定。《招标投标法》侧重规范的是涉及国家利益和社会公共利益的经济活动,具有明显的公法性和强制性。最高人民法院《关于审理建设工程施工合同纠纷案件适用法律问题的解释》第一条规定,必须进行招标而未招标的建设工程施工合同无效,依据的正是《招标投标法》的效力性强制性规范的法律属性,以维护国家利益和社会公共利益。人民法院和仲裁机构均应严格依照该法律的强制性规定裁处案件,否则就极有可能违背国家利益和社会公共利益。本案仲裁机构在明知涉案工程必须招投标,且经过行政部门纠正的情况下,仍然认定未经招投标的合同有效,有违社会公共利益,应当予以撤销。因此,人民法院裁定撤销了该仲裁裁决。

【评析】 该案由于仲裁机构在认定合同效力时无视明确的效力性法律规范,将必须进行招标而未招标的建设工程施工合同认定为有效合同,被人民法院认为有违公共利益,导致仲裁裁决被撤销。由于公共利益尚缺乏明确的界定,因此人民法院事实上以此理由实施了对仲裁裁决的实体审查。从人民法院承担的公共政策职能而言,这样的结果尚属正常。这是《仲裁法》第五十八条第三款的特殊规定,只有认为仲裁裁决违背社会公共利益的情况下,人民法院才会对实体方面进行审查监督。这需要引起仲裁机构的足够重视。

案　例　申请撤销仲裁裁决之消极滥用法律①

甲投资有限公司与乙地矿勘查院矿产权投资纠纷一案，甲公司于2016年2月向丙城仲裁委员会提起仲裁申请，请求裁决乙地矿勘查院返还250万元垫付资金及利息887,500元。丙城仲裁委员会组成仲裁庭，经开庭于2016年7月作出(2016)丙仲裁第100号仲裁裁决。仲裁庭认为，丙城仲裁委员会作出的(2015)丙仲裁字第213号仲裁裁决，对本案双方争议的事项已作出裁决，根据最高人民法院《关于适用〈中华人民共和国民事诉讼法〉的解释》第二百四十七条之规定，本案申请人构成重复起诉，裁决驳回申请人的全部仲裁请求。

此前，丙城仲裁委员会于2015年11月23日作出(2015)丙仲裁字第213号仲裁裁决，就2009年5月11日甲投资有限公司与乙地矿勘查院签订的《某地区多金属矿联合勘查开发合同》，及2009年11月16日，乙地矿勘查院又与王某、倪某、倪某某三位甲公司实际投资人签订的《勘查投资合作协议书》所产生的纠纷进行了裁决。上述两份合同中，双方并未约定垫付资金事宜。在其后的申请撤销程序中，丙城市中级人民法院于2015年12月15日作出(2015)丙法仲字第93号民事裁定，裁定该仲裁裁决仲裁程序合法，裁决结果适当。

申请人甲投资公司申请撤销(2016)丙仲裁第100号仲裁裁决，称裁决将申请人垫付资金返还纠纷定性为探矿权转让纠纷错误，依据相关法律规定，本案申请人主张的250万元垫资款属于借款，且有《补充合同》为依据，(2015)丙仲裁字第213号裁决对此主张未予处理，(2016)丙仲裁第100号仲裁裁决将此仲裁主张认定为重复起诉，属于适用法律错误，请求依法撤销仲裁裁决。

丙城市中级人民法院认为，双方当事人之间签订的合同涉及矿权转让、开发合作及股权关系，且已实际履行，对双方均具有约束力。依据合同约定和仲裁法的规定，涉案股权纠纷属于丙城仲裁委员会的受案范围。丙城仲裁委员会(2015)丙仲裁字第213号仲裁裁决虽已生效，但对本案申请人主张的250万元垫资款的属性问题并未处理亦未作出实体裁决，(2016)丙仲裁字第100号仲裁

---

①　西宁市中级人民法院民事裁定书，(2016)青01民特9号。参见环中仲裁团队：《仲裁庭未释明，法院能否撤销仲裁裁决?》，载微信公众号"环中商事仲裁"2016年11月8日，http://mp.weixin.qq.com/s/faTri3LpoJWdouTeP89－uQ。

裁决依据最高人民法院《关于适用〈中华人民共和国民事诉讼法〉的解释》第二百四十七条的规定,认定甲投资公司此主张构成重复起诉,并裁决驳回其全部仲裁请求,影响了当事人合法诉讼权利的再次行使,适用法律不当。仲裁庭仲裁时未向当事人释明待清算后,可就本案主张另行起诉的权利,程序上存在瑕疵,属于《仲裁法》规定的仲裁程序违法的情形,该仲裁裁决应予撤销。申请人的部分撤销理由成立,应予支持。依照《仲裁法》第五十八条第一款第三项、第六十条之规定,裁定如下:撤销丙城仲裁委员会(2016)丙仲裁字第100号仲裁裁决。

【评析】 本案特别引人注意的是,"仲裁裁决依据最高人民法院《关于适用〈中华人民共和国民事诉讼法〉的解释》第二百四十七条的规定,认定甲投资公司此主张构成重复起诉,并裁决驳回其全部仲裁请求"。仲裁裁决的作出不是依据《仲裁法》和《仲裁规则》,而是依据《民诉法解释》第二百四十七条即"当事人就已经提起诉讼的事项在诉讼过程中或者裁判生效后再次起诉,同时符合下列条件的,构成重复起诉:(一)后诉与前诉的当事人相同;(二)后诉与前诉的诉讼标的相同;(三)后诉与前诉的诉讼请求相同,或者后诉的诉讼请求实质上否定前诉裁判结果。当事人重复起诉的,裁定不予受理;已经受理的,裁定驳回起诉,但法律、司法解释另有规定的除外"。这一解释较好地明确了诉讼中"一事不再理"的含义,但这是对人民法院的要求,其理论基础是诉及诉权的理论。仲裁并非诉讼,直接适用最高人民法院要求各级人民法院适用的规则显然于法无据,况且也不能以诉与诉权理论来解决仲裁中的一事不再理问题。如就同一纠纷重新申请仲裁当然不能被称为"重新起诉"。将审判解释直接拿来就用,既暴露了仲裁基本理论不足问题的严重性,也可以看出仲裁机构显然没有掌握仲裁与诉讼的不同。这样进退失据的裁决被撤销,而且人民法院给出的理由是没有行使释明权告知当事人可以另行起诉,确实是仲裁机构的悲哀。值得指出的是,人民法院显然也认为"驳回全部仲裁请求"意味着申请人全部实体权利的丧失,因此郑重指出"裁决驳回其全部仲裁请求,影响了当事人合法诉讼权利的再次行使……仲裁庭仲裁时未向当事人释明待清算后,可就本案主张另行起诉的权利",即应当告知当事人仍然有救济权利。这进一步充分证明建立仲裁自身之基础理论的迫切性。由于仲裁协议约定的仲裁事项具有可分性,这使得同一纠纷可能包含多个仲裁标的,而每一个仲裁标的都可以是"一事",因此仲裁机构之“一事不再理”与人民法院之“一事不再理”是不同的：人民法院的“一事不再理”是因为其违背诉讼经济原则，导致诉讼的不经济，造成国家司法资源浪费，加重当事人诉讼经济负担；而仲裁机构并不存在浪费资源的问题。就本案而言，如果从笔者在本书中界定之仲裁标的的角度出发，当事人其实依然享有救济权利，完全可以在清算后另行主张权利。因为清算后的权利主张依据之事实理由已经与此前不同，构成新的仲裁标的，是一起新的案件。

案　例　申请撤销仲裁裁决案之程序违法[①]

2016年8月12日，某仲裁委员会针对申请人某农贸市场与被申请人某物业公司仲裁案依简易程序进行了开庭后，作出如下裁决：(1)撤销申请人某农贸市场与被申请人某物业公司签订的《农贸市场经营管理承包合同》；(2)申请人某农贸市场于本裁决生效之日起10日内返回被申请人某物业公司履约保证金50,000元；(3)驳回被申请人某物业管理有限公司的其他仲裁反请求；(4)驳回申请人某农贸市场的全部仲裁请求；(5)另裁决了仲裁费承担。申请人某农贸市场向中级人民法院申请撤销仲裁裁决。中级人民法院认为，本案的争议焦点之一为：仲裁的程序是否违反法定程序，即本案仲裁适用简易程序是否合法。法院认为，根据某仲裁委员会《仲裁规则》第七十一条第一款规定，争议标的额30万元以下的案件适用简易程序，因本案仲裁的争议金额已超过30万元，且未经过双方当事人书面同意适用简易程序，故本案不应适用简易程序而应当适用普通程序仲裁。本案的仲裁因采用简易程序，导致仲裁程序违反法定程序，依法应予撤销。因此，法院裁定撤销了该仲裁裁决。

【评析】　该案显然是仲裁机构工作人员失误造成的对仲裁规则的违反，且此后的各种程序中均未加以补救，造成这样严重的后果。由此亦可见建立核阅程序的重要性，这样明显的错误完全可以在核阅程序发现并改正。

---

① 泸州市中级人民法院民事裁决书，(2016)川05民特76号。笔者认为：申请人在仲裁过程中并未就案件的程序提出书面异议。因此，申请人在知道或者理应知道仲裁规则未被遵守的情况下，仍继续参加后续的仲裁程序且未就前述情况提出书面异议的话，其即应被视为已放弃提出异议的权利。通常仲裁规则会对此作出规定。

二、表现在裁决书上的法律适用问题

表现在裁决书上的较多见的法律适用问题,一是对引用的法律规范之具体条文未能展示,相当多的裁决书只注明引用法律规范的名称和条款项目,而未引用条文内容,影响了说理性;二是对不同属性和不同位阶效力的法律规范之引用混乱,当引用而未引用,或不当引用而引用,不引用规则而引用原则等;三是存在较多的漏引、错引现象,甚至连引用的法律规范之名称都写错;四是对程序法和实体法法律规范的引用错乱,引用程序法规范解决实体问题或引用实体法规范解决程序问题。

《仲裁法》在制度设计上授权仲裁机构(及其仲裁庭)以相当大的自主权,如授权各仲裁机构制定暂行仲裁规则的权力。但目前国内的多数仲裁机构还是以人民法院民事案件一审程序为参考,对人民法院亦步亦趋,将本来应当是能够兼取成文法和不成文法二者之长的仲裁制度,不恰当地认为是"法律规定不足"。作为成文法国家的仲裁机构在仲裁理论不足时借鉴诉讼法学理论,本来是弥补自身不足之理性选择,况且还有法律的明确授权,但完全无视仲裁制度作为一种与诉讼并行之制度的特性,则难免进退失据。下面这个案例有助于我们理解仲裁制度与诉讼制度之间的差异和案件处理结果的不同。

案　例　驳回仲裁反请求还是驳回反请求申请①

1998年10月21日,乙公司作为乙方与甲房地产公司作为甲方签署《合作协议书》,主要约定:为加快旧城改造步伐,双方一致同意共同投资建设××市××区××庙危改小区。甲方主要负责前期工程、地上物拆迁、公共设施配套,乙方主要负责基础设施配套、建筑安装工程、市场经营销售。后经政府审批,该项目总投资全部由丙房地产公司筹措解决。2005年10月21日,丁公司、乙公

① 北京市第二中级人民法院民事裁定书,(2013)二中民特字第15714号。参见环中仲裁团队:《仲裁庭在裁决中认定对反请求无管辖权,应裁决"驳回反请求申请"还是直接"驳回反请求"?》,载微信公众号"环中商事仲裁"2016年10月21日,https://mp. weixin. qq. com。该案为涉外仲裁案件,但仅仅是适用法律不同,其余均与国内仲裁无异,本书因此根据需要进行了删减。

司、戊公司、王××(自然人)四方签订《丙房地产公司股权转让及增资扩股协议书》,主要目的为使丁公司持有丙公司50%的股份,乙公司持有48%的股份,戊公司持有2%的股份;同时约定丙公司开发的××庙项目的投资款与注册资本之间的差额部分由丁公司和乙公司负责以借款的形式各投入0.68亿元,剩余3.1亿元由丁公司以丙公司的名义融资等。2005年10月21日,丁公司、乙公司、戊公司签订《合资合同》,主要约定,丙公司的注册资本增至2.24亿元,各方对增加的注册资本的出资方式;丙公司开发××庙项目,投资款与注册资本之间的差额部分由丁公司和乙公司负责以借款的形式各投入0.68亿元,剩余3.1亿元由丁公司以丙公司的名义融资;公司董事会的构成、董事会的召开、经营管理机构、终止合营的情形等。该合同约定了仲裁条款:凡因执行本合同所发生的或与本合同有关的一切争议,提交中国国际经济贸易仲裁委员会仲裁。因丁公司未按照《丙公司股权转让及增资扩股协议书》的约定履行融资义务,丁公司、乙公司、丙公司签订《关于违约金及向丙公司提供融资的协议书》,丁公司同意向丙公司支付1亿元违约金,各自承担后续投资款一半的融资义务。2007年5月10日,因××庙项目投资额加大,需要提高注册资本及融资额,丁公司、乙公司、戊公司签订《合资合同修改协议》,对此作出安排。后乙公司、戊公司认为丁公司拒绝履行融资义务,导致××庙项目因资金匮乏始终停滞,丁公司已构成根本违约,合同目的无法实现,向仲裁委提出如下仲裁请求:(1)裁决终止《合资合同》及《合资合同修改协议》;(2)丁公司赔偿律师费120万元;(3)丁公司承担仲裁费。丁公司称乙公司未履行融资义务,拖延办理报批手续等,另因政策原因其未能提供融资款,并提出反请求如下:(1)裁决乙公司、戊公司阻碍丁公司参与经营权的行为违反约定;(2)裁决乙公司、戊公司履行合资合同告知丁公司及合资公司总经理合资公司公章、档案、文件的存放位置和保管状态,书面指示其委派的董事长、推荐的副总经理、财务总监配合总经理实质行使权利,并重新计算总经理的任期;(3)裁决乙公司、戊公司根据公司法的规定,提交合资公司公章使用情况、合同签订情况的书面文件及所有相关资料交给丁公司;(4)裁决乙公司、戊公司将两处房产出租情况及收益情况告知丁公司,并将相关租金2000万元返还合资公司;(5)裁决乙公司、戊公司赔偿丁公司在单方控制、操作合资公司期间给丁公司造成的损失;(6)裁决乙公司、戊公司承担丁公司支付的律师费160万元及其他合理之处,承担本案全部仲裁费用。

仲裁庭通过查明的事实及分析,认定乙公司的出资义务、融资义务已经完成,丁公司拒绝履行融资义务的不作为行为显然构成违约,导致董事会长期出现僵局,合营公司无法正常经营,依据合资合同的约定及合同法的规定,乙公司、戊公司有权终止《合资合同》及《合资合同修改协议》。关于丁公司的反请求,仲裁庭认为:(1)由仲裁庭确定违反董事会决议显然超出仲裁庭的依据范围。(2)第二项反请求要求实际履行合资合同,但仲裁庭已经决定终止合同,另该请求涉及合资公司及具体人员超出仲裁管辖范围。(3)第三项反请求明显涉及合营主体,超出仲裁庭管辖范围。(4)第四项请求与批复内容完全一致,超出仲裁管辖,不予支持。(5)丁公司没有提出任何具体数额,仲裁庭不予支持第五项请求。(6)丁公司的反请求没有得到支持,律师费由其自行承担。仲裁庭最终裁决:(1)终止《合资合同》及《合资合同修改协议》。(2)丁公司补偿乙公司、戊公司80万元律师费。(3)驳回丁公司全部仲裁反请求。(4)本诉仲裁费乙公司、戊公司承担20%,丁公司承担80%;反诉仲裁费全部由丁公司承担。

申请人丁公司向北京市第二中级人民法院申请撤销中国国际经济贸易仲裁委员会(以下简称中国贸仲)该案。申请人丁公司主要理由如下:(1)仲裁裁决实体驳回丁公司的全部仲裁反请求,属超裁行为,符合《民事诉讼法》规定的撤销情形。丁公司提出的仲裁反请求,如仲裁庭认为不属仲裁管辖,应当作出无管辖权决定,但仲裁庭在裁决中驳回丁公司反请求,违反《中国贸仲仲裁规则》第六条第七款的规定。丁公司认为其反请求属于仲裁管辖范围,仲裁庭也受理了,就应当实体处理。仲裁规则对此虽未明确规定,但属基本原则。根据《仲裁法》第十五条,仲裁裁决已经认定丁公司的反请求不属于仲裁管辖范围,超出仲裁庭的依据范围,丁公司可另寻途径维护权利,就应该依据最高人民法院《关于适用〈中华人民共和国民事诉讼法〉若干问题的意见》第一百三十九条规定,驳回丁公司的反请求申请,而不是驳回丁公司的全部仲裁反请求。仲裁一裁终局,实体驳回仲裁反请求,丙公司无法通过诉讼等法律途径救济权利,仲裁裁决明显属于超裁行为。(2)仲裁裁决否定(2005)民四他字第9号复函的效力,符合《民事诉讼法》第二百七十四条第一款第四项规定的撤销情形。仲裁裁决引用最高人民法院(2010)民四他字第21号复函否定丁公司引用的(2005)民四他字第9号复函。中国贸仲作为民间机构,无权认定哪个复函的效力优先。(2005)民四他字第9号复函与公司法冲突。仲裁庭对无权解释的事项进行了错误的认定，裁决不属于仲裁协议范围且仲裁机构无权仲裁的事项，仲裁裁决应予以撤销。(3)仲裁裁决损害了××庙项目大量待拆迁居民的利益，符合《民事诉讼法》规定的撤销情形。《合资合同》终止，合资公司将提前解散清算，拆迁陷入停滞，大量待拆迁居民生活无法改善，他们的亲属、朋友也将受到不同程度的影响，社会公共利益受损。(4)仲裁裁决适用法律错误，应予撤销。仲裁裁决依据《合资合同》的约定及合同法的规定裁决终止合同。合资公司并未出现《合资合同》约定的无法继续经营、终止、解除的情形，亦未出现合同法规定的解除合同情形。(5)《法律专家论证意见》认为仲裁裁决应予撤销。法律专家认为仲裁裁决从实体上驳回丁公司的反请求，剥夺了丁公司通过其他途径解决纠纷的权利，拒绝审计及调查的做法剥夺了丁公司陈述意见的权利。法律专家同时认为仲裁裁决关于无法正常经营的认定、××庙项目处于违法状态的认定、有关融资义务履行的认定缺少事实和法律依据。

北京市第二中级人民法院认为：(1)关于仲裁裁决对丁公司反请求的处理是否存在仲裁程序违反仲裁规则的问题，《中国贸仲仲裁规则》(2015版)第六条第三项规定：仲裁庭依据仲裁委员会的授权对管辖权作出决定时，可以在仲裁程序进行中单独作出，也可以在裁决书中一并作出。据此，仲裁庭对当事人的仲裁反请求认为没有管辖权的，可以在裁决书中一并作出无管辖权的决定。但此种决定是以驳回仲裁反请求还是驳回仲裁申请的方式作出，仲裁规则并无明确规定。涉案仲裁裁决在表明其对相关仲裁反请求无管辖权的基础上，驳回仲裁反请求，并不违反仲裁规则，丁公司的该项申请撤销仲裁裁决的理由不成立。(2)仲裁裁决否定(2005)民四他字第9号复函的效力，属于仲裁庭在案件中适用法律的问题。仲裁裁决适用法律是否妥当，不属于撤销仲裁裁决的法定事由。丁公司的该项申请撤销仲裁裁决的理由不成立。(3)关于仲裁裁决是否违背社会公共利益的问题，所谓社会公共利益，是指属于社会全体成员或大多数人的整体利益。本案中，丁公司与乙公司、戊公司在履行双方之间《合资合同》中产生的纠纷，属于平等主体之间普通的合同纠纷，涉案仲裁裁决不涉及公共利益。丁公司的该项申请撤销仲裁裁决的理由不成立。(4)关于丁公司主张仲裁裁决适用法律错误的问题，仲裁裁决适用法律错误不属于撤销仲裁裁决的法定事由，本院对丁公司的该项主张不予审查，丁公司以此为由主张撤销仲裁裁决，缺乏依据。(5)关于丁公司主张依据专家意见仲裁裁决应予撤销的问题，丁公司以有关专家认为涉案仲裁裁决应予撤销为由主张撤销仲裁裁决,但专家的意见并非法院审理撤销仲裁裁决的依据,故丁公司的此项主张缺乏依据。综上,丁公司申请撤销仲裁裁决的理由不能成立。遂依法裁定,驳回丁公司撤销该仲裁裁决的申请。

【评析】 这是一个非常有代表性的案例,充分显示出仲裁基础理论不足产生的混乱,同时又暴露出律师和法律专家们对仲裁制度的陌生。从仲裁案件和申请撤销仲裁裁决两案的情况看,首先,丁公司的律师代理人并不清楚仲裁制度的基本要求。从本案主张的律师费的数额可以大致推断出,丁公司应当是聘请了具有较高水平和较强的支持团队的律师。但丁公司的仲裁反请求均完全是按照民事诉讼的思路提出的,似乎没有考虑到仲裁是与诉讼是不同的制度——仲裁机构行使仲裁权需要受到法律规定的可仲裁性和仲裁协议约定的仲裁事项的约束,但可仲裁性和约定事项的问题明显是丁公司和其律师并不清楚的,所提出的第一项、第三项、第四项仲裁请求都因为超出仲裁协议约定的事项范围而不具有可仲裁性,第二项也有部分内容超出约定范围,都是关于公司法方面的权利的主张,而本案并非公司法方面纠纷的仲裁案,导致丁公司徒然花费不菲的代理费和仲裁费。其次,法律专家们对仲裁制度的了解并不到位。法律专家们认为"仲裁裁决从实体上驳回丁公司的反请求,剥夺了丁公司通过其他途径解决纠纷的权利",显然是将"驳回反请求"视为诉讼中的"驳回诉讼请求",理解为是实体处理的结果。但仲裁庭是否进行了实体处理已经在裁决理由中阐明,所以不可能剥夺丁公司通过诉讼途径解决纠纷的权利。在申请撤销仲裁裁决程序上,法律专家们提出"认定缺少事实和法律依据"的主张是对裁决实体内容的主张,不属于人民法院审查的范围,提出这样的意见显然不可能得到人民法院支持。最后,就本案而言,仲裁制度理论基础不足产生了三个方面的混乱:一是关于"驳回仲裁反请求"和"驳回仲裁反请求申请"的问题。由于《仲裁法》和各仲裁机构的仲裁规则对此均没有规定,所以不仅仅是案中的法律专家们想当然地将二者等同于诉讼中的"判决驳回诉讼请求"和"裁定驳回起诉",事实上大多数仲裁员和仲裁秘书对此也是这样认为的。如果仲裁规则中明确了仲裁机构在裁决结果中只能写明支持当事人的全部或部分主张和不支持当事人的主张,而不得使用"驳回"一词,显然就不会产生这样的混乱。仲裁机构居中仲裁案件需要当事人的授权,依法理似乎不应当对授权人使用"驳回"

这样的权力意味很重的用语。二是关于管辖。如本书前面反复提及的那样，管辖是诉讼专用语，其含有的管理统辖带有强烈的权力意味。案件是由人民法院审理抑或由仲裁机构仲裁属于归何者主管的问题，主管之下才有人民法院的管辖问题。仲裁机构只宜使用“有权仲裁”而不宜称“管辖”。但目前“管辖”一词在仲裁理论界和实务界都大行其道，显示出仲裁法学欠缺基础理论、不加区分地借用诉讼用语产生的混乱。三是仲裁裁决将仲裁费称为“本诉仲裁费”和“反诉仲裁费”，这是完全借鉴诉讼用语的结果。仲裁并非诉讼，何来的本诉与反诉？但目前仲裁界尚没有达成共识以建立起与“诉与诉权”相对应的仲裁自身的制度，因此常常出现这种不当表述。希望笔者提出的“请与请权”理论能够弥补这类缺憾。

第四节　法律适用统一问题

除了能够从裁决书察觉到的上述问题外，法律适用方面的最严重问题其实是法律适用的统一问题，即对于法律事实基本相同之同一类型案件适用同一法律规则，得出基本相同之结果。法律适用的统一是法治社会的一项基本要求，是公正的重要内容，因而也成为法律适用的基本要求和目标。而仲裁实务中，事实上存在严重的法律适用不统一，即同样案件由于法律适用的不同而造成结果不同甚至结果完全相反。

一、法律适用不统一之危害①

法律适用不统一的危害，归纳起来主要有以下几点：

1. 与法治原则（尤其是成文法环境下）的本质属性相左。法治的基本特征之一就是法律的一致性和可预测性。法律不仅要求前后的一致，同时也要求左右的一致；不仅要求静态规范层次上的一致，而且要求动态适用层次上的一致。任何环节上出现问题都将破坏这一属性的实现。就可预测性而言，对于仲裁这样一项需要当事人书面表达选择意向的事业，如果在可预测性上不能令人信

---

① 参见蒋惠岭：《法律统一适用机制再认识》，载《法律适用》2007 年第 3 期。

服,经济人的理性会提醒市场主体远离仲裁而不是选择仲裁。

2. 与宪法规定的平等权利相悖。对于同一法律制度之下的不同主体出现了法律适用的结果不一致,这容易被认为是对平等权的侵犯。根据宪法精神,平等指所有主体在相同情形下享受同质的权利;而法律适用不一致,特别是对于同等情形适用相同法律却产生不同结果的情形,是对平等权利的损害。仲裁制度之一裁终局的双面性(优势和劣势同样突出)在此表现得尤为突出:在制度设计上对实体法律适用错误没有救济途径的前提下,自认为权利受到了损害之当事人如何接受裁决结果?

3. 违反裁决公正,破坏公信力。同种情形未得到相同的处理,无论如何辩解,都难逃不公之恶名。所以,法律适用不统一是“硬伤”,严重地影响着仲裁权威,对仲裁公信力损害极大。虽然仲裁制度的保密性可能减少了负面的影响,但在互联网时代,一份因法律适用不统一而受到质疑的裁决书,其可接受性是较差的,因此而造成仲裁机构的负面影响也难以避免。在网络时代和信息社会条件下,裁决行为面临着革命性的变化,这个变化就是裁决结果的公众认同变得越来越重要。在网络上,人们超越时空、自主互动,人人可以享用裁决结果信息并可自由表达意见,这会极大地消解权威和去中心化,使得权威弱化趋势加剧。一些涉及裁决问题的个案所形成的网络事件,虽然性质不同,情况各异,却都引人深思。公众认可不认可成为裁决必须考虑之重要因素,这也就是通常所说的裁决之社会效果如何的问题。

二、法律适用不统一之原因

理想的法律适用,应当是任何纠纷都有相应的法律规范可资援引,法律适用就是一个简单套用的过程,这也是成文法制度追求的目标。但事实上能够对号入座的只是一些简单案件,多数案件的法律适用是一个难度较大、分歧很多的问题。无论是诉讼还是仲裁,法律适用的不统一,即案件事实、法律关系基本相同的类案裁判结果出现明显差异,都是国内长期以来极为突出的问题。

造成法律适用不统一之原因是多样的,较为重要的原因至少有以下三个:

第一,法律适用者或说裁判者个体之间认识不一致导致法律适用不统一。现有的理论与经验表明,在立法上制定一个包罗万象、逻辑统一、内容完备的法典是不现实的。法律的确定性只是相对的，法律规范存在冲突、模糊、不周延、滞后甚至漏洞已是不争的事实[①]。因此法律适用过程必然涉及法律解释和法律推理问题，而法律解释和法律推理都有专门的理论体系，存在各种不同的观点和方法。因此，这种认识不一致尽管要受法律适用规则、先例、职业纪律等多方面的限制，但这类限制往往只能要求裁判者遵守程序规则、加强裁判文书说理，甚至是以“错案追究”的形式加以保障和实现，并不能保证实现裁判者的主观认识的大致一致性。

第二，法律规则不明晰导致法律适用不统一。明确的法律规则、清晰的裁判标准是法律适用统一的前提。我国的社会主义法律体系虽已形成，但面对纷繁复杂的社会生活，以及各类新型法律关系新颖性、多样性的特点，现有法律渊源不能完全与之对应，是导致法律适用不统一问题的重要因素之一。以仲裁机构依法收取仲裁费为例，如对于继续履行合同类纠纷，由于法律和法律解释对仲裁费的收取未作明确规定，各仲裁机构的仲裁规则同样没有明确的规定，甚至各仲裁机构自己制定的收费办法中也没有细致到对某一类案件按照何种标准收取，属于典型的规则不明晰。实践中有的仲裁机构按照合同标的额收，有的按合同未履行部分的金额收，还有的按照非财产性案件的标准收取，导致同样案件仲裁费的收取差异较大。

第三，自由裁量权行使不规范导致法律适用不统一。在法律的实施中，自由裁量权是一把“双刃剑”：它既是法律适用中最具智慧、最富魅力的关键环节，是使“凝固”的法条得以“活化”的重要因素；也是较易失控、较难规范的薄弱环节。行使得当，有助于裁判者在立法确定性和现实复杂性之间寻求出路，实现个案公正和类案公正相统一；行使不当，又可能成为导致法律适用不统一的重要原因。以人民法院为例，曾经有这样的情况：在逾期付款违约金调整中，不同案件中确定的违约金标准从同期银行存款利率到同类贷款利率 4 倍不等，引起当事人的质疑，相当一部分是法官自由裁量权行使不当造成的[②]。而这一问题在仲裁机构更为严重。如当事人在合同中约定的违约金过高而需要调整时，不

---

① 江苏高院研究室课题组：《形成法官职业共同体：法律适用统一的一种路径选择》，载《法律适用》2007 年第 3 期。

② 应勇：《推进法律适用统一　促进法律有效实施》，载《法律适用》2012 年第 3 期。

同仲裁机构的调整力度差异极大,既有参考最高人民法院相关审判解释的规定调整的,也有不予调整的,还有一律调整到同期银行贷款利率的。

其他导致法律适用不统一的原因还有:个案之间的事实差异(没有完全相同的两个案件)为法律适用不统一提供了借口;当事人行为能力(如证据收集和保存的能力)的差异为事实认定增加了变数,从而造成了同类案件的结果出现较大差异,等等。

三、实现法律适用统一的建议性路径

由于《仲裁法》规定仲裁协议须选定明确的仲裁机构,因此仲裁机构是法律适用统一的责任承担者和后果承受者。仲裁机构应当建立健全各种机制,以尽量保障法律适用的统一。当前,仲裁机构至少应当建立健全以下三种机制①:

(一)程序类机制

保障法律适用统一,程序类机制是主要手段,主要包括三类:

1. 完善仲裁规则。国内多数仲裁机构的仲裁规则基本上是参照国务院办公厅 1995 年 7 月 28 日颁布的《仲裁委员会仲裁暂行规则示范文本》来制定的②。随着市场经济体制的建立和完善,以及近年来仲裁事业的发展,作为仲裁制度重要组成部分的仲裁规则必须能够适应形势发展和仲裁业务开展的需要,因此需要进一步完善。完善的标准应当是:适应成文法的惯例,对仲裁案件办理中遇到的大量问题制定规范,以避免"法律规定不足";仲裁员据此基本可以仲裁案件;当事人据此可以判断仲裁庭是否公正公平合法地履行了职责;人民法院据此对申请撤销仲裁裁决和申请不予执行仲裁裁决的审查可以较为容易地进行。同时,为了进一步突出专业化,可以为个别案件较多的专业制定专门的仲裁规则,如金融案件仲裁规则。

2. 建立和完善核阅制度。一些国内外知名的仲裁机构都建立了裁决书核

---

① 参见蒋惠岭:《法律统一适用机制再认识》,载《法律适用》2007 年第 3 期。

② 国务院法制办公室、广州仲裁委员会编:《中国仲裁大事记》,广东人民出版社 2010 年版,第 842 ~ 847 页。当时的国务院法制局根据重新组建仲裁机构试点城市的要求,会同有关单位拟订了《仲裁委员会章程示范文本》《仲裁委员会仲裁暂行规则示范文本》,供依法组建的仲裁委员会研究采用。

阅制度,在其仲裁规则中规定:裁决书应当经过仲裁机构的核阅才能由仲裁员签署;仲裁机构可以对裁决书的形式进行修改,并在不影响仲裁庭自主决定权的前提下提醒仲裁庭注意实体问题。这是保证仲裁机构法律适用统一的必要机制。中共中央办公厅、国务院办公厅于 2018 年 12 月 31 日印发的《关于完善仲裁制度提高仲裁公信力的若干意见》明确提出“建立仲裁委员会对仲裁裁决的核阅制度”,为各仲裁机构建立和完善这一制度提供了法律依据。

3. 建立和完善其他相关程序制度,如案件受理工作制度、组庭工作制度、委托鉴定制度、专家委员会工作制度等。

(二)组织类机制

保障法律适用统一,组织类机制是基础,主要包括三类:

1. 建设专业仲裁员队伍。《仲裁法》第十三条要求按照不同专业设仲裁员名册,这对于案件处理和法律适用十分有益,也有利于保障同类案件法律适用标准的统一。但据观察,大多数仲裁机构事实上还做不到这一点。不仅仅中西部的仲裁机构囿于所在城市人才的匮乏而难以有所作为,东部地区的大多数城市也同样难以落实。但仲裁机构应当有信心,绝大多数纠纷都是地域性的,既然当地的法官可以审理所有类型的案件,仲裁机构也应当可以从符合《仲裁法》规定条件的人士中挑选出合适的仲裁员,并按照不同专业培养使用。

2. 设立专门仲裁院。有条件的仲裁机构应当根据实际需要设立专门仲裁院,如建设工程仲裁院、知识产权仲裁院、金融仲裁院、海事海商仲裁院等,既利于发挥专业化长处,也利于实现法律适用的统一。

3. 建立和用好专家委员会制度。对于仲裁庭的较为有效之程序监督方式,就是启动专家委员会程序。部分较有作为的仲裁机构建立了独立的专家委员会,除了提供咨询意见和展开学术交流,参与重大疑难案件的法律论证是一个重要目的。在具体化的提醒仲裁庭注意的事项中,法律适用不统一应当无可置疑地成为一个对仲裁庭具有说服力和可接受性的事由。

(三)工具类机制

保障法律适用统一,工具类机制是保障,主要包括五类:

1. 指导性案例制度。许多仲裁机构都有自己的案例指导制度。这一制度对于仲裁员培训明显不足的国内仲裁机构而言具有特殊重要意义。指导性案例在法律统一适用方面所发挥的作用是极为重要的。但仲裁机构对于案例的选择必须下大功夫,以保证质量和水平。

2. 司法监督案件分析研究制度和案件质量评查制度。作为仲裁管理的重要手段,许多仲裁机构都建立了对具体案件特别是那些司法监督案件、当事人申诉的案件、群众反映较大的案件的评查制度。虽然这种制度主要用于事后评估,但它也有维护法律统一适用标准的客观效果。通过案件质量评查,借助司法监督的外力,可以使仲裁员(还应当包括仲裁秘书)统一对某一特定法律问题的认识。

3. 法律适用方面的研讨会及会议纪要。许多仲裁机构常常召开许多"专业会议"(也有涉及专业问题的一般会议、研讨会),研讨该法律领域中共同关注的疑难问题,统一法律见解,相互经验交流。有些会议会形成一些文件如会议纪要、经验材料等,就成为统一法律见解、促进法律适用统一的重要工具。

4. 业务培训制度。仲裁业务培训是一种重要的统一法律适用标准的方式,因为通过培训可以使仲裁员形成对某些法律问题的共识,提高仲裁员的业务能力。当然,培训的教材、方式方法等对培训的作用发挥有着直接的影响。

5. 非官方的法律适用标准指南。无论在国内还是在国外,一些学者、研究机构、出版商经常编著一些帮助理解法律、为仲裁员统一适用法律提供借鉴和参考的法律适用指南。虽然这些指南的效力完全是参考性的,但随着编著水平的提高,其作用也越来越受到各方面的重视。

对仲裁员而言,在相似案件仲裁中统一法律适用的主动意识和责任意识尤其重要。一方面,要借助现代媒体和信息沟通技术,通过专业会议和仲裁员培训,统一思想认识,交流仲裁信息,研究裁判尺度,提高仲裁业务水平;另一方面,仲裁员在仲裁某类型案件时,必须参考同类、相似、典型案例,借鉴受聘的仲裁机构其他仲裁员的经验(包括办案秘书的经验),在不辜负当事人信任的同时,避免人为增加仲裁机构在法律适用上的分歧。

第五节　实体法律适用的具体方法

理想的实体法律适用方法,能够帮助人们获得可以预见的结果;在特别的情形下,至少是可以理解的结果。以成文法国家的代表德国为例,德国法律职业者(法官、检察官、律师与政府中的高级法律行政人员等)在大学系统学习并掌握的一种方法就是归入法,国内学者亦称为“请求权基础分析法”①。

笔者认为,归入法是非常值得国内仲裁借鉴的一种方法。归入法具有一定的规范性,它运用统一的方法处理不同案例,避免在分析案例时每个人都依据自己的思维方式分析问题而难以达成法律适用的统一。

事实上,解决法律问题的方法取决于裁判者所处的法律体系,要看是在判例法国家还是在成文法国家法律体系下运作。在判例法国家里,裁判者必须找出可借鉴的案例并参考其提出解决方案,成文法只起辅助作用。而在成文法体系里,法律根据即法律规范是法律问题解决方法的核心,是完整的行为模式和法律后果的结合。在具体案件中,当事人提起的每一项主张都要依据法条或合同条款,裁判者则必须把当事人的主张归入法律规范。“归入”的含义就是国家法律已经为法律关系的各方设定了抽象的规则,归入的过程就是把当事人的主张所依据的法律条款与具体案件事实相比较的过程。归入是一项技术性很强的工作,因为作为请求权基础的法律规范条文并不总是很容易被找到,需要了解法律规范的体系和构成,并运用各种方法认定事实和进行法律解释,才能把当事人的主张恰当地归入成文法条文②。我国现行法律体系具有典型的大陆法系特色与传统,仲裁引入归入法适合我国以成文法为基础的现状,同时归入法又是其他法律适用方法的基础。

---

① 关于归入法的相关内容,参见李纬华、孙红霞:《法律确定性指引下的法律适用方法——德国归入法简介》,载《法律适用》2007 年第 10 期;杨立新:《民事裁判方法》,法律出版社 2008 年版,第 18 ~ 21 页;刘亚娜、高尚:《德国请求权基础分析法论析——兼论对我国法学教育及司法考试改革的启示》,载《法律方法》2012 年第 1 期。

② 参见杨克彬:《法官按何种顺序寻找和审查请求权基础》,载《人民司法》2004 年第 1 期。

所谓请求权,通常是指请求他人为一定行为或不为一定行为的权利[1]。请求权基础则是确定该请求权的构成要件及法律效果的规则,即请求权的法律依据,也就是指具体适用的法律规范,这里的法律规范通常规定了前提条件、行为模式和法律后果。请求权以其基础权利之不同,分为债权请求权、物权请求权、准物权请求权、知识产权请求权、人格权请求权和身份权请求权[2]。

一、归入法内容

归入法建立的逻辑学基础是演绎推理的三段论。演绎推理属于形式逻辑,而法律适用需要遵循形式逻辑,这一点被学者称为"学术界没有任何异议"[3]。

归入法的步骤如下:沿着"假设—法律解释—推理—结论"而展开,可归结为一个简单的操作过程:

(1)列出请求权主体、请求权相对人、请求权目的和请求权基础;这是根据申请人之主张开列的。如是反请求,则应当依照反请求申请人之主张列出上述内容。

(2)做出假设:要使请求权成立,必须满足的条件:法律规范和合同约定,实际履行情况。

(3)推理:是否满足各种条件,能否满足请求权成立的条件。检索是否存在抗辩权而导致请求权不能成立。

(4)结论:以上所考察的请求权是否成立。

以具体案例为例:买受人甲从出卖人乙那里买了一辆轿车。他在购买的当天支付了一半的价款,并且约定在下个月支付余下的货款。两周之后甲发现轿车漏油,于是他找到乙,让乙修理轿车。乙不想这么做,而且他还要求甲支付余下的货款。双方协商不成,甲依据合同中的仲裁条款向约定的仲裁委员会申请仲裁,要求乙修理汽车;乙提起仲裁反请求,要求甲支付剩余价款。

在阅读案件事实之后,首先是寻找恰当的法律规范。先看"谁以什么为法

---

① 参见梁慧星:《民法总论》,法律出版社 2001 年版,第 79 页;《德国民法典》第一百九十四条第一款。

② 梁慧星:《民法总论》,法律出版社 2001 年版,第 80 页。

③ 郝铁川:《论逻辑思维与法律思维》,载《现代法学》1997 年第 3 期。

律基础向谁请求了什么？对方是如何抗辩的?”。这里的“法律基础”就是所谓的请求权基础。本案中,甲以《民法典》第六百一十七条(出卖人交付的标的物不符合质量要求的,买受人可以依照本法第五百八十二条至第五百八十四条的规定请求承担违约责任)和第五百八十二条(履行不符合约定的,受损害方可以合理选择请求对方承担修理等违约责任)为法律基础向乙请求修理轿车;乙以《民法典》第六百二十六条(买受人应当按照约定的数额支付价款)为法律基础向甲请求支付货款。

首先,分析甲的请求能否成立。在找到法律基础以后,接下来分析作为法律基础的《民法典》第六百一十七条的前提要件,即有效的买卖合同与质量不符合约定。随后再审查案件事实是否与法律基础的要件相符合:存在有效的买卖合同,汽车漏油属于不符合质量约定。最后得出结论:甲可以请求乙修理轿车。此时还需要考虑甲的履行情况,以避免因为抗辩权的存在而影响其权利的成立。对于甲的请求,乙未能提出有效的抗辩。

其次,分析乙的请求能否成立。在找到法律基础以后,接下来分析作为法律基础的《民法典》第六百二十六条的前提要件,即有效的买卖合同与约定了价款。随后再审查案件事实是否与法律基础的要件相符合:存在有效的买卖合同,双方也约定了价款。乙也履行了交付义务。最后得出结论:乙可以请求甲支付货款。此时还需要考虑乙的履行情况,以防止存在抗辩权而影响乙的权利。本案中,甲对乙的反请求依据《民法典》第五百二十五条(一方在对方履行债务不符合约定时,有权拒绝其相应的履行要求)提出抗辩,此抗辩成立,在乙修好车之前,甲可以不支付约定的价款。

可见,归入法之“归入”的含义就是基于法律规范已经为法律关系的各方设定了抽象的规则,将案件事实与相关法律规范相比较,仲裁庭就可以判断能否得出法律规范的法律后果。归入的过程就是把仲裁请求所依据的法律条款与具体案件事实相比较的过程。

二、归入法的要点

运用归入法的过程中存在五个要点,其中前四个与归入法的四个步骤相对应。

第一,要以当事人的请求为出发点,结合案件事实寻找准确的法律规范(请求权的法律基础)。这里又可细分为三个方面:(1)需要注意前述法律适用的三大规则,即“新法优于旧法”“特别法优于一般法”“上位法优于下位法”。例如,在前边所举的买卖车辆案例中,就用到了“特别法优于一般法”规则。《民法典》第三编关于合同的规定相对于《民法典》第一编总则而言是特别法;《民法典》第三编中的第六百一十七条(属于第九章买卖合同特别约定的违约责任)相对于第五百八十二条(属于第八章违约责任的一般性概括)是特别法;第六百二十六条(属于第九章买卖合同的价款支付)相对于第五百七十九条(属于第八章违约责任的一般情况下的价款支付)也是特别法。(2)务必穷尽相关的法律规范。如股权让与担保合同纠纷,但《民法典》上无此类合同的规定,似乎找不到适用本案的法律规范。在这种情况下,就应适用“合同”“股权转让”与“担保”的共同上位规范,即《民法典》第一百四十三条规定的民事法律行为,判断其行为之效力和法律后果,而不可径直按照公平和诚信原则处理。(3)法律漏洞之弥补。法律漏洞的出现,根源于人的认识能力的局限性。法律漏洞的成立一般需要三个条件:必须证明法律中确实存在漏洞:这一漏洞并非立法者故意留下的,即非“法律上故意之沉默”;案件的利益和事实情形具有类似性。填补法律漏洞的一个方法就是类推。例如,最高人民法院《关于审理商品房买卖合同纠纷案件适用法律若干问题的解释》(2020 修正)第四条规定:“出卖人通过认购、订购、预订等方式向买受人收受定金作为订立商品房买卖合同担保的,如果因当事人一方原因未能订立商品房买卖合同,应当按照法律关于定金的规定处理;因不可归责于当事人双方的事由,导致商品房买卖合同未能订立的,出卖人应当将定金返还买受人。”这一条确立的规则是:开发商通过认购、订购、预订等方式向买受人收受定金作为订立商品房买卖合同担保的,如果没有签订正式的商品房买卖合同,因开发商原因则开发商应当双倍退还定金,因买受人原因则开发商不退还定金,因不可归责于当事人双方的事由则返还定金。可以归责于某方当事人导致未能签订合同时,前述规则是“定金罚则”的适用;但对于不可归责于双方当事人的情形,法律没有规定,出现了“法律漏洞”。该处的“返还定金”就是对“法律关于定金的规定”的一个漏洞补充,于“不返还或双倍返还”之外,按照公平原则类推确立了“原额返还”规则。再如,《保险法》未规定保险合同的撤销,亦并未规定保险人一律不得撤销保险合同。但如果投保人或被保险人未履行如实告知义务构成欺诈,例如,投保人恶意欺诈但又不构成保险诈骗罪的情形，比如已经查出患有恶性肿瘤就马上投保寿险的情形，保险人是否依照《民法典》第一百四十八条的规定，享有合同撤销权，就是一个法律漏洞[①]。笔者赞同应当依据《民法典》第一百四十八条推定保险人享有撤销权的观点。

第二，确定法律规范的所有前提要件。一般而言，法律规范由法律条文构成。但在很多情形中，往往需要结合多个相关条文才能组成一个完整的法律规范。也就是说，法律规范中的一些前提要件可能没有在相关法条中写明。例如，《民法典》第六百二十八条关于买受人应当支付价款的规定，就没有写明“有效的买卖合同”这个前提要件。但仲裁员在适用法律规范时，必须首先明确所有的前提要件，否则就无法正确进入下一步。

第三，确定法律规范中前提要件的解释。运用归入法是为了裁判者更好地适用法律，但是立法者制定出的法律并非总是清晰明了，在实际案件的处理过程中，法律规范前提要件之含义、内容和范围总是需要解释。但是，仲裁员对法律规范前提要件的解释需要一定的指导准则，而不能放任个人的主观认识。一般而言，仲裁员寻找解释需要遵循的次序如下：首先是法律本身，其次是全国人民代表大会常务委员会的立法解释，再次是国务院或其授权的部门的行政解释，复次是最高人民法院的司法解释，最后是通常所说的四个解释方法即文义解释、体系解释、目的解释与社会学解释。若前一次序找不到合适的解释，则依次尝试从下一次序中寻找。

第四，比较与归入。这是问题的多发点，因为这里将涉及案件事实的类型化与法律规范的具体化问题。法律规范作为规范行为的普遍规则，从立法技术上讲，其构成要件天然要求类型化，即产生各种法律术语（概念）。例如，“买卖”，包括不动产（房屋和土地使用权等）、特殊动产（汽车、大型机械设备、火车、轮船、飞机等）、动产（衣服、食品、书籍等）等各种标的物的买卖。比较与归入实际上就是“分析构成要件，使它面向系争事实而具体化；同时评价系争事实，使它面向构成要件而类型化”[②]。

---

① 任以顺：《论投保欺诈背景下的保险人合同撤销权——以一起投保欺诈案件的两级法院判决为线索》，载任以顺主编：《保险法理论与实务》，山东人民出版社 2015 年版，第 107～117 页。

② 张俊浩主编：《民法学原理》，中国政法大学出版社 1997 年版，第 48 页。

更为复杂的是法律规范本身包含不确定法律概念时如何比较与归入的问题。其原因是,“公共利益”“合理”“必要”“鼓励交易”等不确定法律概念在与案件的特殊情形相比较时,往往会涉及道德、政策、利益衡量等并非纯粹法律技术的问题。立场不同,价值取向不同,常常会形成几种意见不相上下的局面。

第五,审查所有的相关例外规定。当对法律基础做了归入分析并且得出所有的前提要件都已经得到了满足的结论时,通常就可以期待相应法律效果的实现。但是,还应通盘考虑其他法律规范规定的例外情形。例如,法律规范规定了出卖人可以请求买受人支付价款,但是,如果出卖人在标的物完成交付后5年才提出付款要求而约定的是交付时付清价款,那么,当买受人援引仲裁时效抗辩时,出卖人的请求将因超过仲裁时效而无法得到仲裁机构的支持。

三、运用归入法的优点

仲裁庭适用归入法,是国内仲裁实体法法律适用的捷径,可以产生良好的效果:

第一,归入法能够保证法律运行之确定性,这也是运用归入法的首要目标。第二,运用归入法并遵守完整的分析框架,对于经验有所欠缺的仲裁员而言,这种方法类似于一种“路线图”,指导他们正确处理案件;对于经验丰富的仲裁员而言,这种方法类似一种“流水生产线”,帮助他们快速有效地处理案件。第三,这种方法类似一种固定的模式,如果所有的仲裁员都运用这种模式,那么不仅有利于仲裁员自己检查裁决结果的合逻辑性,而且方便仲裁机构对裁决书的核阅。第四,从上文分析可知,基于三段论演绎方法之归入法具有逻辑上的必然性,在法律适用领域贯彻这种方法,就是贯彻平等原则,防止个人恣意;同时,如果在法律适用领域确立这种方法,更有助于提高仲裁员的独立性,将案外因素的影响降到最低,提升仲裁公信力。第五,依照归入法按步骤地分析解决案件,可以使得裁决的说理变得更清晰,从而在相当大的程度上有助于提高案件当事人、社会公众对裁决的接受程度。

四、归入法基础上的五步裁判法

杨立新教授把我国传统的民事裁判方法即民事法律关系方法(民事法律关

系方法是民法的基本方法①)与请求权法律基础方法结合起来,用民事法律关系的定性方法给归入法作补充,用归入法作为民事裁判方法的完整思路,把民事法律关系定性方法作为其核心规则,在其《民事裁判方法》一书中提出了“五步裁判法”。该方法对于仲裁也很有价值,因为作者特别声明该书是写给民事法官、民事检察官、律师和仲裁员看的。从仲裁的角度对“五步裁判法”进行解读,其基本内容是:

第一步:发现请求权。

在申请人提起的仲裁请求中,需要发现其是否享有能够申请仲裁的请求权,即除了必须具备之仲裁协议之外,还要看其约定事项是否具有原权请求权(民商事权利本身固有之保护请求权)或者侵权请求权(基于权利被侵害而依照侵权行为法之规定产生的权利保护请求权);如果是本权请求权(民商事权利本身的请求权,即权利本身就是请求权,如债权),须转变为原权请求权后才能受理。原权请求权与本权请求权之区别在于:原权请求权的性质并非实现该权利的必要内容,而是向仲裁机构申请保护该权利的请求权。

第二步:请求权定性。

仲裁庭需要确定,申请人提出的请求权所依据之法律关系究竟是何种性质,是物权法律关系、债权法律关系还是股东权法律关系。通过法律关系的逐级类型化,最终达到法律关系具体化,进而确定请求权法律关系的性质,对请求权定性。如债权法律关系是合同之债还是侵权之债,合同之债是有名合同还是无名合同,有名合同是哪一类合同,等等。这是五步裁判法中很关键的一步。

第三步:寻找请求权法律基础。

根据已经确定的请求权之性质,从民商法规则体系中逐级寻找到所依据的法律规则,将请求权法律关系性质直接指向的最具体的法律规则进行确认,从而使得具体的纠纷与具体的法律规则连接起来。这里需要注意的是,民商法规则体系中既有基本原则(如诚实信用原则),也有一般原则(如物权法定原则和意思自治原则),还有具体规则(如违约责任规则),具体规则还有不同方面的具体规定(如可得利益损失确认规则)。这里要寻找的法律基础是根据请求权法律关系性质指向的最具体的法律规则。

---

①　杨立新:《民事裁判方法》,法律出版社 2008 年版,第 9 ~ 16 页。

第四步:确定请求权。

在对案件的实体处理中,根据请求权法律基础之法律规范的要求,确定申请人请求权是否具备请求权的行使条件或构成要件。为此需要同时审查被申请人的抗辩权,确认当事人资格,通过举证、质证认定案件事实。对原权请求权(如债权)要确定其是否具备行使要件,对于次生请求权(如违约损害赔偿请求权)要确定其是否具备构成要件。这是五步裁判法中最重要、最关键的一步。

第五步:适用法律裁判。

仲裁庭需要对寻找到的法律规范进行分析,确定是强制性法律规范还是任意性法律规范,对强制性法律规范中的冲突部分确定适用何者,对任意性法律规范和当事人约定适用的法律规范进行解释,对欠缺明确法律规范的则参照交易习惯和商业惯例。在此基础上确认当事人之间的权利义务关系,整理归纳争议要点,提出裁决理由,形成裁决书草案。

《民事裁判方法》作为国内第一部真正从实务角度研究裁判方法的专著,对深化成文法体系的裁判者加强对裁判方法的研究具有十分重大的意义,特别是针对学习培训明显不足的仲裁员而言。由于结合了法律关系方法和归入法,这种五步法的优势是明显的。美中不足的是,由于作者是从权利出发展开思路的,其前四步都是围绕着请求权的"发现""定性""寻找基础""确定"进行,而且为了更好地说明问题,还提出了"原权""本权"等一系列新概念,这些对于缺乏深厚法学基础的仲裁员而言并不那么容易区分清楚。更重要的是作者对适用法律非常重要的认定事实仅仅在适用法律裁判一步中加以说明,没有突出至关重要的通过开庭认定事实的过程,因此尚需结合仲裁实践加以补充。

五、归入法基础上的要件审判九步法

"要件审判九步法"是已故的原上海市高级人民法院副院长邹碧华博士提出的提供给法官的一种民事案件裁判方法。所谓"要件审判九步法",就是以权利请求为出发点,以实体法律规范构成要件分析为手段的审判方法①。该方法结合基层法院一线法官的办案实践,将民事审判过程划分为逻辑严密、环环相扣的九个步骤,分别是:(1)固定权利请求;(2)确定权利请求基础规范;(3)确

---

① 邹碧华:《要件审判九步法》,法律出版社 2010 年版,第 26 页。

定抗辩权基础规范;(4)基础规范构成要件分析;(5)诉讼主张的检索;(6)争点整理;(7)要件事实[①]证明;(8)事实认定;(9)要件归入并作出裁判。

就仲裁而言,这一方法完全也可以借鉴来用。同时借鉴吴永科教授的研究成果[②],对上述方法应当做如下解读:(1)确定并固定当事人的仲裁请求。仲裁请求是指申请人向仲裁机构提出,要求仲裁机构支持其对被申请人提出的实体权利请求。固定了仲裁请求就等于固定了请求的性质和内容,也固定了系争法律关系的性质和权利性质。(2)仲裁主张的检索。依据申请书、答辩书、反请求申请书、反请求答辩书等检索仲裁主张是什么。(3)争点整理。通过庭前证据交换和请求理由与答辩事实理由的陈述,提炼出当事人之间的争点是什么。(4)要件事实的证明。争点整理结束后,仲裁庭即应以案件的事实争点为核心,组织各方当事人进行举证、质证,运用证据规则,对要件事实展开有效的证明活动。最后通过开庭过程中当事人的举证、质证,使当事人系争纠纷的要件法律事实得以证明。(5)要件事实的认定。当事人举证、质证完成后,仲裁庭即应根据仲裁证据制度的有关规定,审查认定各方当事人所提供证据的证明力,并据此认定相关案件事实。(6)识别权利请求基础。指支持一方当事人向另一方当事人主张权利请求的实体法律规范;对仲裁庭而言,则是指据以支持仲裁请求之法律规范。仲裁庭通过当庭听取双方当事人及代理人对案件的性质及法律适用的论辩,对当事人权利请求之法律基础和基础规范构成要件进行识别与分析,确定法律基础是什么。(7)识别抗辩权基础。在识别出申请人的权利请求基础后,仲裁庭应当对被申请人的答辩进行相应的审查,查明被申请人是否行使了抗辩权。如果被申请人提出了抗辩,则应当找到抗辩权所依据的基础规范,确定法律基础是什么。(8)基础规范构成要件分析。仲裁庭对当事人权利请求和抗辩权的法律基础和基础规范构成要件进行识别与分析,确定法律基础是什么。(9)要件归入并作出裁判。将案件的法律事实要件归入识别后的法律基础之中并依法裁判。归入指把案件事实与分析出来的法律规范构成要件进行对应。

上述的九步法对"要件审判九步法"进行了顺序调整,以符合仲裁实践常见

---

① 此处的要件事实是指与法律规范构成要件相对应的能够引发法律效果的主要事实。

② 吴永科:《"要件审判九步法"的证成与完善》,载《法律方法》2015 年第 2 期。

的案件流程,也体现法律思维过程;且对申请人仲裁请求法律依据与仲裁庭最终裁决的法律依据不一致的情形进行了预防。将查明事实置于识别权利基础之前,是因为事实未查明就直接审查其权利的法律规范基础及构成要件会造成无效劳动甚至偏离方向。

六、仲裁员应当掌握的"五定法"

吴永科教授在前述五步法和九步法基础上提出了民商事案件裁判方法"五定法",即通过"定求""定事""定性""定法""定判"五个步骤完成民商事案件审理和裁判的方法[①]。笔者对此"五定法"进行了深入探讨分析并进行了适当改进,又在仲裁实践中进行了尝试,得出的结论是:"五定法"完全应当借鉴到仲裁案件中,作为一种基本的法律适用方法。"五定法"的具体内容是:

(一)"定求"——固定仲裁请求

定求指仲裁员通过对当事人请求权与抗辩权的检索,以确定当事人的请求权到底是什么,为进一步处理案件、查明事实和适用法律提供明确的范围和依据。定求最重要的意义在于,由于仲裁权必须受制于法律规定的可仲裁性和仲裁协议约定的仲裁事项,因此必须确定当事人的仲裁请求是否具有可仲裁性,以及哪些仲裁请求属于约定的仲裁事项范围,哪些不属于约定的仲裁事项范围。如果这一步未能确定,既可能违反了法律规定,对没有可仲裁性的问题进行了处理(甚至作出了裁决,如直接裁决当事人迁走户口),也极易出现超裁问题。这是仲裁制度所特有的问题,是不同于诉讼的一个重要区别。

固定仲裁请求的目的还在于防止当事人随意变更仲裁请求,提高办案效率。但这个阶段有时也会存在释明权行使的问题。但仲裁庭如何行使释明权是一个复杂的问题,在司法监督程序会产生争议。下面的两个案例可以借鉴:一是前述的(2016)青01民特9号案,中级人民法院认为:仲裁庭认定甲投资公司的主张构成重复起诉,并裁决驳回其全部仲裁请求,但仲裁时未向当事人释明待清算后,可就本案主张另行起诉的权利,程序上存在瑕疵,属于《仲裁法》规定的仲裁程序违法的情形,该仲裁裁决应予撤销。二是北京市第二中级人民法

---

① 吴永科:《"要件审判九步法"的证成与完善》,载《法律方法》2015年第2期。

院作出的(2016)京02民特31号案[①]。该院认为,关于仲裁庭是否应当向当事人释明变更仲裁请求属于仲裁庭实体裁量的范围,不属于人民法院审理申请撤销仲裁裁决案件的审查范围。

(二)"定事"——认定法律事实,确定法律事实构成要件

定事指对实际上发生的案件事实,通过开庭调查、辩论等形式,以举证、质证、认定证据的方式,查清案件争议事项,认定案件法律事实的过程。法律适用基于事实,事实决定了法律适用的方向与范围。

仲裁庭确定案件的法律事实,需要在事实调查和核实证据阶段把握以下三个要点:一是仲裁主张的检索与确定。仲裁庭要依据申请书、答辩书、反请求申请书、反请求答辩书等检索仲裁主张是什么;当事人提出的请求或者进行的抗辩,必须对其请求权或抗辩权的所有构成要件提出主张。二是争议观点的概括与总结。争点整理是一项极端重要的工作。所谓争点指当事人存在争议的具体事项,通常包括法律和事实两个方面的事项。案件流程遵循着"一方主张—对方是否承认(自认)—不承认时举证、质证—仲裁庭能否认定事实—事实真伪不明时由仲裁庭根据举证责任分配规则认定"的基本顺序进行。争点整理也应当遵循这个次序。三是法律要件事实的举证、质证、认定证据。通过开庭当事人的举证、质证,使当事人争执的要件法律事实得以证明;仲裁庭审查认定各方当事人所提供证据的证明力,并据此认定相关案件的法律事实。

(三)"定性"——确定案件法律关系之性质

法律关系的识别是一种法律技术,是认识确定三段论小前提和适用法律规范的前提。所谓定性就是给申请人的请求权(包括被申请人的反请求权)所依据的法律关系确定性质,确定是什么样性质的法律关系及构成要件如何。

定性实际上是对系争民事法律关系进行类型化和具体化分析。这是开庭辩论阶段的基本任务,就是双方当事人及代理人主要围绕法律选择和适用问题提出主张和进行辩论。仲裁庭在"定事"的基础上,要引导当事人将证据与事

---

① 参见环中仲裁团队:《仲裁庭释明权行使是否属于人民法院司法审查的范围?》,载微信公众号"环中商事仲裁"2016年11月18日,https://mp. weixin. qq. com。

实、要件事实证明与法律适用,以及事实证明和法律适用与仲裁请求和抗辩主张之间的逻辑关系辩清和论明,为下一步适用法律奠定基础。

(四)“定法”——确定系争案件适用的法律

定法指寻找并确定适用当下案件之法律规范基础的过程。这个过程,就是对案件在实体上适用法律的前奏,找到这个请求权的法律基础,进而依照相应的法律规范确定请求权,对本案适用法律,作出裁判。“定法”的意义就在于将具体的民事纠纷与具体的法律规定连接起来,把现实的民事纠纷与民事法律规范连接起来,为正确适用法律、作出裁判确立基础。

(五)“定裁”——确定裁判结论

定裁指仲裁庭在完成寻找并确定诉争纠纷案件适用的法律后,以案件法律事实为依据,凭借自己对实体法体系及具体法律规范的理解,得出案件的处理意见。其过程可分为归入阶段和推理与裁判阶段:归入阶段的目标集中于案件法律事实(确定案件法律适用的小前提),看能否将确定的法律事实归入法律规定的法律要件之中(确定案件法律适用的大前提);而推理与裁判阶段,则须将目标转移到法律效果上(确定案件处理结论),使被选择适用之法律规范的法律效果归属于系争案件,并使之具体化,形成对当事人实体权利义务的裁决。

上述“五定法”,对于仲裁员而言,是简明的操作程序,可以指导他们正确处理案件,并帮助他们快速有效地处理案件。

掌握“五定法”这样的实用方法对仲裁员(包括仲裁秘书)是非常重要的。正如强世功教授所言,“相比较而言,法律方法乃是法律适用者的内功,而部门法知识好似‘招式’,若功力不深厚,则招式不会有力度,法律适用的能力和水平就会大打折扣。只有娴熟地运用法律方法,才会在法律适用中游刃有余、融会贯通和如虎添翼。”①

---

① 强世功:《法制与治理——国家转型中的法律》,中国政法大学出版社2003年版,第10~11页。

七、“五定法”仲裁例释

以在介绍归入法时引用的车辆买卖合同为例,“五定法”的思路应当是这样的:

(一)定求

依据甲的仲裁申请书,甲的仲裁请求是要求裁决乙立即修理车辆,仲裁费用由乙承担;依据乙的仲裁反请求申请书,其要求是驳回甲的仲裁请求,裁决甲支付剩余价款,所有仲裁费用由甲承担。

1. 本案是普通二手商品的买卖合同,法律对此类合同并无明确的限制性规定,且没有其他导致合同无效的因素。依据双方签订的概括性仲裁条款,因合同所发生的争议均应视为约定的仲裁事项。因此,双方当事人的仲裁请求和反请求事项,具有可仲裁性,且符合仲裁条款的约定。双方没有提出特别的要求,对两者可以合并仲裁。

2. 合法有效的合同,当事人应当按照约定全面履行自己的义务,因此需要审查甲与乙是否依据合同提出的权利主张:甲的主张是要求乙解决合同标的物存在的质量问题,具体要求是修理汽车,未提其他违约要求;乙的主张是要求甲支付剩余的价款,亦未提出其他的违约要求。两者都是依据合同提出的主张。

3. 仲裁费用问题。由于受诉讼制度的影响,很多仲裁机构往往将仲裁费用负担的主张当作仲裁请求,当事人通常也会像案例中的当事人那样主张。但如果当事人不明确提出仲裁费用承担方面的要求,则很多仲裁机构就会产生是否应当由申请人承担的纠结。这是大可不必的。第一,如果仲裁费用承担是一项独立的仲裁请求,依据《仲裁法》第二十三条关于仲裁申请书应当载明事项中的“仲裁请求和所根据的事实、理由”,则该项仲裁请求如何提供事实理由?第二,当事人选定仲裁机构后,通常即视为选定了该仲裁机构的仲裁规则,而仲裁规则关于仲裁费用的承担有着明确的规定,一般正确的表述应为“根据裁决结果和当事人的责任确定各方当事人应承担的仲裁费用”(当然不能像人民法院诉讼费那样表述为“由败诉方负担”),因此,除非当事人有明确的书面约定排除对该仲裁费用条款的适用,否则即应按照该条款执行。第三,即便按照意思自治原则,当事人在仲裁申请书中没有提出这样的主张,但当事人同样没有自己承担仲裁费的意思表示,那么如何决定由申请人承担? 这里不是因为申请人的仲裁请求没有得到支持导致承担仲裁费成为申请人的义务,因此事实上也无法合理解释为何有明确的仲裁规则不遵从而要让申请人承担仲裁费。因此,由对方承担仲裁费用的主张不应当视为仲裁请求。

4. 综上所述,经过对仲裁请求的初步分析,排除了有可能影响可仲裁性和裁决范围的问题,排除了当事人作为仲裁请求提出但实际上不应当视为仲裁请求的内容,并初步确认双方的仲裁请求都是依据合同提出的,可以固定双方的仲裁请求:甲要求乙立即修理汽车;乙要求甲支付剩余价款。

(二)定事

指认定法律事实,确定法律事实构成要件。通常这是需要开庭查明的事实。仲裁庭需要通过开庭,明确以下事实:

1. 甲的仲裁请求是依据什么提出的,提供了什么证据,有什么法律依据。
2. 对于甲的仲裁请求,乙是如何抗辩的,提供了什么证据,有什么法律依据。
3. 乙的仲裁反请求是依据什么提出的,提供了什么证据,有什么法律依据。
4. 对于乙的仲裁反请求,甲是怎么抗辩的,提供了什么证据,有什么法律依据。

经过这样的举证质证,甲乙双方的争点在于:车辆是否确实需要修理;甲是否应当在主张乙修车的同时按照约定先付清价款。仲裁庭确认以下双方均认可的事实:双方签订的合同有效;乙交付的标的物不符合质量要求,但修理后能够符合要求;甲因为乙拒绝修理汽车而没有在约定的时间付清价款。双方同时提供了作为依据的《民法典》合同部分的条文。

(三)定性

指确定案件法律关系的性质。不同的法律关系决定着当事人不同的权利义务关系,因此需要确定当事人之间是何种法律关系。首先,判断当事人之间的法律关系是民事法律关系还是行政法律关系,或是既有民事法律关系又有行政法律关系(典型的如国有土地使用权出让合同);如果是基于行政法律关系方面的争议,显然不具有可仲裁性。本案属于民事法律关系。其次,对属于民事法律关系的哪一类进一步区分，是物权法律关系、债权法律关系还是公司股东等法律关系。本案属于债权法律关系。再次，对债权法律关系进一步区分，是合同之债、侵权之债、无因管理之债还是不当得利之债。本案是合同之债。最后，对合同之债法律关系进一步区分：是有名合同之债还是无名合同之债，属于哪一种具体合同。本案是有名合同中的一般标的物买卖合同法律关系。经过如此几个步骤，将当事人的法律关系逐级类型化，最终达到不能再分的具体法律关系。本案中就是买卖合同中的合同标的物质量纠纷与货款纠纷的两种法律关系。仲裁庭需要在开庭辩论阶段注意引导当事人将自己的权利主张与法律适用主张之间的逻辑关系辩清论明。

这个步骤中关于法律关系的性质有时会有很大分歧。最常见的分歧往往是合同是否有效。无效合同产生的是有悖于当事人意思表示之返还原物（折抵补偿）、赔偿损失等责任，形成了不同于合同权利义务关系的另一种法律关系。释明权的行使问题往往还会在这个步骤中涉及，在当事人的主张与仲裁庭的判断不一致时，仲裁庭应当通过释明，以更好地解决纠纷。

（四）定法

指确定系争案件应当适用的法律规范。这一步骤重心在于将具体的民商事纠纷与具体的法律规范连接起来，是对三段论中的大前提再次进行确认，以保证正确适用法律。三段论的大前提在“定求”中已经涉及，是当事人提出的作为自己主张的法律依据；在“定事”中，当事人已经在要件法律事实部分再次论证了支持自己主张和反驳对方主张的法律规范；在“定性”中，当事人与仲裁庭事实上已经对适用法律问题进行了交流。经过上述“三定”，这里是结合案件事实，对三段论的大前提进行最后的确认。通过这一步，民商事纠纷的案件事实最终与具体的法律规范连接了起来。本案中，甲所依据的法律规范是《民法典》第六百一十七条（出卖人交付的标的物不符合质量要求的，买受人可以依照本法第五百八十二条至第五百八十四条的规定请求承担违约责任）和第五百八十二条（履行不符合约定的，受损害方可以合理选择请求对方承担修理等违约责任），据此向乙请求修理轿车；乙所依据的是《民法典》第六百二十六条（买受人应当按照约定的数额支付价款），以此为依据甲请求支付货款；甲又以《民法典》第五百二十五条（一方在对方履行债务不符合约定时，有权拒绝其相应的履行要求)为依据抗辩乙的仲裁请求。

除非需要释明的情况,否则仲裁庭主要是对当事人提出的作为法律依据的法律规范进行判断,确认该法律规范能否适用于本案的事实。

(五)定裁

指形成裁决意见的最后步骤。首先是归入阶段,确认案件法律适用的小前提:要件事实是否查清;然后再次确认大前提:上述事实可否归入法律规范的法律要件中。一般的案件此时即可得出裁决意见了。其次是推理与结论阶段,解决一些疑难案件的事实认定、法律关系性质、法律适用问题,包括对确定的义务再确定一个合适的履行期限,争取对当事人之间的纠纷作出合适的裁决。本案中,由于事实清楚,因此可以裁决乙在限定的时间内修理汽车至符合合同要求,甲在修好的汽车交付后的合适时间内付清剩余价款。仲裁费全部由乙承担。

第六节　释明权问题[①]

一、释明权的概念

根据刘凯湘教授的研究,释明权源于大陆法系民事诉讼放任的当事人主义或曰辩论主义模式下对法官职权的一种扩张,而法官职权扩张之目的在于矫正由放任的当事人主义或辩论主义带来的某些不利因素,这些不利因素集中体现在法官中立主义的极端化进而忽视民事诉讼中可能或实际存在的程序不公正或实体不公正,以及当事人实际诉讼地位的不平等。

所谓释明权,其基本含义是指在纠纷解决过程中,为救济当事人因举证或辩论能力上的不足,在当事人的请求、声明、主张、举证等不明确、不充分、不正确或者有矛盾,进而可能影响案件的实质结果时,仲裁员或法官可以依据职权以提问、询问、提醒、启发等方式,向当事人提出关于事实及法律上的质问,促请当事人进一步提出证据,进一步澄清其主张,引导和协助当事人就案件事实和

① 参见刘凯湘:《论释明权在仲裁程序中的理解与运用》,载《北京仲裁》2008 年第 4 辑。

相关的证据问题进行充分的辩论，以查明案件事实，公正地处理案件的权能①。

尽管释明权理论与制度均源于民事诉讼法律制度与实践，但基于商事仲裁与民事诉讼的相似性甚至某些方面的同质性，在仲裁实践中运用释明权制度当为顺理成章之事。

从对仲裁案件进行司法监督的实际案例看，北京市第二中级人民法院(2016)京02民特31号民事裁定书指出，关于仲裁庭是否应当向当事人释明变更仲裁请求属于仲裁庭实体裁量的范围，不属于人民法院审理申请撤销仲裁裁决案件的审查范围，人民法院无权审查。但在本章“申请撤销仲裁裁决之消极滥用法律”案例中，青海省西宁市中级人民法院(2016)青01民特9号民事裁定书认为：仲裁庭仲裁时未向当事人释明待清算后，可就本案主张另行起诉的权利，程序上存在瑕疵，属于《仲裁法》规定的仲裁程序违法的情形，该仲裁裁决应予撤销。显然，两家法院虽然对于仲裁庭行使释明权是否属于实体裁量范围的判断不同，但都认为仲裁庭有行使释明权的权力。

释明权的行使不仅能够使仲裁员及时探明当事人的真意，使仲裁能够围绕当事人的真实和恰当请求而展开，而且能够使当事人较为准确地探知仲裁员对案件的心证与基本的法律见解，进而避免对当事人的突袭裁判。这对于提高仲裁裁决的可接受性非常重要。

二、释明权的适用范围

确定释明权的适用范围非常重要，但又难以精确；这是一个矛盾。适用范围过窄，难以发挥释明权的应有作用，而过宽又有越俎代庖甚至取代当事人处分其实体与程序权利之嫌。所以，确定释明权适用范围首先需要明确的原则是宽严适度，避免过宽或过窄。

根据刘凯湘教授的观点，释明权的适用范围可以包括以下四个方面：(1)促使当事人明确其请求、主张之释明。此种情形通常是仲裁员发现当事人的仲裁请求、仲裁反请求本身，或其依据的案件基本法律关系的性质或法律行为的效力不清楚或不明确，则应向当事人进行询问，以利于当事人明确其请求或主张，

---

① 参见田平安主编：《民事诉讼法学》(第4版)，法律出版社2015年版，第258页；江伟主编：《民事诉讼法学原理》，中国人民大学出版社1999年版，第197页。

包括排除不当的请求或主张。(2)提醒当事人补充不完整主张或陈述之释明。仲裁实践中经常遇到这样的情形:当事人尽管提出了合理的请求或主张,或对事实或法律关系进行了合理的说明,但这种主张或说明却是不周全、不充分的,并可能因此影响仲裁员对案件事实或法律关系性质的判断,或不能充足地支持当事人的请求或主张,此时应当向当事人予以释明,以利于当事人对不周全、不充分的主张或陈述进行必要的补充或解释和说明。(3)举证指导之释明。仲裁员处理案件,一半的工夫花在分析法律关系的性质与类型、法律行为的效力上,另一半的精力花在证据的有效性、关联性认定上,而证据的提出、审查、认定、采信均有其严格的要求与规则。如何将客观事实转化为法律事实,从而使其成为定案的依据,关键在于当事人的举证行为。而当事人由于法律知识、仲裁经验与技巧等诸多方面能力所限,可能难以分清甚至根本分不清各种证据的类型、意义、举证方式、证明对象等,或该举证的而未举证,或所提交的证据在程序上不符合证据规则要求,或者证据形式不合格,或者所提交的是与本案无关的材料。所以,仲裁员有义务对当事人的举证进行适度的指导,以防其偏离案件主题,或漏举重要证据,或者举证方式出错,而所有这些产生于当事人方面的举证纰漏可能会影响整个案件程序的正常进行或造成实体认定的偏差。举证指导的释明事实上源于复杂的举证责任分配原理,而举证责任的分配和证明标准的确立极为专业和复杂,如果没有仲裁员在这方面的释明与指引,裁决的实体公正便难以实现。(4)仲裁员观点之释明,也可以表述为仲裁员见解开示。这是释明权范围中最难以把握但又十分重要的一项释明。基于已有的事实、证据和当事人均知晓的案件线索和素材,在最终裁决之前,为使案件得以公平、高效、合理地解决,防止当事人不必要地揣摩仲裁员的意思和观点,尤其为预防突袭裁判,仲裁员在对案件形成初步判断的基础上,应当就案件的法律关系性质、法律行为效力等基本要素向当事人予以释明,特别是当仲裁员的上述初步判断可能与当事人一方或双方的请求、主张、举证、陈述等存在较大甚或实质性偏差时,此种释明显得尤为重要。如果仲裁庭在形成初步判断后能够向申请人进行必要的释明,申请人可以提出选择性的仲裁请求,便可以一并彻底解决当事人之间的纠纷。

依据上述刘凯湘教授的观点,笔者认为,释明权的行使属于仲裁庭自由裁量的内容,属于实体方面的内容而非程序方面的内容。人民法院对于仲裁庭行使释明权以不行使监督权为宜。

第五章
仲裁程序

第一节　仲裁程序及特点概述

一、仲裁程序法与仲裁程序概述

如前所述,《仲裁法》是仲裁程序法的核心内容,但仲裁程序法还包含其他更多的内容。仲裁程序法是一个广义的概念,不仅包括通常所见的以单行法的形式集中体现的有关仲裁程序的规范,也包括一国法律体系中其他法律部门所包含的有关仲裁之法律规范。仲裁程序法不仅是程序方面的法律,它还是某一法域中所有涉及仲裁的规范之集合①。

关于中国仲裁制度依据的程序性法律规范,一是《仲裁法》,这是仲裁程序性法律规范之核心内容,包括仲裁机构的设立、应具备条件及组织架构、仲裁程序、裁决的作出、对裁决的司法监督等。二是《民事诉讼法》,不仅因为《仲裁法》第七十五条规定"仲裁委员会依照本法和民事诉讼法的有关规定制定仲裁暂行规则",还因为有关当事人行为能力之类的基础性规定以及必需的程序性步骤有很多是《仲裁法》没有规定的,应当参照《民事诉讼法》的规定来进行。《仲裁法》的实施也要依靠《民事诉讼法》之具体规定,如关于保全、执行或不予执行仲裁裁决的问题等。三是全国人大常委会《关于我国加入〈承认与执行外国仲裁裁决公约〉的决定》。四是与《仲裁法》相关的审判解释,如最高人民法

① 参见韩健:《现代国际商事仲裁法的理论与实践》(修订本),法律出版社2000年版,第248~254页。另参见杨弘磊:《仲裁程序法律适用的特殊冲突规则》,载《人民司法》2006年第7期。

院《关于适用〈中华人民共和国仲裁法〉若干问题的解释》(以下简称《仲裁法解释》)、最高人民法院《关于审理仲裁司法审查案件若干问题的规定》(以下简称《仲裁司法审查规定》)、最高人民法院《关于人民法院办理仲裁裁决执行案件若干问题的规定》(以下简称《仲裁案件执行规定》)等,以及针对地方人民法院就仲裁裁决撤销和执行中问题请示的解释或答复意见。虽然上述解释和意见是为人民法院审理和执行涉及仲裁案件适用法律而制定,但其中的大量间接裁判规则[①](如关于仲裁协议效力之规定等等)显然确立了法域内通行的新的法律规则。五是关于《民事诉讼法》的审判解释,即最高人民法院《关于适用〈中华人民共和国民事诉讼法〉的解释》(以下简称《民诉法解释》)中与保全、申请撤销仲裁裁决、执行及不予执行仲裁裁决等相关的内容,理由同前。六是国务院办公厅下发的有关通知,包括 1994 年至 1996 年关于仲裁工作的四个通知中涉及仲裁程序的内容(如国办发〔1996〕22 号)通知第三条内容即明确了国内所有仲裁机构均可受理涉外仲裁案件),以及与中共中央办公厅联合下发的《关于完善仲裁制度提高仲裁公信力的若干意见》(明确要求各仲裁机构建立裁决核阅制度)。七是仲裁机构的仲裁规则,虽然是各仲裁机构自行制定的非国家立法,但因为系《仲裁法》授权制定,故具有法律效力;且各仲裁机构既然制定了仲裁规则并公之于众,自身必然应遵守规则展开仲裁活动。仲裁机构如不遵守自己的仲裁规则或已许可当事人选定其他仲裁规则,则不仅损害自身公信力,还属于涉嫌违反法定程序之行为。《仲裁法解释》第二十条对此作了进一步明确。

上述仲裁程序法律规范构成一个完整体系,以保证仲裁程序正常进行。但与诉讼程序比对一下可知:同样是关于案件程序,诉讼程序的法条要比仲裁程序的法条多很多。民事诉讼程序法中,除没有可比性之特别程序、二审程序、审判监督程序、执行程序等之外,关于一审程序的条文[包括《民事诉讼法》法条、《民诉法解释》条文、最高人民法院《关于民事诉讼证据的若干规定》(2019 修正)(即《诉讼证据规定》条文、关于一审程序具体问题的审判解释以及其他审

① 间接裁判规则是笔者对审判解释的一种分类中与直接裁判规则相对的一类规则,指审判解释中没有要求“人民法院应予支持(或不予支持)”字样、并明确了当事人之间行为效力或结果进而确立一种新的权利义务关系的规则。见本书第七章“审判解释之适用”相关内容。

判解释中与一审程序有关的条文）]有600余条，而一家仲裁机构所能适用的仲裁程序相关条文仅200余条（同样包括《仲裁法》法条、国务院的解释条文、《仲裁法解释》条文、其他与仲裁有关的审判解释条文、该仲裁机构的仲裁规则条文等）。这与仲裁制度之英美法系传统有关，也与基于当事人信任而设置较少程序、保留更多自由裁量空间有关；但由于成文法环境的影响，仲裁机构常常会为某个仲裁行为缺少明确的法条依据而纠结——事实上，相当多的仲裁行为恰恰是缺少条文依据的。

本章试图就仲裁程序中经常遇到的各类所谓缺少依据，但又必须进行的仲裁行为提出符合法理的建议，以保证仲裁程序的有效推进。

本书所采之仲裁程序的概念为：仲裁程序是指仲裁法律关系主体（包括仲裁机构、当事人和其他参与人）进行仲裁活动的先后顺序、方式和步骤[①]，包括当事人如何提出申请，如何选定或委托指定仲裁员组成仲裁庭，仲裁机构和仲裁庭如何进行开庭和作出裁决，以及如何决定仲裁费的负担等[②]。仲裁程序是仲裁活动得以有效开展的保障，程序进展情况也决定着仲裁裁决的质量。

仲裁活动的顺序、方法和步骤，有的是法条规定的，其中有些法条还是必须遵守的强制性法律规范条文；有的是有权解释的条文规定的；还有的是仲裁规则条文规定的。这些条文之间有时会有冲突，产生究竟适用何者的问题；有时会不够清晰，需要解释而且常常可以作出不同的解释；有时会过于简单，无法涵盖层出不穷的仲裁实践问题；但最难的是上述条文均未作规定的情形，需要仲裁机构依据法律精神和仲裁案件需要确定适用之规则以推进程序。

本章所探讨的仲裁程序与《仲裁法》和各仲裁机构仲裁规则之规定顺序基本一致，但仅仅限于国内仲裁从接收申请到案件结束，而不包括申请撤销仲裁裁决、执行和涉外仲裁程序。通常这套程序可以分为六个阶段：仲裁申请的接

---

① 王敬藩：《主张与选择——中国仲裁法论》，黑龙江人民出版社1998年版，第168页；江伟主编：《仲裁法》，中国人民大学出版社2009年版，第164页；肖建国主编：《仲裁法学》，高等教育出版社2021年版，第122页。

② 参见全国人大常委会法工委民法室、中国国际经济贸易仲裁委员会秘书局编：《中华人民共和国仲裁法全书》，法律出版社1995年版，第41页；河山、肖水：《仲裁法概要》，中国法制出版社1995年版，第75～104页；黄进、宋连斌、徐前权：《仲裁法学》（第3版），中国政法大学出版社2007年版，第109～146页。

收、受理、仲裁答辩和反请求、组庭、开庭、裁决。

二、仲裁程序的特点

(一)与诉讼程序相同的特点

在我国成文法的背景下,仲裁是与诉讼并立但实质上接近诉讼的制度,从《仲裁法》第十五条规定“中国仲裁协会依照本法和民事诉讼法的有关规定制定仲裁规则”和第七十五条授权仲裁委员会“依照本法和民事诉讼法的有关规定可以制定仲裁暂行规则”即可看出二者的紧密关系,而且《民事诉讼法》第二十六章五个条文规定的就是仲裁(当然是涉外仲裁)的内容。因此仅就程序自身的特点而言,作为程序典型之审判程序的特点同样也是仲裁程序的特点[①]:

第一,存在作为裁决依据的一般性法律规范——这是本书研究法律适用问题之出发点。《民法典》第十条规定“处理民事纠纷,应当依照法律;法律没有规定的,可以适用习惯,但是不得违背公序良俗”,则是对各种纠纷解决制度法律适用的进一步明确。仲裁自然不能例外,那种认为仲裁无需研究法律适用的观点显然值得商榷。

第二,为了保证仲裁的法律效果、社会效果特别是裁决的可接受性,需要通过程序设定仲裁员与当事人公开进行沟通交流(包括讨论)的条件——那种强调仲裁灵活性而忽视仲裁程序严肃性的观点是有害的,仲裁员要以通过正当程序得出的结论说服当事人各方、仲裁机构、法律共同体成员和社会公众认同裁决结果。因此,程序启动上的“不告不理”,证明责任上的“谁主张,谁举证”,程序进行上的辩论,以及缺席开庭、程序中止、程序终结等程序安排都是仲裁机构及其仲裁庭应当严格遵守的。法律还规定了仲裁的财产保全、证据保全、裁决执行等需要由司法程序来保证的程序。

第三,裁决的对象主要是特定当事人之间已经发生的具体纠纷,属于事后性解决,仲裁裁决以明确法律上的权利、义务内容和责任的归属为目标。特殊情况下,裁决的对象也可能是当事人之间并无分歧但需要通过裁决程序予以确

---

① 参见季卫东:《法律程序的意义》,载《中国社会科学》1993 年第 1 期。

定的权利义务关系或法律事实[1]。

(二)仲裁程序法自身的特点

除了上述仲裁与诉讼具有共性的特点,由于仲裁的制度安排不同于诉讼,因而也具有一些重要的不同特点:

首先,在基本制度(协议仲裁、或裁或审和一裁终局)方面,第一,协议仲裁决定了程序之启动必须具有有效的书面仲裁协议这一要件。这意味着程序的启动既要依赖于当事人的意思自治——就哪些事项向哪个约定的仲裁机构申请仲裁不仅要看申请人的意思表示,还要受制于协议中约定的仲裁事项范围和选定的仲裁机构;又要受制于法律规定——不能逾越法律所规定的可仲裁性界限,不能出现导致仲裁协议无效之内容。第二,一裁终局决定了仲裁裁决结果缺少救济途径,仲裁机构对自己作出的确有错误之裁决也无法改正。因此仲裁机构没有退路,没有可以将矛盾留给救济途径之制度安排,这显然对纠纷解决的公正性和可接受性提出了很高的要求。这种所谓的"制度优势"(表现为效率更高)的另一面则是"制度缺陷"(表现为缺乏救济途径),尤其对于律师代理人而言,一裁终局显然增大了代理风险,因为难以避免遇上需要己方当事人承担错误风险的情形。

其次,在其他特有制度方面,仲裁不公开进行制度可以有效地保护当事人的商誉和秘密、隐私,对于当事人之间的矛盾也有很好的缓解作用,因而常常是当事人选择仲裁时考虑的重要内容,但保密制度也有可能对第三人权利义务产生无法救济之影响;由当事人自己选定仲裁员组庭制度充分地体现了当事人的意思自治,也增加了裁决的可接受性,但仅靠披露制度和回避制度显然无法保证仲裁员公平公正地仲裁案件;申请撤销仲裁裁决中的人民法院通知重新仲裁制度,运用司法监督使得办案经验不足的仲裁庭在程序中对证据审查和采信的失误有可能得到补救,但这一制度存在难以自圆其说的逻辑冲突和实际上的变通执行(如何通知已经解散的仲裁庭以及实际上只能通过仲裁机构推动进程),等等。

---

① 这里的特殊情况难以穷尽,较常见的如为调控房地产市场,许多地方城市明确要求网签备案的购房合同如果要解除,必须经过人民法院审判或仲裁机构仲裁。

最后,仲裁程序法还有一个突出特点是法律条文的数量较少,这也被视为其具有灵活性特点的原因之一。这意味着仲裁机构在受理和处理案件时能够适用的明确法律条文依据要少于诉讼,只能采取当事人可以接受的方式灵活推进程序。如关于证据的规定,《民事诉讼法》有 19 个条文,《民诉法解释》有 35 个条文,《民事诉讼证据规定》有 100 个条文,较为详尽地规定了有关诉讼证据的各方面内容;而《仲裁法》关于证据的规定仅有 4 个条文,国内各仲裁机构的仲裁规则关于证据的规定则大多在 10 个条文左右,因此仲裁机构会面临很多关于证据方面的问题。以关于证人作证的问题为例,《仲裁法》没有相关规定,各仲裁机构的仲裁规则中虽然都有规定,但极其简单,如对于不能出庭之证人的证言效力等问题基本没有涉及。这需要仲裁机构特别是其仲裁庭依据正当程序理念处理与证人作证有关的问题。

第二节　仲裁程序流程①

一、仲裁申请的接收

当事人依据仲裁协议将发生的纠纷提交仲裁机构,需要向仲裁机构递交仲裁申请及相关材料,仲裁机构应当接收。通常仲裁机构设有立案部门或立案人员,负责接收仲裁申请,并接收其他各种由当事人向仲裁机构(包括仲裁庭)提交的文书材料。

(一)当事人的提交形式

1. 面交。这是大多数案件进入仲裁程序的模式。当事人或其代理人根据事先了解的受理案件要求,携带仲裁申请等仲裁材料要求立案。这种方式符合当事人的正常预期,有些材料方面的欠缺可以及时补上,对于需要提交的其他材料也可以一次性告知当事人。如果顺利,仲裁机构可以立即受理并将有关仲

① 参见江伟主编:《仲裁法》,中国人民大学出版社 2009 年版,第 164 ~ 191 页;杨荣新主编:《仲裁法理论与适用》,中国经济出版社 1998 年版,第 176 ~ 203 页;谢石松主编:《商事仲裁法学》,高等教育出版社 2003 年版,第 170 ~ 292 页。

裁文书送达给申请人。立案人员应尽可能详尽地了解双方当事人的相关情况和纠纷的成因,以便于尽可能地尝试进行调解。仲裁机构的职责是解决纠纷,如果有可能调解或和解,绝不能放弃尝试而迷信裁决——裁决是仲裁机构的最后手段,效果难测而成本与风险均较高。

2. 邮寄。有的当事人由于各种原因,以邮寄的方式将仲裁申请等材料提交仲裁机构。立案人员应当根据邮寄材料上的联系方式立即与当事人取得联系,告知已收件情况,对于有欠缺的事项详细告知,尽可能满足当事人通过邮寄即可提交材料的需要。

3. 其他方式,主要包括传真、电子邮件和网上立案。这是仲裁机构为方便当事人而允许当事人提起仲裁的方式。传真和电子邮件大致相当于邮寄的处理方式,但网上立案需要仲裁机构的网络服务能力较强,并且应尽可能地制定网上立案规则。

对于当事人要求口头立案而不能或不愿提交仲裁申请书的,通常是自然人且有自身缺陷(年龄大、文字水平低甚至有生理缺陷等),立案人员应当启动特殊程序,通过调解人员来解决此类纠纷,不宜按照正常程序继续进行。《仲裁法》第二十二条规定:"当事人申请仲裁,应当向仲裁委员会递交仲裁协议、仲裁申请书及副本。"第二十三条规定:"仲裁申请书应当载明下列事项:(一)当事人的姓名、性别、年龄、职业、工作单位和住所……"这些法律条文已明确要求当事人提交仲裁申请书及副本,并对仲裁申请书应载明的事项有详细的要求;不符合上述法律规定条件的申请,仲裁机构无法受理。同时,由于无力独立完成仲裁申请的当事人通常难以在仲裁程序中很好地理解仲裁庭的要求,难以完成一系列的举证、质证过程,进入仲裁程序对其难言公平,因此应当尽可能地通过调解或促成和解来维护其正当权益。这里体现了仲裁与诉讼的一处重要差别:《民事诉讼法》为保障公平,是允许当事人口头起诉的[①],因为诉讼作为一种国家向公众提供的普惠制公共服务,人民法院负有保障任何当事人行使诉权之义务;而对于仲裁机构这种主要为商事主体服务的社会组织则不能提出这样的要求,与诉权对应的请权并非人人天然享有的权利,需要当事人通过仲裁协议予以约定方能够取得。

---

① 《民事诉讼法》第一百二十三条第二款规定:"书写起诉状确有困难的,可以口头起诉,由人民法院记入笔录,并告知对方当事人。"

(二)立案人员的审查内容

1. 是否符合提起仲裁的条件

《仲裁法》第二十一条关于申请仲裁的规定是强制性规定:当事人应当提供仲裁协议、提出具体的仲裁请求和事实理由,并且申请的事项属于仲裁机构受理的范围。这里的“应当”是立法技术的规范表述,其含义是“必须”的意思①。不具有仲裁协议或申请事项不属于仲裁机构受理范围的,立案人员应当向当事人说明并退回材料。

《仲裁法》第二十二条的规定也是当事人应当遵从的内容,其中的“递交”“仲裁申请书及副本”是在当时立法条件下的要求。随着技术进步和打印条件的改善,“正本”和“副本”已不再具有特殊意义,只需要求当事人提供足够数量的申请书即可。足够数量应当是保证对方当事人、仲裁庭成员和仲裁秘书人手一份。需要注意的是,如果当事人递交的是复印件,则当事人在其上的签章(签名或盖章)不能是复印而来,尤其是送达给对方当事人和留卷存档的文书上的签章应当由当事人逐份亲自签名或盖章。

《仲裁法》第二十三条详细列明了仲裁申请书应当载明的事项,立案人员依照该条规定核实即可。

此外,如果仲裁机构仲裁规则中关于当事人递交材料有自己的要求,也应当要求当事人提供。如对于法人(或其他组织)申请仲裁的,需要提供营业执照或组织机构代码证复印件、法定代表人(或负责人)身份证明书和授权委托书;对于自然人申请仲裁的,需要提供身份证复印件;对于代理自然人申请仲裁的,需要提供委托人身份证明、授权委托书和受委托人身份证明等。立案人员将有关身份证件的复印件核对后存入立案资料,即表明已经尽到了对当事人身份的注意义务。

还应注意的是,需要审查是否存在有违“一事不再理”原则的问题,即当事人之间的纠纷是否已经经过仲裁或诉讼处理,如果已经经过处理,则应当告知当事人不能再提起申请。但是,仲裁是严格按照当事人的仲裁请求和仲裁协议

---

① 参见全国人大常委会法制委员会:《立法技术规范(试行)(一)》(法工委发〔2009〕62 号);其表述为:“应当”与“必须”的含义没有实质区别。法律在表述义务性规范时,一般用“应当”,不用“必须”。

约定的事项范围进行的，如果当事人提起仲裁的是前一案件未处理的事项，则不属于“一事不再理”的情况。这里需要立案人员熟练掌握仲裁标的理论，即仲裁请求和事实理由。只要二者之一与已经经过仲裁或判决处理的不一致，就应当视为新的仲裁标的，不违反“一事不再理”原则。

2. 仲裁协议

仲裁协议是立案审查的重点。实践中仲裁协议往往会存在各种缺陷，有相当部分甚至难以判断其效力。对于仲裁协议中存在的各种缺陷，立案审查只应当进行初步审查：一是是否有提交仲裁的意思表示；二是约定的事项是否为法律（包括仲裁规则）所禁止；三是可否从宽泛的角度认为选定了本仲裁机构。

作为立案人员，应当特别注意的是，不应先站到申请人的对立面，对仲裁协议提出是否成立或是否有效的异议。仲裁协议是否成立或有效，应当是进入仲裁程序后对方当事人主张的事项。参考一下《仲裁法解释》第七条可知，即便仲裁协议无效，一方申请仲裁而另一方未在仲裁庭首次开庭前提出异议，则应当视为仲裁协议有效。立案审查中遇到的较常见问题应当进行如下处理：

（1）关于约定的仲裁事项

《仲裁法》第十六条要求仲裁协议应当约定仲裁事项，但当事人常常只是简单地表明仲裁的意思表示。对此种约定是否有效应分别对待：

①概括约定。当事人约定：“本合同引起的争议向××仲裁机构申请仲裁”，这是概括约定仲裁事项为合同争议。《仲裁法解释》第二条对此进行了明确，即“当事人概括约定仲裁事项为合同争议的，基于合同成立、效力、变更、转让、履行、违约责任、解释、解除等产生的纠纷都可以认定为仲裁事项”。如果当事人在“争议解决”条款（或类似条款、类似协议）中仅仅写明“××仲裁委员会仲裁”，亦应当认为当事人是对仲裁事项进行了概括约定。

②仲裁事项约定不明。如当事人约定“本协议未尽事宜协商解决，协商不成提交仲裁”，易生分歧：是仅仅约定未尽事宜进行仲裁，还是一个概括约定？此种情形下，应当按照体系解释方法对合同进行解释：该条款作为争议解决条款，先表明双方善意（未尽事宜协商解决），在此基础上的“协商不成”应指的是“产生争议协商不成”，而不是对“未尽事宜”协商不成。可知此为概括约定，是

有效协议①。

③其他几种情形:一是主合同明确约定仲裁条款且为概括约定,从合同或其后约定的补充合同没有约定争议解决条款,则审查阶段应当允许进入仲裁程序,若当事人其后有争议,留待后续程序解决;二是当事人关于仲裁约定是在双方的往来文件或其他合同附件上形成的,并没有双方共同的签章,此时也应允许进入仲裁程序,当事人有争议则留待后续程序解决,但立案秘书应当提示仲裁协议可能无效的风险并留好告知笔录(或由当事人签署仲裁风险告知书);三是合同权利义务经过转让,原合同约定了仲裁条款,申请人作为现合同的当事人提起申请,或申请人对现合同的当事人申请仲裁,均应当允许进入仲裁程序。

需要强调的是,当事人约定的事项必须具有可仲裁性,不得违反《仲裁法》的强制性规定,这一点在审查时结合当事人的仲裁申请可以直接判断。但如果仲裁协议包括了不具有可仲裁性的内容,而仲裁申请要求的是具有可仲裁性的内容而没有主张不具有可仲裁性的内容,则自然应当允许进入仲裁程序。

(2)对仲裁机构约定不明

这类约定不明的情形又分三种情况:一是字面错误,如将"××仲裁委员会"写成"××市仲裁委员会"或"××经济贸易仲裁委员会"。此时应当认为当事人的意思表示就是"××仲裁委员会",按协议有效处理,这是《仲裁法解释》第三条明确的。二是表述不够明确,如约定"当地仲裁机构仲裁"、"市仲裁裁决"或"合同履行地的仲裁机构仲裁"甚至是"由提起仲裁(甚至表述为提起诉讼)一方所在地仲裁机构解决"。此种情形下,首先应当看能否无异议地认定"当地""所在地""市"的内涵,能否认定合同履行地;如果能,则依《仲裁法解释》,按仲裁协议有效处理②;如果不能无异议地认定所指的地区(如当事人不是同一地区,且合同履行地难以明确),则属于约定不明;立案人员应当告知仲

---

① 此种情况有人民法院判例可作为参考。例如,北京市第二中级人民法院(2016)京02民特120号案,当事人约定"未尽事宜提交仲裁",引发仲裁协议是否有效的争议。该院认为此种约定在没有形成新的争议解决方式的情况下,仲裁协议有效。

② 参见最高人民法院《关于适用〈中华人民共和国仲裁法〉若干问题的解释》第六条。此种情况另有人民法院判例可作为参考。如江苏省宿迁市中级人民法院(2016)苏13民辖终144号,当事人约定"提交市仲裁裁决",该院认为:双方当事人注册登记地、住所地、合同履行地均在宿迁市范围之内,因此所约定的"市仲裁裁决"即指提交宿迁仲裁委员会仲裁裁决。

裁协议可能无效的风险并留好笔录(或当事人签署仲裁风险告知书)后,允许进入仲裁程序;如果进入程序后对方当事人不提异议则视为仲裁协议有效。三是表述有误,如约定县级行政区域(甚至是乡镇行政区域)的仲裁机构,由于法律规定设区的市以上的市才设仲裁机构,而且县级行政区域属于上级市的行政区域,申请人申请时向县级所属的上一级的市政府设立的仲裁机构提起,应当按仲裁协议有效处理①。

对于意思表示瑕疵的,如当事人仅约定"提交某仲裁委员会调解",貌似并未授权具体的仲裁机构裁决,此种情形需要等待案件进入仲裁程序后根据被申请人的意思表示而定。在审查阶段,应当参照约定不明的情形处理,告知当事人存在的仲裁协议可能无效的风险后允许其进入仲裁程序。

(3)或裁或审约定

由于国内当事人对于仲裁制度普遍了解不足,常常会有或裁或审的争议解决条款,如当事人约定"交某仲裁委员会仲裁,或向法院起诉",或者"交某仲裁委员会仲裁,仲裁未果向法院起诉",以及"交某仲裁委员会仲裁,不服仲裁向法院起诉"。这种约定虽然都有缺陷,但都应当允许进入仲裁程序,如当事人对仲裁协议效力有争议则在后续程序中解决。但立案人员应当有风险提示笔录(或当事人签署的仲裁风险告知书),证明申请人已经知悉可能有的风险(如仲裁协议可能会被认定无效、若认定无效则仲裁费要由申请人承担等)。前面提及的立案人员的告知行为均应当留有笔录(或当事人签署的仲裁风险告知书),但笔录(或告知书)需要另卷存放,以免处理不当,对将来阅卷的对方当事人产生不良诱导启示。

(三)接收的法律效果

当事人提起仲裁申请,在仲裁机构接收后,通常会被受理,从而启动仲裁程

---

① 此种情况有人民法院判例可作为参考。如江苏省南京市中级人民法院(2015)宁商仲审效字第14号民事裁定书,当事人约定向南京市江宁区仲裁委员会申请仲裁,该院认为,虽然双方约定的仲裁机构名称不准确,但南京地区只有一家仲裁机构即南京仲裁委员会,故可以认定双方选定了南京仲裁委员会。再如,江苏省苏州市中级人民法院(2016)苏05民特126号民事裁定书,当事人约定"工程所在地的仲裁机构申请仲裁",合同工程所在地为张家港市(苏州市下辖县级市)。该院认为苏州仲裁委员会有权仲裁(仲裁协议有效)。

序。大多数仲裁机构会将接收和受理合并进行以提高效率,但《仲裁法》第二十四条既然规定“收到仲裁申请书之日起五日内”告知申请人是否受理,可见接收与受理二者并非同一回事。如果虽然接收了当事人的仲裁申请材料,但经研究不能受理,则应当在收到仲裁申请书之日起5日内书面通知当事人不予受理,并说明理由,以利于当事人向人民法院寻求救济。

二、受理

受理是仲裁机构对当事人的仲裁申请经过初步审查,认为符合受理条件,从而决定立案的仲裁行为。对于认为不符合受理条件的,应当在收到仲裁申请书之日起5日内书面通知提交申请的申请人并说明理由。

受理是仲裁机构的法律行为,由此会产生一系列法律效果:

1. 产生仲裁法律关系。申请人和被申请人成为当事人,享有法律和仲裁规则赋予当事人的权利并相应地负有某些义务。仲裁机构与当事人(包括其后的仲裁参与人)之间也相互建立了法律关系,彼此间的行为将产生相应的法律后果。

2. 仲裁机构宣示取得对当事人所提交案件的仲裁权,并开始了一系列仲裁行为:在5日之内(或仲裁规则规定的时间之内)收取申请人预交的仲裁费用;向申请人送达受理通知书、仲裁规则、仲裁员名册和其他文书(依据仲裁规则的不同而有所不同,包括风险告知、举证期限等告知事项);向被申请人送达仲裁申请书、答辩通知书、仲裁规则、仲裁员名册和其他文书。大多数仲裁专著或教材对此都称为仲裁机构获得了案件“管辖权”,笔者认为值得商榷,前面第一章第三节案例中已经详细论述了笔者的观点。这里不应当听任“约定俗成”损害仲裁的专业性。

因不符合受理条件而不予受理的,应当书面通知申请人并说明理由。这是对当事人选择仲裁应有的回应,体现仲裁机构对当事人的尊重,同时也有帮助申请人寻求其他救济途径之作用。最常见的不予受理情况是因仲裁协议的效力(或是否成立)存在异议,仲裁机构不予受理的书面通知可以帮助申请人在向人民法院起诉时不会因为合同中涉及仲裁字样而被人民法院拒之门外。

受理产生的一个特殊后果是仲裁时效的中断。如果仲裁程序未能正常进行,则从仲裁机构告知当事人仲裁程序不能进行之日起仲裁时效重新计算。有学者认为当事人申请仲裁后仲裁时效中断，从中断时起重新计算，这种“从中断时起重新计算”的观点是值得商榷的，因为在仲裁程序进行中是当事人一直在主张权利的过程，此时重新起算没有意义。如果仲裁程序正常进行并作出了实体裁决，则无论当事人的权利是否实现，都没有必要再涉及仲裁时效。唯有仲裁机构作出不予支持申请人的仲裁申请这样的程序性处理结果，仲裁时效才从裁决作出时重新开始计算。

关于仲裁时效的中断，仲裁机构应当根据时效制度的本质来认定。仲裁时效制度的本意是为了防止当事人听任权利“休眠”，漠视自身权利的当事人在债权经过法律规定的时间后，仲裁机构即不再从实体上支持其实现权利的主张。因此，只要当事人能够说明其事实上主张或行使了权利，即应视为时效中断。在我国商事主体普遍欠缺证据意识的大环境下，权利人对于主张权利的事实常常举证不能，需要按照商业惯例、交易习惯判断当事人的权利是否已经超过时效。例如，鉴于近年来每年国家建设行政主管部门都会在中秋节和春节前下发文件检查建设工程拖欠工程款和农民工工资问题[①]，各级建设行政主管部门也纷纷下发文件落实上级要求并组织各种检查，因此，对于因建设工程施工（也包括装修施工）形成的债权，仲裁庭有理由相信债权人与债务人之间就债权有过频繁的磋商，否则债务人会受到有关建设行政主管部门的巨大压力甚至处罚，因此对于债务人主张的债权超过仲裁时效之抗辩不予支持。当然，仲裁庭如出于慎重考虑，亦可行使释明权，要求申请人的经办人作出主张债权情况的说明，此说明作为法定证据之一的当事人陈述而不是普通的证人证言，具有证明仲裁时效中断之证明力。

但即便是明显超过仲裁时效的纠纷，当事人仍然有权提起仲裁，其丧失的只是实体权利获得法律强制力保护的权利，其程序权利则不受影响。一些专家主张的申请仲裁应当符合的条件包括“符合仲裁时效的规定”[②]，是值得商榷的，是否超过仲裁时效影响当事人的权利主张能否得到支持，但不影响其提起仲裁申请。

---

① 不仅是国家建设行政主管部门发文，甚至国务院办公厅都下发专文治理拖欠工程款问题，如《关于全面治理拖欠农民工工资问题的意见》（国办发〔2016〕1 号）。

② 河山、肖水：《仲裁法概要》，中国法制出版社 1995 年版，第 78 页。

超过仲裁时效的债权转为自然债权。自然债权意味着不会得到法律强制力的保护,但仍然有其效力:过了仲裁时效,义务人履行义务后,又以超过仲裁时效为由反悔的,仲裁机构对其反悔不予支持。

三、仲裁答辩和反请求

(一)仲裁答辩

被申请人收到仲裁机构送达的相关文书后,有权利进行答辩,即针对申请人在仲裁申请书中提出的仲裁请求及所依据的事实、理由,通过仲裁机构向对方提出自己的答复和辩解,包括承认、部分承认、否认或反驳的理由和事实等。

答辩是基于正当程序要求而设置的重要制度;不仅可以初步固定双方当事人的主张和依据,也有助于仲裁机构及时了解双方争点,为其后的组庭、开庭和及时裁决打下基础。

仲裁答辩是被申请人的权利:被申请人既可以针对程序问题进行答辩,也可以针对仲裁请求所依据的事实和理由进行答辩,还有权对仲裁协议是否存在、有无效力进行答辩。

为追求效率,仲裁机构对仲裁答辩权的行使期限有限制,会要求被申请人在规定时间内提交答辩状,以便于申请人了解被申请人的观点,更便于仲裁庭在开庭前全面了解各方当事人的主张。但被申请人不在规定时间内提交答辩状并不影响其享有的其他程序权利和实体权利。事实上,被申请人仍然可以在其后的整个仲裁过程中行使其抗辩权利。从促进协同型仲裁模式发挥更好作用的立场出发,**仲裁机构应当鼓励被申请人提交答辩状,如在答辩通知书上写明“本仲裁委员会建议您提交答辩状,以便于仲裁庭更好地了解您的主张”**。

当事人的仲裁申请和答辩应作为当事人陈述对待,是重要的证据。《仲裁法》第二十七条规定“申请人可以放弃或者变更仲裁请求。被申请人可以承认或者反驳仲裁请求”,申请人放弃仲裁请求是其自身权利,仲裁机构不应干预。但申请人变更仲裁请求需要注意,可能涉及以下问题:如果仲裁请求的标的额发生变化,减少时减少部分的仲裁费由申请人自行承担,增加时增加部分的仲裁费由申请人补交(仍为预交性质);仲裁请求变更应当给予被申请人新的答辩期;仲裁请求变更时与变更前有矛盾,则此前的主张会成为对申请人不利的证据。被申请人对仲裁请求的承认直接免除了申请人就被申请人承认的内容举证的义务;被申请人的反驳指对申请人的主张提出其不能成立或不能全部成立的理由和事实,是行使抗辩权的行为。被申请人的反驳可以放弃或补充;但补充的部分如与答辩有矛盾,则答辩将会成为对被申请人不利的证据。

(二)对仲裁协议之异议

被申请人的答辩中有时会提出对仲裁协议是否存在及是否有效之异议,这一异议直接关系到仲裁机构对案件是否有权仲裁。由于此时还没有进入组庭程序,因此不可能成立仲裁庭来确认仲裁协议效力,仲裁机构(通常是由仲裁机构的内设具体部门承办,如仲裁部或仲裁处)需要经审查并在听取申请人对仲裁协议效力异议的意见后作出决定。此时被申请人也有可能径行向人民法院申请确认仲裁协议效力,那样仲裁机构就应当在人民法院作出裁定后再视情况决定下一步:对于人民法院确认仲裁协议有效的则继续进行仲裁程序;对于人民法院确认仲裁协议无效的,则应动员申请人撤回申请或作出对该案件无权仲裁的决定。

1. 对仲裁协议不存在之异议

被申请人提出与申请人之间没有仲裁协议时,仲裁机构需要书面审查申请人提交的仲裁协议,必要时还应当通知双方当事人进行听证。书面审查的结果大致有以下四种情形:一是申请人提供的合同上约定了仲裁条款,但被申请人提供的合同上没有此条款,此时需要申请人作出合理解释,否则仲裁机构应按照没有仲裁协议处理,动员申请人撤回申请,或作出对该纠纷无权仲裁的决定。二是被申请人对仲裁协议的真实性提出异议,常见的是对有关签章的真实性不予认可,此时如申请人对此不接受,则仲裁机构应当征询被申请人的意见,是否有足够证据证明仲裁协议非真实,或需要通过鉴定确定仲裁协议的真实性。如被申请人不申请鉴定,则仲裁机构应当认定被申请人异议不成立,继续进行仲裁程序,仲裁协议的真实性问题留待仲裁庭解决;如被申请人申请鉴定并预交鉴定费,则应当由当事人选定或委托仲裁机构指定鉴定机构进行鉴定。根据鉴定结论,作出仲裁程序是否继续进行的决定。三是被申请人对其他书面方式形成的仲裁协议提出异议,仲裁机构在组织听证后应分别作出决定:就双方可能发生或已经发生的纠纷,对于一方书面提出提交仲裁的意思表示并明确表示对方不提出书面反对意见即视为默认的,若对方未明示反对,则视为默认有效——因为基于双方的基础关系和相互的通知义务可以认为默认的成立,仲裁协议有效;对于一方书面提出提交仲裁的意思表示但并没有明确对方不提出书面反对意见即视为默认的,即便对方未书面明示反对,也应视为双方没有形成提交仲裁的共同意思表示,仲裁协议无效;对于货运单据或保险单据等商业单据中记载或援引的仲裁条款,被申请人提出没有己方签章或称商业单据为未经特别提醒的格式条款的,仲裁机构应以商业惯例为由认定仲裁条款有效。此时仲裁机构应当秉持的态度是:除非没有任何证据证明确实形成仲裁的共识,否则应当对仲裁协议成立的认定持宽泛的立场。四是因合同权利义务的法定转移或约定转让而提出的异议。所谓法定转移指因法人的合并或分离、自然人的死亡而导致的权利义务的转移,约定转让则是指当事人约定将合同的权利义务全部或部分转让。这些情形事实上已经由《仲裁法解释》第八条和第九条作出规定,因此通常异议不成立,除非被申请人提出证据证明仲裁协议另有约定(对法定转移而言)或自己对单独的仲裁协议不知情甚至明确反对提交仲裁(对约定转让而言)。

2. 对仲裁协议效力之异议

被申请人提出对仲裁协议效力的异议,主要有以下几种情况:

一是当事人的行为能力问题。如法人的分支机构签订的仲裁协议的效力、公司股东或实际控制人签字而没有法人公章时的效力等。这类问题,如果合同已经履行,则可以视为法人已经追认;如果合同未经履行,可以运用表见代理理论解决,即在相对人相信签约者具有签字的权利(代理权或代表权)时,除非法人在提交仲裁前作出不予承认的意思表示,否则该种仲裁协议对法人有效。

二是或裁或审问题。当事人约定"交某仲裁机构仲裁,或向法院起诉",此类约定不符合或裁或审的基本制度要求,因此一经被申请人提出异议,仲裁机构即应当确认异议成立,终结程序。这里需要注意的是,仲裁协议不具有法律效力的原因不是因为当事人做了或裁或审的意思表示,或裁或审是法律规定的当事人的选择权,当事人的此种意思表示并不违反法律规定;而是因为不能据此条款推定双方已经形成了确定的排除司法管辖的意思表示,因此仲裁协议因有重大缺陷而不具有法律效力。这里的重大缺陷即意思表示未明确,须从其后来的意思表示确定双方真实意图。如果被申请人未对仲裁协议的效力提出异议，并且行使了答辩权、指定仲裁员的权利，直到仲裁庭首次开庭仍然没有提出异议，则视为双方均以实际行为表明选择了仲裁方式，所存在的重大缺陷已经弥补，此种或裁或审的约定即应视为有效约定。《仲裁法解释》第八条对此进行了明确。换言之，当事人做了或裁或审的意思表示，需要以下一步的意思表示决定其效力；如果一方表示有异议，则表明双方并未达成排除司法管辖的合意，因此异议成立。被申请人的这种选择权带有形成权性质，仲裁协议则因意思表示不明确而不具有法律效力。

需要与“或裁或审”条款区别开的是当事人约定的是“交某仲裁委员会仲裁，仲裁未果向法院起诉”，以及“交某仲裁委员会仲裁，不服仲裁向法院起诉”，此种情形下，当事人约定仲裁的意思表示是真实、明确的，只是对于仲裁裁决的后果存在认识误差。但仲裁的一裁终局制度是法律的明确规定，当事人不得以约定改变法律的强行性规定，因此关于向人民法院起诉的约定无效，但仲裁协议有效。这里需要强调的是，这种约定显然不同于“或裁或审”条款，按照“或裁或审”“约定无效”来处理是值得商榷的①。

三是可仲裁性问题。如果被申请人明确提出申请人请求仲裁的事项不具有可仲裁性而经查证属实，则仲裁程序亦应终结。如二手商品房买卖合同，双方当事人选择的争议解决方式是仲裁，约定出卖方应迁走户口但没有约定逾期不迁走户口的违约责任。在卖方收到足额款项并协助买方办理了过户手续后，逾期没有将户口迁走。买方申请仲裁，要求卖方迁走户口，卖方答辩称买方的仲裁申请事项不具有可仲裁性。此种情形下，因为户口迁移事项属于行政机关处理的范围，卖方答辩成立。对于此类涉及行政机关处理事项的纠纷，如果当事人约定了不迁走户口的违约责任（如每拖延一天承担违约金若干），在守约方提起仲裁要求违约方支付违约金时，此请求具有可仲裁性，可以裁决依约支付违约金至迁走户口日止。判断给付之请的可仲裁性除了法律明确规定的之外，还有一个标准，即是否可以申请人民法院强制执行仲裁裁决。如果不能，则通

---

① 实践中有的人民法院对此是按照“或裁或审”来对待的，如辽宁省本溪市中级人民法院（2014）本民二特字第00001号民事裁定书，对当事人约定的“可向当地仲裁机构提请仲裁，仲裁不成，可向当地人民法院提起诉讼”认定为“或裁或审”，裁定该仲裁条款无效。随着最高人民法院《关于仲裁司法审查案件报核问题的有关规定》、《关于审理仲裁司法审查案件若干问题的规定》的出台，现在各中级人民法院已经不再会作出这样的认定了。

常不具有可仲裁性。在本案例中即可依此标准判断。

四是仲裁协议违法问题。这里可能出现的情形是订有仲裁条款的主合同系因一方采取胁迫手段,迫使对方订立的。如果被申请人提供证据证明胁迫属实,则仲裁机构应当依照《仲裁法》第十七条第三项的规定,认定仲裁协议无效。因为既然主合同系胁迫签订的,自然可以推知仲裁条款也是胁迫的结果。这里存在的一个分歧是,依据《仲裁法》第十九条的规定,合同的无效不影响仲裁协议的效力,因此仲裁机构似乎可以继续仲裁。**笔者的建议是:仲裁是以当事人的意思自治为基础的,如果被申请人明确拒绝仲裁,应当尊重其意志,否则即便继续仲裁,作出的仲裁裁决的可接受性也肯定会大为降低。**

上述包含对仲裁协议是否存在和有无效力之异议的答辩有时会在组成仲裁庭之后但在仲裁庭首次开庭前提出。此时仍然应当依照上述方式处理,但是具体办理的是仲裁庭,不再是仲裁机构的内设部门。

(三)反请求

1.反请求的概念和制度

反请求指被申请人在仲裁程序中,以申请人为对象,向仲裁机构提出的与仲裁请求在事实上和法律上有牵连的、目的在于抵销或吞并申请人仲裁请求之独立的仲裁请求。《仲裁法》第二十七条规定“被申请人可以承认或反驳仲裁请求,有权提出反请求”,由此确立了仲裁反请求制度。

仲裁机构受理此反请求申请后,依据本书提出的请权理论,此时被申请人称为反请申请人,申请人称为反请被申请人。目前仲裁机构在受理反请求申请后大都称当事人为反请求申请人和反请求被申请人(也有的仲裁机构称为反请求人和被反请求人)。**笔者认为,被申请人提出反请求申请本身是一种独立的制度,应当有自己的名称,因此建议称为“反请”制度**[①]。

反请制度是双方当事人法律地位平等的一种重要表现,同时也是仲裁效益的要求。由同一个仲裁庭来处理反请求申请,不仅节省时间、经济成本,还可以防止作为一个新的案件来处理时,新组成的仲裁庭与前一仲裁庭人员组成不同而作出相互矛盾的判断。需要注意的是,相当多的仲裁员对被申请人的反请求

---

① 参见本书第二章第四节“请与请权”。

申请不重视不认可,常常认为提出反请求申请是当事人的仲裁策略或"无理搅三分",这是值得商榷的。当事人没有先主动申请仲裁而在成为被申请人之后提出反请求申请有各种原因,其中还有重要的习惯和善良意愿因素,因此对于反请求应当给予与本请求同样的重视。

2. 反请求申请的受理

被申请人提出反请求,作为一种法律规定的维护自身合法权益的手段,需要符合下列条件:

一是提起反请求,应当是通过正在处理自己案件的仲裁机构向对方当事人提出,依据的是同一份仲裁协议。

二是反请求是针对仲裁请求而提出,二者之间须有牵连关系,即或是基于同一法律关系产生的实体权利义务,或是基于同一案件事实;但反请求需要与反驳区分开来,反请求有明确的独立请求。

三是提起反请求应当在仲裁机构受理案件之后且最后一次辩论终结前(此依仲裁规则办理,也可能仲裁规则规定为裁决作出之前),便于仲裁机构将反请求与原仲裁请求二者合并仲裁。否则被申请人只能向仲裁机构提起一个新的仲裁案件来主张自己的权利。

四是提起反请求后应当按照仲裁机构的规定预交仲裁费。

仲裁机构或其仲裁庭收到反请求申请后,应当依照受理仲裁案件的程序步骤进行审查,通过审查后则依照前述的程序进行文书送达等行为,但不再给予当事人选择仲裁员组成仲裁庭的机会——即便原来是因为案件标的额小而适用简易程序也无须因为反请求之标的额超过仲裁规则规定的适用简易程序之数额而改为普通程序。这是为了防止仲裁程序变更而产生麻烦,也防止别有用心的当事人利用程序拖延时间。

被申请人提起的反请求具有独立性,即便原申请人撤回了仲裁申请也不影响仲裁机构对反请求申请进行仲裁。

四、组庭

(一)仲裁庭之组成

仲裁答辩期满,无论被申请人是否提交答辩状,均进入组庭程序。组庭即根据法律和仲裁规则的规定及当事人约定,组成负责仲裁案件、形成裁决草案的仲裁庭。仲裁庭是仲裁机构承办具体案件之内部临时组织,通过开庭(或当事人约定不开庭时通过对证据材料的审查)形成处理意见,因此直接影响着当事人的切身利益。仲裁意思自治原则的重要内容之一就是当事人有权选择案件的承办仲裁员来组成仲裁庭仲裁案件,而且仲裁庭行使权力及形成处理意见的方式均与诉讼中的审判组织有根本性差别,因此组庭程序也被视为仲裁与诉讼两大程序的重要区别之一。从名称上看,仲裁庭与人民法院的审判庭——仅指审理案件之地点而不是指审判组织,完全没有关系,而是与审判组织即合议庭与独任庭(姑且这样称呼由一名法官独任审理的组织)相对应;**但三人仲裁庭也不应被称为"合议庭",因为合议是《民事诉讼法》第十条规定的民事审判之基本制度,是少数服从多数之制度;《仲裁法》四次提及"合议庭"也均是明确指明"经人民法院组成合议庭"**[①]。笔者认为,《仲裁法》之所以没有提及合议仲裁庭,是因为仲裁庭首席仲裁员之制度设计决定了仲裁结果的形成并非合议制那样绝对的少数服从多数。三人仲裁庭讨论案件是"评议"而非"合议",二者形式相近而实质相异。很多仲裁机构的工作人员甚至多数专家学者都将三人仲裁庭称为"合议庭"是值得商榷的[②]。

《仲裁法》第四章第二节专门规定"仲裁庭的组成",主要规则有:仲裁庭由当事人共同选定的一名仲裁员组成,或由当事人各自选定一名仲裁员并共同选定第三名仲裁员为首席仲裁员组成;当事人没有在规定时间内约定仲裁庭的组成方式并行使选定仲裁员之权利的,由仲裁委员会主任指定仲裁员组成仲裁庭;仲裁机构应当将组庭情况书面通知当事人;仲裁员应当严格执行回避制度;需要回避的情形、申请回避的时间、是否回避的决定及重新组庭和仲裁员责任等。

除了《仲裁法》的规定,各仲裁机构的仲裁规则也都对组庭作了规定,包括由一名仲裁员组成仲裁庭的条件、当事人一方为二人(及以上)时仲裁员的选定、仲裁员信息披露、是否适用简易程序等。

---

① 参见《仲裁法》第五十八条、第六十三条、第七十条和第七十一条。

② 关于这一问题,请参阅本书第一章"国内仲裁法律制度概述"中"组庭制度"部分的分析。

（二）仲裁员

组成仲裁庭的仲裁员是有关争议的直接处理者。理想的仲裁员能够运用其专业知识和经验去解决商事争议中的疑难问题，而这也正是仲裁制度的优势之一。

《仲裁法》第十三条对仲裁员的资格做了规定，公道正派并符合下列条件之一：（1）通过国家统一法律职业资格考试取得法律职业资格，从事仲裁工作满8年的；（2）从事律师工作满8年的；（3）曾任法官满8年的；（4）从事法律研究、教学工作并具有高级职称的；（5）具有法律知识、从事经济贸易等专业工作并具有高级职称或者具有同等专业水平的。

虽然法律对仲裁员的资格要求规定较为明确，但由于并未规定不符合上述条件而被聘为仲裁员会有何种后果，因此法律事实上授权仲裁机构可以适度放宽条件，如对于“从事经济贸易等专业工作并具有高级职称或者具有同等专业水平的”之“具有同等专业水平”的认定，事实上是由仲裁机构来自行认定的。对于仲裁员资格的认定问题属于仲裁机构自治范围内的问题，不属于人民法院司法监督范围内的事项。有的人民法院以仲裁员资格问题为由撤销仲裁裁决①，显然值得商榷。

（三）仲裁秘书

仲裁庭能够正常完成案件的处理工作，离不开仲裁事务的组织者和经办者，即通常所称的办案秘书。《仲裁法》并没有仲裁秘书的相关规定，仅在第四十八条关于“仲裁庭应当将开庭情况记入笔录”部分提到了记录人员，这里的记录人员通常由仲裁秘书担任；但仲裁秘书的职责不仅是担任记录人员，还有很重要的其他职责。仲裁机构受理案件后，会将案件指定给一名工作人员即仲裁

---

① 参见江西省鹰潭市中级人民法院（2016）赣06民特1号民事裁定书，该院以现职法官担任仲裁员违反了最高人民法院关于现职法官不得担任仲裁员的规定，认定该现职法官“无组庭裁决的合法资格，属程序违法”，裁定撤销了仲裁裁决。相反的例子是湖南省衡阳市中级人民法院（2013）衡中法民一初字第31号民事裁定书，该院认为“聘任仲裁员系仲裁机构依法自治事项，显属实质性问题。人民法院只可进行程序性审查”。因此对当事人的主张不予支持。笔者认为，显然后者的认定更符合仲裁法律精神。

秘书,由其具体负责所有仲裁事务的服务工作。仲裁秘书要完成法律或仲裁规则规定的由仲裁机构完成的工作——诸如受理、送达、通知、向人民法院提交保全申请等工作,包括将应当由仲裁委员会主任完成的工作提交主任。以组庭为例,在仲裁机构将组庭和选定仲裁员的通知告知当事人之后,当事人需要有具体的联系人来接收所递交的申请,仲裁机构也需要向当事人指定的仲裁员征询是否接受选定(或指定),这些具体案件中的事务必须有专人负责,否则会造成管理上的混乱——没有专人负责就等于没有人负责。这里负责具体案件仲裁事务的仲裁机构工作人员就是仲裁秘书。《仲裁法》中规定的仲裁机构的通知行为大多由仲裁秘书承担,仲裁秘书需要将组庭情况、开庭日期等通知当事人,同时完成仲裁程序中的各项记录工作,并在裁决书上仲裁员签名后署名。许多仲裁机构基于仲裁员的兼职性质,为减轻其负担而只要求仲裁庭出具裁决意见,裁决书的其他部分由仲裁秘书完成,这更有利于体现仲裁机构的专业性。

(四)仲裁员的回避

虽然当事人选定仲裁员时有可能与仲裁员有着各种关系,但仲裁员是代表仲裁机构履行职责,而不是一方当事人在仲裁庭的代言人,因此仲裁员应当严格执行回避制度,这是保证公平合理之前提。当事人也有权申请具有应当回避情形之仲裁员回避。

仲裁员需要回避的情形,《仲裁法》第三十四条作了规定:(1)是本案当事人或者当事人、代理人的近亲属;(2)与本案有利害关系;(3)与本案当事人、代理人有其他关系,可能影响公正仲裁的;(4)私自会见当事人、代理人,或者接受当事人、代理人的请客送礼的。总之,仲裁员需要当事人的信赖而不能有让当事人产生合理怀疑的关系或行为。因此,关于回避问题的处理,以从严为宜。

为提高仲裁效率,《仲裁法》第三十六条对当事人申请回避的时间进行了限制,即在首次开庭前提出和在最后一次开庭终结前提出。事实上,如果仲裁员具有应当回避之情形而未回避,即便开庭完毕并作出仲裁裁决也涉嫌程序违法,很可能会导致仲裁裁决被撤销或被裁定不予执行。因此,实务中在裁决书作出之前仲裁机构都会对当事人的回避申请特别重视。

《仲裁法》第三十六条规定,仲裁员回避的决定由仲裁委员会主任作出或在仲裁委员会主任担任仲裁员时由仲裁委员会集体决定。该种决定是终局性的,法律没有再设置救济途径。从仲裁机构的角度,除非有理由怀疑当事人提出回避申请是为了拖延时间,否则一般应当按照从严的立场处理仲裁员回避事宜,即尽量让当事人提出回避申请的仲裁员退出案件。当事人既已失去对某仲裁员的信任,就不必坚持该仲裁员参与此案,否则将会严重影响仲裁结果的可接受性。

《仲裁法》第三十七条规定,仲裁员因回避或其他原因不能履行职责的,应当重新选定或指定仲裁员,即重新组庭。新组成的仲裁庭有权决定已进行的仲裁程序是否重新进行。通常此种情形以仲裁庭决定重新进行为宜,否则就有违于直接言辞原则。

《仲裁法》第三十八条规定了仲裁员责任,即仲裁员有“私自会见当事人、代理人,或者接受当事人、代理人的请客送礼的”且情节严重,以及“仲裁员在仲裁该案时有索贿受贿,徇私舞弊,枉法裁决行为的”,应当依法承担法律责任,仲裁机构应当将其除名。这里的法律责任为何种责任并没有明确,但《刑法修正案(六)》对枉法仲裁罪作了明确规定。有学者认为仲裁员责任应当包括甚至主要是民事责任①。笔者认为,由于仲裁员是代表仲裁机构履行职责,因此即便因为法律规定了民事责任也应当由仲裁机构承担,而不应当让仲裁员承担。

需要强调指出的是,在仲裁程序中起着重要作用的仲裁秘书也有回避问题,具体要求与仲裁员一样,决定仲裁秘书是否回避的也是仲裁委员会主任。

五、案件开庭程序

仲裁庭组成后,即进入仲裁程序之核心阶段——法律规定的开庭(或经当事人协议不开庭)阶段。所谓案件开庭,指仲裁庭依照法律和仲裁规则之规定,在当事人和其他仲裁参与人的参与下,对当事人之间的纠纷通过开庭方式举证、质证和辩论,形成对案件事实即当事人之间权利义务关系的内心确认。依据当事人不开庭的协议,仲裁庭可以通过书面审查而形成内心确认。

开庭程序不仅对保证仲裁庭查明事实和保证当事人充分行使仲裁权利(特别是辩论权)具有重要意义,而且作为法定程序不可省略——除非当事人约定不开庭,否则未经开庭程序,仲裁庭不得作出裁决。

---

① 参见黄进、宋连斌、徐前权:《仲裁法学》(第3版),中国政法大学出版社2007年版,第66页;杨秀清、史飚:《仲裁法学》(第2版),厦门大学出版社2016年版,第102页。

案件开庭程序具有两个重要特征:一是具有阶段性。仲裁程序分为庭前准备阶段、开庭调查阶段、辩论阶段、仲裁庭评议研究阶段,各阶段应依次进行;但在闭庭前,仲裁庭有权根据案件情况调整开庭次序,如从辩论阶段返回开庭调查阶段,或在每一个阶段都进行研究,决定是否进行下一个程序。出于尽可能彻底地解决纠纷之考量,甚至在仲裁裁决作出之前,仲裁庭都有权决定重新开庭以尽可能查清有关事实。二是具有持续性。开庭程序的持续性指仲裁庭从组成到解散,对案件的处理应当尽可能迅速而不间断地进行,须有正当理由方可再次或多次开庭,且不可轻易逾越仲裁规则规定的时间期限。

(一)开庭原则

根据法律和仲裁规则规定,仲裁庭在开庭程序应当遵循以下四个原则:

1. 亲自开庭原则

《仲裁法》第三十九条规定:"仲裁应当开庭进行。当事人协议不开庭的,仲裁庭可以根据仲裁申请书、答辩书以及其他材料作出裁决。"这样的规定,既明确了以开庭为原则、以协议书面仲裁为例外,又充分尊重了当事人之程序选择权,为仲裁充分发挥灵活性留足了空间。开庭有利于当事人的举证、质证和辩论,有利于仲裁庭对有关事实的调查,能够为正确地作出裁决打好基础。

作为例外,书面仲裁主要是指针对案件事实简单、证据确凿、通常标的额不大的纠纷,当事人为节省成本而事先书面约定不开庭仲裁,仲裁庭通过审查相关证据作出裁决的仲裁方式。较为典型的如互联网仲裁,无论是对于 P2P 网络借贷还是网购,由于交易方式的特殊要求而证据充分确凿,但绝大多数标的额较小,往往是天南地北的当事人之间的合同纠纷且双方并无其他权利义务争执。这类情况下,无论是申请人还是被申请人都不值得专程出庭增加成本,因此适于不开庭仲裁。有的仲裁机构已经对此类纠纷的解决作出了成功的尝试[①]。这也表明仲裁制度的确具有强大的生命力,有足够的适应能力为当事人提供解决纠纷服务。

---

① 如中国广州仲裁委员会互联网仲裁的有关成功尝试。

2. 不公开原则(也称保密原则)

《仲裁法》第四十条规定:“仲裁不公开进行。当事人协议公开的,可以公开进行,但涉及国家秘密的除外。”这样的规定明确了以不公开仲裁为原则、以协议公开仲裁为例外,充分尊重了当事人的程序选择权,同样为仲裁庭发挥灵活性留足了空间。当事人之间的纠纷无力自行协商解决而需要仲裁,这本身对当事人的经营活动及其商誉就是一种损害;仲裁制度的不公开仲裁原则将这种损害降到了最低,避免因为公开开庭导致“家丑外扬”而引发的更多更大次生损害,也避免了当事人的商业秘密为社会公众知晓之风险;这是仲裁制度的显著优势之一。当然,如果当事人出于自身利益考虑愿意公开仲裁,仲裁机构也有依据依法公开进行仲裁,但涉及国家秘密的案件除外。这是仲裁制度作为国家法律制度负有维护重大公共利益职责的一种表现。

不公开仲裁要求开庭程序不公开、仲裁结果不公开,这种保密制度不仅仅对社会公众不公开,也要求与案件无关的人员不得过问案件,与案件有关的工作人员负有保密义务。但对于相关国家机关因为工作需要而要求仲裁机构提供相关信息时,仲裁机构应当提供。《仲裁法解释》第三十条第一款规定:“根据审理撤销、执行仲裁裁决案件的实际需要,人民法院可以要求仲裁机构作出说明或者向相关仲裁机构调阅仲裁案卷。”如果仲裁机构不配合,人民法院据此即可撤销仲裁裁决或不予执行仲裁裁决①。

不公开仲裁原则的落实在送达环节容易产生分歧,主要是公告送达的问题。《仲裁法》除了在第二十五条要求向当事人送达有关材料和第五十二条涉及调解书的送达外,在其他条文中没有规定送达问题,相关表述是“通知”;这是

① 参见环中仲裁团队:《仲裁委不配合法院调取材料,裁决被撤销(河南案例)》,载微信公众号“环中商事仲裁”2017 年 3 月 23 日,https://mp. weixin. qq. com。参见环中仲裁团队:《仲裁委拒不提供仲裁案卷,裁决被撤销(河南案例)》,载微信公众号“环中商事仲裁”2017 年 8 月 18 日,https://mp. weixin. qq. com。该两案为同一仲裁机构作出的裁决被同一中级人民法院撤销,基于基本相同的理由即仲裁机构“收到调卷函后,至本裁定作出之日仍未向本院提供该卷宗”,据此认定仲裁机构妨碍人民法院依法行使审查权,违反相关程序规定可能影响案件正确裁决。笔者认为,《仲裁法解释》第三十条规定虽然对仲裁机构并无效力,而是对人民法院的授权,仲裁机构不认可这一规则并不违法。但行使司法监督权的人民法院有理由据此认定仲裁机构的裁决不值得支持,因此对仲裁裁决予以撤销,这种做法并不违法。这种对仲裁机构公信力具有重大负面影响且对当事人的利益亦有重大影响的撤销案例值得全体仲裁工作人员深思。

仲裁制度注重灵活性的一个重要体现。笔者认为,仲裁规则中应当借鉴诉讼法律中的送达制度,其中公告送达是现阶段很难避开的问题。公告送达的确与不公开仲裁要求有冲突,但鉴于目前纠纷解决实践的具体情况,仲裁机构采取公告送达方式亦属于不得已之选择,否则更难以推进程序,且这种方式目前是能够为当事人所接受的。这种推定送达由于无法保证受送达人的知情权更无法保证其参与仲裁的权利,不可避免地会影响仲裁裁决的可接受性,甚至影响仲裁机构的公信力。随着全社会法治意识的提高和当事人商事经验的增加,诸如在合同中预先约定送达地址之类的方式将会逐步增多,这可以避免仲裁文书因送达产生的部分问题。

3. 辩论原则

辩论原则指当事人在仲裁中有权就案件事实和争议的问题进行辩论,各自陈述自己的主张和根据,相互进行反驳和论证。在本书第一章所述的仲裁原则与仲裁制度中,辩论原则是作为辩论制度的基础论述的。《仲裁法》第四十七条规定"当事人在仲裁过程中有权进行辩论"。这是辩论原则的法律依据。辩论并非仅指开庭中的辩论,而是贯穿于仲裁全过程——当事人的申请与答辩、开庭中的辩论、闭庭后的书面最后意见等都属于行使辩论权的方式。辩论的范围是案件事实及争议的问题,包括案件的实体性问题和程序性问题、法律适用问题等。借助辩论过程,仲裁庭可以了解当事人的观点和依据,了解当事人对程序问题的意见,了解当事人对提交仲裁庭的证据之真实性、关联性及证明力的观点,从而做出对事实的认定意见。

开庭中的辩论有特殊的重要意义,开庭时仲裁庭和当事人在表达自己的意思时要以口头的方式,这被称为言辞表达。当事人在开庭中发表意见的口头辩论都是重要的裁决依据,因此应当由仲裁秘书认真记录在案,并按照《仲裁法》第四十八条的规定办理:"仲裁庭应当将开庭情况记入笔录。当事人和其他仲裁参与人认为对自己陈述的记录有遗漏或者差错的,有权申请补正。如果不予补正,应当记录该申请。笔录由仲裁员、记录人员、当事人和其他诉讼参与人签名或盖章。"如果当事人或仲裁参与人拒绝签名或盖章,记录人员应将此情况记入笔录。但诉讼参与人只应当在仲裁庭需要的时候进入开庭场所并在进入下一个环节前离开,也只能在自己参加和发表意见的笔录部分签章,其余部分笔录不应让其阅读。

与言辞表达对应的是书面表达,即当事人协议不开庭仲裁时仅仅提交相关材料而不当面用言辞表达意见。不开庭仲裁只是不开庭而已,当事人仍然有权以提交书面材料的方式行使辩论权。无论是何种仲裁方式,未经当事人辩论的事实及证据材料不能作为裁决的依据(缺席仲裁属于视为当事人放弃辩论权利,事实及证据材料视为已经经过辩论)。

4. 调解原则

这里的调解指在仲裁活动中,仲裁机构或仲裁庭在当事人自愿的前提下,组织各方当事人对争议的问题进行协商以达成谅解和让步,平和地解决纠纷。《仲裁法》第五十一条第一款规定:"仲裁庭在作出裁决前,可以先行调解。当事人自愿调解的,仲裁庭应当调解。调解不成的,应当及时作出裁决。"从仲裁机构解决纠纷的角度讲,因为调解是通过当事人自己的处分来化解争议,因此既能够体现对当事人的尊重,又可以以较小的成本及时结案,而且有利于当事人的主动履行,是远胜于裁决的结案方式。有些仲裁机构在其仲裁规则中明确规定要先行调解。

调解活动应当贯穿于仲裁活动之全过程,从接收材料开始到裁决书作出之前,仲裁机构和仲裁庭应当尽最大努力进行调解,促使当事人相互谅解和让步,从而达成调解协议。

仲裁调解与诉讼调解的重要不同点在于,诉讼调解有合法性的要求,人民法院即使在调解中也要保证其维护公共利益的立场,调解协议的内容不得违反国家有关法律的规定①。但法律对仲裁调解并无同样的要求。仲裁调解依据的原则是"法无禁止即自由",如果当事人达成的调解协议没有为法律所明令禁止的内容,则调解协议即属于合法。

如果在裁决书已经作出但尚未送达时,双方当事人达成调解协议或和解协议,并要求仲裁机构依据调解协议或和解协议出具调解书或裁决书,这会涉及法理与实务的冲突:从法理上讲,由于裁决书自作出之日即发生法律效力,因此仲裁机构和仲裁庭对裁决的内容已不能作任何变动,也不能再依据当事人的调解协议或和解协议制作调解书或裁决书;但实务中,仲裁机构一般是将裁决书

---

① 《民事诉讼法》第九条规定:"人民法院审理民事案件,应当根据自愿和合法的原则进行调解;调解不成的,应当及时判决。"

放弃,依据当事人的调解协议或和解协议另行作出调解书或裁决书。笔者认为,实务中的这种做法符合仲裁灵活性的要求,仲裁机构完全不应当"自缚手脚"。

裁决书既已作出,案件的处理结果以裁决书为准,就此结案。同时,仲裁机构建议当事人,在达成的调解协议或和解协议上增加以下两条内容:一是自本调解协议或和解协议达成之日起,无论仲裁裁决内容如何,双方均同意不执行该裁决书而履行本调解协议或和解协议;二是因为本调解协议或和解协议未得到履行而产生的争议,由某仲裁委员会仲裁,仲裁委员会由一人组成仲裁庭且无须开庭,仅凭本调解协议或和解协议进行书面仲裁即可,依据本调解协议或和解协议作出仲裁裁决,仲裁费由被申请人承担。这样,如果当事人自愿放弃了执行裁决书而主动履行调解协议或和解协议固然相安无事;即便一方反悔,另一方也可凭新仲裁协议而申请仲裁,使调解协议或和解协议成为新裁决书的内容,从而保证调解协议或和解协议可以得到执行。这里无须担心"一事不再理"或一方当事人申请执行已经作出的第一份裁决书的问题,因为根据当事人的意思自治原则,当事人行使处分权达成之新意思表示是"另一事",这样的处分具有对抗强制执行前一裁决书之效力。虽然如此,但笔者仍然建议按照前一办法进行,即放弃裁决书而制作新裁决书或调解书。

(二)庭前准备

庭前准备程序指仲裁机构和仲裁庭为开庭所进行的一系列准备工作,主要包括通知、阅卷、准备开庭提纲、办理仲裁保全等。

仲裁机构在受理案件后已经指定仲裁秘书,因此庭前准备程序需要仲裁秘书与仲裁庭相互配合,各司其职,为开庭做好准备。良好的准备工作将有效地减少开庭次数,准确地发现并抓住促成调解的机会,保证开庭过程始终围绕争点展开调查和辩论,从而为作出可接受性强的裁决打好基础。

1. 仲裁秘书方面

根据《仲裁法》和仲裁规则,仲裁机构需要办理诸如受理、送达、通知、向法院提交保全申请等工作。如前所述,这些工作的承担者就是实务中最重要的程序推进者和管理者——仲裁秘书。

仲裁秘书的工作首先是通知。仲裁秘书庭前准备事项的通知包括:告知当事人仲裁庭的组成人员、已安排的开庭场所、发送开庭通知书、向代理人发送出庭通知书、与仲裁员核实开庭时间地点并提前一日或二日再次提醒。

通知应符合知悉规范。知悉规范是要求所通知的事项被对方知晓或接受的一套规范,通常送达是通知的一个法定形式。送达回证既是通知内容的记录也是证明文件,证明对方知悉通知内容。仲裁秘书需要认真仔细核实送达手续是否齐全、程序是否合法,对缺漏的仲裁材料进行补正(如当事人提交的申请书和答辩书份数是否满足仲裁庭需要,不足时需要复印),并将送达情况、补正情况及时向仲裁员汇报,以免工作脱节。此时最常见的情形是,送达是通过特快专递或快递,仲裁秘书应当在收到回执后,电话核实受送达人是否收到所送达的仲裁材料。另外,通知当事人出庭的时间应是"应到时间"而非开庭时间,开庭的具体时间应当由仲裁庭当场决定。这有利于在出现特殊情形时仲裁庭灵活确定,避免因为事先确定准确的开庭时间而可能产生的误解。

如果申请人提出了财产保全申请或证据保全申请,办案秘书还需要将申请材料递交相关人民法院,根据人民法院的要求出具委托保全函、提供受理通知书等材料,并作为联系人接收人民法院的相关通知(关于作出保全裁定或驳回保全申请的情况)。

虽然仲裁秘书非常重要,但在国内的简易程序仲裁实践中,已经有仲裁机构在简易程序并由机构工作人员(符合条件并已经被聘为仲裁员的仲裁秘书)担任仲裁员时不再单独安排仲裁秘书,而是由该仲裁员自己处理所有仲裁事务(包括自己记录开庭笔录和各种其他笔录)。这方面的尝试是有价值的,并不违反法律规定和仲裁规则,且有利于节省仲裁资源并提高仲裁效率和效益。

2. 仲裁庭方面

按照法律和仲裁规则,仲裁庭负责开庭查明事实、作出裁决草案或以其他方式解决纠纷,具体办理仲裁案件的核心工作。仲裁庭组成之后,即具有安排决定程序如何具体推进的种种权限。例如,期日的指定以及是否允许期日变更、延期的决定,决定开庭地点和日期,根据案情决定是否需要仲裁庭成员事先交流观点形成共识或共同阅卷,等等。

开庭之前,仲裁庭应当认真审阅相关仲裁材料,包括仲裁申请书和申请人的证据、答辩书和被申请人的证据及其他材料,明确以下事项:一是当事人的具体情况;二是申请人的具体请求和初步依据,是否存在仲裁协议瑕疵、仲裁申请主张的事项是否属于仲裁协议约定的范围;三是答辩书的内容和依据,被申请人是否提出仲裁协议效力异议及反请求;四是明确争点和开庭重点;五是由三人组成的仲裁庭成员确定各自的职责、开庭中可能出现的情况及应对措施。通常主持开庭的首席仲裁员还应当形成书面的开庭提纲,以免开庭中遗漏程序或事项。仲裁秘书应当参加仲裁庭成员的上述准备活动。

如果当事人之间的争议复杂、证据较多,还需要确定是否应当进行庭前证据交换。证据交换需要按照仲裁规则的规定进行。如果仲裁规则没有明确规定,则一般应注意以下事项:证据交换需要征得当事人同意,由独任仲裁员或仲裁庭确定的仲裁员(一般为首席仲裁员)主持(仲裁庭也可以决定由仲裁秘书代表仲裁庭主持),确定日期和地点,仲裁秘书参加并做好服务和记录工作。证据交换之目的是将开庭中的举证质证程序提前到庭外进行,明确争点和用以支持各自主张的证据,也借此机会增加当事人之间接触,为调解创造条件。对于当事人均无异议的证据及其证明事项应记录在案,除非当事人又提供足以推翻此前陈述或认可的相反证据,否则开庭中即不得反悔。对于当事人有异议的证据及其异议也同样需要详细记录,以备作为开庭重点。

本书第四章关于法律适用的方法中有专门的开庭步骤和重心的建议,特别是“五定法”。上述的过程其实就属于“五定法”中的“定求”。

(三)开庭

1. 仲裁秘书开庭前的检查

(1)仲裁庭布置是否符合要求,仲裁员、当事人、代理人、证人、鉴定人的座位牌是否摆放正确;(2)庭内卫生状况是否良好、饮水供应是否正常;(3)庭内有无可能影响安全的可疑物品;(4)检查当事人、法定代表人、代理人、证人、鉴定人等应到庭人员的到庭情况;(5)要求出庭人员安静,关掉手机或将手机调入振动状态;(6)宣布仲裁庭开庭纪律;(7)向独任仲裁员或首席仲裁员报告开庭条件就绪,请仲裁员宣布开庭。

2. 独任仲裁员或首席仲裁员宣布开庭后的处理

核实案件当事人及代理人的基本情况及到庭情况,告知当事人仲裁权利和义务及开庭要求,询问是否有证人出庭作证,向当事人介绍仲裁庭成员的姓名和仲裁秘书的姓名,询问当事人对仲裁庭成员和秘书是否申请回避。

如果当事人提出回避申请并讲明理由,应当由被申请回避的仲裁员或仲裁秘书作出口头解释,表明是否同意回避申请的内容。如果当事人坚持要求回避,仲裁庭需要休庭,将上述情形报仲裁委员会主任,根据法律规定由仲裁委员会主任(或主任担任仲裁员时由仲裁委员会集体)决定。需要注意的是,仲裁秘书及其他仲裁参与人(鉴定人、翻译人员等)的回避均应当报仲裁委员会主任,仲裁庭不就回避事项作决定。这是因为仲裁庭作为临时组织,仲裁程序法并未授权给仲裁庭决定有关人员是否回避的权力,仲裁庭事实上也不能决定何人可以接替需要回避的人员。

3. 开庭调查和辩论

(1)开庭调查。《仲裁法》第四十三条第一款规定:“当事人应当对自己的主张提供证据。”第四十五条规定:“证据应当在开庭时出示,当事人可以质证。”开庭调查是当事人依据上述法律条文和仲裁规则的规定,当庭出示证据以支持自己主张,对方当事人对其证据及证明事项发表意见,并提出自己的主张及出示相关证据,然后多轮循环直至相关证据均已当庭出示、相关主张均已当庭提出,供仲裁庭对案件事实和当事人主张能否成立作出判断的整个过程。当事人提出证据为举证,对某一证据的真实性、关联性、合法性和证明力大小进行辨认、质疑、说明和辩论称为质证。

开庭调查之主要任务是听取当事人的充分陈述和核实证据,因此仲裁庭应当给予当事人充分发言机会,而不可使当事人产生自己的发言权被限制或被剥夺的感觉。

《仲裁法》第四十三条第二款规定:“仲裁庭认为有必要收集的证据,可以自行收集。”第四十四条第一款规定:“仲裁庭对专门性问题认为需要鉴定的,可以交由当事人约定的鉴定部门鉴定,也可以由仲裁庭指定的鉴定部门鉴定。”但这两者都以由当事人申请为宜,且形成的证据同样需要当庭出示和质证。

开庭调查应当按照一定的顺序进行:一是当事人陈述,通常应当先由申请人陈述,再由被申请人陈述。申请人陈述的主要内容是纠纷的发生及原因、经过、请求仲裁的事项、事实根据和理由;被申请人的陈述则主要是纠纷发生的原因、经过、是否认同申请人的主张等。如果存在反请求,则再依此顺序由反请求申请人先陈述、原申请人后陈述。二是逐项举证和质证。当事人依次出示书证、物证、视听资料、鉴定结论和相关笔录等,并由对方当事人质证;如果有证人作证,证人应当到庭当庭陈述证言,并接受当事人的询问;确实无法到庭的证人则应由提供证人证言的一方当事人宣读其证言;对于鉴定结论,按照法律和仲裁规则的规定,如果当事人或仲裁庭提出要求,鉴定人应当参加开庭并接受当事人的询问。如果此前已经进行过证据交换,则仲裁庭应当引导当事人围绕有争议的证据展开质证。

在当事人(及其代理人)明确不再出示新证据和提出新主张后,开庭调查即告结束。

(2)当庭辩论。虽然整个仲裁过程都可以视为当事人辩论的过程,但最核心的辩论仍然是当庭辩论。在此过程中,当事人及其代理人就相关证据的证明力大小、案件事实的认定和法律适用等问题进一步向仲裁庭阐明自己的观点,并进行论证和相互辩驳,以供仲裁庭通过口头辩论进一步查明案件事实,明确当事人意思,得出对案件事实的认定意见。

当庭辩论之顺序如下:先由一方当事人及其代理人发言,再由对方当事人及其代理人发言,然后进入相互辩论。仲裁庭应当引导当事人围绕争点进行辩论,经过数轮辩论后当事人应当将自己的观点表达穷尽。

在当庭辩论中有时会涉及在开庭调查阶段当事人没有强调的对有关证据和事实的明显分歧,甚至是出现了新的事实。仲裁庭对此应当根据情况恢复进行开庭调查,要求当事人提供证据或明确自己的主张,在有关事实查明后再继续进行当庭辩论。

《仲裁法》第四十七条规定"辩论终结时,首席仲裁员或者独任仲裁员应当征询当事人的最后意见"。仲裁庭征询当事人的最后意见,主要是要求当事人进一步明确其仲裁请求,明确各自的主张。因为经过开庭,根据对相关事实的开庭调查,当事人可能会放弃一些主张或明确一些要求,如放弃或明确关于利息之主张。但此处是明确而不是增加,即当事人已经在仲裁请求中要求对方支付利息,但因为涉及计算的利率和时间而尚未明确具体数额。如果当事人此时提出增加此前未主张的利息,这是增加和变更仲裁请求,则此一主张构成一个独立的请求,需要对方当事人对此进行答辩和辩论,必须在对方当事人的答辩期满后再重新开庭(当然,如果对方当事人当庭表示放弃答辩期这一程序权利,开庭可以继续进行)。

在征询最后意见后,仲裁庭应当继续努力尝试调解。如调解不成则应宣布闭庭,仲裁庭对案件进行评议并尽快作出裁决。

(四)特殊情形处理

1. 当事人未到庭

由于种种原因,当事人或其代理人都有可能未及时出现在开庭地点,此时仲裁秘书应当负责与当事人联系:(1)送达时未与当事人(主要是被申请人)接触的情形。如果是邮寄送达,且仲裁秘书收到回执后与受送达人联系未果,则基本可以判断当事人会缺席。此时应当由仲裁庭告知对方当事人,依据其提供的地址和联系方式所送达的仲裁材料不能保证受送达人已经知悉送达内容,因此而导致的后果是,仲裁庭可以缺席开庭并作出裁决,但仲裁裁决可能会被当事人以送达违法为由申请人民法院予以撤销或在执行程序有可能因为对方有理由的异议而被不予执行。(2)如果是公告送达,同样要告知当事人,仲裁裁决在执行程序有可能因为对方有理由的异议而被不予执行。这种告知可以有效地防范个别当事人故意提供虚假信息以得到缺席仲裁裁决之类的企图,并且仲裁机构应当支持对因申请人故意提供虚假信息之类的原因导致仲裁裁决被不予执行的结果,以保证对相对方当事人权利的保障和仲裁机构自身的公平。(3)如果当事人因为各种原因迟到,通常应当等候其到庭再开庭。因为开庭是查明事实和进行辩论的过程,如果径直开庭固然符合程序正义,但迟到方到庭后仍然需要举证质证和辩论,因此徒增障碍,无益于纠纷的解决。但迟到方应当承担仲裁庭和守时方因此而增加的支出,如午餐费和堵车补贴,该部分费用的承担可以在仲裁费用承担部分予以明确。这里还需要注意的是,**通知当事人的应到时间与开庭时间是有区别的。《仲裁法》第四十一条规定"仲裁委员会应当在仲裁规则规定的期限内将开庭日期通知双方当事人"。笔者建议开庭通知应当通知的是应到时间之日期和钟点,但开庭时间即具体开庭钟点应当由仲裁庭当日根据情况当场决定。**(4)当事人缺席。《仲裁法》第四十二条规定:"申请人经书面通知,无正当理由不到庭或者未经仲裁庭许可中途退庭的,可以视为撤回仲裁申请。被申请人经书面通知,无正当理由不到庭或者未经仲裁庭许可中途退庭的,可以缺席裁决。"但当事人迟到不应视为"无正当理由不到庭",因为此种情形下的"视为撤回仲裁申请",申请人必然还要重新申请仲裁,只是等于让当事人承担了一次仲裁费用作为惩罚,不但增加当事人的负担,也增加仲裁机构和仲裁员之负担。这要有别于诉讼——在诉讼程序中,法庭在原告迟到时通常可能径直宣布按撤诉处理。另外,对于未经许可中途退庭的被申请人,如果该次开庭未能直接作出缺席裁决而需要再次开庭,仍然需要向其送达开庭通知,不可因为其中途退庭而在不通知其开庭的情形下再次开庭,否则涉嫌程序违法。

2. 仲裁员未到庭

如果仲裁秘书在开庭前2日与仲裁员核实过开庭事宜,基本可以判断仲裁员不会因为疏忽而遗忘开庭日期,此时应当核实情况:如果因为堵车、停车等原因导致迟到,应当推迟开庭时间,该仲裁员在到庭后应当向当事人和仲裁庭其他成员及仲裁秘书、其他仲裁参与人郑重致歉,并应当酌情减少应收酬金;如果是因为意外情形(如车祸、突发急病等),则由仲裁秘书代表仲裁机构和仲裁庭向当事人说明情况并致歉,另行确定开庭时间和地点。这里可以看出笔者前面建议开庭通知时通知当事人的是应到时间而非开庭明确钟点的意义——避免因为各种特殊情况而产生影响程序推进的争议。

如果出现因仲裁员疏忽而遗忘开庭的事件,仲裁机构应当作为责任事故追究该仲裁员(也包括仲裁秘书)的失职。该仲裁员和仲裁机构应当向当事人致歉,并视情况减少应当收取的仲裁费用以弥补当事人的额外支出。

3. 场面失控

开庭中如果个别自然人当事人因为情绪激动而导致场面失控,仲裁庭应当要求对方当事人离席避让,防止事态恶化,并对该失控自然人进行劝导或批评,尽量使开庭能够进行下去。如果该自然人的行为造成开庭无法进行甚至可能出现人身伤害,应尽量劝导并告知其法律后果,包括仲裁机构报警可能产生的后果。如果当事人情绪无法稳定下来,仲裁庭应当宣布休庭,另择日开庭。如果经劝导当事人情绪稳定了,仲裁庭应继续开庭。仲裁庭在裁决时可以根据情况决定由该当事人承担造成的损失(损失额由仲裁员酌定,如以当地日平均工资的一半乘以参与开庭的人数)。

4. 延期开庭

《仲裁法》第四十一条规定:“仲裁委员会应当在仲裁规则规定的期限内将开庭日期通知双方当事人。当事人有正当理由的,可以在仲裁规则规定的期限内请求延期开庭。是否延期,由仲裁庭决定。”在仲裁庭确定开庭日期之后,如果出现了特殊情形致使开庭无法正常进行，就需要延期。在开庭过程中也有可能出现具有正当理由而需要延期开庭的情形。当事人请求延期，主要情形有：一是当事人因为不可抗力或由于意志以外的因素（突发急病、意外事故受伤、防疫原因行动受限等）导致无法出庭；二是代理人日程安排冲突，如律师代理人在仲裁庭确定的开庭日期在外出差或有其他开庭活动；三是在开庭过程中出现需要重新鉴定或涉及提供新的证据等无法在本次开庭解决的问题；四是当事人当庭提出对仲裁员、仲裁秘书或鉴定人、翻译人员的回避申请，需要仲裁委员会主任作出决定。除第二种情形需要仲裁庭酌情决定是否允许延期外，另三种情形涉及对当事人仲裁权利的保障和案件事实的查明，仲裁庭都应当允许延期。

除上述情形之外，如仲裁庭成员因为疾病、疫情防控限制、意外事故等正当理由无法参加，同样需要延期开庭。

5. 中止程序

仲裁以快速为特点，各仲裁机构之仲裁规则都规定了较短的仲裁期限；但有时仲裁程序因仲裁庭之外的原因无法继续推进，从期限管理的角度不宜继续计算仲裁期限，需要中止程序。需要中止程序的主要是下列情形：一是双方当事人因自行和解需要而共同申请中止的；二是当事人因不可抗拒的事由在一段时间内不能参加仲裁，又不宜按照延期对待的；三是本案必须以另一案的结果为依据，另一案尚未有结果的；四是对专门性问题的鉴定需要的；五是一方当事人死亡或终止，需要等待确定权利义务承受人的。

中止程序因为影响当事人的时间利益，因此需要有合理理由，并需要作出书面决定。中止程序的原因一经消除，就应当再书面决定恢复仲裁程序。书面决定均应送达当事人。

6. 书面仲裁

《仲裁法》第三十九条规定："仲裁应当开庭进行。当事人协议不开庭的，仲裁庭可以根据仲裁申请书、答辩书以及其他材料作出裁决。"这表明，虽然法律规定了以开庭仲裁为原则，但也允许当事人协议约定不开庭，而由仲裁庭进行书面仲裁。这里的"其他材料"主要指仲裁协议、合同、合同履行的证据等能够证明案件基本事实之证据。

不开庭仲裁并不禁止仲裁庭就某些事实问题或法律适用问题向当事人询

问,但向某方询问的情况应当以适当方式告知对方,以示公平。

实务中常见的一种不开庭仲裁是当事人达成和解协议后向仲裁机构要求依据和解协议出具裁决书。《仲裁法》第四十九条规定:“当事人申请仲裁后,可以自行和解。达成和解协议的,可以请求仲裁庭根据和解协议作出裁决书,也可以撤回仲裁申请。”如果当事人在申请仲裁前达成和解协议,也可以适用该条规定,要求仲裁机构出具裁决书。仲裁机构应当受理此类案件,根据规定组庭并进行仲裁。但值得注意的是,这种情况下,会有极个别当事人恶意串通,通过达成具有《民法典》第一百五十四条规定情形[①]的协议来请求书面仲裁的情况。鉴于仲裁庭难以在书面审查中作出判断,**为了避免出现为无效协议出具裁决书的局面,笔者建议应当在裁决书尾部加注:本裁决仅对双方当事人具有拘束力,对案外人不具有对抗效力和排他效力。**

7. 仲裁员更替

仲裁员由于回避或其他原因不能履行其职责时,需要进行仲裁员更替,由新的仲裁员来代替其完成职责。《仲裁法》第三十七条规定:“仲裁员因回避或其他原因不能履行职责的,应当依照本法规定重新选定或者指定仲裁员。因回避而重新选定或指定仲裁员后,当事人可以请求已进行的仲裁程序重新进行,是否准许,由仲裁庭决定;仲裁庭也可以自行决定已进行的仲裁程序是否重新进行。”所谓其他原因,指仲裁员亡故、失去行为能力或工作冲突(如较长时间出国或去外地工作)以及提出辞聘、被除名等。

《仲裁法》第三十条规定仲裁庭只能由一人或三人组成,因此,如果有仲裁员不能履行职责,必须以更替的方式保证仲裁庭的应有人数,否则涉嫌违反法定程序。这也提醒仲裁庭注意,在仲裁员不能全员到庭的情况下不能开庭。

仲裁员更替后,除非当事人和新加入的仲裁员都同意原来已经进行的仲裁程序无须重新进行,否则应当重新进行,即便当事人不提此种要求亦应如此。这既是直接言辞原则的要求,也是为了保证仲裁庭可以全面地掌握案情。

上述仲裁程序事实上即五定法中的“定性”“定事”两步骤。

---

① 《民法典》第一百五十四条规定:“行为人与相对人恶意串通,损害他人合法权益的民事法律行为无效。”

六、裁决及其他处理结果

开庭结束后，如果调解不成，仲裁庭应当及时作出裁决书草案提交仲裁机构核阅。裁决是仲裁机构对当事人提交仲裁的纠纷在程序终结时所作出的对当事人有拘束力的结论性处理结果。

（一）三人仲裁庭

由三人组成的仲裁庭需要进行评议，其目的是形成仲裁庭的意见。仲裁庭成员应当依据开庭调查、当庭辩论的情况，就当事人争议的法律关系的性质、可以认定的事实、法律适用等进行评议，并得出结论。结论应当是表明仲裁庭认定的当事人之间的权利义务关系，以及对当事人的各种主张是否支持。这个过程也是重要的法律论证过程。

由于仲裁庭是临时组成的，因此仲裁员之间通常会存在沟通困难和信任缺乏。《仲裁法》第五十三条规定："裁决应当按照多数仲裁员的意见作出，少数仲裁员的不同意见可以记入笔录。仲裁庭不能形成多数意见时，裁决应当按照首席仲裁员的意见作出。"评议的过程中常常会在几个方面均需要形成意见，如合同的效力、当事人履行义务的适当程度、申请人主张的几项请求的依据是否充分等，这些方面都要逐项形成多数意见或首席意见，作为仲裁庭的意见。

仲裁秘书需要参加评议，做好笔录。裁决书草案上的意见应当与笔录记载的意见一致。

（二）独任仲裁员

独任仲裁员无须评议即可作出裁决书草案；但为稳妥起见，应当查阅此前同类案件的处理结果，征询仲裁秘书的建议，形成自己的意见。

（三）裁决书草案

评议结果形成的三人仲裁庭意见和独任仲裁员提出的裁决意见为裁决草案，而不能直接视为仲裁裁决。因为未经过仲裁机构的核阅，很可能出现严重的先例冲突，对仲裁机构的公信力造成无法挽回的损害。例如，关于合同效力问题、合同解除通知的效力问题以及法律关系的性质问题等的认定，不涉及案件的特殊之处,完全是同样情况,各个临时组成的仲裁庭按照各自的理解,不可能做到同样情况同样处理。实践中更常见的是同样的合同但不同的仲裁庭分别作出了有效和无效的裁决。例如,一方当事人相同而仅另一方当事人不同,因同样的合同形成的纠纷(以多个当事人从同一房地产开发公司的同一楼盘购房为例),不同的仲裁庭分别适用了不同的法律,因而申请人的主张得到了支持或未得到支持。同一个仲裁机构如果作出尖锐对立的仲裁裁决,将严重影响理性的市场主体对仲裁这种纠纷解决方式的选择。仲裁机构与人民法院的情况完全不同——依照法律得到管辖权的人民法院即便是对同样案件作出完全相反的矛盾判决,也无须担心当事人在以后遇到纠纷时会避开该院,因为其管辖权的获得是依据法律规定而并非出于当事人的意志;而仲裁机构一旦失去当事人的选择,就将失去居中仲裁的机会。

因此,对于以《仲裁法》第五十三条规定及"仲裁庭应当及时作出裁决"的明示而主张按照仲裁庭意见径直出具裁决书的观点,以及相应的"仲裁机构不得对仲裁庭行使仲裁权的行为和作出的裁决进行干涉"等观点,显然是不能成立的。这是持这类观点的人士片面理解《仲裁法》规定的结果,也是动辄以所谓"国际惯例"为依据的主张——但国际商会仲裁规则(2012 版)中关于"裁决书形式未经仲裁院批准,仲裁庭不得作出裁决"的规定足以证明国际惯例并非如此。这也是笔者将"实事求是"视为仲裁制度基本原则的原因之一。

三人组成的仲裁庭作出的裁决书草案必须是严格按照评议产生的意见作出的,这不同于独任仲裁员的情形,但独任庭和三人庭作出的裁决书草案的内容均需依照法律和仲裁规则的规定,对仲裁程序、证据的采信、实体处理意见等叙述清楚。《仲裁法》第五十四条规定"裁决书应当写明仲裁请求、争议事实、裁决理由、裁决结果、仲裁费用的负担和裁决日期。当事人协议不愿写明争议事实和裁决理由的,可以不写"。根据各仲裁机构的惯例,裁决书草案一般包括以下内容:

1. 首部。(1)标题。写明仲裁机构名称、裁决书(或调解书)。(2)案号(包括年号和案件编号)。(3)当事人及其代理人的基本情况。(4)案件由来和程序经过,包括仲裁庭的组成情况、是否开庭和当事人及其代理人到庭情况。如果在仲裁程序中有特殊情况,如仲裁协议效力异议、仲裁保全、作出中间裁决或部分裁决的情况,也要在此部分写明。

2. 正文。正文是裁决书的主要部分，应当写明以下内容：(1)仲裁请求，即申请人请求仲裁机构仲裁的内容。(2)争议事实，即当事人对争议案件的事实以及相应证据所产生的争议焦点以及各自的主张。(3)裁决理由，即仲裁庭对证据的采信理由和认定的事实，需要合乎逻辑地说明仲裁庭所判断的事实和依据的证据。(4)裁决结果，即仲裁庭对当事人之间实体权利义务的确定，及当事人的主张得到支持和未得到支持的结论。裁决结果的重要意义在于以权威的方式对当事人的争议作出了终局处理决定，明确了当事人行使权利履行义务的内容和方式、时间，对此结果当事人应当接受。(5)仲裁费用的承担，即仲裁庭对当事人各自应当承担的仲裁费用的决定。《仲裁法》未对仲裁费用承担的原则作出规定，仲裁规则一般规定仲裁费用以按照裁决支持仲裁请求的比例承担，但这仅为原则。笔者认为，如果当事人在仲裁过程中出现了各种不妥当的行为，如因故迟到、不肯配合仲裁庭的要求等，仲裁庭有权让有过错的当事人为其过错而承担更多的仲裁费用。由于申请人或反请求申请人已经预交仲裁费用，因此仲裁庭只需写明当事人各自承担的份额即可，未预交方应当承担的费用由该方在履行其他义务时一并付给预交方。这里的费用承担不同于人民法院的做法，因为人民法院有执行机构，无须通过预交转嫁的方式解决，可以将应当由对方承担的诉讼费退还给预交方。仲裁机构则只能通过上述方式办理，以避免自己陷入无法要求未预交方交纳仲裁费的困境。

(四)裁决书的作出

仲裁庭的裁决书草案通过仲裁秘书提交仲裁机构的专门部门或专职核阅人员进行核阅。根据核阅情况，按照不同的情形分别进行不同的处理：

(1)核阅通过。如果裁决书草案表述的事实清楚、证据充分、适用法律得当，且与此前的先例一致，核阅人员应当履行内部核阅程序表示赞同仲裁庭意见后退还仲裁秘书，仲裁秘书根据需要打印裁决书并校对后，呈报仲裁庭成员签名，加注裁决作出日期，并署上仲裁秘书姓名，加盖仲裁机构印章后向当事人送达。

(2)提醒修改。如果裁决书草案表述的事实不清楚、证据不充足，或适用法律不当，以及与此前形成共识之先例不一致，则仲裁机构应当就核阅中发现的问题提醒仲裁庭注意，并听取仲裁庭对所发现问题的解释。出于对仲裁庭的尊重，有的仲裁机构的仲裁规则中明确“仲裁庭应在签署裁决书之前将裁决书草案提交仲裁院核阅。仲裁院可以提出形式上的修改建议,也可以提示仲裁庭注意实体问题,但不影响仲裁庭独立作出裁决"①。依据这样的规则进行核阅属于符合程序规定的仲裁行为。但对于没有此类规则的仲裁机构,在面临仲裁庭的裁决意见明显违反法律规定或与先例不符时,与仲裁庭的沟通可能更多要靠私下的非正式方式,反而增加了风险。对发现的问题进行提醒不是要将仲裁机构的意志(常常可能是仲裁机构中部分人的意志)强加给仲裁庭,毕竟案件是仲裁庭处理的,仲裁庭对案件事实的把握和对纠纷解决结果的判断都应当受到尊重,没有参与案件开庭的人员不可能对案件有更多的了解。但仲裁庭确实有责任完成法律论证,说服核阅人员和仲裁机构。

(3)提醒无效。对于仲裁机构核阅后的提醒,如果仲裁庭坚持己见,而且不同意以任何变通方式改变裁决草案,通常仲裁机构只能将提醒的情况记录在案,作为以后需要追究责任时的依据。裁决书则按照仲裁庭的意见作出。通常这种情况会对仲裁机构的权威性和公信力造成严重损害,是仲裁机构应当尽全力避免的。笔者建议:仲裁员是仲裁机构聘任的,其行为后果是由仲裁机构承担的,因此仲裁机构在自己的公信力有遭受严重损害的危险时,有权依照仲裁规则及时更替有关仲裁员,另行组庭完成仲裁案件的职责——至少也应当动员或要求相关仲裁员退出案件的仲裁工作。

需要补充的是,仲裁机构的裁决书对于不予支持的部分通常会表述为"驳回申请人的其他仲裁请求",笔者认为,这是值得商榷的,是受诉讼影响的结果。"驳回"是行使权力的用语,仲裁机构作为居中的纠纷解决者是服务性质的工作,因此建议应当表述为"对申请人的其他仲裁请求,本会不予支持"。另外,即便是驳回,也需要注意驳回的内容。人民法院之驳回分为驳回起诉和驳回诉讼请求两种,驳回起诉是对不应当受理的案件在进入审理程序后的处理,是程序上的处理而不是对当事人实体权利的处理;而驳回诉讼请求则是对当事人实体主张的否决。仲裁对于不符合受理条件而进入程序的当事人的主张可以驳回仲裁申请,但对于当事人实体权利不能支持的处理应当也是驳回仲裁申请而非仲裁请求。这样的处理是为了给当事人寻求救济"留一条后路",消除当事人选择仲裁时对仲裁裁决救济不足之担忧。以当事人证据不足不能支持其主张为

---

① 所引用的条文系《深圳国际仲裁院仲裁规则》(2019 版)第五十三条。

例，诉讼由于有二审和再审，当事人仍然有救济途径；而仲裁既然一裁终局，就需要通过技术处理保障当事人在能够提供新证据的时候仍然有权申请仲裁。这样的处理并不违反一事不再理原则。但这只是针对国内仲裁而言的，不能简单地推广到涉外仲裁。

上述过程即前述“五定法”中的“定法”“定裁”两个步骤。

第三节　简易程序

简易程序是前述程序（通常称为普通程序）的简化，但这一程序并非源于《仲裁法》的规定和国务院办公厅印发的《仲裁委员会仲裁暂行规则示范文本》，而是根据各个仲裁机构借鉴民事诉讼简易程序通过仲裁规则确立的。有的仲裁机构称为快速程序。这一制度的存在支持了笔者的两个观点：一是仲裁规则是仲裁法律制度的重要组成部分，具有法律性质，依据这一程序仲裁案件属于依法仲裁，而不会被人民法院视为违反法定程序；二是仲裁机构必须承认对仲裁效益的追求，在同样情况下会争取以较小的投入解决纠纷——虽然案件是否简单与案件的标的额大小没有正相关比例关系，但仲裁规则规定的却是以标的额大小为标准确定是否适用简易程序，通常低于一定标的额之案件都通过简易程序仲裁。

一、简易程序含义

简易程序是对普通程序的简化，即在保证程序正义的前提下，适当缩短有关期限期间、简化有关仲裁行为方式（包括送达方式、组庭方式和开庭方式），以提高纠纷解决效率、节约仲裁资源的仲裁程序①。

简易程序的特点是：

1. 只能由一名仲裁员组成仲裁庭。由于适用简易程序的大多数案件标的额偏小（一般仲裁规则都规定在 100 万元以下，有的在 50 万元以下），收费自然

① 参见李政、徐秋菊、韩红俊编著：《仲裁法学》，中国政法大学出版社 2009 年版，第 176 页；肖建国主编：《仲裁法学》，高等教育出版社 2021 年版，第 135 ~ 136 页。

少,如果组成三人仲裁庭来仲裁则可能因为收费不足以支付仲裁员酬金而需要仲裁机构补足。因此简易程序一定是独任仲裁员仲裁。但即便是独任仲裁员,有时也会出现因为案件标的额太小而需要仲裁机构承担仲裁员酬金的情况。这是仲裁机构承担社会公益性服务职能①所需要担当的。普通程序虽然也可以是独任仲裁员,但一般需要双方当事人同意选定一名仲裁员成立仲裁庭才行。

2. 期限期间较短。不但仲裁规则规定的办理期限要少于普通程序,提前通知的时间也相应缩短,当事人的仲裁申请符合条件的应当当即受理,答辩期与组庭期限一般规定为 5 日而不是《仲裁暂行规则示范文本》规定的普通程序 15 日,开庭提前 3 日通知而不是 10 日,等等。

3. 仲裁行为简化。通知当事人的方式、举证质证的方式、开庭形式以及是否需要安排仲裁秘书作记录等②,均可以不同于普通程序。特别是在开庭程序上,可以结合开庭仲裁和书面仲裁两种方式的长处而查明事实。

4. 程序可变更。如果独任仲裁员认为案情复杂应当适用普通程序,可以告知当事人后向仲裁委员会主任提出变更为普通程序的要求;但适用普通程序的不可再变更适用简易程序。

二、简易程序之启动与进行

虽然简易程序是普通程序的简化,但仍然必须体现程序正义,在体现当事人的意思自治、保证当事人的仲裁权利等核心价值方面不得简化,依据仲裁规则通过举证质证查清事实、合法裁决的基本要求不得简化。

---

① 关于仲裁机构属于提供仲裁服务的相关研究,参见康明:《商事仲裁服务研究》,法律出版社 2005 年版。另外,中共中央办公厅、国务院办公厅印发的《关于完善仲裁制度提高仲裁公信力的若干意见》明确提出:“仲裁委员会是政府依据仲裁法组织有关部门和商会组建,为解决合同纠纷和其他财产权益纠纷提供公益性服务的非营利法人。”载武汉仲裁委员会(武汉国际仲裁中心)、湖北省法学会仲裁法研究会主办:《武汉仲裁》(第 2 辑),法律出版社 2019 年版,第 158 页。

② 有学者认为简易程序也不允许仲裁员一人办案,不得自审自记,这显然是受诉讼模式影响的观点。国内有的仲裁机构由仲裁秘书担任仲裁员的简易程序事实上就是仲裁员自己记录,有效地提高了效率。简易程序的仲裁完全可以由仲裁员自己办理一切事务性事宜,无须出现仲裁秘书,自然也无须仲裁秘书在裁决书上署名。这不同于诉讼模式下的“两人为公”理念,因为诉讼模式的法官必须时时体现其自身的公正性,书记员和法官之间既相互配合又相互监督,因而书记员不可或缺,而仲裁模式并无此必要。《仲裁法》第五十四条仅规定“裁决书由仲裁员签名”。

简易程序的启动有两种方式:一是当事人的书面约定,约定他们之间可能发生的纠纷提交仲裁时选择简易程序;二是仲裁机构仲裁规则的规定,通常是规定"案件标的额不超过人民币××万元或虽然超过××万元但当事人约定适用简易程序的,适用简易程序"。如果申请人申请仲裁的案件标的额低于规定额,则仲裁机构就会依据仲裁规则适用简易程序仲裁。

简易程序中,当事人应当享有的程序权利必须在仲裁中予以保障。因此虽然时间缩短,但仲裁机构和仲裁庭仍然必须履行通知、送达、组庭、开庭等普通程序中的义务;如有违反,仍然属于程序违法。

在简易程序中,如果申请人变更仲裁请求致使标的额超过规定数额,或者被申请人提起反请求但反请求申请的标的额未超过规定数额,以及被申请人提起反请求且反请求申请的标的额超过规定额但未要求变更为普通程序,则仲裁仍然应当按照简易程序进行,无须变更为普通程序。但如果反请求标的额超过规定额而被申请人要求按照普通程序仲裁,则应当变更为普通程序,当事人重新选定仲裁员组成仲裁庭,而首席仲裁员由原独任仲裁员担任。这里需要尊重当事人的意思自治,不加分辨地适用简易程序会有很大隐患。

三、简易程序存在的问题[①]

简易程序因为没有《仲裁法》的直接规定,而是借鉴了民事诉讼法上的简易程序由仲裁规则规定,因此存在先天的不足。简易程序的适用主要是依据当事人的约定和争议的金额,但先天不足导致的深层次的矛盾,有时会造成难以自圆其说的情况。常见的矛盾有:(1)争议金额虽然小于规定数额,但争议极其复杂,独任仲裁员成立的仲裁庭难以胜任仲裁工作。这是因为按照标的额大小来判定案件的复杂程度本身是不够合理的,纠纷的复杂程度与标的额大小没有直接关系,但仲裁机构欠缺其他的更合理标准,也只能依据标的额为标准。**在此种争议复杂的情况下,仲裁庭应当征得当事人同意,向仲裁机构要求变更为普**

---

① 参见宋连斌主编:《仲裁法》,武汉大学出版社2010年版,第204页。

通程序[①]。这里体现了仲裁庭受仲裁机构委托处理案件的一面。(2)当事人约定适用简易程序,但争议很复杂,独任庭难以胜任仲裁工作。这种情况下,也需要仲裁庭向仲裁机构要求变更程序。(3)普通程序中的一些权利义务关系简单清楚的案件,如自然人之间借贷合同纠纷、银行借款合同纠纷等,完全可以适用简易程序,以方便当事人节省仲裁成本,但囿于规则,只能组成三人仲裁庭仲裁;这显然不够合理。

因此,关于仲裁规则中的简易程序需要尽可能合理,仅以当事人选择和依据标的额确定简易程序之适用是不够的。简易程序应当赋予当事人拒绝适用之权利。尤其是在当事人的约定与仲裁规则的规定不一致时,如当事人约定仲裁庭由三人组成而按照仲裁规则应当适用简易程序时,应当按照当事人之约定组成三人仲裁庭,这是由当事人意思自治所决定的,否则作出的裁决很可能在司法监督程序受到冲击。但首席仲裁员和其中一位仲裁员的酬金应当由当事人额外承担。

总之,仲裁机构应当在优先考虑仲裁程序效益、鼓励适用简易程序的前提下,作出合理的制度安排。[②]

第四节　送达与期间

仲裁作为解决纠纷的法律制度,在向当事人通知有关事项、送达有关文书时必须遵守规范,体现法律程序的严肃性并保障当事人的程序权利。期间是仲

---

① 个别仲裁机构没有规定变更程序时需要向仲裁机构请示,如《中国国际经济贸易仲裁委员会仲裁规则》(2015 版)即是如此。但这是值得商榷的,变更程序涉及很多问题,有些问题并非仲裁庭能够自行解决。绝大多数仲裁机构的仲裁规则均规定仲裁庭需要向仲裁委员会或仲裁委员会主任请示才能变更程序。

② 国内一些仲裁机构的仲裁规则通常会就规则的适用作出特别规定。如《武汉仲裁委员会仲裁规则》(2018 版)第三条第二项规定:"当事人约定适用其他仲裁规则,从其约定,该约定无法实施或者与仲裁地法律的强制性规定相抵触的除外。"再如,《中国国际经济贸易仲裁委员会仲裁规则》(2015 版)第四条规定:"当事人约定将争议提交仲裁委员会仲裁但对本规则有关内容进行变更或约定适用其他仲裁规则的,从其约定,但其约定无法实施或与仲裁程序适用法强制性规定相抵触者除外。"

裁机构和仲裁参与人在仲裁过程中所要遵循的时间上的要求,不遵守期间的要求会产生不利的法律后果。

一、送达

送达指仲裁机构依法定的程序和方式将仲裁文书送交当事人和其他仲裁参与人之行为。《仲裁法》仅在第二十五条(向申请人和被申请人首次送达)和第五十二条(调解书的送达)中使用“送达”这一概念,其余的均代之以“通知”。但作为法律制度,如何证明通知义务的履行情况,需要借鉴诉讼中的送达制度,在仲裁规则中明确送达的有关要求。

(一)送达之特征

仲裁制度中的送达具有以下特征:

1. 送达的主体是仲裁机构,接受送达的是仲裁当事人和其他仲裁参与人。需要注意的是,当事人向仲裁机构提交仲裁材料不是送达。

2. 送达的内容是与案件有关的仲裁文书,包括各种通知、仲裁规则、仲裁员名册、仲裁申请书、答辩书、开庭通知书、决定书、裁决书或调解书等。

3. 送达具有法律效力,产生特定的法律效果。如开庭通知送达后,当事人有义务按时到庭行使仲裁权利:如果申请人不按照送达的通知要求到庭则可能被按撤回申请处理;被申请人不按照送达的通知的要求到庭则没有机会行使质证和辩论的权利,会产生通常对其不利之缺席裁决结果。

4. 送达应当按照一定程序和方式进行,未按照规定程序和方式进行则不产生送达的法律效力。

(二)送达之方式

《民事诉讼法》对于送达方式作了明确规定[①],但《仲裁法》大多仅仅要求仲裁机构通知当事人。这体现了两种不同法律制度之间的明显区别:诉讼制度不是建立在当事人信任基础上的,因此诉讼行为特别注重每一步程序之合法性并要求有证据证明,以严格的程序性规定保证当事人的权利;而仲裁制度是建立

① 参见《民事诉讼法》第七章第八十七条至第九十五条的规定内容。

在对仲裁机构信任基础上的,因此对每一步程序的合法性并无特别的证明要求。

但仲裁机构并不能因为法律的规定而免除自身的证明义务。以通知为例,通知本身作为法律行为将产生法律后果,因此当事人是否被通知到(以及是否收到相关仲裁文书)是需要证明的;否则仲裁机构与当事人产生争议的时候可能影响仲裁行为之效力,甚至可能影响程序之合法性。因此,很多仲裁机构参考民事诉讼程序的规定在仲裁规则中对送达方式作出规定。常见的送达方式有:

1. 邮寄送达。这是目前最为通用的送达方式。EMS 等邮寄方式可以有效地节省仲裁成本,而且具有专业第三者特有的证明效果,因而广为采用。但这方面也要有明确要求:(1)申请人在提起申请时和被申请人答辩时应当填写送达地址确认书,确认自己的送达地址;在案件结案前变更送达地址的,应当及时以书面形式通知仲裁机构,未告知的向原地址寄送即为送达。(2)当事人未确认自己之送达地址的,如当事人合同中约定了文件送达地址,则该地址即为送达地址。(3)当事人未以上述两种方式确认送达地址,可以向以下地址寄送:合同约定的当事人之联系地址;对方当事人(通常为申请人)提供的其他地址;自然人户籍登记之住所地、经常居住地或身份证地址;法人和其他组织工商登记或其他依法登记、备案的住所地或营业地址。(4)受送达人拒绝签收或要求退回邮寄的仲裁文书的,文书退回之日即为送达之日。(5)申请人故意提供不实送达地址的,承担由此产生之不利后果,包括缺席裁决被撤销的后果。

为防止个别申请人故意提供不真实的送达地址导致被申请人未能参加仲裁程序的情形,在邮寄送达出现“拒绝签收”“送达地址无人”等情况下,仲裁秘书应当依据申请人提供的被申请人电话进行电话联系,以核实申请人提供的收件人电话是否真实。若电话真实应告知其关于仲裁的情况;若电话不真实则应当及时报告,由相关业务处室(或组庭后的仲裁庭)决定是否变更送达方式,以防止损害被申请人的合法权益。

邮寄送达以回执上注明的收件日期为送达日期。经邮寄送达成功过的地址在此后的程序中向该地址邮寄而无人签收的,视为送达。

2. 电子送达。如果合同或仲裁协议上有约定或经受送达人同意,可以采用传真、电子邮件、移动通信等能够确认其收悉的方式送达仲裁文书,但裁决书、决定书、调解书除外。采用此种方式送达的，以传真、电子邮件、微信、短信等到达受送达人特定系统的日期为送达日期，仲裁机构应保留对应系统显示的传真、电子邮件、手机短信和微信等显示发送成功的日期。

3. 直接送达。仲裁文书应当直接送交受送达人。受送达人是自然人的，本人不在交他的同住成年家属签收；受送达人是法人或者其他组织的，应当由法人之法定代表人、其他组织之主要负责人或者该法人、其他组织负责收件之人签收；受送达人有代理人的，送交其代理人签收；受送达人已在合同或仲裁协议中约定代收人的，送交代收人签收。签收人在送达回证上签收的日期为送达日期。根据效率、成本等仲裁机构送达时需要考虑的实际情况，目前各仲裁机构直接送达已经较为少见。

4. 留置送达。受送达人或者他的同住成年家属拒绝接收仲裁文书的，以及法人或者其他组织的有关人员拒绝接收仲裁文书的，送达人可以在送达回证上记明拒收事由和日期，把仲裁文书留在受送达人的住所；并采用拍照、录像等方式记录送达过程，即为送达。这是直接送达情况下的特例。由于直接送达已经较为少见，因此这一方式也很罕见。

5. 委托送达。直接送达仲裁文书有困难的，可以委托其他仲裁机构代为送达。尤其是异地或者境外的送达，委托送达有特殊的必要性。但这需要仲裁机构之间有约定，否则为其他仲裁机构增加麻烦的举动应当慎行，并且代为送达可能产生送达效力之争议。另外，仲裁规则中也应当有关于委托送达的相关规定作为依据。

6. 转交送达。受送达人是军人的，通过其所在部队团以上单位的政治机关转交。这是人民法院通常使用的送达方式，用于仲裁虽然在保密上有特殊要求，但军人作为特殊主体，开庭甚至外出均需请假，因此转交送达也是保障其权利的途径。至于受送达人被监禁或被采取强制性教育措施的，仲裁机构不应当通过其所在机构转交。因为当事人无法到庭行使权利，仲裁机构也无权到其所在机构开庭，此类案件应当不予受理。但仲裁机构同时需要达成共识，由于仲裁机构不同于人民法院，因此此种情况下是权利人无法通过仲裁主张权利的客观情况，应视为时效中止，以保护权利人的正当权益。

7. 公告送达。受送达人下落不明，或者用前述方式无法送达的，可以公告送达。这是为保证仲裁正常、及时地进行，保证当事人和其他诉讼参与人仲裁权利的行使。在穷尽了直接送达、留置送达、委托送达、邮寄送达、转交送达等诸种方式仍然无法送达通知到当事人的情形下,将需要送达的仲裁文书的主要内容在当事人共同所属的区域内的发行量较大的报纸上予以公告,是现阶段国内法律人共同体和民众能够接受的送达方式。公告送达,应当在案卷中记明原因和经过。但这种推定送达有潜在风险,而且也被认为有违仲裁的保密原则。但仲裁的保密原则是有相对性的,这一原则被规定在《仲裁法》第四章"仲裁程序"中的第三节"开庭和裁决"中,而非规定在第一章"总则"中,从体系解释的角度,这里第四十条规定的"仲裁不公开进行"指的是"不公开程序过程"[①]和不公开裁决结果。因此,在送达中履行一定程序后推定为送达并不违反仲裁法律精神;况且仲裁裁决的执行程序中人民法院仍然是要公开进行的,可见保密原则并非绝对。

另外,送达不能在仲裁机构公告栏张贴需要送达之材料,这是需要与人民法院之送达区分开的地方。

(三)送达回证

送达回证是仲裁机构用以证明完成了通知和送达行为之格式化仲裁文书。其通常包括的内容为:仲裁机构的名称、受送达人、送达的仲裁文书、送达地址、送达时间、送达人等。如果是留置送达,还需要写明留置原因等基本情况。

EMS 的回执可以直接作为送达回证使用,但必须在寄送内容中逐项写明送达的文书名称。

送达回证具有重要作用:一是既证明仲裁机构履行了通知和送达义务,也证明受送达人接受了送达的事实。二是有关日期之计算依据,通常仲裁机构确定的期间之起算日即送达之次日。三是在受送达人拒绝接受送达的情况下,需要依据送达回证的记录确定相关行为的法律后果。

(四)送达之效力

送达之效力即送达的法律后果。因送达内容的不同,其后果亦有所不同:

---

① 参见国务院法制办公室编:《中华人民共和国仲裁法注解与配套》,中国法制出版社 2014 年版,第 45 页。

一是法律文书生效。如调解书在送达双方当事人后才发生法律效力,任何一方拒绝签收则调解书不发生法律效力。决定书也同样需要送达才能发生法律效力。裁决书的送达虽然不影响裁决书之生效,因为法律规定裁决书自作出之日起即发生法律效力;但如果不向当事人送达,则当事人无从知晓裁决书确定的权利义务,其应履行的义务即没有确定,也不应当开始计算其逾期履行的时间。

二是有关的仲裁期限开始计算并随之产生相应法律后果。如关于预交仲裁费的期间,逾期则按照申请人撤回仲裁申请对待;关于对仲裁员选定期限的起算,逾期则当事人丧失亲自选择仲裁员的权利,视为其委托仲裁委员会主任代其选择仲裁员组成仲裁庭。

三是标志着有关仲裁法律关系之产生和消灭。如向被申请人送达受理通知书和仲裁申请书,标志着仲裁机构与被申请人之间的仲裁法律关系产生;调解书之送达,标志着仲裁机构与当事人之间的仲裁法律关系消灭。

二、期间

(一)期间之概念

期间指仲裁机构、仲裁参与人进行或完成某种仲裁行为应遵守的时间,包括期限和期日。

仲裁之优势之一是其快速,保证仲裁快速推进需要对仲裁行为的完成时间设定明确的限制,这就是期限。期限制度之目的是保证仲裁程序能够快速而公正地进行。如选定仲裁员,如果当事人没有在仲裁规则规定的期限内行使这一权利,即视为其委托仲裁委员会主任代其选择仲裁员组成仲裁庭,这可以有效地避免程序拖延。

期日指仲裁机构和当事人、其他仲裁参与人会合在一起进行一定仲裁活动的日期,如开庭日是最重要的期日。仲裁机构及其仲裁庭的重要权力之一就是指定期日,通过期日的指定明确完成各种仲裁程序的时间。

对仲裁机构和仲裁庭而言,确定期日是一件远比诉讼制度中确定期日困难的事情。以普通程序确定开庭日为例,三位兼职的仲裁员通常是有繁重工作的社会贤达,要共同确定数日后的某一日开庭本已不易,确定后还要取决于当事人是否有正当理由请求改期。仲裁实践中出现的组庭数个月后仍然未能完成第一次开庭的情况并非罕见。

笔者建议,鉴于仲裁员均为兼职人员,仲裁机构应当确定休息日即周六周日为工作日,以利于仲裁员和当事人安排时间,指定休息日为期日开庭。同时休息日开庭也会有其他的益处——如许多仲裁机构的停车场会有较多的车位可用。至于仲裁秘书,可以通过换休来解决休息日仍需工作的问题。当然,如果当事人对安排周六周日开庭提出反对意见,则应当尊重其意见。

(二)期间之计算

期间的计算应当遵循以下方法:

1. 期间以时、日、月、年为单位计算,其中"时"用于仲裁前的财产保全或证据保全,年用于计算仲裁时效和申请执行仲裁裁决的期间。

2. 期间开始的时、日不计算在期间内,即从下一个时、日开始计算。

3. 法定期间或指定期间的最后一日是节假日的,以节假日期满后的第一个工作日为期间届满的日期,即便仲裁机构告知当事人该节假日为仲裁机构的工作日也必须如此计算。

4. 当事人寄交的仲裁文书的在途时间不包括在期间内。仲裁文书在期满前交邮、交发的,无论仲裁机构收到时是否超过了期限,均不算过期。

5. 当事人因不可抗力或者其他正当理由耽误期限的,可以向仲裁机构或仲裁庭申请顺延期间,是否准许由仲裁机构或仲裁庭决定。通常情况下,具有正当理由的顺延申请应予准许。

第六章
仲裁证据制度

证据在任何一种法律程序中都具有无可替代的重要性，因而关于民事证据的制度无论在民事诉讼程序中还是在仲裁程序中都属于核心内容之一。“证据是整个诉讼活动和仲裁活动的基础和核心，是联系实体法和程序法的桥梁和纽带。”[①]民事证据制度也称民事证据法。王利明教授认为，民事证据法从性质上说是程序法与实体法结合的产物，它既可以融合于程序法与实体法之中，也可以成为一个独立的法域。民事证据法应当单独立法，如不能制定单行法，可以放在《民法典》中。从立法技术和立法策略上讲，放在《民法典》中优先于放在《民事诉讼法》中。[②] 从我国的立法实践来看，实体法中规定民事证据内容确实也很常见。如前所述，《民法典》虽然是实体法，但其中存在大量的条文从立法语言上就可以直接识别出是证据规则，如第五百二十七条、第五百九十条、第六百一十四条、第八百二十三条、第八百三十二条、第八百九十七条和第九百二十五条等，立法者在这些条文中明确使用“证明”一词，将举证责任分配给特定的合同当事人一方。不仅我国的法律是这样，在最强调实体法与诉讼法分离的德国法中，民法典里仍保留着数目惊人的证据规范。因为从纠纷解决的角度看，民商事实体法“与其说是私人的生活规范，倒不如说是为解决纠纷而制定的规范，是为裁判而制定的规范”。[③]

正如学者指出的那样：证据以及以证据为基础的事实认定是实体法适用的

---

① 宋朝武：《仲裁证据制度研究》，中国政法大学出版社 2013 年版，第 53 页。

② 王利明：《审判方式改革中的民事证据立法问题探讨》，载《中国法学》2000 年第 4 期。

③ ［日］兼子一、竹下守夫：《民事诉讼法》，白绿铉译，法律出版社 1995 年版，第 8 页。

前提条件,证据具有将实体法上所确立的权利义务锚定在社会真实世界的社会功效;证据作为案件事实认定的基础,是社会纠纷化解的隐藏前提。[①] 但现实却是我们对于证据的重视程度远远不够,在法学教育中证据与事实问题常常处于边缘的位置,还未受到足够的重视;司法实践中法官对案件证据和事实问题的处理能力还有待进一步加强;律师在证据审查、质证、评估方面的能力缺陷也成为制约证据发挥应有作用的一个重要"瓶颈";证据法的法律规范条文尚未形成一个相对合理的法律体系。

从仲裁实践来看,上述问题似乎更为严重。不仅国内仲裁对于证据问题存在大量争议,国际仲裁时中方当事人大量失利的原因也常常被归结为举证方面存在严重的问题。熟谙国际仲裁的杨良宜先生在其著作序言中痛心疾首地感慨"中国人不讲证据""中国人懒于取证、不肯花钱、不想麻烦与不懂调查",认为"中华民族普遍对证据的轻视忽视是一贯的态度"。[②] 这主要是对当事人而言的。对仲裁员而言,依据证据的属性,全面、客观地判断证据的证据能力和证据价值是一项应然的要求,实际上真正能够做到的仲裁员并不多见。

对于仲裁员和仲裁机构工作人员而言,系统地掌握证据制度知识对于正确适用法律、提升仲裁案件质量、提高仲裁裁决的可接受性具有极为重要的意义。全面掌握了证据制度才能保证正确的事实认定。本书的主题是法律适用,但"事实认定"和"法律适用"这两个仲裁过程的核心部分有着极为密切的关系,二者的区分在传统的证据法领域具有重要意义。因为将仲裁员的某一具体行为归类为"事实认定"或者"法律适用"的不同领域,意味着对这一行为适用两种完全不同的评价标准。"事实认定"追求结果的确定性,"法律适用"则追求结果的妥当性。同时,法律适用过程中必不可少的对法律规范的解释是连接抽象的法律条文与具体的案件事实之间的桥梁和纽带。有学者认为,现实中"事实认定"和"法律适用"的界限,无论在理论上还是在实践中都从来没有清晰过,二者的严格区分几乎是不可能实现的目标[③]。但建立在正确质证和正确认定证

① 吴洪淇:《证据的基本定位与法治化问题》,载《浙江社会科学》2019 年第 8 期。另参见李政、徐秋菊、韩红俊编著:《仲裁法学》,中国政法大学出版社 2009 年版,第 132 页。

② 杨良宜、杨大明:《国际商务游戏规则:英美证据法》,法律出版社 2008 年版,第 1 ~2 页。

③ 宋朝武、纪格非、韩波:《民事证据规则研究》,首都经济贸易大学出版社 2010 年版,第 26 ~27 页。

据基础上的“事实认定”是“法律适用”的前提，这一点属于常识，是每位仲裁人都应当铭记的。

第一节　仲裁证据之概念和分类

一、仲裁证据

《仲裁法》中并没有明确仲裁证据的概念，各仲裁机构仲裁规则中也未见对证据概念的界定。但《仲裁法》第七条作为基本原则之一，要求“根据事实”，这里“事实”的含义应当大致等同于“以事实为依据”的“事实”，即“有证据证明的事实”或者表述为“依据证据规则而认定的事实”，是具有法律意义的事实。笔者主张的**仲裁证据的概念是：据以证明案件情况、据以证明当事人主张是否成立的供仲裁庭认定案件事实的材料。也可以说，仲裁证据是仲裁中查明和确定案件真实情况的根据。**[①]

仲裁证据制度就是对仲裁活动中证据的提供、收集、保全、认定及举证责任承担等有关的证据问题建立的一套运作机制；[②]或说仲裁证据制度即是与仲裁证据有关的规则体系[③]。在仲裁程序中，从当事人提起仲裁申请到仲裁机构作出裁决，除了选定仲裁员组成仲裁庭等个别程序之外，几乎所有的仲裁活动都是围绕着证据的提供、收集、审查和判断而进行的。当事人通过证据证明案件事实以支持自己的主张，仲裁庭通过证据查明案件事实，并在案件事实不明时依据证据规则认定不利后果的归属。“仲裁庭只有在取得了确实、充分的证据后，才能对案情作出正确的判断，并按照应适用的法律作出裁决。”[④]

---

① 参见河山、肖水：《仲裁法概要》，中国法制出版社 1995 年版，第 94 页；郭寿康、赵秀文主编：《国际经济贸易仲裁法》，中国法制出版社 1995 年版，第 118 页。诉讼中的证据概念亦大致如此，参见柴发邦主编：《民事诉讼法学》，北京大学出版社 1992 年版，第 171 页；田平安主编：《民事诉讼法学》（第 4 版），法律出版社 2015 年版，第 195 页。

② 江伟主编：《仲裁法》，中国人民大学出版社 2009 年版，第 205 页。

③ 宋朝武：《仲裁证据制度研究》，中国政法大学出版社 2013 年版，第 1 页。

④ 郭寿康、赵秀文主编：《国际经济贸易仲裁法》，中国法制出版社 1995 年版，第 118 页。虽然该书这一观点指的是国际仲裁，但显然也符合国内仲裁的要求。

仲裁证据制度的核心是证据规则,即确认证据的范围、调整和约束仲裁证明行为的法律规范的总称,[①]即借以调整特定事实材料和信息资料作为仲裁证据并加以提出、收集和运用的原则和规范。[②]

二、证据能力和证据价值

1. 证据能力,或称证据资格、证据的适格性、证据的可采纳性,指某种事实材料能够成为仲裁中的证据以认定案件事实的资格和条件,即可以被认定采信的能力。[③] 事实材料是否具有证据能力,取决于其与待证事实之间是否存在关联性,是否真实客观,以及其形式和收集是否合法。不具备证据能力的材料不能作为认定待证事实的依据。以证人证言为例,证人需要有证人能力(或称证人资格),包括以下两个方面,二者缺一不可:一是能够正确表达自己意思,即要求证人不能是精神上有缺陷或年幼的人等不能正确表达自己意思的人,否则会因其不具有证人能力而导致证言不具有证据能力;二是知道案件事实,证人需要合理解释自己何以知道案件事实,否则其证言也不具有证据能力。

2. 证据价值,或称证据力或证明力。所谓证据价值指证据资料对案件事实认定的影响力,或证据对需要证明的事实所具有的作证效力。如某份合同是真实的,其所反映的内容也是真实的,该合同就具有较大的证据价值;而复印件的证据价值要小于原件的证据价值。因此,仲裁员在询问当事人和代理人核实证据真实性时,需要同时询问对证据真实性和证据内容真实性两个方面的意见以确认其证明力。仲裁员对于当事人主张的事实是否属实形成内心确认(心证),主要来自仲裁员对证据材料之证据价值的判断(这是仲裁员作为案件所属行业领域里专家的优势),或仲裁员将各证据材料相互比较对照斟酌的结果,当然也受当事人辩论结果的影响。

证据能力与证据价值(证明力)既相互联系又相互区别。证据材料首先要有证据能力才能发挥证据价值,没有证据能力就没有证据价值;但有证据能力并不意味着能够证明待证事实,还需要有足够的证据价值才行。证据能力是证

① 参见樊崇义主编:《证据法学》,法律出版社 2003 年版,第 87 页。

② 参见毕玉谦:《试论民事证据规则》,载《法律适用》1997 年第 12 期。

③ 参见宋朝武:《仲裁证据制度研究》,中国政法大学出版社 2013 年版,第 63 ~ 64 页。

据的法律属性,取决于证据是否被允许用来证明待证事实;证据价值是证据的自然属性,取决于证据与待证事实之间的逻辑联系。证据能力由法律规范事先加以规定,证据价值由仲裁庭在仲裁过程中予以判断。[①]

三、证据的属性

证据的属性也被称为证据的特征[②],或证据的实质要件[③]。证据属性理论被公认为证据基本理论中的核心理论,把握证据属性理论才能更好地理解、使用证据,以发现真实,定分止争。[④]

如同民事诉讼中证据的属性,仲裁证据也具有三个属性:客观性、关联性和合法性。[⑤]

1. 客观性,又称客观真实性。证据的客观真实性指证据必须是客观存在的材料。作为裁决依据的证据是民商事法律关系产生、发展、变化的真实客观记录,仲裁庭通过这些记录,秉持客观的立场来推断当事人之间法律关系的成立、变化以及纠纷的真相,从而判断当事人的某个主张是否应当得到支持。

2. 关联性,又称相关性。证据的相关性指证据必须与待证的案件事实有内在之联系。关联性的具体表现就是,证据能够证明待证的案件事实之一部分或全部,一般有两种形式的联系:直接联系即证据材料所反映的事实本身

---

① 叶青主编:《中国仲裁制度研究》,上海社会科学出版社 2009 年版,第 181 ~ 182 页。

② 张卫平主编:《民事诉讼法教程》,法律出版社 1998 年版,第 187 ~ 188 页;田平安主编:《民事诉讼法学》(第 4 版),法律出版社 2015 年版,第 197 ~ 198 页;叶青主编:《中国仲裁制度研究》,上海社会科学出版社 2009 年版,第 179 ~ 180 页。

③ 叶青主编:《中国仲裁制度研究》,上海社会科学出版社 2009 年版,第 179 页。

④ 许尚豪、刘韡:《证据属性理论的再思考——基于民事诉讼程序的动态解析》,载《山东警察学院学报》2016 年第 1 期;郑飞:《证据属性层次论——基于证据规则结构体系的理论反思》,载《法学研究》2021 年第 2 期。

⑤ 肖永平编著:《中国仲裁法教程》,武汉大学出版社 1997 年版,第 158 ~ 159 页;苏庆、杨振山主编:《仲裁法及配套规定新释新解》,人民法院出版社 1998 年版,第 568 ~ 569 页;张卫平:《民事证据制度研究》,清华大学出版社 2004 年版,第 67 页;叶青主编:《中国仲裁制度研究》,上海社会科学出版社 2009 年版,第 179 ~ 181 页;田平安主编:《民事诉讼法学》(第 4 版),法律出版社 2015 年版,第 196 ~ 197 页;江伟、肖建国主编:《仲裁法》(第 3 版),中国人民大学出版社 2016 年版,第 181 ~ 182 页。

就是待证事实的组成部分或全部,此类证据材料通常是直接证据;间接联系即证据材料所反映的事实能够间接证明某一待证事实成立,通常此类证据为间接证据。

3. 合法性。证据的合法性指作为案件定案依据的事实材料必须符合法定的存在形式,并且其获取、提供、审查、保全、质证、采信等证据的适用过程和程序也必须符合法律规定。这里有两个方面的要求:一是实体法律规定某些法律行为应当具备形式要件时,作为证明该法律行为的事实材料就应当具备形式要件。如法律规定某种合同应当采用书面形式,则只有书面合同作为证据材料才具有合法性。国内仲裁这方面的典型例子就是仲裁协议,如果没有书面方式,则依据其他方式(口头形式和其他形式——默认、推定等)均不能认定仲裁协议存在并具有法律效力。二是程序法律关于证据的提供程序、质证程序、采信程序都作了具体规定,当事人和仲裁庭都必须遵守这些规定。如未经质证的证据材料不能作为证据采信。

但仲裁证据的合法性有别于诉讼证据的合法性要求,而是"有限合法性"。[1] 除对于证据的保全等方面必须合法外,其他仲裁证据无须满足诉讼那般严格的合法性要求。因为民事诉讼中对证据合法性要求多是基于对当事人或相关人员隐私权等权益的保护,防止当事人借由非法取证而损害他人的合法权益。仲裁解决的多是当事人之间在商事交易中的权利义务争议,基于合同产生之权利义务争议不同于基于人身关系产生之权利义务争议,当事人通过非法途径获取证据的情形并不常见,即便是通过窃听或窃取方式取得的证据,也不必强行排除,交由仲裁庭处理即可。另外,仲裁的性质决定了仲裁庭在事实认定上有更多的自由裁量权。仲裁庭对仲裁证据的审查判断,只要仲裁证据达到仲裁庭确信的程度即可[2]。

---

① 宋朝武:《仲裁证据制度研究》,中国政法大学出版社 2013 年版,第 62 页;李乾贵、胡弘、吕振宝:《现代仲裁法学研究》,中国政法大学出版社 2018 年版,第 291 页。

② 宋朝武:《仲裁证据制度研究》,中国政法大学出版社 2013 年版,第 62 ~ 63 页、第 67 页。

四、证据的分类[①]

证据分类依据证据资料的外在表现形式和对待证事实的证明作用而对证据进行的类别划分，以利于当事人的举证、质证和仲裁庭的采信。仲裁庭需要注意的是，不仅要了解证据的外在形式，还要进一步了解各类证据对待证事实起证明作用的特点。参照民事诉讼证据制度并结合仲裁实践，可以将仲裁证据分为以下八类：当事人陈述、书证、物证、视听资料、电子数据、证人证言、鉴定意见和仲裁笔录。与民事诉讼证据制度不同的是，仲裁笔录指包括开庭笔录、仲裁庭评议案件笔录在内的各种笔录，而民事诉讼证据制度中仅提及仲裁活动中几乎并不存在或完全可以并入鉴定意见类的勘验笔录。这里出现分歧的原因在于对证据质证的不同要求和证据的提供者不同：仲裁笔录主要是对包括质证过程在内的仲裁活动的记载，其无须再交由当事人进行质证，其他证据则无一例外地需要进行质证（包括人民法院对勘验笔录也需要质证）；其他证据由当事人提供或根据当事人的请求而收集或形成，而仲裁笔录是由仲裁庭或仲裁机构自主制作形成。

1. 当事人陈述。当事人陈述指当事人就案件事实向仲裁庭所作的陈述。当事人在仲裁中所作的陈述内容涉及许多方面，如仲裁请求方面的陈述、仲裁请求所依据的事实方面的陈述、反驳仲裁请求所依据的事实方面的陈述以及反请求方面的陈述等。其中，只有对案件事实的陈述属于作为证据材料之当事人陈述，而对于所陈述事实的分析和在此基础上适用法律方面的意见陈述不属于证据的范围。

当事人陈述具有不可替代性，是建立在当事人亲历事实基础之上的直接证据。但因为主观性较强，加上利害关系的影响，当事人陈述往往真实性与虚假性并存，需要结合其他证据材料来认定。

---

① 张卫平主编：《民事诉讼法教程》，法律出版社1998年版，第193～206页；田平安主编：《民事诉讼法学》（第4版），法律出版社2015年版，第199～209页；叶青主编：《中国仲裁制度研究》，上海社会科学出版社2009年版，第185～196页。所不同的是，上述著作中的分类是指学理上的分类而不是指证据的种类，笔者从仲裁实务出发，认为种类是分类的结果，故不再区分细述。2012年《民事诉讼法》修改时将原第六十三条第一款的"证据有下列几种"修改为"证据包括"，也有避免关于证据种类误解的意思。见江必新主编：《民事诉讼新制度讲义》，法律出版社2013年版，第138页。

当事人的陈述包括当事人的自认,即对对方所陈述内容的认可。由于仲裁是解决纠纷的,当事人自认意味着双方对自认的内容不存在争议,因而无须对方再承担对此的举证责任。

2. 书证。书证指以文字、符号、图形等所记载的内容或表达的含义来证明案件事实之书面材料。书证在商事仲裁中具有特别重要的意义,因为商事主体通常需要书面形式来明确双方的权利义务关系,包括履行合同中的异议、要求等,因而会保留较多的合同、往来函件、图纸、照片等书证,而且这些书证均是在纠纷发生之前形成,属于同期证据(当事人为合同履行目的而非为纠纷解决之目的而制作之文书材料),①具有较强的客观真实性。

书证按其形成或制作方式的不同,可以分为原本、正本、副本、复印件和节录本。原始文本称原本,如仲裁员手写方式形成的裁决书草案的原件;正本指依照原本制作之正式的文书如存档的裁决书,或当事人在其上签章并注明正本的合同书;副本指与正本内容相同且效力相同的多份文书,如送达的裁决书或正本以外的多份合同书;复印件指将原件、正本、副本等通过复印方式复制的文本;节录本指摘抄原本、正本、副本等部分内容的文书,如摘抄档案形成的文书。这都是历史沿用的称呼,是在从手写为主到现在打印为主的年代里逐步形成的区分文本的分类。这些书证的效力不一样:原本具有最高效力,其他文本形式与原本不一致的以原本为准;正本和副本的效力一致,但如果内容不一致则以正本为准;节录本效力低,需要注明出处并由原文本保管者签章证明与原文本一致,还要摘录人签章才具有与原文本同样的证明效力;复印件的效力最低,需要与原件一致才能作为证据采信,不能与原件核对的复印件不能单独作为认定事实的证据。这里强调的是"不能单独作为认定事实的依据",而不是不具有证明能力。

书证中有一类特殊的证明材料,即单位证人出具的证明材料,民事诉讼理论传统上将其归入证人证言一类。《民诉法解释》对单位出具证明材料规定了

---

① 张斌生主编:《仲裁法新论》(第4版),厦门大学出版社2010年版,第207页。

形式要件和人民法院的认证方式和后果，[①]对仲裁有很好的借鉴意义。但以单位（或法人）名义出具的证明文件应当属于书证，因为单位（或法人）证人通常是行政机关、社会团体、企事业单位，所提供的档案材料、证明文件和情况说明等书面材料作为书证对待不会造成混乱。[②]

3. 物证。物证指以物品的自身存在及其外形、质量、重量、数量、规格、痕迹等物理特征来证明案件事实的证据。常见的物证如买卖合同产品质量纠纷之标的物等。物证具有较强的客观性，可以直接证明案件事实。当事人向仲裁庭提交物证时应当提交原物，提交原物有困难的可以根据原物情况提供复制品或照片。

物证与书证的区别在于，物证不是以其含义、内容而是以其存在及物理特性来证明案件事实的，物证也不像有的书证应当满足法律规定的特殊要求。但有的书证可以同时是物证，须视其所要证明的案件事实而定。

4. 视听资料。视听资料指以声音、图像及其他视听信息来证明案件事实的信息材料，主要指录音资料和影像资料。视听资料的特征是：视听资料能够形象地证明案件事实，通常具有较强的真实性和客观性，但由于视听资料一般都可以复制、修改和剪辑，因而也存在易于伪造的风险。随着技术的发展，越来越多的视听资料被存储在电子介质中，与电子数据适用的相关规定相一致。但通常所说的电子数据不包含视听资料。

视听资料的获得不应当违反法律规定，偷录的视听资料因为有可能违背公序良俗、侵害他人合法权益或者违反法律禁止性规定，因此通常不能单独作为认定案件事实的依据。

5. 电子数据。电子数据指以数字化形式存储、处理、传输的信息。作为证据，电子数据包括下列信息、电子文件：（1）网页、博客、微博客等网络平台发布

---

① 最高人民法院《关于适用〈中华人民共和国民事诉讼法〉的解释》第一百一十五条规定："单位向人民法院提出的证明材料，应当由单位负责人及制作证明材料的人员签名或者盖章，并加盖单位印章。人民法院就单位出具的证明材料，可以向单位及制作证明材料的人员进行调查核实，必要时，可以要求制作证明材料的人员出庭作证。单位及制作证明材料的人员拒绝人民法院调查核实，或者制作证明材料的人员无正当理由拒绝出庭作证的，该证明材料不得作为认定案件事实的根据。"

② 何文燕、廖永安：《民事诉讼理论与改革的探索》，中国检察出版社2002年版，第290页；江必新主编：《民事诉讼新制度讲义》，法律出版社2013年版，第146页。

的信息；（2）手机短信、电子邮件、即时通信、通讯群组等网络应用服务的通信信息；（3）用户注册信息、身份认证信息、电子交易记录、通信记录、登录日志等信息；（4）文档、图片、音频、视频、数字证书、计算机程序等电子文件；（5）其他以数字化形式存储、处理、传输的能够证明案件事实的信息。[①] 电子数据要求其本身的完整性，以保持生成之时的原状方能够被采信。电子数据的特征是：要有相应的设备才能识别，而无法为人所直接感知；由于可以利用技术对电子数据进行删节、剪接而不为人发觉，因而可信度易受质疑，需要结合其他证据来判断其效力。正在兴起的互联网金融仲裁，其最重要的基础设施即是电子证据平台，通常是由当事人在签订和履行合同的同时，将所有通过技术手段（如哈希算法）加密后的证据保存在与仲裁机构共享的证据平台或具有资质的第三方存储平台上，在形成纠纷时通过提取加密的证据，经过哈希值比对证明未经任何变动后确认为可以采信的证据。

6. 证人证言。证人证言指当事人以外的了解案件情况之自然人就自己知道的案件事实向仲裁庭所作的陈述或证明。民事诉讼制度中，法律要求所有知道案件有关情况的单位和个人都有义务出庭作证，但仲裁以解决私权利主体之间的纠纷为目的，因此法律没有为其他的个人和单位设定作证义务，而只能是证人自愿提供证言。仲裁中的单位证人证言如前所述，应当归入书证；而证人仅指自然人，[②]这样更符合交易惯例和习惯。对于未能到庭的证人之书面证言，其效力要小于到庭的证人证言，因为证人未到庭则无法对其进行询问、质问；但不应认为未到庭证人的证言无证明力。

证人证言的特点是：一是证人证言具有不可替代性，是证据关联性的重要体现，所以证人要证明自己具有与案件事实的客观联系；二是证人证言主观性很强，依赖于证人的记忆、理解和表达能力，因此须注意其客观性方面之不足；三是证人证言应当当庭提供，并接受当事人询问。

在诉讼理论中有种通说，认为诉讼代理人在同一案件中不能作为证人，以避免角色冲突。因为普通的证人作证不能旁听开庭的其他部分内容，只能在需

---

① 最高人民法院《关于民事诉讼证据的若干规定》（2019 修正）第十四条。笔者认为这属于应当直接运用到仲裁中的审判解释内容。

② 江必新主编：《民事诉讼新制度讲义》，法律出版社 2013 年版，第 146 页。

要作证时到庭,作证后即应离开,以避免证人受到开庭内容的影响,而代理人是一直参与开庭的。[①] 但仲裁可以不必顾忌这种角色冲突。实务中常见的是,当事人的法律顾问、律师或单位当事人的工作人员参与了申请仲裁前解决纠纷的协商过程,在协商不成的情况下作为代理人参加仲裁;这种情况下的代理人就自己所了解的情况向仲裁庭作出说明并无不当,该部分内容完全可以作为证人证言对待。当然,如果仲裁庭认为这种说明视为当事人陈述也可以——虽然代理人与当事人有着授权与被授权的关系,该部分内容通常不会在授权范围内。但这也是仲裁灵活性的表现,注重于闭门解决争议,而无须像诉讼一样时时事事防范各种冲突。

7. 鉴定意见。鉴定意见指鉴定部门(通常是专业机构)的鉴定人运用自己的专业知识对案件中的有关专门性问题进行鉴别、分析所作出的判断性的意见。《仲裁法》第四十四条规定:"仲裁庭对专门性问题认为需要鉴定的,可以交由当事人约定的鉴定部门鉴定,也可以由仲裁庭指定的鉴定部门鉴定。根据当事人的请求或者仲裁庭的要求,鉴定部门应当派鉴定人参加开庭。当事人经仲裁庭许可,可以向鉴定人提问。"常见的鉴定意见有文书鉴定、印章鉴定、笔迹鉴定、产品质量鉴定、工程造价鉴定和工程质量鉴定等。

鉴定意见有三个特点:一是专业性,是某一特定领域的专业人员经行业所认同的手段方法鉴别而得出的意见;二是中立性,鉴定人应当与案件无利害关系,并不受外界影响;三是法定性,鉴定人必须符合法律规定的资格和从业规定,鉴定意见的作出必须依照法定的程序。

实务中有当事人向仲裁庭提交自己单方约请鉴定部门作出的鉴定意见,这种鉴定意见除非对方当事人认可,否则不应当径直采信,而应当重新鉴定,由当事人重新约定鉴定部门或由仲裁庭指定其他鉴定部门进行鉴定。

需要仲裁庭注意的是,需要鉴定的内容应当明确清楚,提交给鉴定部门的证据材料应当经过当事人的确认,明确可以作为鉴定内容和依据的材料范围。实务中常有这样的情形:一方当事人提出鉴定申请,仲裁庭立即同意进行鉴定并将所有证据材料都提交给鉴定部门。须知鉴定部门并不清楚案件的争点,自

---

① 田平安主编:《民事诉讼法学》(第 4 版),法律出版社 2015 年版,第 203 ~ 204 页;张卫平主编:《民事诉讼法教程》,法律出版社 1998 年版,第 198 页。

然无法判断证据的客观真实性、关联性和合法性,以及不同材料的重要性,最终的鉴定意见可能无助于查明案件事实,甚至会因证据的真实性或关联性等原因导致结果与事实出入太大,从而引发当事人更大争议。这往往会影响鉴定意见的采信,甚至会影响案件的公正处理。

8. 仲裁笔录。笔录主要是以书面文字的形式来记录各类活动,用以证明特定事实的一种证据形式。笔录既是收集、固定或保全证据的一种基本方法,同时也是证明取证行为或活动合法性的一种证据形式[①]。仲裁笔录指仲裁机构在仲裁过程中依据法律和仲裁规则规定,记载和反映仲裁活动情况和案件事实的文字记录。就国内仲裁而言,由于受成文法传统的影响,笔录是非常重要的仲裁证据,具有很高的证据力,是固定案件事实与证据、供仲裁庭得出裁决意见的根据,也是审查仲裁活动是否依法进行的依据之一。常见的仲裁笔录有对当事人询问有关情况的询问笔录、对有关问题进行调查(包括类似于勘验的现场查看)的调查笔录、开庭笔录、案件评议笔录等[②]。

仲裁笔录具有以下特征:一是只能由仲裁机构履行职责的工作人员制作,包括仲裁秘书和仲裁员——这里无须强调笔录只能由仲裁秘书(或记录员)完成,根据案件具体情况由仲裁员制作笔录亦并无不可;二是笔录是对仲裁活动情况和案件事实的客观记载;三是开庭笔录、评议笔录等具有特殊性,不需要作为证据由当事人质证,但其他笔录仍然需要经过质证方能采信。

笔录应当经制作人、在场人员、当事人、其他仲裁参与人等与笔录内容相关的人员阅读后签章。当事人或其他仲裁参与人认为记录有遗漏或差错的,有权要求补正。如果不予补正,笔录制作人也必须将其要求记录在案。相关人员拒绝在笔录上签章的,制作人在笔录末记明情况即可。

---

① 参见王景龙:《论笔录证据的功能》,载《法学家》2018 年第 2 期。

② 关于开庭笔录和评议笔录,民事诉讼中是不作为证据的。因此张卫平教授感慨:“在我国,由于庭审笔录不是一种公开的法律证明文书,因此,在涉及庭审程序事项和庭审证据调查和认定中发生争议时,庭审笔录就不能作为判断的标准。”笔者认为,既然笔录应当是法律证明文书,那在仲裁中作为证据自然应当无异议。参见张卫平:《论庭审笔录的法定化》,载《中外法学》2015 年第 4 期。

除了上述参考《民事诉讼法》规定的证据种类之外，学理上的重要分类有两类：[①]一类是直接证据和间接证据：直接证据指能够单独地、直接地证明待证事实的证据，如以买卖合同原件证明存在买卖关系及有关约定；间接证据指与待证事实只有间接关系，无法直接证明待证事实，必须与其他证据联合在一起才有可能证明待证事实的证据，如买卖合同质量纠纷之标的物，常常需要与鉴定意见结合才能证明存在质量问题。另一类是原始证据和派生证据：原始证据指直接来源于案件事实的证据，即所谓的第一手资料，如合同原件；派生证据指从原始证据中派生出来的证据，又称传来证据，如合同复印件等。

第二节　仲裁中的证明[②]

仲裁中的证明，指当事人为使仲裁庭确信某一事实而进行的运用证据之活动。这是证据规则之核心内容。《仲裁法》并没有像《民事诉讼法》那样，要求“证据必须查证属实，才能作为认定事实的根据”。这意味着仲裁庭持有的仲裁证明标准可以明显有别于诉讼证明标准。防止仲裁的诉讼化，需要仲裁员明确，仲裁需要参考诉讼证据理论但决不能按照诉讼标准来认定事实，而是主要依靠仲裁员的自由心证来认定事实。

一、待证事实

待证事实又称证明对象，指需要当事人运用证据来予以证明的与案件有关的事实。[③] 待证事实的确定是证明活动的起点，对当事人和仲裁庭都有重要意义：当事人需要围绕待证事实收集证据、提供证据、进行质证和辩论；仲裁庭根

---

① 参见王敬藩：《主张与选择——中国仲裁法论》，黑龙江人民出版社 1998 年版，第 144 页；刘敏、陈爱武主编：《现代仲裁制度》，中国人民公安大学出版社 2002 年版，第 71 ~ 72 页；《民事诉讼法学》编写组：《民事诉讼法学》（第 2 版），高等教育出版社 2018 年版，第 121 ~ 124 页。

② 本节前四部分参见叶青主编：《中国仲裁制度研究》，上海社会科学出版社 2009 年版，第 197 ~ 206 页。

③ 常英主编：《仲裁法学》（第 2 版），中国政法大学出版社 2007 年版，第 88 页；宋朝武：《仲裁证据制度研究》，中国政法大学出版社 2013 年版，第 192 页。

据待证事实确定事实审查范围。

待证事实需要提出肯定性主张的一方当事人予以证明,若无法证明则主张不能得到仲裁庭支持。否认的一方当事人只有在特殊情况下才承担证明责任,如有证据证明该否认方当事人持有重要证据但其隐瞒的——这是仲裁证据制度的特殊之处,否则仲裁裁决有可能因此被撤销。①

待证事实的范围,应当是与案件有关的事实,是当事人之间有争议的事实,是不属于法律上可以免于证明的事实,大致包括以下几个方面:②

1. 当事人主张的具有实体法意义之事实:一是当事人之间产生权利义务关系的法律事实,如当事人签订合同和履行合同之事实;二是当事人之间权利义务关系改变的事实,如合同变更之事实;三是当事人之间权利义务关系消灭的事实,如合同履行完毕之事实或合同解除之事实;四是妨碍当事人行使权利或履行义务的事实,如对方拒绝履行合同、对方不当履行合同及不可抗力存在之事实;等等。

2. 当事人主张的具有程序法意义之事实:一是当事人是否适格的事实,如申请人不是合同签订方的事实;二是仲裁机构是否有权仲裁的问题,或说仲裁协议异议问题;三是仲裁员或仲裁秘书、鉴定人等应否回避的事实;四是送达是否有效的事实;等等。

3. 证据事实,即证据的客观真实性、关联性和合法性的问题。证据事实关系到某一证据是否可以作为认定事实的依据。

4. 其他事实,如特定领域或地区的风俗习惯及生活常识、法律制度规定等。

二、不需要证明的事实

除非当事人有相反的证据足以推翻下列事实,以下事实无须提出主张的当事人证明:

1. 众所周知的事实,如大量订购月饼是为中秋节作准备。

2. 自然规律及定理,如生鲜农副产品买卖或运输合同之标的物易腐烂变质

---

① 《仲裁法》第五十八条规定了应当撤销仲裁裁决的几种情形,其第五项为:"对方当事人隐瞒了足以影响公正裁决的证据的"。

② 参见常英主编:《仲裁法学》(第2版),中国政法大学出版社2007年版,第88~89页。

因而对时间有较高要求的事实。

3. 根据法律规定和已知事实推定的事实，如醉驾入刑后保险公司有权拒赔因醉驾导致之车损的事实。

4. 预决事实，即已为人民法院或仲裁机构生效裁判文书所确定的事实。

5. 已经为有效公证文书所证明的事实。

6. 当事人自认的事实，即一方当事人对需要对方举证证明的事实予以认可从而免除对方证明义务，以及所作的对自己不利内容的陈述。

三、证明标准

证明标准指当事人为说服仲裁庭支持自己的主张而需要达到的最低证明程度，低于此程度则仲裁庭不会支持其主张[①]。换言之，如果当事人提出的支持自己主张的证据达到证明标准，则仲裁庭就认为待证事实得到了证明，仲裁庭可以以该得到证明的事实作为裁决之依据。

学界和实务界均认可的证明标准是高度盖然性标准。[②] 高度盖然性指一项事实主张具备非常大的可能性，一个理性人对此通常会认定该事实属实的情形。对达到高度盖然性标准的证明行为，仲裁庭依据经验法则会认为当事人的主张得到了证明，从而形成内心确认。

高度盖然性作为证明标准，具有以下理由：首先是具有较强的说服力，能够使裁决获得广泛的社会认同和较强的公信力；其次是体现法律规范的安定性，满足当事人的正常预期；最后是保障仲裁员心证的客观化，因为高度盖然性的证明标准与正常人的经验、理性认识相一致，当事人和仲裁机构易于发现仲裁员的心证是否符合常理。

但有时候当事人可能无法达到高度盖然性标准，而仅仅达到盖然性优越的程度——一事实存在（成立）的可能性大于其不存在（不成立）的可能性。此时需要仲裁庭结合其他证据综合判断。按照英美法系的传统，当事人提出的证据达到盖然性优越是其主张得到支持的依据，但这是有陪审制、强大的证据开示制度等相配合的。国内仲裁若要借鉴这一传统，还需要有优秀的专家仲裁员为

---

① 《民事诉讼法学》编写组：《民事诉讼法学》（第 2 版），高等教育出版社 2018 年版，第 145 页。

② 《民事诉讼法学》编写组：《民事诉讼法学》（第 2 版），高等教育出版社 2018 年版，第 147 页。

基础,并且仲裁机构自身已经具有很高的公信力才行。

四、举证责任

举证责任又称证明责任,指当事人对自己提出的事实主张有责任提供证据进行证明,当作为裁判基础的法律要件事实在仲裁中处于真伪不明状态时,负有举证责任的当事人要承担不利后果,其主张不能得到仲裁庭支持。[①]

《仲裁法》第四十三条第一款规定:“当事人应当对自己的主张提供证据。”这就是通常所称的“谁主张,谁举证”规则,但这一规定未触及双方当事人各自应当对哪些事实负举证责任,也未解决事实真伪不明时仲裁庭如何裁决的问题。因此,仲裁庭还需要更进一步的规则来分配举证责任。但不同于《民事诉讼法》关于举证责任的规定,“应当”这一用语表明举证完全是当事人的义务,如果举证不能,仲裁庭就应裁决该方当事人承担不利后果。仲裁庭可以自行收集证据只是仲裁庭的权利[②],且该权利的行使必须谨慎(详见下文“证据的收集与审查采信”部分)。

借鉴《民诉法解释》中的证据部分内容,仲裁庭应当依照下列规则来确定举证责任之承担:一是主张法律关系存在的当事人,应当对产生该法律关系的基本事实承担证明责任,对方仅仅否认法律关系的发生和存在则该否认方无须提供证明;二是主张法律关系变更、消灭或者权利受到妨害的当事人,应当对该法律关系变更、消灭或者权利受到妨害的基本事实承担举证责任;三是在不涉及法律关系的产生、变更、消灭等争议时,按照待证事实被证明对谁更有利则就由谁承担举证责任;四是如果当事人举证难易程度分明时,由易举证者举证,如保险合同的投保人声称保险公司并没有给自己保险合同文本因而无法提供,此时应当由保险公司向仲裁庭提供合同文本原件;五是在法律没有具体规定、仲裁庭依上述规则无法确定举证责任应当由何者承担时,由仲裁庭依据公平原则和诚实信用原则,综合当事人举证能力等因素确定举证责任的承担。

---

① 常英主编:《仲裁法学》(第2版),中国政法大学出版社2007年版,第89页;李政、徐秋菊、韩红俊编著:《仲裁法学》,中国政法大学出版社2009年版,第134页。

② 关于自行收集证据是仲裁庭的权利而非权力更非义务,参见肖永平编著:《中国仲裁法教程》,武汉大学出版社1997年版,第160页;江伟、肖建国主编:《仲裁法》(第3版),中国人民大学出版社2016年版,第190~191页。

举证的顺序通常如下:因仲裁由申请人提起,事实上的主张由申请人先提出,因此申请人应当对自己的主张先举证,提供证据证明自己提出的事实并说明所提供证据具有证明自己主张的证明力;被申请人对申请人的主张予以反驳时,才由被申请人对反驳所依据的事实提供证据加以证明。

五、仲裁中证据的特别意义——从司法监督的角度

由于仲裁制度涉及证据问题时的特殊性——主要是一裁终局制度导致对未能及时提供的证据无法通过类似于诉讼中的二审或再审加以采信,以及仲裁庭并无自行收集证据的义务,特别是不公开仲裁可能会存在的当事人对证据恶意进行篡改或伪造的可能(事实上公开的审判也同样面临这一问题,只是制止和发现这一问题要比仲裁有力得多),司法监督程序对于仲裁证据给予了特别的关注。仲裁裁决被撤销或不予执行之法定理由中有两条直接涉及证据,即"裁决所根据的证据是伪造的"和"对方当事人隐瞒了足以影响公正裁决的证据的"。由于证据方面的原因造成仲裁裁决被撤销是一个较为突出的问题。据海南仲裁委员会通过某法律信息库搜索的2015年至2017年全国中级人民法院受理的撤销仲裁裁决案件的审理情况,因"裁决所根据的证据是伪造的"被撤销16件,因"对方当事人隐瞒了足以影响公正裁决的证据的"被撤销43件,占被撤销案件的比例分别为4.0%和10.7%。[①] 这表明仲裁的相关证据问题较为严重。

仲裁制度对伪造和隐瞒证据给予如此重视,一方面是由于证据对于案件事实的认定至关重要,另一方面是因为仲裁制度本身特别易于被别有用心的当事人恶意利用。如何既发挥仲裁制度的优势,同时尽力避免因为证据问题引发的各种问题,是值得所有仲裁机构重视的问题。

案 例 撤销裁决[②]

2012年12月31日,王某、刘某与田某签订《房屋买卖合同》,将位于某县某

---

① 施文主编:《仲裁裁决被撤案例精析》,法律出版社2018年版,"编者的话"第2页。

② 赵平:《隐瞒证据,仲裁裁决被撤销》,载施文主编:《仲裁裁决被撤案例精析》,法律出版社2018年版,第43页。

农场平安B区1号楼3单元202室售予田某,王某为田某出具“收到田某10万元购房款”的收条,王某、刘某之女刘某甲为王某出具担保意愿书,主要内容为:自愿为王某提供全额担保,承担连带保证责任,如王某未按期履行该协议的义务,担保人愿代其清偿全部购楼款、违约金以及包括利息费在内的其他费用。

2013年3月21日,刘某甲与田某订立《借款协议》,约定刘某甲向田某君借款,月利率2%,借款期限6个月,后刘某甲于2013年6月16日向田某借款16万元。应田某要求,王某、刘某与田某就同一房屋签订《房屋买卖协议》及《房屋租赁协议》。

后田某要求王某、刘某根据《房屋买卖合同》交付房屋,但王某、刘某认为《房屋买卖合同》并非双方真实意思表示,《房屋买卖合同》实为其女儿刘某甲与田某借款担保。双方未达成一致意见,田某向A仲裁委员会提起仲裁。

A仲裁委员会受理该案后,作出A仲裁字(2016)第17号裁决:“一、田某与王某于2013年6月16日签订的《房屋租赁合同》终止;二、王某于本裁定生效后七日内将租赁房屋(某县某农场平安B区1号楼3单元202室)交付田某。”

刘某、王某不服该仲裁裁决,认为裁决存在“一方当事人隐瞒了足以影响公正裁决的证据”,向A市中级人民法院申请撤销该仲裁裁决。

法院经审查认为,本案争议焦点是田某在仲裁时是否隐瞒了足以影响公正裁决的证据。田某与王某于2012年12月31日曾就案涉房屋签订过《房屋买卖合同》,2013年6月16日,双方就同一房屋再次签订《房屋买卖协议》。在两次房屋买卖中,双方均未实际交付房屋,而是通过签订《房屋租赁合同》由王某继续使用房屋。在房屋买卖关系中,王某作为房屋出售方,其所负有的义务是交付房屋,不存在金钱给付的法律义务,在此情况下,刘某甲两次出具担保意愿书,为王某履行责任提供连带保证,与常理不符。案涉借款发生后,王某、刘某的女儿刘某甲多次向田某打款,综合本案证据可以判定,王某与田某签订的《房屋买卖合同》的真实意思表示并非买卖房屋,其实质为王某女儿刘某甲的借款提供担保,即让与担保。双方签订的《房屋租赁协议》亦非真实意思表示。田某在仲裁时未对此情况进行说明,亦未出示王某女儿刘某甲曾向其还款的证据,致使仲裁委认定本案基础法律关系错误,作出不当裁决。

最终,法院裁定撤销A仲裁委员会A仲裁字(2016)第17号裁决。

该案例具有一定的代表性。这是在最高人民法院《仲裁司法审查规定》和《仲裁案件执行规定》出台前的案例，现在人民法院已经未必会撤销该裁决了。但对如何理解“对方当事人隐瞒了足以影响公正裁决的证据”这一问题，该案例仍然具有重要意义。举证的基本规则是“谁主张，谁举证”，但由于现实交易的复杂性和当事人证据意识的强弱不同，也确有重要证据掌握在对方手中的情形。要求当事人诚实信用，无论是否于己有利的证据都提交仲裁庭，确实难以实现。仲裁实践中，如果出现足以影响公正裁决的重要证据只掌握在一方当事人手中这种情形，不掌握证据的一方当事人必须对此加以证明。对人民法院而言，仅仅因为一方当事人消极地没有提供与案件有关的全部证据就认为属于《仲裁法》规定的“当事人隐瞒了足以影响公正裁决的证据”，显然值得商榷，否则会对《仲裁法》第四十三条“当事人应当对自己的主张提供证据”（“谁主张，谁举证”）这一基本规则造成巨大冲击。

对于“裁决所根据的证据是伪造的”和“对方当事人隐瞒了足以影响公正裁决的证据的”如何认定，《仲裁司法审查规定》没有详细规定，但《仲裁案件执行规定》对此进行了明确。考虑法律适用统一性的要求，司法审查的标准当然是一致的，因此无论是撤销仲裁裁决还是不予执行仲裁裁决，人民法院都会按照下列规则处理：

“裁决所根据的证据是伪造的”情形：(1)该证据已被仲裁裁决采信；(2)该证据属于认定案件基本事实的主要证据；(3)该证据经查明确属通过捏造、变造、提供虚假证明等非法方式形成或者获取，违反证据的客观性、关联性、合法性要求。

“对方当事人向仲裁机构隐瞒了足以影响公正裁决的证据的”情形：(1)该证据属于认定案件基本事实的主要证据；(2)该证据仅为对方当事人掌握，但未向仲裁庭提交；(3)仲裁过程中知悉存在该证据，且要求对方当事人出示或者请求仲裁庭责令其提交，但对方当事人无正当理由未予出示或者提交。

上述规定，应当成为仲裁庭在审查和采信证据时必须加以考虑的内容。

六、仲裁证明的非讼化

仲裁与民事诉讼是不同的制度，但由于二者都是解决民商事纠纷的程序制度，加上《仲裁法》第七十五条授权仲裁机构制定仲裁暂行规则时要“依照本法和民事诉讼法的有关规定”(**需要注意的是,《民事诉讼法》的有关规定不应在仲裁中直接适用,而应当引入仲裁规则后才能适用**),这决定了仲裁与民事诉讼的证明有诸多相似之处:不仅举证责任规则都是“谁主张,谁举证”,采信证据都要经过质证,而且都要以认定的事实作为适用法律解决纠纷之基础。本章开头提及的民事证据法理论事实上是同时适用于民事诉讼和仲裁的,一些基本概念也通用,但同样的证据在两种不同的制度中发挥的作用是有区别的,不注意两者的区别就会造成仲裁证据诉讼化,模糊两种制度的界限,并在理论和实践上都造成诸多弊端①。

非讼化需要注意防止两个极端:一是无视两种制度的差别从而无视诉讼化带来的弊端,认为诉讼化事实上有利于提高仲裁裁决的可接受性——因为对仲裁缺乏深入了解的法律人共同体通常会以诉讼的标准看待仲裁裁决;二是寄希望于另起炉灶,建立与诉讼证明不同的仲裁证明体系。对前者而言,许多专家学者(如宋朝武教授等)已经进行了深入探讨,详尽地论证了建立与诉讼近似而有别的仲裁证明制度的意义。对后者而言,固然可以尝试,但恐怕难以摆脱都以民事证据法为依据的束缚。笔者认为,可取的务实态度是:既充分借鉴民事诉讼证据制度理论和具体规定,又要详细论证何处需要按照仲裁制度特有的基本理念(意思自治、一裁终局、实事求是等)加以扬弃,达到既提升仲裁裁决的可接受性,又能充分发挥仲裁制度优势(自治、灵活、专业、妥当等)的多赢结果。这正是本章中笔者努力的方向。

第三节　证据的收集与审查采信

一、仲裁庭收集证据

《仲裁法》第四十三条第二款规定:“仲裁庭认为有必要收集的证据,可以自行收集。”该条赋予了仲裁庭自行收集证据的权利。“可以”这一用语表明收集证据不是仲裁庭的义务而是权利,可以收集也可以不收集,不收集证据不产生

---

① 宋朝武:《仲裁证据制度研究》,中国政法大学出版社 2013 年版,第 28 ~ 32 页。

任何违反程序正义的问题。而《民事诉讼法》第六十七条规定的是“当事人及其诉讼代理人因客观原因不能自行收集的证据……人民法院应当调查收集”，“可以”与“应当”两者之间有重大区别：一为权利，一为义务。实务中常见的情形是，当事人及其代理人提出其因为客观原因不能自行收集的证据，请求仲裁庭调取或调查，如果仲裁庭拒绝则认为仲裁庭不公正。很多仲裁从业人员和专家学者也在探讨如何赋予仲裁庭更大的调查取证权力，以保证公正仲裁[①]。出现上述情形，是因为当事人及其代理人以及专家学者们没有正确理解《仲裁法》第四十三条的真正含义，尤其是没有区分仲裁与诉讼的不同。[②]《仲裁法》并没有像《民事诉讼法》第七十条规定的那样为有关单位和个人设定提供证据的义务，[③]因此仲裁庭通常也不具有要求有关单位和个人提供证据的权利。这是仲裁机构与仲裁庭需要特别注意的地方。

据宋朝武教授研究，世界上绝大多数国家的仲裁法律都没有直接赋予仲裁庭收集证据的权利，而是仅赋予其要求法院协助收集证据的权利[④]。联合国《国际商事仲裁示范法》也是这样规定的。我国《仲裁法》赋予了仲裁庭自行收集证据的权利，但这一权利需要慎重行使。

特殊情形下仲裁庭决定自行收集证据，需要遵循一定的程序和要求，以保证收集证据的有效性：一是按照公正的要求进行，如询问或现场核实应当出示证件或仲裁机构介绍信等，形成的笔录应当交被询问人或在场人阅读并签字，等等；二是按照中立的要求进行，全面、客观、及时地收集与待证事实有关的证据；三是这种自行收集证据必须是有利于仲裁程序的进行和重要事实的查明，以及仲裁庭认为案件有可能涉及国家利益、社会公共利益和第三人利益的情形；四是收集证据一般应当根据当事人的请求进行，但对于案件可能涉及公共利益或案外人合法权益的，仲裁庭有权利主动收集证据以查明相关事实。

但从中立的立场出发，仲裁庭除了根据一方当事人的申请向有关单位调取档案资料、登记资料等当事人无法取得但又确属认定事实所需的关键证据，以

---

① 宋朝武：《仲裁证据制度研究》，中国政法大学出版社 2013 年版，第 46 页。

② 苏庆、杨振山主编：《仲裁法及配套规定新释新解》，人民法院出版社 1998 年版，第 574～575 页。

③ 《民事诉讼法》第七十条规定：“人民法院有权向有关单位和个人调查取证，有关单位和个人不得拒绝。”

④ 宋朝武：《仲裁证据制度研究》，中国政法大学出版社 2013 年版，第 5 页。

及为了公正解决纠纷而进行现场核实外,一般不应自行收集证据。[①] 仲裁庭没有应当事人申请而调取或收集证据的义务,只有在仲裁庭"认为有必要"时才可以自行收集,而且没有收集到相关证据,不影响仲裁庭裁决的公正性。

仲裁庭自行收集的证据必须向双方当事人出示,当事人有权进行质证和发表意见。

二、证据审查

证据审查指仲裁庭在仲裁参与人的参加下,对当事人提交的证据材料(或仲裁庭自行收集的证据)予以核实、辨别,辨明其真实性、关联性和合法性,为仲裁庭是否采信有关证据奠定基础。证据材料必须经过审查程序才能采信。

证据审查的一般方式是开庭进行质证,在书面仲裁时则是书面审查。开庭时审查的具体程序为:在开庭调查阶段,由仲裁庭主持,当事人将各种证据依次出示,双方对证据进行辨认、核实、说明、质疑、辩驳等:(1)申请人出示证据,同时对证据的形式、内容、来源、待证事实等内容进行陈述,再由被申请人提出质询或抗辩,对证据的真实性、关联性和合法性发表意见;(2)被申请人出示证据,并由被申请人作出说明,再由申请人质疑询问;(3)如果有仲裁庭收集的证据,则仲裁庭出示收集的证据材料,由双方当事人质疑询问,仲裁庭可以进行说明。经过质证,对无争议的证据直接认定,对有争议的证据及事实继续进行辩论,通过辩论确定何者的主张达到了高度盖然性。

为了节省时间和减轻开庭压力,仲裁庭对于复杂案件应当在开庭前安排证据交换。通过当事人交换彼此的证据,仲裁庭可以整理、明确争议焦点,以利于在开庭中有的放矢地进行辩论;可以通过证据交换对无争议的证据径直认定其效力而不再进行质证,只对有争议的证据进行质证;可以利用此机会促进和解或达成调解协议;同时当事人可以根据证据交换情况决定是否需要提供新证据或者变更仲裁请求或答辩内容。

证据审查除符合法定程序外,还因为证据的种类不同而有具体的要求:对当事人陈述,一般采取询问、质疑的方式;对书证和物证一般要求出示原件并要求提供者对证明的内容予以说明;对视听资料和电子数据一般是当庭播放或展

---

① 参见乔欣主编:《比较商事仲裁》,法律出版社2004年版,第281页。

示;对证人证言一般要求证人亲自出庭,并告知其权利义务和如实陈述的要求,若干个证人应当分别作证以免相互影响,证人作证后要接受当事人的询问;对鉴定意见,应当要求鉴定人出庭接受询问并作出解释;对各种笔录,应当接受当事人的质疑询问。

三、证据的采信

证据的采信指仲裁庭在审查证据的基础上,对证据进行综合分析,认定证据证明力和所证明的事实。采信的证据是经过法定程序进行了审查的证据。证据的采信也可称为认证(认定证据的效力)。[①] 仲裁庭应当以证据能够证明的案件事实为根据依法作出裁决草案。

证据采信的关键性问题是采信证据需要遵循的标准,这是证据规则的重要内容。对单一证据和全部证据,需要不同的判断依据:

1. 单一证据的采信。仲裁庭对单一证据应当从以下方面判断可否采信:(1)证据材料是不是原件与原物,若提交的是复制件和复制品,是否与原件原物相符;此为真实性判断。(2)证据材料与待证事实之间是否有关联性;缺乏关联性的证据材料不具有证据能力;此为关联性判断。(3)证据材料的形式、来源有无违法之处,即是不是法定证据中的一类以及是哪一类,其收集方式和形成过程有无违法之处;此为合法性判断。(4)证人和提供证据材料的人是否与当事人有利害关系,若有利害关系则证明力将下降。如果单一证据的真实性、关联性和合法性均具有高度盖然性,则可采信;反之则难以采信。

2. 对全部证据的采信。[②] 对某一待证事实的全部证据的采信,须从各个证据与案件事实的比较关联程度以及各个单一证据相互之间的协调一致性判断证据整体的综合证明力。在多个证据构成一个证据链条的情况下,必须对全部证据进行综合审核判断,才可以采信。

(1)在综合审核判断各个证据与案件事实的比较关联程度方面,需要参照

---

① 何文燕、廖永安:《民事诉讼理论与改革的探索》,中国检察出版社 2002 年版,第 302 页;江伟、肖建国主编:《仲裁法》(第 3 版),中国人民大学出版社 2016 年版,第 194 ~ 196 页。

② 田平安主编:《民事诉讼法学》(第 4 版),法律出版社 2015 年版,第 238 ~ 239 页。

《民诉法解释》《民事诉讼证据规定》两个审判解释确立的下列规则进行判断:①

一是完全证明力规则,即一方提出的下列证据,对方无异议或虽有异议但没有足以反驳的证据的,仲裁庭应当认为其具有完全证明力而予以采信:对方当事人认可的证据;书证原件及与原件核对无误的复印件、照片、副本、节录本等;物证原物或者与原物核对无误的复制件、照片、录像资料等;有其他证据佐证并以不违反法律规定的方式取得的、无疑点的视听资料或其复制件;一方当事人请求仲裁庭依照程序制作的对物证或现场的笔录;对一方当事人提出的证据,另一方当事人提出反驳证据而对方认可该反驳证据的或虽不认可但未提供相反证据,以及提供的相反证据不足以否认该反驳证据的;经双方当事人选定或因双方无法达成共识而由仲裁庭指定的鉴定机构作出的鉴定意见,一方当事人虽有异议但没有足以反驳的证据和理由的;以及仲裁庭的开庭笔录;等等。

二是最佳证据规则,即双方当事人对同一待证事实分别举出相反的证据,但都没有足够的依据否定对方证据的,仲裁庭应当结合案件情况,判断哪一方提供的证据明显比对方提供的证据更有证明力并对更有证明力的证据予以采信。下列情况下,仲裁庭对数个证据对同一待证事实的证明力可以如此判断:国家机关、企事业单位和社会团体依职权制作的公文文书的证明力大于其他一般书证;物证、档案、鉴定意见、询问笔录和其他笔录、经过公证或登记的书证,其证明力大于其他书证、视听资料和证人证言;原始证据的证明力大于传来证据;直接证据的证明力大于间接证据;没有利害关系的其他证人的证言,其证明力大于有利害关系的证人的证言;等等。

三是补强证据规则,即当重要证据本身的证明力不足,但有其他证据佐证时可以采信:当事人的陈述;无民事行为能力人或者限制民事行为能力人所作的与其年龄和智力状况不相当的证言;与一方当事人有利害关系的证人出具的证言;存有疑点的视听资料和电子数据;无法与原件、原物核对的复制件和复制品;无正当理由未出庭作证的证人提供的证言;等等。

四是证据排除规则,主要针对缺乏合法性的证据,即在法律有特别规定的

---

① 最高人民法院《关于民事诉讼证据的若干规定》(2019 修订)删去了 2001 年原规定中的第七十七条“最佳证据规则”、第六十八条“非法证据排除规则”并修改了“补强证据规则”。笔者认为,上述修改不是因为内容有错误而是因为已经为《民诉法解释》的规定所代替,因此仲裁仍然完全可以借鉴适用。

情形下，某些证据虽然具有真实性和关联性，但不能予以采信：以侵害他人合法权益或者违反法律禁止性规定的方法取得的证据；以严重违背公序良俗的方法形成或者获取的证据；以及一方当事人在仲裁中为达成调解协议或者和解而作出妥协时，所作出的对某些证据放弃异议之意思表示或对某些事实的认可之意思表示；等等。

（2）综合审查判断各证据之间的联系。证据与证据之间是否协调一致，是判断证据真实性和证明力的重要依据。如果所有的证据相互无矛盾地证明同一待证事实，则可以采信证据认定事实。如果证据与证据之间存在矛盾，则需要通过分析矛盾形成的原因来判断证据的真伪，最大限度地接近客观真实。

四、仲裁证据采信的特别规则

仲裁制度的优势之一是仲裁员的专业性，《仲裁法》第十三条特别规定：“仲裁委员会按照不同专业设仲裁员名册。”来自某个专业的仲裁员作为该领域的专家，通常对于该专业领域的交易习惯和惯例有着较为全面的掌握和较为深刻的理解。因此，在证据采信方面，仲裁员应当发挥自己的专业特长，按照不同于法官在诉讼中采信证据的规则来采信某些证据，使纠纷得到公平合理的解决。

当事人提供证据是为了证明自己的主张，而当事人是否证明了自己主张的认定权力在仲裁庭。换言之，当事人提供证据是为了说服仲裁庭支持自己的主张。因此，在当事人援引交易习惯或惯例时，如果作为交易所涉及专业领域的业内专家的仲裁员确实知悉该交易习惯或惯例，则有权径直宣布认可该交易习惯或惯例的存在，而免除当事人进一步举证证明该交易习惯或惯例确实存在的义务。[①]这是在证据采信方面仲裁制度明显优于诉讼制度的地方，但遗憾的是，仲裁员往往出于各种考虑而很少这样做，致使仲裁制度的这一优势未能得到发挥，当事人关于存在某交易习惯或惯例的主张往往得不到支持，这是需要改进的。仲裁机构应当理直气壮地支持专家仲裁员发挥专家优势，实现制度设计的目的。

---

① 汪祖兴教授将此归入证据采信规则中的仲裁认定规则和经验规则。参见汪祖兴：《民事诉讼证据规则与仲裁证据规则的差异性解读》，载《广东社会科学》2005 年第 4 期。

第四节 自由心证

陈光中先生认为:“自由心证原则是资产阶级在革命时期为了反对法定证据制度而提出的。”“法定证据制度,又称形式证据制度,就是法律预先规定各种证据的证明力,法官必须机械地按照法律,而不是按照自己的认识来判断证据,认定事实。”“自由心证原则,后来为资本主义大陆法系国家所普遍采纳。”[①]这里的问题是,法定证据制度核心是对各种证据的证明力预先规定,而这种预先规定某种证据的证明力的行为显然不利于查明事实真相,并且是违反人类的认识规律的。

一、自由心证的含义和意义

自由心证指裁判者基于在案件处理中的一切资料和状况,对证据的取舍、各种证据证明力的大小以及案件事实的认定,依据自己的良知和理性等原则自由判断所形成的内心确认。[②] 自由心证也可以表述为:证据的证明力不是由法律事先规定,裁判人员可以运用自己具有的“人类普遍认知能力”来自由评断具体案件中各种证据的证明力。[③] 自由心证通常既被视为一项诉讼法原则,又被视为证据法上的制度。[④]

自由心证由“自由”和“心证”两部分构成。自由心证中的“自由”是针对法律的干预讲的,即法律不干预证据、不干预认识。自由心证中的“心证”,是以心为证,即裁判者形成内心确信并把内心确信视为证据。[⑤]

从《仲裁法》的制度设计角度来看,显然是以自由心证和仲裁员的自由裁量权为证据制度重要内容的。关于证据的条文只有第四十三条、第四十四条和第四十五条,分别规定了“谁主张,谁举证”、“证据鉴定”和“当庭出示及质证”,外

---

① 陈光中:《评自由心证》,载《政法论坛》1982 年第 1 期。

② 田平安主编:《民事诉讼法学》(第 4 版),法律出版社 2015 年版,第 236 页。

③ 何家弘:《为“自由心证”正名》,载《法学杂志》1997 年第 6 期。

④ 李祖军:《自由心证与法官依法独立判断》,载《现代法学》2004 年第 5 期。

⑤ 裴苍龄:《自由心证评析》,载《甘肃政法学院学报》2014 年第 4 期。

加第四十六条关于证据保全的内容,已经简单得不能再简单。这为仲裁庭自由裁量、充分发挥自由心证的作用提供了足够的空间。对比《民事诉讼法》关于证据的规定多达 19 条,加上《民诉法解释》关于证据的 35 条规定,以及《民事诉讼证据规定》100 条规定,可以看出,诉讼中的法官发挥自由裁量的空间要小得多。

对仲裁制度而言,自由心证具有特殊的重要意义。首先,仲裁制度强调的专家裁案,其实正是为了使仲裁员在自己的专业领域依据良知和专业知识认定案件事实。仲裁员应当具有严密的逻辑思维能力、丰富的社会经验、娴熟的仲裁技巧和对专业及法律的深刻理解,在此基础上的自由心证确保了公正。其次,自由心证强调亲临处理案件的重要性,仲裁员只有参加开庭并全面掌握当事人提供的证据材料和当庭质证过程的情况,才可以最大限度地得出接近案件事实的判断。最后,自由心证符合仲裁规律,仲裁员在排除内外干扰、保证中立的前提下,依据开庭以及职业生涯中养成的直觉能力,运用逻辑推理和日常生活经验法则,以这样形成的内心确认认定案件事实,显然比机械地按照证据规则认定证据证明力要更接近公正;而仲裁员通常具有的较高社会地位和专业水准又限制仲裁员得出违反共识的结论,因而可以相信仲裁庭形成的判断。

二、自由心证的要求①

1. 仲裁员确信的对象主要限于证据调查过程中当事人提出的和特殊情况下由仲裁庭自行收集的各种证据,内心确信的基础必须建立在到案证据的基础之上,包括以下三层意思:(1)内心确信必须是从本案的证据中得出结论;(2)内心确信必须是对全案情况及全部证据材料酌量和判定的基础上形成;(3)内心确信是对每一个证据的固有性质和它与案件的关联加以判断的结论。

2. 自由心证是建立在亲自处理案件的仲裁员在证据证明力判断上享有自由的基础之上的,但这种自由并不是绝对的,要受到制约,其判断必须具有客观基础和说服力,要综合考虑各种情况后作出合理的判断。

3. 自由心证必须依据仲裁员自己的良知、理性等来实现。

上述要求体现了现代自由心证制度与证据规则二者的关系,可简单地概括

① 参见田平安主编:《民事诉讼法学》(第 4 版),法律出版社 2015 年版,第 237 页。

为:证据规则制约着仲裁员自由心证的形成,自由心证过程补充和完善证据规则。[①]

第五节 仲裁证据保全

证据保全,指在证据有可能毁损、灭失,或以后难以取得的情况下,当事人在仲裁程序中通过仲裁机构向人民法院申请采取措施,或在申请仲裁前直接向人民法院申请,对证据予以调查收集和固定保存。《仲裁法》第四十六条规定:"在证据可能灭失或者以后难以取得的情况下,当事人可以申请证据保全。当事人申请证据保全的,仲裁委员会应当将当事人的申请提交证据所在地的基层人民法院。"《民事诉讼法》第八十四条第二款规定:"因情况紧急,在证据可能灭失或者以后难以取得的情况下,利害关系人可以在提起诉讼或者申请仲裁之前向证据所在地、被申请人所在地或者对案件有管辖权的人民法院申请保全证据。"可见在紧急情况下,当事人在仲裁前也可以向有管辖权的或相关的人民法院申请证据保全。

证据保全应当符合两个条件:第一,证据保全的必要性。当事人申请保全的证据材料应当与案件所涉及的案件事实有关,如果不予保全会对查明案件事实有重大影响。第二,证据保全的紧迫性。当事人申请保全的证据材料存在损毁、灭失或以后难以取得的可能性。所谓损毁,指证据材料的品质、外形或数量等发生了变化,丧失了证据材料的原貌,如买卖合同中生鲜物品质量纠纷中的标的物,不及时保全则必然腐烂变质;所谓灭失,指证据材料消失而不复存在,如证人因年事已高或身患重病,不及时取证则可能因证人身亡而无法取得;所谓难以取得,指因有关情形的存在,有可能使证据材料在将来难以收集,如证人将出国定居,或物证、书证被转移而去向不明等。

证据保全和财产保全都是由人民法院采取措施,仲裁机构只是将有关申请和情况说明材料提交给人民法院,自己并不能够作出决定。通常情况下,除非当事人的申请明显不合理或所要求保全的证据与案件明显缺乏关联性,仲裁庭

---

① 参见王蕾:《关于现代自由心证制度的思考》,载《湖北警官学院学报》2015 年第 8 期。

可以向当事人进行释明,建议放弃此项申请,但当事人坚持的仍然应当依照当事人要求提交人民法院,而不可作出驳回等的仲裁行为[①];其余情况下,仲裁机构应当径直将相关材料提交给有关人民法院。需要注意的是,当事人可能就证据问题向仲裁庭提出各种请求,仲裁庭需要明确自身职责,以避免自身不适当的仲裁行为产生严重后果,导致影响仲裁裁决的效力。

案　例　仲裁委员会委托公证处保全证据,裁决被撤销[②]

申请人赵某与被申请人罗某仲裁案,甲仲裁委员会受理后经组成仲裁庭仲裁,作出(2015)甲仲裁字第442—2号仲裁裁决。被申请人不服,向甲市中级人民法院申请撤销该仲裁裁决,其理由之一是:赵某申请证据保全,仲裁委员会应当将当事人的申请提交证据所在地的基层人民法院,现甲仲裁委员会委托公证机构进行证据保全,程序违法。

甲市中级人民法院经审查,查明甲仲裁委员会确实委托甲市城北公证处进行证据保全公证,据此认为:被申请人赵某在仲裁案件仲裁期间向甲仲裁委员会申请证据保全,甲仲裁委员会委托甲市城北公证处进行证据保全,程序不符合《仲裁法》第四十六条的规定;遂裁定撤销甲仲裁委员会作出的(2015)甲仲裁字第442—2号裁决。

【评析】 证据保全公证与仲裁证据保全同为证据保全的措施,但二者有着

---

① 如在乙水泥有限公司与丙建筑工程有限公司申请撤销仲裁裁决纠纷案[案号:(2010)衡中法民二初字第22号]中,申请人主张"仲裁庭未按《仲裁法》第四十六条及《甲仲裁委员会仲裁规则》第五十五条的规定,将申请人的申请提交证据所在地的基层人民法院,而是直接驳回申请人的证据保全申请……违反了法定程序",但甲市中级人民法院认为申请人"申请对丙公司的财务凭证进行保全的理由仅仅是'该材料对本案有重大影响,能全面了解本案情况',并非我国《仲裁法》第四十六条及《甲仲裁委员会仲裁规则》第五十五条规定的'证据可能灭失或者以后难以取得'之法定理由。乙公司的证据保全申请不被支持本无不妥之处,但仲裁庭未依照规定将申请人的保全申请提交给证据所在地的基层人民法院,其程序存在一定瑕疵,但该程序瑕疵并不影响案件的正确裁决"。虽然甲市中级人民法院从支持仲裁的角度作出上述认定,但也认定了该驳回行为的瑕疵,自然对仲裁机构的公信力产生负面影响。

② 该案案号:(2017)晋01民特4号;裁判日期:2017年5月23日。参见环中仲裁团队:《案例评析:仲裁委员会委托公证处保全证据,裁决被撤销》,载微信公众号"环中商事仲裁"2017年8月8日,https://mp. weixin. qq. com。

明显的区别,保全公证的主体是公证机构,其启动和进行多依赖当事人民事权利的处分,属于当事人要求公证处办理业务的范畴,当事人可自行向公证处申请公证;而法院主导的仲裁保全具有更强的职权和司法性质。就本案裁定文书披露的内容来看,当事人申请的应该是保全公证。此事与仲裁庭的职责无关,仲裁庭应当告知当事人自行向公证处申请办理。而仲裁庭委托公证处办理证据保全公正的行为显然是不当的仲裁行为,容易被认为是仲裁机构自行决定进行仲裁证据保全,因此仲裁裁决被撤销。这提醒仲裁机构:进行没有法律依据的仲裁行为应当征得双方当事人的同意才能进行(如本案的委托公证行为),否则会产生很严重的后果。

证据保全的法律后果是,该证据视为仲裁庭自行收集的证据,免除了申请人提供此证据的责任。但是该证据能否被仲裁庭采信,仍然需要进一步综合审查判断并经过质证。

第七章
审判解释之适用

成文法的法律适用中,法律解释中的抽象法律解释即法定机关依据法律授权和自身职责针对一般性事项之正式解释,其适用很有特色。这类法律解释具有针对性强、规则明晰的特点,可以有效地解决法律规范的抽象、模糊、难以适应现实生活的问题,往往也被视为法律规范。从我国纠纷解决制度的角度来看,最重要的法律解释就是最高人民法院的审判解释。如何在仲裁中借鉴或适用审判解释,是一个迫切需要解决的问题。

第一节　审判解释之概念及其作用

一、审判解释概述

审判解释通常被称为司法解释,是法律解释的一种。除了前面第三章提到的法律解释概念之外,法律解释其实是法律规范的解释,通常指特定的解释主体根据法定权限和程序或自己的理解,按照一定标准和原则,对法律规范或法律条文的内容、含义以及所使用的概念、术语等进行进一步说明的活动。[①] 审判解释是由最高人民法院对各级人民法院审判工作中具体应用法律、法令的问题所作出的解释。为了区别最高人民检察院所独自或与最高人民法院联合作出

---

① 参见孙国华:《法理学教程》,中国人民大学出版社 1994 年版,第 451 页;沈宗灵主编:《法理学》,高等教育出版社 1994 年版,第 420 ~ 421 页;胡土贵主编:《法理学》,法律出版社 1999 年版,第 350 页。

的司法解释(主要集中在刑事方面),本书使用审判解释这一概念。

审判解释是必要的,这是由法律的特性及其运作规律所决定的。首先,审判解释是将抽象的法律规范适用于具体案件事实的必要途径。具体案件千变万化,有限的法律规范如何适用当需解释。其次,审判解释是寻求对法律规范的统一、准确和权威的理解和说明的需要。作为社会科学的一种,法学是专业性很强的学科,其法律规范之含义显然并不是理解了字面意思就可以明确的,因此需要解释。再次,审判解释是弥补法律漏洞的重要手段。成文法囿于立法技术和条件限制,不可避免地会存在法律漏洞,需要通过审判解释加以弥补。最后,审判解释是解决法律的滞后性与社会现实变化之间矛盾的必要方式,这一点在我们几乎是用40多年走完西方发达国家200多年历程的现实面前更具有特别重要的意义。

以民事诉讼中举证责任分配问题为例,《民事诉讼法》第六十七条第一款规定:"当事人对自己提出的主张,有责任提供证据。"这项规定体现了"谁主张,谁举证"的举证责任分配原则,看起来是明确清晰的,但法官在具体案件中适用这一规则时却往往面临难题,因为诉讼当事人之"主张"是复杂而多样的。于是,《民诉法解释》第九十条作出了更加具体的解释:"当事人对自己提出的诉讼请求所依据的事实或者反驳对方诉讼请求所依据的事实,应当提供证据加以证明,但法律另有规定的除外。"这对于"自己提出的主张"进行了限制解释,然而,这样的规定在面对具体案件时仍然具有一定的模糊性。例如,当事人主张的违约金是否过高,应当如何调整,由何者承担怎样的证明责任,不同的法官就可能有不同的理解,从而导致了"同案不同判"。在审判解释已经进行了限定的情形下尚且难以解决具体规则适用时的模糊性,可以想见如果没有审判解释,不同的法官会给出更多截然不同的判断。《仲裁法》第四十三条也规定"当事人应当对自己的主张提供证据",但仅仅依据这一条来分配举证责任,仲裁员要面临的难题肯定比法官更多,而且还没有与审判解释类似的有效解释来配套,同样案件出现不同的理解甚至不同的裁决就更加难以避免了。

就中国目前的法治实践而言,审判解释是最为重要的法律解释。依据1981年6月10日第五届全国人民代表大会常务委员会第十九次会议通过的全国人民代表大会常务委员会《关于加强法律解释工作的决议》(以下简称《人大常委会法律解释决议》),凡属于法院审判工作中具体应用法律、法令的问题,由最高人民法院进行解释。全国人民代表大会常务委员会的授权是最高人民法院进行审判解释权力的来源,也是审判解释法律效力的来源。其他法律解释,无论是数量上还是影响力上,都难以与解决了审判实践中的众多难题而得到广泛运用的审判解释相比。

审判解释从法的效力渊源上讲,曾经并不被认为是法律渊源的一种。① 但随着法治理念的更新进步,审判解释作为法律渊源的一种已经被广泛接受。② 根据最高人民法院《关于司法解释工作的规定》(法发〔2007〕12 号,以下简称《最高法解释规定》),司法解释应当根据法律和有关立法精神,结合审判工作实际需要制定。最高人民法院发布的司法解释,具有法律效力。该规定第二十七条明确:"司法解释施行后,人民法院作为裁判依据的,应当在司法文书中援引。"这是对其法律效力的进一步说明——在判决书、裁定书中以审判解释作为法律依据适用。

审判解释有不同形式。《最高法解释规定》第六条明确:司法解释的形式分为"解释""规定""批复""决定"四种。对在审判工作中如何具体应用某一法律或者对某一类案件、某一类问题如何应用法律制定的司法解释,采用"解释"的形式;根据立法精神对审判工作中需要制定的规范、意见等司法解释,采用"规定"的形式;对高级人民法院、解放军军事法院就审判工作中具体应用法律问题的请示制定的司法解释,采用"批复"的形式;修改或者废止司法解释,采用"决定"的形式。

据此可知,审判解释主要有上述不同名称和形式所决定的四种作用。当然,四种作用归结到一点,就是通过对人民法院审判工作中具体应用法律问题的指导来解决法律适用的难题,以保证法律准确有效的实施。

二、审判解释的作用

尽管审判解释的数量巨大,涵盖范围很广,但观察审判实践,我们可以发现,即便是在审判解释足够明确的领域,尽管各级人民法院执行的是同样的法

---

① 参见沈宗灵主编:《法理学》,高等教育出版社 1994 年版,第 306 ~ 316 页;胡土贵主编:《法理学》,法律出版社 1999 年版,第 74 ~ 80 页。

② 参见梁慧星:《裁判的方法》,法律出版社 2003 年版,第 67 页;孙华璞:《关于完善我国司法解释问题的思考》,载《中国应用法学》2017 年第 3 期;曹士兵:《最高人民法院裁判、司法解释的法律地位》,载《中国法学》2006 年第 3 期;陈春龙:《中国司法解释的地位与功能》,载《中国法学》2003 年第 1 期;尹伊君、陈金钊:《司法解释论析——关于传统司法解释理论的三点思考》,载《政法论坛》1994 年第 1 期。

律,诉讼进行方式也完全相同,但由于成文法不可避免的法律漏洞等,加上法官的职业与学术背景、认知能力和个人经历等因素的影响,同类案件有可能得不到同样处理,这种情况在同一个地区甚至同一个法院都是时有所闻的。[①] 这种同类案件出现不同结果的现象,极易损害法律之权威,也降低了公众对司法的信任度。多年来人民法院面临的信访压力与此有着直接关系。因此,加强审判解释的适用以充分发挥其作用具有重要的现实意义和深远的历史意义。

审判解释在审判实践中至少发挥了三个方面的重要作用:[②]一是统一裁量标准,维护法制统一。因为法律表述过于抽象、概括、原则,在法律实施过程中可能会出现对同一法条、同一概念、同一术语的不同理解,从而导致法律适用标准的差异,影响法律的统一性和权威性。最高人民法院通过及时对法律条款或者法条中的术语作出解释,可以保证法律的有效实施,维护法制之权威和统一。二是准确实现立法目的。审判解释的主要功能是阐释法律之不明,填补法律之漏洞,在法条文义许可的范围内,对法律规范中的特定概念、术语作出具体解释,最大限度地揭示和反映立法者的目的,释放法条所包含的全部信息,以更加准确地实现立法的全部目的。三是为立法或者修改法律提供有益的参考。在总结实践经验基础上作出的审判解释,使较为抽象、可能或者已经发生歧义的法律变得更加具体明确,更加符合人民法院办案需要,也更加符合社会的实际情况。这样的司法解释可以为法律的制订和修改提供有益的参考和可资借鉴的经验。

从争议解决的实践来看,因为《民法典》的实施而作废或修改的最高人民法院《关于贯彻执行〈中华人民共和国民法通则〉若干问题的意见》《民诉法解释》《最高法证据规定》等一些饱受争议、被指为最高人民法院越权"立法"的审判解释无不发挥了巨大作用。[③] 这类审判解释明确了法律语焉不详的众多内容,

① 刘青峰:《审判解释引论》,法律出版社 2004 年版,第 60 页。

② 参见孙华璞:《关于完善我国司法解释问题的思考》,载《中国应用法学》2017 年第 3 期。陈兴良先生严厉指出,中国司法解释的存在主要有三方面原因:立法规定之粗疏,法官能力之不足,判例制度之缺位。参见陈兴良:《司法解释功过之议》,载《法学》2003 年第 8 期。

③ 张志铭:《法律解释操作分析》,中国政法大学出版社 1998 年版,第 227 页。关于对司法解释的争议,学者指出:"有些司法解释备受争议,被指责违反罪刑法定原则、与法律规定严重不符、僭越全国人大及其常委会的立法权、侵犯全国人大常委会的法律解释权、侵犯公民基本权利等"。参见杨敬之:《论司法解释的合法性控制》,载《政法论坛》2021 年第 2 期。

确立了诸多法律规范，充分发挥了法律之规范作用——指引、评价、预测、教育和强制作用。如果没有这些审判解释，恐怕我们的审判实践会混乱不堪，整个社会也将付出更大的交易成本。正如学者指出的那样："与任何特色性的事物一样，中国法律解释体制的形成，可能更多的不是一种预先设计的结果，而是一种经验性事实，因此，其存在的合理性并不在于逻辑而在于事实，在于它在事实上是不是切实有效。"①

事实上，审判解释不仅在诉讼中发挥了巨大作用，在仲裁中发挥的作用也极其重要。即使不考虑众多实体法方面的审判解释，仅仅一件《仲裁法解释》，就极大地完善了仲裁法律制度，既体现了司法对仲裁的支持，又切实解决了审判实践中涉及仲裁协议效力、通知重新仲裁等有关的具体问题，而且该审判解释所确立的一批法律规范已经成为仲裁制度的重要内容。仲裁机构对《仲裁法解释》的参照适用解决了仲裁实践中的大量难题。为了进一步加大对仲裁的支持力度以促进仲裁健康发展，最高人民法院于 2017 年 12 月 26 日发布了最高人民法院《关于仲裁司法审查案件报核问题的有关规定》（以下简称《仲裁案件报核规定》）和最高人民法院《关于审理仲裁司法审查案件若干问题的规定》（以下简称《仲裁司法审查规定》），又于 2018 年 2 月 23 日发布了最高人民法院《关于人民法院办理仲裁裁决执行案件若干问题的规定》（以下简称《仲裁案件执行规定》）。这三件司法解释进一步规范了人民法院对仲裁司法审查案件的审理和执行，进一步完善了我国的仲裁制度。此外，最高人民法院于 2018 年 6 月 5 日发布《关于仲裁机构"先予仲裁"裁决或者调解书立案、执行等法律适用问题的批复》（以下简称《先予仲裁执行批复》），从制度层面结束了实践中对"先予仲裁"相关案件的争议，且并不局限于"先予仲裁"的情形，还包括《民事诉讼法》第二百四十四条第二款第三项规定的"仲裁庭的组成或者仲裁的程序违反法定程序"的阐释。该批复在理论上和实践中都产生了巨大影响力，其更深远的影响还需要进一步观察。

---

① 张志铭：《中国法律解释体制》，载梁治平主编：《法律解释问题》，法律出版社 1998 年版，第 180 页。

第二节　关于仲裁的审判解释

关于仲裁的审判解释,最重要的是2006年开始实施的《仲裁法解释》,2018年1月1日开始实施的《仲裁案件报核规定》、《仲裁司法审查规定》和2018年3月1日开始实施的《仲裁案件执行规定》。四件审判解释内容丰富,创立了一大批新规则,且体系较为完备。本书立足于国内仲裁,主要对其中与国内仲裁相关的部分进行评析。

一、对《仲裁法解释》之评析

对于仲裁而言,审判解释对于仲裁制度的完善发挥了巨大作用,特别是2006年9月8日《仲裁法解释》的出台,针对《仲裁法》实施十年间人民法院在审判实践中遇到的与仲裁案件有关的各类问题作出了相关规定,有效地完善了仲裁制度的有关内容。《仲裁法解释》虽然是"对人民法院审理涉及仲裁案件适用法律的若干问题"所作的解释,但该解释所确立的一系列规则早已经成为仲裁机构仲裁案件的重要依据。如关于仲裁事项的认定、仲裁机构的选定、超裁的处理、通知重新仲裁情形的明确等,填补了仲裁法律制度中的相当一部分漏洞。

(一)《仲裁法解释》所完善的制度

1. 关于仲裁协议方面的规则。这占据了整个解释60%的内容,对实践中常见的有关仲裁协议的各种问题进行了明确:一是将"其他书面方式"的形式进行了明确,尤其是数据电文(包括电报、电传、传真、电子数据交换和电子邮件)的规定,有力地促进了对仲裁协议有效性的认定;二是对于仲裁事项进行了扩大解释,将"概括约定仲裁事项为合同争议的"明确为"基于合同成立、效力、变更、转让、履行、违约责任、解释、解除等产生的纠纷";三是对于仲裁机构是否选定的认定,明确了"名称不准确但能够确定""约定不明且有两个仲裁机构的处理""有违或裁或审原则的处理"等规范;四是仲裁协议在当事人合并、分立时的效力,以及债权债务转让时的处理;五是对仲裁协议独立性扩充至合同未成立、未生效和被撤销的情形；六是仲裁协议的转引用；七是仲裁协议效力认定由中级人民法院（含相当于中级人民法院的海事法院）管辖并组成合议庭审理；八是对当事人提出仲裁协议效力异议的限制，对有关申请不予受理；九是将“没有仲裁协议”扩大至仲裁协议被认定无效和被撤销的情形；十是确立了超裁部分裁决应撤销的制度；等等。

2. 关于违反法定程序的界定。《仲裁法解释》进一步明确了违反法定程序指“违反仲裁法规定的仲裁程序和当事人选择的仲裁规则可能影响案件正确裁决的情形”，确立了仲裁规则为法定程序从而认可了仲裁规则的法律性，同时又明确了“可能影响案件正确裁决”这一条件。

3. 关于重新仲裁的规定。一是明确通知重新仲裁的条件是“仲裁裁决所根据的证据是伪造的”和“对方当事人隐瞒了足以影响公正裁决的证据”这两种情形；二是撤销程序的终结和恢复；三是受理申请撤销仲裁裁决案件具有中止执行该仲裁裁决的效力；四是明确“司法一次救济”规则，即当事人在申请撤销程序中的理由在执行程序中再次提出则不予支持；五是对一方当事人自始坚持仲裁协议效力异议应予救济的规则，即当事人在仲裁程序中即提出仲裁协议效力异议，则在申请撤销仲裁裁决或提出不予执行仲裁裁决抗辩后应予以救济，对其异议进行审查，同时明确了在仲裁程序中没有提出仲裁协议效力异议而后在申请撤销仲裁裁决或提出不予执行仲裁裁决抗辩中提出仲裁协议效力异议不予救济；等等。

4. 明确了不支持对于调解书与和解裁决书申请不予执行的规则。

5. 明确了仲裁裁决的执行由被执行人住所地或被执行财产所在地的中级人民法院管辖。

6. 明确了人民法院可以要求仲裁机构作出说明和向仲裁机构调阅案卷，有关仲裁的裁定可以送仲裁机构。这里的“要求仲裁机构作出说明”具有特别重要的意义，表明了最高人民法院对机构仲裁的认识，支持了“由仲裁委员会而不是仲裁庭行使仲裁权、仲裁庭只是仲裁委员会承办案件的组织”的观点。

（二）《仲裁法解释》的不足

虽然《仲裁法解释》对于仲裁制度的完善发挥了巨大作用，但也存在一些明显的不足：

1. 粗心导致的错误,将《仲裁法》第十六条规定的“其他书面方式”引用成了“其他书面形式”,这是作为法律解释不应当出现的错误。

2. 可操作性有待探讨。如第十三条规定:“依照仲裁法第二十条第二款的规定,当事人在仲裁庭首次开庭前没有对仲裁协议的效力提出异议,而后向人民法院申请确认仲裁协议无效的,人民法院不予受理。仲裁机构对仲裁协议的效力作出决定后,当事人向人民法院申请确认仲裁协议效力或者申请撤销仲裁机构的决定的,人民法院不予受理。”这里的“不予受理”难以操作,因为两者的前提条件都无法在受理环节了解清楚,往往需要开庭后再驳回起诉,因此,似乎不如直接规定为“人民法院不予受理或者受理后裁定驳回申请”更易于操作。再如第二十九条规定:“当事人申请执行仲裁裁决案件,由被执行人住所地或者被执行的财产所在地的中级人民法院管辖。”由于仲裁机构的案件可能标的额偏小,加上中级人民法院执行机构本身就人少案多,这事实上影响了执行的力度。《仲裁案件执行规定》已经将其变更为中级人民法院经上级人民法院批准可以指定基层人民法院执行。而且随着三件新的审判解释的实施,《仲裁法解释》中相当一部分需要明确的内容得到进一步细化,可操作性问题已经大为改观。

二、对《仲裁案件报核规定》和《仲裁司法审查规定》的评析

《仲裁案件报核规定》和《仲裁司法审查规定》充分体现了最高人民法院坚定支持仲裁的立场。需要强调的是,最高人民法院在这两件审判解释中首次对“仲裁司法审查案件”这一概念进行了界定。“司法审查”原本是宪法和行政法领域的术语,后来约定俗成,将人民法院对仲裁机构的监督称为“司法审查”;①

---

① 虽然《仲裁法》第十九条、第二十七条第二款等条款中规定了人民法院对仲裁裁决的“审查”,但使用“司法审查”一词则是一个约定俗成的过程。据笔者考证,宪法和行政法领域之外的“司法审查”官方提法最早见于2003年9月23日最高人民法院执行工作办公室副主任葛行军在全国海事法院执行工作会议闭幕式上的讲话,讲话中提道:“传统理论认为,我国没有司法审查权,在立法权、行政权和司法权中,没有司法审查权,法院无权对立法和行政机关所立的法律和行政法规进行审查。实际上行政法规、行政决定,都是行政机关具体行政行为的结果。而法院在执行程序中,对申请执行的行政决定依法是应当审查的,这种审查就是司法审查。由此类推,对仲裁裁决、公证债权文书的审查,都是司法审查。”“司法审查”在正式文件中出现是在2004年9月14日的最高人民法院《关于香港七好(集团)有限公司申请部分撤销〔2002〕深仲裁字第641号裁决一案的请示的复函》中,表述为“对仲裁裁决进行司法审查是我国法律赋予人民法院的职责”。

现在通过这两件审判解释又进行了强化。两件审判解释都在第一条明确:"本规定所称仲裁司法审查案件,包括下列案件:(一)申请确认仲裁协议效力案件;(二)申请撤销我国内地仲裁机构的仲裁裁决案件;(三)申请执行我国内地仲裁机构的仲裁裁决案件;(四)申请认可和执行香港特别行政区、澳门特别行政区、台湾地区仲裁裁决案件;(五)申请承认和执行外国仲裁裁决案件;(六)其他仲裁司法审查案件。"但本条第二项"申请执行我国内地仲裁机构的仲裁裁决案件",似乎应当明确为"申请不予执行我国内地仲裁机构的仲裁裁决案件",这样才与《仲裁法》立法说明中的表述相一致,[①]也可以避免产生"对申请执行仲裁裁决的案件,无论被执行人是否申请不予执行仲裁裁决,人民法院都应进行审查"这样的误解。

《仲裁案件报核规定》第二条第二款规定:"各中级人民法院或者专门人民法院办理非涉外涉港澳台仲裁司法审查案件,经审查拟认定仲裁协议无效,不予执行或者撤销我国内地仲裁机构的仲裁裁决,应当向本辖区所属高级人民法院报核;待高级人民法院审核后,方可依高级人民法院的审核意见作出裁定。"**第三条规定:**"本规定第二条第二款规定的非涉外涉港澳台仲裁司法审查案件,高级人民法院经审查拟同意中级人民法院或者专门人民法院认定仲裁协议无效,不予执行或者撤销我国内地仲裁机构的仲裁裁决,在下列情形下,应当向最高人民法院报核,待最高人民法院审核后,方可依最高人民法院的审核意见作出裁定:(一)仲裁司法审查案件当事人住所地跨省级行政区域;(二)以违背社会公共利益为由不予执行或者撤销我国内地仲裁机构的仲裁裁决。"**这两条确立了对于拟否定仲裁协议效力和否定仲裁裁决效力(包括撤销仲裁裁决和不予执行仲裁裁决)的案件需要向高级人民法院甚至最高人民法院报核,且最终需**要依高级人民法院(或最高人民法院)的审核意见作出裁定这一制度,事实上将否定仲裁协议效力和否定仲裁裁决效力的权力上收到了高级人民法院和最高人民法院。这无疑大大增加了否定仲裁协议效力和否定仲裁裁决效力的难度。

---

① 时任全国人大常委会法制工作委员会主任的顾昂然在第八届全国人民代表大会常务委员会第八次会议上所作的《关于〈中华人民共和国仲裁法(草案)〉的说明》中指出:"法院对仲裁的监督方式,主要表现在两个方面,一是不予执行,一是撤销裁决。"参见顾昂然:《立法札记》,法律出版社2006年版,第499页。

这一制度会有效地解决审判实践中个别中级人民法院由于各种原因而轻易否定仲裁裁决效力等引起很大争议的问题。**第七条规定**:“在民事诉讼案件中,对于人民法院因涉及仲裁协议效力而作出的不予受理、驳回起诉、管辖权异议的裁定,当事人不服提起上诉,第二审人民法院经审查拟认定仲裁协议不成立、无效、失效、内容不明确无法执行的,须按照本规定第二条的规定逐级报核,待上级人民法院审核后,方可依上级人民法院的审核意见作出裁定。”这进一步将涉及仲裁的拟作出其他否定性决定的权力同样上收,最大限度地减少了对仲裁的不良干预。基于绝大多数法官在校期间没有受过仲裁法方面的教育和因为工作压力巨大而难以自学仲裁法相关知识的现实,**《仲裁案件报核规定》通过报核制度的确立,使得人民法院作出的有可能对仲裁产生损害的各种决定集中由较高级别法院和少数专业法官行使,无疑是**表明最高人民法院宁可提高司法成本也要以谦抑的态度尊重仲裁的立场。这将有力地改善仲裁制度的实施环境,极大地提升中国国内仲裁的权威性。需要指出的是,审判解释中使用的“非涉外涉港澳台仲裁”用语与笔者在本书中使用的“国内仲裁”用语意思完全相同。

《仲裁案件报核规定》的意义还在于:首先,用司法解释的形式确立仲裁司法审查案件的报核制度,赋予了这项制度更高的法律效力。其次,明确了最高人民法院或者高级人民法院的审核权,有利于从根本上保证案件裁判尺度的统一和法律适用的正确性。再次,平等对待国内仲裁案件和涉外仲裁案件,统一适用相关规定,符合对国际、国内仲裁司法审查案件统一归口管理的趋势。最后,在原内请制度的基础上,明确细化了操作程序、上下级法院的职能等内容,使得该制度更透明、规范。①

《仲裁司法审查规定》在《仲裁法解释》的基础上确立了一系列新规则,进一步细化和明确了仲裁司法审查案件的法律适用问题,从多个方面规范了仲裁司法审查程序,在减少不当的司法审查方面有重大意义。但该规定的内容主要是对仲裁司法审查的细化和明确,需要仲裁机构特别关注或可以直接作为仲裁案件法律依据的内容不多。该规定中对仲裁机构而言较为重要的内容主要有:

---

① 罗书臻:《正确审理仲裁司法审查案件 促进仲裁健康发展——最高人民法院民四庭负责人就〈最高人民法院关于仲裁司法审查案件报核问题的有关规定〉〈最高人民法院关于审理仲裁司法审查案件若干问题的规定〉答记者问》,载《人民法院报》2017 年 12 月 30 日,第 3 版。

一是从细节上体现出的对仲裁之支持。如第十九条规定:“人民法院受理仲裁司法审查案件后,作出裁定前,申请人请求撤回申请的,裁定准许。”依《民事诉讼法》第一百四十八条等规定,通常当事人撤回申请时,如果发现有问题,人民法院有权不予准许,这里强调的无条件准许撤回,意味着即便人民法院已经发现存在问题也不予干涉的立场。

二是关于确认仲裁员行为严重不端的依据。《仲裁司法审查规定》第十八条规定:“《中华人民共和国仲裁法》第五十八条第一款第六项和《中华人民共和国民事诉讼法》第二百三十七条(现为第二百四十四条——笔者注)第二款第六项规定的仲裁员在仲裁该案时有索贿受贿,徇私舞弊,枉法裁决行为,是指已经由生效刑事法律文书或者纪律处分决定所确认的行为。”这事实上提高了认定仲裁员行为不端的门槛,也增加了确定性,使得因此而撤销或不予执行仲裁裁决的裁定更易符合预期。

总之,这两件审判解释“结合当前人民法院审理仲裁司法审查案件的实际需要,进一步明确仲裁司法审查案件中的法律适用问题,切实有效地规范案件审查的程序,为人民法院充分发挥司法职能作用,健全和完善我国的多元化纠纷解决机制,提供法律支撑”,[①]这一目的基本已经实现。

三、对《仲裁案件执行规定》的评析

《仲裁案件执行规定》不仅规范了人民法院仲裁裁决执行案件的办理,同时在人民法院审查相关仲裁程序问题的标准方面也作了统一规定。鉴于仲裁裁决能否得到执行对于仲裁机构之公信力有特别重大的意义,因此该规定极为重要。

(一)《仲裁案件执行规定》所完善的制度

1. 对仲裁裁决或调解书中“执行内容”的明确性提出了具体要求。《仲裁案件执行规定》第三条规定:“仲裁裁决或者仲裁调解书执行内容具有下列情形之

---

① 罗书臻:《正确审理仲裁司法审查案件　促进仲裁健康发展——最高人民法院民四庭负责人就〈最高人民法院关于仲裁司法审查案件报核问题的有关规定〉〈最高人民法院关于审理仲裁司法审查案件若干问题的规定〉答记者问》,载《人民法院报》2017年12月30日,第3版。

一导致无法执行的,人民法院可以裁定驳回执行申请;导致部分无法执行的,可以裁定驳回该部分的执行申请;导致部分无法执行且该部分与其他部分不可分的,可以裁定驳回执行申请:(一)权利义务主体不明确;(二)金钱给付具体数额不明确或者计算方法不明确导致无法计算出具体数额;(三)交付的特定物不明确或者无法确定;(四)行为履行的标准、对象、范围不明确。仲裁裁决或者仲裁调解书仅确定继续履行合同,但对继续履行的权利义务,以及履行的方式、期限等具体内容不明确,导致无法执行的,依照前款规定处理。”这是以列举的方式,从权利义务主体、金钱给付具体数额或计算方法、特定物交付、行为履行的要求四个方面,明确了因仲裁裁决书或仲裁调解书中执行内容不明确而可以裁定驳回当事人申请的情况,以及对裁决“继续履行合同”但履行内容不明确而不予执行的情形。

《仲裁案件执行规定》第三条的规定,第四条对于裁决中错误或遗漏导致无法执行的补正措施,第六条特定物损毁或灭失的处理,为仲裁员起草仲裁裁决以及当事人表述其仲裁请求提供了重要的指引。仲裁案件中的申请人及其代理人在提起仲裁时,应当保证仲裁请求具体内容明确(如对特定物的仲裁请求可以明确为毁损或灭失后的折价金额),便于仲裁庭作出内容足够明确的裁决,避免产生仲裁裁决无法执行的问题。这也需要仲裁机构和仲裁庭对此问题足够重视。在仲裁实践中,因当事人的仲裁请求不明确或仲裁裁决表述不明确等原因,导致仲裁裁决无法执行或部分无法执行的情形并不少见。上述规定对仲裁裁决的质量及对仲裁员的专业水平提出了新要求,至少在仲裁裁决中应当注意避免裁决内容不明确。

需要注意的是,在仲裁和解和调解方面,由于有关裁决书体现的是当事人自己的处分决定,仲裁调解书虽系由仲裁员主持调解而形成但也是当事人自己的决定,因此,审判实践中人民法院对于依据和解或调解协议制作的裁决书和仲裁调解书的审查,相比普通仲裁裁决书的审查要宽松许多。但此类裁决书和调解书因权利义务主体不明确或执行标的无法确定等原因导致无法执行的问题也很常见。上述规定,对和解或调解的裁决书及调解书的表述、审查等方面也提出了明确要求,仲裁机构及仲裁员应当予以充分注意。

2. **赋予了当事人有条件的复议权。**《仲裁案件执行规定》第五条规定:“申请执行人对人民法院依照本规定第三条、第四条作出的驳回执行申请裁定不服的，可以自裁定送达之日起10日内向上一级人民法院申请复议。”按照现行法律规定，无论是《仲裁法》第九条第二款规定的“裁决被人民法院依法裁定撤销或者不予执行的，当事人就该纠纷可以根据双方重新达成的仲裁协议申请仲裁，也可以向人民法院起诉”，还是《民事诉讼法》第二百四十四条第五款规定的“仲裁裁决被人民法院裁定不予执行的，当事人可以根据双方达成的书面仲裁协议重新申请仲裁，也可以向人民法院起诉”，以及相关审判解释，都没有赋予当事人对不予执行仲裁裁决裁定不服的救济权。《仲裁案件执行规定》创设了当事人复议权——虽然该复议权仅仅适用于因仲裁裁决或仲裁调解书执行内容不明确或需要补正未补正的情形。这是对当事人权益的有力保障，关于仲裁的司法决定不再只是简单的一次审查而没有后继的救济程序，这将有利于提升当事人对仲裁的信心。

3. 赋予了案外人申请不予执行仲裁裁决的权利。《仲裁案件执行规定》第九条规定：“案外人向人民法院申请不予执行仲裁裁决或者仲裁调解书的，应当提交申请书以及证明其请求成立的证据材料，并符合下列条件：（一）有证据证明仲裁案件当事人恶意申请仲裁或者虚假仲裁，损害其合法权益；（二）案外人主张的合法权益所涉及的执行标的尚未执行终结；（三）自知道或者应当知道人民法院对该标的采取执行措施之日起30日内提出。”商事仲裁自治性、保密性的特点要求处理结果一般不涉及第三人，但在实践中，个别仲裁当事人通过恶意仲裁损害案外人合法权益的情形并非罕见。案外人无法参与到仲裁程序中，而且通常根本不知道仲裁案件的存在，在裁决生效后，由于案外人主体不适格，往往根本无法申请撤销或不予执行仲裁裁决。根据现行法律规定，在案外人执行异议中，人民法院仅审查案外人是否为执行标的的权利人，因此，在仲裁裁决仅涉及一般金钱给付义务的情况下，案外人无法提出执行异议。此外，执行异议之诉和第三人撤销之诉都只针对诉讼形成的判决和裁定，不包括仲裁裁决；《民事诉讼法》第一百一十六条虽然对虚假仲裁的受害案外人提供了一定的保护，但该条是对被申请人利用虚假仲裁逃避执行的情况进行处罚的依据，没有涉及因此而给予案外人更多救济的问题。因此，根据现有法律规定，案外人无法通过法律途径进行救济。《仲裁裁决执行规定》对此进行了明确规定，对申请不予执行的主体范围予以适当拓展，赋予有利害关系的案外人申请不予执行的权利，并分别在第九条和第十八条明确了不予执行仲裁裁决的程序条件和实质审查标准,填补了对案外人权利救济的空白。这对仲裁案件当事人恶意仲裁或者虚假仲裁将是有力的制约。

4. 对不予执行仲裁裁决的具体事由进行了细化。《民事诉讼法》第二百四十四条第二款规定了被申请人有权要求不予执行仲裁裁决的六项事由。由于规定比较原则,在实践中各执行法院掌握的审查尺度并不统一。《仲裁裁决执行规定》对其中第二项无权仲裁、第三项违反法定程序、第四项伪造证据、第五项隐瞒证据四种情形分别予以进一步细化,统一了裁判标准,增强了可操作性。

《仲裁裁决执行规定》第十三条将"裁决的事项不属于仲裁协议的范围或者仲裁机构无权仲裁"细化为裁决事项超出协议约定范围、裁决事项不可仲裁、裁决内容超出当事人仲裁请求范围、仲裁机构与仲裁协议约定不符四种情形。第十四条将"仲裁庭的组成或者仲裁的程序违反法定程序"细化为违反《仲裁法》、违反当事人选择的仲裁规则和违反当事人特别约定三种情形,并针对仲裁实践中常见做法,在第二款规定了仲裁文书送达和仲裁员回避的有关情形,在第三款规定了"异议放弃"这一国内众多仲裁机构在仲裁规则中确立的制度,以审判解释形式强化了近年来仲裁与审判实践中形成的重要共识。第十五条对于"伪造证据"进行了明确,规定当证据被仲裁裁决采信为认定案件基本事实的主要证据,但经查明确系伪造,应当对仲裁裁决不予执行。第十六条对于"隐瞒证据"进行了明确,规定该证据应当属于认定案件基本事实的主要证据,仅为一方当事人掌握,申请人曾在仲裁过程中要求该方当事人出示或者请求仲裁庭责令其提交,但对方当事人无正当理由未予出示或者提交。该条的一大亮点是对"不得从自己的错误中获益"这一纠纷解决理念的贯彻,明确不支持一方在仲裁中隐瞒证据,又以此为由提出撤销或不予执行仲裁裁决的情形,这也是仲裁诚实信用原则的要求。

5. 强化了申请撤销与申请不予执行的衔接。根据《仲裁法》第五十八条和《民事诉讼法》第二百四十四条的规定,我国对于国内仲裁裁决实行申请撤销与不予执行两套救济程序并行的制度,且二者的法定事由完全相同,结果在实践中产生了一些不良后果:部分认为裁决不公的当事人或个别不诚信的被执行人滥用司法程序阻碍执行仲裁裁决,以及重复申请救济造成司法资源浪费。《仲裁裁决执行规定》对两种程序的衔接予以强化,以此简化仲裁司法审查的程序。该规定第二十条确立的规则如下:二者并行的情况下,撤销案件优先审查;被执行人撤回撤销仲裁裁决申请的，终结对不予执行申请的审查。此外，申请不予执行的事由不得与已被驳回的撤销仲裁裁决申请的事由相同。

6. 其他予以完善细化的规则。除了上述内容，《仲裁裁决执行规定》对《仲裁法》和《仲裁法解释》中的相当部分内容进行了完善细化。如第十条规定：申请不予执行应将作为依据的所有事由一次性提出，否则在申请被驳回后另行提出时不予审查，除非有涉及证据隐瞒、仲裁员行为不端的新证据；第八条明确了提出不予执行申请的时间限制；第四条确立了对仲裁裁决主文或者仲裁调解书中的文字、计算错误以及仲裁庭已经认定但在裁决主文中遗漏的事项，“人民法院应当书面告知仲裁庭补正或说明，或者向仲裁机构调阅仲裁案卷查明”的新规则；等等。这些对于仲裁机构改进工作、提升仲裁的权威性和公信力都具有重大意义。

总之，《仲裁裁决执行规定》作为可以比肩《仲裁法解释》的一部重要审判解释，从坚定支持仲裁、维护仲裁裁决权威性的角度确立了一批新规则，完善了一大批相关制度，对于优化中国的仲裁制度环境、完善中国的仲裁制度，对于仲裁机构坚定信心以及倒逼仲裁机构改进工作等都具有重大意义。最高人民法院的此类相关审判解释还将使得具有不成文法传统的仲裁制度进一步融入我国的成文法环境。

（二）《仲裁裁决执行规定》的不足

作为审判解释，当然不可能像法律一样可以创制所有为实践所需的规则，因此《仲裁裁决执行规定》也必须保持应有的克制，在创制新规则上尽量慎重。值得嘉许的是，《仲裁裁决执行规定》已经最大限度地体现了人民法院支持仲裁的立场。若说不足，笔者认为主要是用语上有值得商榷的地方。

《仲裁裁决执行规定》多处将“仲裁裁决”与“仲裁调解书”并提，这从规则制定的用语角度看是值得商榷的。“仲裁裁决”是仲裁机构对案件以裁决方式作出的处理结果，而“仲裁调解书”是以调解方式作出的处理结果的书面载体，二者不宜并提；《仲裁法》第四十九条还规定可以根据当事人之间的和解协议制作裁决书，第五十一条规定可以根据调解协议制作裁决书，这更使仲裁裁决的含义复杂化了。“仲裁裁决书”与“仲裁调解书”才是并列关系，且《仲裁法》第五十一条第二款末句强调“调解书与裁决书具有同等法律效力”，显然不可能表述为“仲裁调解书与仲裁裁决具有同等法律效力”。《民事诉讼法》第二十一章也已经规定,被执行人的义务是“履行法律文书确定的义务”。笔者认为,在需要将“仲裁裁决”与“仲裁调解书”二者并提时,应当参照《民事诉讼法》第二十一章的用语,统一称为“生效仲裁法律文书”为宜。

四、对《先予仲裁执行批复》的评析

(一)该审判解释出台的背景

随着互联网金融的快速发展,民间借贷交易数量不断增加,因之产生的纠纷也急剧增长。据称该类纠纷的数量达到每天超过百万宗。[①] 如此大量的纠纷即便通过人民法院的简易程序解决,也因耗时耗力而将占用大量的司法资源。由于金融监管政策原因,P2P 网贷平台自身被禁止提供增信措施,而个人信用制度尚不完善,有些网贷平台就通过引入仲裁方式,为民间借贷交易的信用背书。部分仲裁机构为拓展仲裁业务而创新出所谓“先予仲裁”。先予仲裁(或称无争议同时仲裁),指当事人在合同签订的同时,为保证履行确定的合同条款,保障合同权利得以实现并预防纠纷,避免义务人违约或发生其他争议时才能申请仲裁,在当事人签署、履行合同的同时就合同所涉内容先达成调解协议,由仲裁机构以确认调解协议有效的方式结案,并出具仲裁调解书或根据当事人要求制作裁决书的一种仲裁方式。[②] 先予仲裁的一方当事人主要是大型网贷平台(包括网络平台将该类债权打包转让后受让的债权人),另一方当事人即借款人是分散在全国各地的网民,金额一般在万元以下。其区别于一般仲裁案件之处在于它不是解决双方当事人之间现实存在的纠纷,不是事后解决争议,而是一种提前预防纠纷发生之风险的方式。

先予仲裁作为一种“创新仲裁服务”,受到互联网小贷平台、典当公司、担保公司等类金融机构的广泛欢迎。以互联网小贷平台为例,其主要业务模式为当

---

① 司库财经:《“先予仲裁”遭否后 湛江仲裁委宣布停止相关合作》,载网贷天眼 2019 年 3 月 1 日,https://news.p2peye.com/article-515255-1.html。

② 参见湛江仲裁委员会:《湛江仲裁委员会、湛江国际仲裁院之无争议同时仲裁(先予仲裁)》,载湛江仲裁委员会网 2020 年 4 月 3 日,http://www.zjac.org/page/121/166.htm;海南仲裁委员会:《特色服务》,载海南仲裁委员会网 2020 年 4 月 3 日,http://www.hnac.org.cn/page/index/id/31。

事人通过网络签订借贷合同，经过标准化审核后进行批量放款。此类合同事实清楚，权利义务关系明确，经过先予仲裁针对可能发生还款风险的债权（本、息及违约金）予以仲裁，目的是从合同履行开始就赋予其司法强制执行力。经过先予仲裁，义务人一旦不履行还款义务时，出借人即可依仲裁文书直接向人民法院申请强制执行。由于先予仲裁在有效地降低了小贷平台坏账风险的同时，也减少了确认债权并申请强制执行的时间和费用成本，因而发展很快。有的仲裁机构甚至一年仲裁了百万件之多的此类案件。①

大量的先予仲裁案件在人民法院申请执行时引发了巨大争议。很多人民法院对此不予执行，理由主要包括：先予仲裁在双方当事人尚未发生争议的情况下，受理并作出裁决，不符合法律规定（在还款期限届满前即纠纷尚未形成的情况下，以债务人届期不能还款为假设前提作出预决，不符合仲裁法的相关规定）；先予仲裁违反了诉的基本原理，仲裁机构行使了类似公证机关的职权，与《仲裁法》第二条所明确的解决平等主体纠纷功能相违背，颠覆了仲裁制度；先予仲裁所涉协议的履行情况作为待查的事实，关涉双方的实体权利义务，如在执行程序中加以认定，缺乏程序的正当性和必要的程序保障，故裁决内容不属于给付内容明确之情形；先予仲裁不是民事诉讼法、仲裁法规定的仲裁裁决，不应作为执行依据；等等。

针对上述争议，最高人民法院就广东省高级人民法院《关于"先予仲裁"裁决应否立案执行的请示》作出批复，即《先予仲裁执行批复》。最高人民法院执行局负责人就"先予仲裁"案件立案、执行等法律适用问题的批复答记者问时明确："批复属于司法解释的一种形式"，"批复虽是针对广东高院请示的有关网络借贷合同先予仲裁法律适用问题作出，但考虑无论是网络借贷合同纠纷，还是其他合同纠纷、财产权益纠纷，在人民法院对其仲裁裁决进行司法审查时，适用法律的尺度应是一致的，故批复规定，其他合同纠纷、财产权益纠纷仲裁裁决或者调解书执行案件，适用本批复。"②

---

① 《严格贯彻落实仲裁法　促进经济社会健康发展——最高人民法院执行局负责人就"先予仲裁"立案、执行等法律适用问题的批复答记者问》，载《人民法院报》2018年6月11日，第3版。

② 《严格贯彻落实仲裁法　促进经济社会健康发展——最高人民法院执行局负责人就"先予仲裁"立案、执行等法律适用问题的批复答记者问》，载《人民法院报》2018年6月11日，第3版。

(二)《先予仲裁执行批复》的内容

《先予仲裁执行批复》的主要内容有四个方面:

1. 重申人民法院的法定职责,并体现对当事人选择以仲裁方式解决纠纷的尊重、鼓励、支持,进一步明确对合法仲裁案件应当依法及时受理、及时立案执行。批复首先强调"当事人申请人民法院执行仲裁机构根据仲裁法作出的仲裁裁决或者调解书,人民法院经审查,符合民事诉讼法、仲裁法相关规定的,应当依法及时受理,立案执行"。这是人民法院一以贯之的司法态度。显然,尽管在网络借贷领域遇到了先予仲裁等颇具争议的问题,人民法院长期支持仲裁、尊重仲裁、依法维护仲裁裁决的终局性和强制执行力的司法态度和初衷没有发生改变。出台批复是为解决实践中存在的必须明确的法律适用问题。

2. 明确仲裁机构在当事人未发生网络借贷合同纠纷时,先予作出的仲裁裁决或者调解书,不应作为执行案件立案受理。批复的规定是:"根据仲裁法第二条的规定,仲裁机构可以仲裁的是当事人间已经发生的合同纠纷和其他财产权益纠纷。因此,网络借贷合同当事人申请执行仲裁机构在纠纷发生前作出的仲裁裁决或者调解书的,人民法院应当裁定不予受理;已经受理的,裁定驳回执行申请。"最高人民法院执行局负责人进一步解释,从先予仲裁案件特点看,当事人间只是存在发生纠纷的可能性或者风险,仲裁机构在纠纷未实际发生时,事先直接径行作出给付裁决或者调解书,脱离了仲裁的基本原理和制度目的。最高人民法院执行局因此认为,此类文书虽然名为仲裁裁决书、调解书,但不是《民事诉讼法》《仲裁法》意义上的仲裁裁决或者调解书,其性质类似于对合同进行见证。对这类所谓的仲裁裁决或者调解书强制执行,缺乏法律依据。这里需要注意的是,人民法院不予受理执行申请或驳回执行申请并不是依据对方当事人的主张,而是直接依职权而为,这表明对于否定此类先予仲裁裁决的立场极为坚定。

3. 明确在网络借贷合同纠纷中应当认定为仲裁程序违反法定程序的两种具体情形,即下列情形,应当认定为《民事诉讼法》第二百三十七条(现为第二百四十四条)第二款第三项规定的"仲裁庭的组成或者仲裁的程序违反法定程序"的情形:(1)仲裁机构未依照仲裁法规定的程序审理纠纷或者主持调解,径行根据网络借贷合同当事人在纠纷发生前签订的和解或者调解协议作出仲裁裁决、仲裁调解书的；（2）仲裁机构在仲裁过程中未保障当事人申请仲裁员回避、提供证据、答辩等仲裁法规定的基本程序权利的。前款规定情形中，网络借贷合同当事人以约定弃权条款为由，主张仲裁程序未违反法定程序的，人民法院不予支持。最高人民法院执行局负责人的解释是：调解、和解协议，是当事人为解决纠纷而达成的一致意思表示。仲裁庭没有审理合同履行的事实，没有听取当事人在纠纷发生后的意思表示，而是按纠纷发生前预设的调解、和解协议内容，径行作出仲裁裁决或者调解书，不仅剥夺了当事人的基本程序权利，而且影响正确、公正裁决。所作裁决或者调解书也不是当事人关于和解内容的真实合意，应当认定为仲裁的程序违反法定程序的情形，裁定不予执行。而对于部分网贷平台，采用格式条款约定借款人放弃申请仲裁员回避、提供证据、答辩等基本程序权利，甚至约定借款人放弃对仲裁裁决申请不予执行的权利，违反了原《合同法》（已为《民法典》所吸收）规定格式条款不得不合理地加重对方责任、排除对方主要权利的内容。同理，仲裁协议中通过格式条款排除当事人申请回避、举证质证权利乃至仲裁裁决不予执行抗辩权利等法律赋予的基本程序权利，该格式条款无效。人民法院必须依法进行司法审查，充分保障当事人依法享有的基本程序权利。由于上述两种情形比较复杂，人民法院在立案时很难判断，一般应在立案后按照民事诉讼法、仲裁法及有关司法解释规定的程序进行司法审查，作出裁定。

4. 明确“人民法院办理其他合同纠纷、财产权益纠纷仲裁裁决或者调解书执行案件，适用本批复”。可见，批复虽是针对有关网络借贷合同先予仲裁法律适用问题而作出，但无论是网络借贷合同纠纷，还是其他合同纠纷、财产权益纠纷，在人民法院对相关仲裁裁决进行司法审查时，适用法律的尺度应是一致的，故有此规定。这体现出最高人民法院在出台审判解释时对法律适用统一的高度关注。

（三）对《先予仲裁执行批复》的评析

很少有审判解释能够直接产生如此巨大的影响力，径直影响数百万当事人的切身利益。起着“准立法”作用的创制新规则的审判解释的重大影响由此可见一斑。《先予仲裁执行批复》总体上延续了最高人民法院对仲裁事业健康发展的重视和支持，在维护处于劣势一方当事人的合法权益、保障程序正义、进一步规范仲裁工作等方面都有着积极的意义,必将有助于仲裁界提高仲裁质量,增强仲裁的公正性和公信力。但相比前述的四件审判解释所体现出的人民法院对仲裁裁决作出否定性结论时所持的十分审慎的立场,态度似乎略微有所变化。另外,有关负责人给出的解释似乎说服力尚有待加强。

第一,按照有关负责人的观点,对先予仲裁案件之所以不予受理或者驳回执行申请,是因为"此类文书虽然名为仲裁裁决书、调解书,但不是民事诉讼法、仲裁法意义上的仲裁裁决或者调解书,其性质类似于对合同进行见证"。[①] 这实际上是对先予仲裁的生效文书予以了否定,避免与最高人民法院《仲裁案件报核规定》《仲裁司法审查规定》《案件执行规定》的有关内容发生冲突。但这样的认定是否可以成立,尤其是由人民法院依职权不予受理或驳回执行申请的依据是否充分和符合逻辑,以及是否需要给予利益受损的申请执行的一方当事人以救济,恐怕不无商榷余地。即便是对于应当认定为仲裁程序违反法定程序的两种具体情形的规定,是否符合《民事诉讼法》关于"仲裁庭的组成或者仲裁的程序违反法定程序"的仲裁裁决不予执行的规定,也难免会有争议。《民事诉讼法》该条关于不予执行仲裁裁决的前提条件是:"被申请人提出证据证明仲裁裁决有下列情形之一的,经人民法院组成合议庭审查核实,裁定不予执行",现在通过一件审判解释直接略过"被申请人提出证据证明"这一前提条件,难免引发关于合法性的争议。

第二,仲裁是否必须以实际发生纠纷为前提?《仲裁法》反复提及"仲裁经济纠纷""发生的纠纷""解决纠纷",但对于纠纷并没有进一步的解释。有关负责人答记者问时所持的观点是:纠纷的特点就在于当事各方对民事权利义务存在争议。仲裁的本质在于有争议或者纠纷实际发生,无争议即无仲裁,仲裁的启动必须以实际发生争议为前提。无争议是否"即无仲裁"? 似乎可以商榷。试举一例:为调控房地产市场,许多地方城市明确要求网签备案的购房合同如果要解除,必须经过人民法院审判或仲裁机构仲裁。此类案件恐怕不宜认为当事人之间有争议或纠纷。再如当事人对于某些法律规定得很清楚属于无效合同的合同效力确认(如没有任何审批手续的违章建筑的买卖),一方申请仲裁机

---

① 《严格贯彻落实仲裁法　促进经济社会健康发展——最高人民法院执行局负责人就"先予仲裁"立案、执行等法律适用问题的批复答记者问》,载《人民法院报》2018 年 6 月 11 日,第 3 版。

构确认合同效力。对合同效力双方并无争议,是否仲裁机构不应仲裁?曾经长期负责联系全国仲裁工作的原国务院法制办卢云华先生明确指出:“人类社会的纠纷和纠纷解决需要是第一性的,纠纷解决方式是第二性的,纠纷和纠纷解决需要决定纠纷解决方式,有什么样的纠纷和纠纷解决需要,就有什么样的纠纷解决方式,而不是相反。纠纷解决方式的生存和发展必须依赖和满足纠纷解决的需要,而不是纠纷和纠纷解决需要适应纠纷解决方式。”[①]这一真知灼见值得法律人共同体深思。

第三,该类先予仲裁裁决事实上与赋予强制执行力的公证债权文书高度相似。由于公证机构关于公正债权文书的一些具体要求对于市场主体而言难以满足,加上赋予强制执行力的公证债权文书的执行在实践中存在各种难以逾越的障碍,因此网贷平台等市场主体转而寻求其他方式加以替代。赋予公证债权文书强制执行力之制度设计的重要目的是减少诉讼案件的数量,在这一目的之实现受阻时,为何不可以由仲裁机构以依据和解协议或调解协议出具裁决书或调解书代为实现其目的,似乎需要更多的解释和探讨。

第四,《先予仲裁执行批复》生效后,那些先予仲裁的调解书或裁决书且已经由人民法院强制执行的案件已经产生一些问题,如被执行当事人的维权问题——虽然不能依据《先予仲裁执行批复》提出主张,但对于被认定为程序违法的那些内容,如“仲裁机构在仲裁过程中未保障当事人申请仲裁员回避、提供证据、答辩等仲裁法规定的基本程序权利的”肯定可以成为支持被执行人要求执行回转的有力主张;而仲裁裁决执行申请被驳回后,数量惊人的纠纷几乎可以肯定要回到诉讼程序中来,这对案多人少不堪重负的人民法院而言又将增加巨大压力;特别是互联网金融产生的纠纷如何解决和加以防范,这些现实的问题都需要更好的答案。

因此,这一影响巨大的审判解释,法律效果和社会效果是否符合批复的初衷都有待进一步观察。

---

① 卢云华:《关于中国仲裁基础理论和发展方向的两点意见》。转引自 2018 年 1 月 8 日《法制日报》“仲裁专栏”,载湖北省法学会仲裁法研究会编:《中国仲裁史稿》,法律出版社 2018 年版,第 1 页。

第三节　审判解释的一种分类

审判解释作为法律渊源的一种,可以按照通常的法律规范的分类方法进行分类。例如,按照法律规范本身的性质,可以将审判解释分为授权性解释、义务性解释、禁止性解释;按照法律规范的确定性程度,可以将审判解释分为确定性解释和非确定性解释;按照法律规范对人们行为的规定和限度的范围、程序的不同,可以将审判解释分为强行性解释和任意性解释;等等。

笔者认为,还可以从裁判规则的角度进行分类。所谓裁判规则,指决定案件争议问题如何处理的规则,即案件的裁判依据,或说案件裁决结论的大前提[①]。裁判规则可以是实体法裁判规则,也可以是程序法裁判规则。审判解释是被视为裁判规则的——"最高人民法院每年要对审判工作中的具体问题进行司法制度建设和规范,不断总结明确应对案件审理热点、难点的裁判规则。这些裁判规则多以司法解释、司法政策、个案指导、全国审判会议纪要等形式公布和发出"。[②] 从裁判规则的角度,笔者认为,可以将审判解释分为直接裁判规则和间接裁判规则。[③]

以自2013年6月8日起施行的最高人民法院《关于适用〈中华人民共和国保险法〉若干问题的解释(二)》(2020修正,以下简称《保险法解释二》)为例,其第一条规定:"财产保险中,不同投保人就同一保险标的分别投保,保险事故发生后,被保险人在其保险利益范围内依据保险合同主张保险赔偿的,人民法院应予支持。"第三条规定:"投保人或者投保人的代理人订立保险合同时没有亲自签字或者盖章,而由保险人或者保险人的代理人代为签字或者盖章的,对投保人不生效。但投保人已经交纳保险费的,视为其对代签字或者盖章行为的追认。"这两条有一个明显的区别就是:第一条规定的是人民法院应当支持的主

---

① 刘成安:《论裁判规则——以法官适用法律的方法为视角》,法律出版社2012年版,第36页。

② 杨心忠编著:《最高人民法院民事裁判规则详解》,人民法院出版社2015年版,第1页。

③ 这里的裁判规则不同于有人主张的所谓"真正的法律"的裁判规则,而仅指裁判的依据。参见厉尽国:《论裁判规则及其公共性——从现象学视角的分析》,载《法律方法》2006年第1期。

张,对于符合该条款的主张,应当按照此规则予以裁判;而第三条虽然是规定人民法院将按照本条规定认定合同是否生效及投保人缴费的法律后果,但本条更主要的任务是以审判解释的形式明确了保险合同签订和履行过程中常见行为的效力和后果,是对《保险法》有关规定的进一步明确,事实上确立了当事人之间新的权利义务规则,并非简单的直接裁判规则。比较一下《保险法》对相关问题的规定,其第十三条规定:“投保人提出保险要求,经保险人同意承保,并就合同的条款达成协议,保险合同成立。保险人应当及时向投保人签发保险单或者其他保险凭证,并在保险单或者其他保险凭证中载明当事人双方约定的合同内容。经投保人和保险人协商同意,也可以采取前款规定以外的其他书面协议形式订立保险合同。”第十四条规定:“保险合同成立后,投保人按照约定交付保险费;保险人按照约定的时间开始承担保险责任。”很显然,审判解释对《保险法》作了有益的补充,并且补充的这些间接裁判规则符合法律精神。而前面提到的那些重要审判解释所确立的大批间接裁判规则,几乎完全发挥了立法的作用。

笔者此种分类法是为了更好地解决国内仲裁中的法律适用问题。根据《人大常委会法律解释决议》,凡属于法院审判工作中具体应用法律、法令的问题,由最高人民法院进行解释。但仲裁工作中具体应用法律的问题是否可以直接适用审判解释呢?显然不能。因为该决议还明确:不属于审判和检察工作中的其他法律、法令如何具体应用的问题,由国务院及其主管部门进行解释。仲裁显然不能视为审判工作,其适应法律应当由国务院及其主管部门进行解释,而事实上国务院及其主管部门既无能力也无可能为仲裁工作制定类似于审判解释那样细致到位的行政解释。《最高法解释规定》也明确,审判解释是结合法院审判工作实际需要制定,这也决定了同样不能得出“仲裁处理案件可以直接适用审判解释”这样的结论。换言之,“人民法院不予支持”或“人民法院应予支持”这类直接裁判规则,事实上是难以直接运用到仲裁中来的。对于某一事实或当事人的某一主张,不能因为人民法院依据审判解释不予支持就认为仲裁机构也应不予支持,或人民法院应予支持则仲裁机构也应予以支持。但由于审判解释确立了一系列新的权利义务规范,以前述《保险法解释二》第十六条为例:“保险人应以自己的名义行使保险代位求偿权。根据保险法第六十条第一款的规定,保险人代位求偿权的诉讼时效期间应自其取得代位求偿权之日起算。”这样的解释显然既符合立法本意也符合交易习惯,因此,对于此类间接裁判规则的运用应当成为仲裁界关注的重点。

笔者的观点是:对于审判解释中的直接裁判规则,仲裁机构可以参考,但并非必须适用;而对于审判解释中的间接裁判规则,由于已经成为事实上的法律规范,或者至少已经发挥了具有很强拘束力的交易习惯的作用,若无正当理由,仲裁机构应当参照适用。但具体的运用方式必须有别于人民法院的适用方式,不能轻易地直接援引适用。

第四节　审判解释在国内仲裁中的适用

如前所述,国内仲裁界的有识之士早就指出,目前的仲裁界有一个令人担忧的趋向,就是仲裁的形式司法化,即仲裁办案存在越来越接近基层法院办案模式的趋势,无论是仲裁方式还是裁决结果,甚至理念,都跟着基层法院亦步亦趋。在这种趋势下,仲裁的特点被掩盖,仲裁的公信力也受到了严重影响。

但是仲裁制度毕竟是不同于诉讼制度的纠纷解决机制。我国诉讼法“以事实为依据,以法律为准绳”的原则使得法官在审理案件时必须在查明事实的基础上找法,没有法条或成文的裁判依据则难以做出判决。但仲裁更多的是追求公平合理地解决纠纷,因此“专家断案”之专家其实指的主要是经贸专家而非法律专家(当然法律专家也是专家)。例如,在诉讼中,一方当事人要证明交易习惯或交易惯例的存在是一件极其艰难的事情,但如果是纠纷所属专业领域的专家作为仲裁员,则因为仲裁员确知存在这样的惯例或习惯,就可以免除这样的证明责任。这也是仲裁制度能够受到发达市场经济国家商事主体认可的重要原因之一。

关于审判解释是否应当在仲裁案件中适用的问题,国内仲裁界一直有两种针锋相对的观点:一种观点认为,审判解释只是对人民法院如何裁判具有法律效力,对于仲裁案件,适用审判解释没有依据,因此不应该适用;另一种观点则认为,审判解释经过立法机关授权,审判解释绝大多数都是具有一般约束力的抽象法律解释,而很少与个案或类案相联系,不以具体司法案件为背景,这种解释具有立法或准立法性质而不仅是本来意义上的解释,且《仲裁法》规定的“符合法律”中的法律应当作广义理解，因此应当在仲裁中适用审判解释。[①]

理论上的分歧影响了实践。从各仲裁机构仲裁规则的规定看，有的仲裁机构明确要求参照司法解释，[②]更多的仲裁机构则根本没有提及司法解释。即便是有“参照司法解释”这样的规定，仲裁员如何具体参照适用也是实务中的难题。

笔者认为，简单地认定应当或不应当在仲裁案件中适用审判解释都有失偏颇，原因就在于这种认定没有按照前述的分类方法进行分类处理。就国内仲裁案件而言，按照前述审判解释之分类，对于审判解释中的直接裁判规则，由于是明确要求“人民法院应予支持”或“人民法院不予支持”，因此在仲裁案件中不能想当然地适用，否则仲裁机构就真的误把自己当成人民法院了。但仲裁机构必须认真研究这些裁判规则依据的法理，根据案件实际情况作出结论。对于人民法院支持的主张，仲裁机构不予支持必须有足够的理由，否则会造成严重的混乱，最终伤害的是仲裁机构的公信力和影响力；对于人民法院不予支持而仲裁机构准备予以支持的主张，考虑到人民法院作为国家审判机关所负有的对私人领域适度干涉的职能，仲裁机构由于并不负有同样职能，因此可以更多地从促进交易的原则出发，根据实际情况作出决定。

但对于审判解释中的间接裁判规则，原则上应当在仲裁裁决中参照适用。如最高人民法院《关于审理商品房买卖合同纠纷案件适用法律若干问题的解释》（2020 修正）第四条规定：“出卖人通过认购、订购、预订等方式向买受人收受定金作为订立商品房买卖合同担保的，如果因当事人一方原因未能订立商品房买卖合同，应当按照法律关于定金的规定处理；因不可归责于当事人双方的事由，导致商品房买卖合同未能订立的，出卖人应当将定金返还买受人。”这条规则就是间接裁判规则，完全可以参照适用于仲裁案件处理。该条解释确立的规则是：开发商通过认购、订购、预订等方式向买受人收受定金作为订立商品房买卖合同担保的，如果没有签订正式的商品房买卖合同，因开发商原因则开发

① 参见夏政双：《国际商事仲裁中适用司法解释的探析》，载《法商论坛》2011 年第 2 卷；丁伟：《国际商事仲裁中适用司法解释的悖论性现象透析》，载《政法论坛》2009 年第 2 期。

② 《武汉仲裁委员会仲裁规则》（2018 版）第三十七条第二款规定：“仲裁庭在认定证据时，除依据相关法律、行政法规、参照司法解释外，还可以结合行业惯例、交易习惯等，综合案件整体情况认定。”部分仲裁机构的仲裁规则也有类似规定。

商应当双倍退还定金,因买受人原因则开发商不退还定金——这弥补了原《合同法》(已为《民法典》所吸收)中定金罚则在合同未能订立时的适用;[①]因不可归责于双方当事人的事由而导致合同未订立的,定金予以返还。这是对定金罚则的一个重大补充解释,定金不再是"要么不予返还要么双倍返还",而是在双方当事人都没有过错的情况下可以仅仅返还定金原额。如果遇到此类的仲裁案件,径直参照适用此审判解释就会省去很多麻烦。

那种反对审判解释在仲裁中适用的主张在涉外仲裁中可能是合适的(笔者倾向于在涉外仲裁中也应适用审判解释,但那是另一个重要问题,需专文探讨),但在国内仲裁案件实践中反对适用审判解释就是自找麻烦且大大降低了仲裁裁决之可接受性。以《保险法解释二》第三条规定为例:"投保人或者投保人的代理人订立保险合同时没有亲自签字或者盖章,而由保险人或者保险人的代理人代为签字或者盖章的,对投保人不生效。但投保人已经交纳保险费的,视为其对代签字或者盖章行为的追认。"投保人或者投保人的代理人订立保险合同时没有亲自签字或者盖章,而由保险人工作人员或者保险人的代理人(或代理人的工作人员)代为签字或者盖章,这是在保险实务中经常出现的情况。那么仲裁实践中如何对待?合同对投保人是否生效?随后投保人确实交纳了保险费,发生保险事故后,究竟是按照合同成立生效对待还是按照不成立对待?很显然,只能认定合同成立并生效。在这种情况下,参照适用审判解释处理非常简单,而不适用则很麻烦,要从合同法律制度和保险法律制度中去寻找法理上的依据,而且往往这样找来的法理依据因为说服力不够而难以使当事人心服口服,增加了当事人质疑仲裁裁决的可能性。现实中很多申请撤销仲裁裁决或申请不予执行仲裁裁决的案件,当事人正是以仲裁裁决违反相关司法解释为理由提起的。

审判解释中的间接裁判规则应当在仲裁裁决中参照适用还有一个非常重要的理由:仲裁应当体现的对于交易习惯的尊重。由于最高人民法院的超然地位,其作出的审判解释比较全面地衡量了现实利益等各种因素的利弊之处,较

---

① 《民法典》第五百八十七条规定:"债务人履行债务的,定金应当抵作价款或者收回。给付定金的一方不履行债务或者履行债务不符合约定,致使不能实现合同目的的,无权请求返还定金;收受定金的一方不履行债务或者履行债务不符合约定,致使不能实现合同目的的,应当双倍返还定金。"

为客观，基本实现了解释的正当性。大量的审判解释在判决书、裁定书中出现，充分发挥了法律的规范作用特别是教育作用。商事主体不可避免地要按照审判解释来指引自己的行为，评价自己和交易对手的行为，预测交易行为的法律后果，接受审判解释带来的强制后果。这一切，都表明审判解释在实践中发挥了重要作用，形成了诸多为商事主体所认可的规则，这些规则至少也发挥了具有很强拘束力的交易习惯作用。这种情况在市场经济早期是再正常不过的事情，当年的美国也出现过这种情形："司法的语言差不多成了普通语言；法学家精神本来产生于学校和法院，但已逐渐走出学校和法院的大墙，扩展到整个社会，深入到最低阶层，使全体人民都沾染上了司法官的部分习性与爱好"。[①] 因此，审判解释在仲裁中的参照适用实属难以避免。

审判解释在仲裁中被具体运用后如何在裁决书中表述，是一个重要的问题。笔者认为，**对于审判解释中的直接裁判规则的适用，可以表述为："参考最高人民法院《关于××问题的解释》第×条规定的精神"。对于审判解释中的间接裁判规则的适用，则表述为"参照最高人民法院《关于××问题的解释》第×条规定"。**

第五节 审判解释与《仲裁法》原则出现冲突时的适用

审判解释毕竟是为审判实践而不是为仲裁实践制定的，因此在某些时候难免会出现与仲裁法律原则的冲突。例如，当事人意思自治是仲裁制度之核心原则，在整个仲裁活动中起主导作用，是仲裁制度赖以存在之基石。它不仅反映了仲裁制度的基本特点，也是仲裁制度区别于民事诉讼的一个显著标志。在现代仲裁制度中，当事人之间的合意对于纠纷的解决甚至可以起到决定性的作用[②]。仲裁制度最大限度尊重当事人的意志有利于仲裁程序公正与效益价值目标的实现，但在审判解释所针对的审判实践中，当事人意思自治并不具有这样重要的意义，因而审判解释难以对当事人意思自治给予充分的尊重和支持。

---

① ［法］托克维尔：《论美国的民主》（上册），董果良译，商务印书馆 1988 年版，第 310 页。

② 杨弘磊：《仲裁程序法律适用的特殊冲突规则》，载《人民司法》2006 年第 7 期。

以最高人民法院《关于审理物业服务纠纷案件具体应用法律若干问题的解释》(以下简称《物业审判解释》)[①]为例,该解释第一条规定:“建设单位依法与物业服务企业签订的前期物业服务合同,以及业主委员会与业主大会依法选聘的物业服务企业签订的物业服务合同,对业主具有约束力。业主以其并非合同当事人为由提出抗辩的,人民法院不予支持。”依据前述分类,《物业审判解释》第一条事实上包含两个规则:前一句是间接裁判规则,后一句是直接裁判规则。间接裁判规则确立了一套新的权利义务规则:物业服务合同可以由建设单位或业主委员会与物业服务企业签订而对全体业主具有约束力。这一新规则根据物业服务合同的性质与特点(物业服务企业不仅为合同相对方服务,而且目的是为全体业主服务)而对合同相对性原则进行了突破,确立了合同对未参与协商和签订的业主具有约束力。该审判解释的依据是《物权法》第七十八条[②]的规定:“业主大会或者业主委员会的决定,对业主具有约束力。”但该条中的“决定”是否包含签订合同这样一个具体行为,尚不明确,况且合同经过怎样的协商、达成怎样的具体条款,也不宜归入“决定”。有了审判解释,此条规则才明确起来。但是,由于法律(包括《民法典》)对于业主的概念没有界定,因此对于业主是否应有权利能力和行为能力无法界定。修改后的最高人民法院《关于审理建筑物区分所有权纠纷案件适用法律若干问题的解释》第一条规定:“依法登记取得或者依据民法典第二百二十九条至第二百三十一条规定取得建筑物专有部分所有权的人,应当认定为民法典第二编第六章所称的业主。”这也只是就“业主”的认定明确了规则,仍未明确业主是否应有权利能力和行为能力这样一个基本问题。因此,《物业审判解释》确立的该间接裁判规则还需要进一步解释才能解决以下两个问题:第一:如果个别业主是无行为能力人或是限制行为能力人,物业服务合同如何体现约束力?比如下面这种情况:在物业合同签订前父母以未成年子女的名义购房,后父母因车祸去世且未成年子女也无其他法定

---

① 《民法典》施行后,根据最高人民法院《关于修改〈最高人民法院关于在民事审判工作中适用《中华人民共和国工会法》若干问题的解释〉等二十七件民事类司法解释的决定》,最高人民法院《关于审理物业服务纠纷案件具体应用法律若干问题的解释》更名为最高人民法院《关于审理物业服务纠纷案件适用法律若干问题的解释》,并进行了大幅删减,第一条、第二条、第三条等八条被删去,因此本部分内容已经发生变化。但因为该部分的探讨具有重要价值,因此仍然予以保留,只是稍作更改。

② 现为《民法典》第二百八十条。

监护人,因此未成年人当然是业主;此时业主委员会与物业公司签订了物业服务合同,如何认定合同的约束力?是否无须考虑当事人的行为能力?第二,如果物业服务合同中约定了“争议由某仲裁委员会仲裁”的条款,该仲裁条款是否当然对业主具有约束力?

这是一个很有代表性的问题。按照《物业审判解释》第一条所确立的裁判规则,该仲裁条款对于业主似乎应当有约束力。在物业公司与业主发生纠纷后,业主以自己与物业公司之间并无书面仲裁协议或合同仲裁条款而向人民法院要求确认仲裁条款无效,也难以得到人民法院的支持。但是,根据《仲裁法》第十七条的规定,无民事行为能力人订立的仲裁协议是无效的。如果业主是无民事行为能力人,即便对业主有约束力,审判解释也不能违反法律的明文规定,即不能依据审判解释认为无民事行为能力人应受仲裁协议约束。这种情况下,如何认定仲裁条款有效?

问题的严重性还在于:如果在仲裁中不加区分地直接适用这样的间接裁判规则,将直接动摇仲裁制度的基石——当事人意思自治。仲裁制度要求必须是各方当事人合意选择仲裁方式解决纠纷并选定仲裁机构才能在纠纷发生后启动仲裁程序。但由于业主没有参与签订仲裁协议,因而并非仲裁协议的一方当事人,在这种情况下认定仲裁协议有效,完全不顾当事人是否有选择仲裁的意思表示,当事人意思自治如何体现?退一步讲,即便物业服务合同其他部分对业主有约束力,也不能认为仲裁条款就当然对业主有约束力。《民法典》第五百零七条规定:“合同不生效、无效,被撤销或者终止的,不影响合同中有关解决争议方法的条款的效力。”《仲裁法》第十九条更明确规定:“仲裁协议独立存在,合同的变更、解除、终止或者无效,不影响仲裁协议的效力。”此谓仲裁协议的独立性。如前所述,仲裁协议的独立性决定了其具有不同于其他一般合同条款的效力。因为合同其他条款所规定的通常是当事人之间对立的权利与义务关系(一方的权利就是另一方的义务,反之亦然),对于这些条款的违反而产生的后果是直接产生违约责任(当合同有效时)或损害赔偿责任(当合同无效时);而仲裁条款所规定的是当事人双方共同承担的权利与义务,对仲裁条款的违反并不直接产生违约或损害赔偿的问题,而是对方有权援引此条款使之发生效力——寻求救济手段时只能向仲裁机构申请仲裁而不得向人民法院起诉。当事人意思自治和仲裁协议的独立性决定了这样的后果:虽然物业服务合同可以由建设单位或业主委员会与物业服务企业签订而对全体业主具有约束力，但若其中有仲裁条款，该仲裁条款对业主并不具有约束力。该仲裁条款只在建设单位或业主委员会与物业服务企业（合同的直接当事人）之间生效，在处理他们之间纠纷时按照仲裁条款执行；在物业服务企业与业主发生纠纷时，该仲裁条款并没有约束力。

因此，在仲裁案件时，当审判解释的适用与《仲裁法》原则出现冲突时，必须按照仲裁法律制度的原则、规则执行而不得适用审判解释。例如，《物业审判解释》第一条所确立的间接裁判规则，就不能导致仲裁条款对业主具有约束力，物业服务企业与业主之间因物业服务合同发生的纠纷不能提交仲裁，除非业主与物业服务公司签订有仲裁条款或仲裁协议。当然，如果当事人均不对仲裁协议提出效力异议，则仲裁机构可以仲裁此类物业纠纷案件，并适用《物业审判解释》第一条所确立的间接裁判规则确定当事人之间的权利义务关系。

另外，《物业审判解释》第一条所确立的直接裁判规则，即“业主以其并非合同当事人为由提出抗辩的，人民法院不予支持”，不能被仲裁机构参考适用。如果业主提出这样的抗辩，仲裁机构应当予以支持，认定当事人之间没有仲裁协议。但由于《物业审判解释》已经进行了重大修改，第一条的上述内容（包括所确立的直接裁判规则和间接裁判规则）均已失效，因此，在业主与物业服务人之间没有书面协议的情况下，能否依据《民法典》第二百八十条的规定“业主大会或者业主委员会的决定，对业主具有约束力”，得出业主委员会与物业服务人之间签订的协议中的仲裁条款对业主有约束力呢？基于前述分析，笔者对此持否定意见。

第八章

交易习惯与法理的适用

社会学奠基人之一、德国学者马克斯·韦伯在谈及习惯和风俗时认为，社会行为尤其是经济行为过程具有大量的极其引人注目的规律性，这些规律性的出现是因为这样最符合参与者主观确定的正常利益。这些行为的同类性、规律性和持续性等特征，比起参与者依据他们确实认为有约束力的准则和义务而行动时所表现出的相应特征要稳定的多。[①] 这里说的事实上就是交易习惯及其效果。

正因为交易习惯大量存在于民商事活动中，纠纷解决过程也就常常会涉及交易习惯与法理的问题。就仲裁而言，仲裁的起源和发展就是为了满足商事主体（商人们）在商事交易活动中的需要。在这个过程中，不仅逐渐形成了专门调整商事关系的商人习惯法，也形成、完善了发生争议时按照习惯法进行商事仲裁的纠纷解决途径。[②] 从这一点来看，仲裁原本就主要是依靠交易习惯（惯例）和法理而非主要依靠法律来解决纠纷的，这与通过诉讼解决争议主要依靠法律有着很明显的不同。[③] 有学者在从法教义学分析“解决民事纠纷……可以适用习惯”的适用主体是法官和法院时，[④]指出在（诉讼之外的）其他解决民事纠纷

---

① ［德］马克斯·韦伯：《社会学的基本概念》，胡景北译，上海人民出版社 2000 年版，第 40 ~ 41 页。

② 袁光辉主编：《仲裁理论与实务》，山东人民出版社 1997 年版，第 6 页；王敬藩：《主张与选择——中国仲裁法论》，黑龙江人民出版社 1998 年版，第 19 页；宋连斌主编：《仲裁法》，武汉大学出版社 2010 年版，第 25 页。

③ 参见张建华：《仲裁新论》，中国法制出版社 2002 年版，第 257 页。

④ 这是司法中心主义的理解。笔者认为，基于《立法法》明确的仲裁制度与诉讼制度并立的重要性，仲裁机构是与法院并行的法律适用主体，因此适用主体应当包括仲裁机构和仲裁员。

的方式中,纠纷解决主体不但“可以适用习惯”,甚至每每是“应当或必须适用习惯”,是“不得不适用习惯”。[①]

有学者认为,习惯乃是为不同阶级或者各种群体所普遍遵守的行动习惯或者行为模式。[②] 交易习惯作为一种社会规则,是由商人在长期的商事交易中逐渐形成的一套规范,它被用来分配商人之间的权利、义务,调整和解决商人之间的利益冲突。[③] 关于法的概念的通说认为,法是由国家制定或认可的行为规范,[④]认可的行为规范中就包括交易习惯。

从法律渊源的有关规定来看,虽然《民法典》中多处规定了“交易习惯”,但对其含义未作解释,只有已经废止的最高人民法院《关于适用〈中华人民共和国合同法〉若干问题的解释(二)》第七条对此作了规定:交易习惯是指不违反法律、行政法规强制性规定,在交易行为当地或者某一领域、某一行业通常采用并为交易双方订立合同时所知道或者应当知道的做法,或者当事人双方经常使用的习惯做法。交易习惯也被称作“惯例”,梁慧星先生就认为:“习惯是一种事实上的惯例。”[⑤]仲裁界较有影响的观点认为:所谓惯例是想表达一种做法或方式,即在某个地区、某种行业或整个世界范围内被人们反复运用和普遍承认的习惯做法和特定方式。[⑥] 依笔者观察,惯例似乎更多地应用于国际贸易,即所谓“国际惯例”;或应用于行业,则行业惯例等同于交易习惯,只是表述不同而已。

本书着眼于实务,故对交易习惯与惯例不加区别使用,根据语境使用交易习惯或惯例表述。在本书第三章中的法律渊源分类部分,借鉴有关学者的研究成果,曾提出“必须法律渊源”“应当法律渊源”“可以法律渊源”的概念,[⑦]其中的“可以法律渊源”就是指交易习惯、政策、道德、判例和法理。本章只探讨交易习惯与法理的适用。

---

① 谢晖:《“可以适用习惯”的法教义学解释》,载《现代法学》2018 年第 2 期。

② 江平主编:《民法学》(第 3 版),中国政法大学出版社 2015 年版,第 8 页。

③ 樊涛:《我国民商事司法中的交易习惯》,载《法律适用》2014 年第 2 期。

④ 沈宗灵主编:《法理学》,高等教育出版社 1994 年版,第 32 页;卢云主编:《法学基础理论》(修订本),中国政法大学出版社 1999 年版,第 435 页;胡土贵主编:《法理学》,法律出版社 1999 年版,第 24 页。

⑤ 梁慧星:《民法总论》(第 4 版),法律出版社 2001 年版,第 28 页。

⑥ 康明、王生长、程德钧编著:《国际惯例和涉外仲裁实务》,中国青年出版社 1993 年版,第 2 页。

⑦ 王夏昊:《法适用视角下的法的渊源》,载《法律适用》2011 年第 10 期。

第一节　交易习惯的性质、特征及构成

作为我国民商事法律一个十分重要的概念,交易习惯在法律实践中发挥着十分重要的作用。交易习惯究竟是可以作为法律渊源的依据,还是需要当事人举证证明其存在的事实,对纠纷的解决具有重大影响。实务界和理论界对此也存在很多争议。要弄清这一点,需要探究交易习惯的性质。

一、交易习惯的性质

按照前述交易习惯的概念,交易习惯为行为规范,因此应当属于可以作为非正式法律渊源的内容——或说是法律渊源的补充。[①] 有学者认为:“在当代世界,凡是认可市场经济的国家都会在其法律中将交易习惯作为法律的一种必要补充,成为法定的补充渊源。”[②]有些国家和地区(如瑞士、奥地利等国家)在其民法典的第一句就有此类规定:民事,法律所未规定者,依习惯,无习惯者依法理。我国《民法典》第十条规定:“处理民事纠纷,应当依照法律;法律没有规定的,可以适用习惯,但是不得违背公序良俗。”

《民法典》的规定,使得民商事争议解决在法律没有规定的领域里有了交易习惯这样的规范作为依据。但这样的规定是否使得习惯成为习惯法——“国家认可和由国家强制力保证实施的习惯”,[③]尚不无争议。一般而言,如果成为习惯法,那就只是法律适用的问题,依照法律适用规则适用即可;但如果没有成为习惯法,则何时应当适用、遇到相互冲突的交易习惯时如何选择适用等,就需要有相应的规则。因此,如何正确适用交易习惯,就成为纠纷解决中的一个重要

---

① 沈宗灵主编:《法理学》,高等教育出版社 1994 年版,第 315 页;卢云主编:《法学基础理论(修订本)》,中国政法大学出版社 1999 年版,第 279 页;胡土贵主编:《法理学》,法律出版社 1999 年版,第 73 页。三者均强调“习惯只是在国家认可后才被认为是法的一种渊源”。

② 彭中礼:《交易习惯在民事司法中运用的调查报告——基于裁判文书的整理与分析》,载《甘肃政法学院学报》2016 年第 4 期。

③ 《中国大百科全书》总编辑委员会:《中国大百科全书·法学》,中国大百科全书出版社 1984 年版,第 87 页。

问题。

我国《民法典》有14个条文规定了交易习惯,分别是第一百四十条:“行为人可以明示或者默示作出意思表示。沉默只有在有法律规定、当事人约定或者符合当事人之间的交易习惯时,才可以视为意思表示。”第三百二十一条:“天然孳息,由所有权人取得;既有所有权人又有用益物权人的,由用益物权人取得。当事人另有约定的,按照其约定。法定孳息,当事人有约定的,按照约定取得;没有约定或者约定不明确的,按照交易习惯取得。”第四百八十条:“承诺应当以通知的方式作出;但是,根据交易习惯或者要约表明可以通过行为作出承诺的除外。”第四百八十四条:“以通知方式作出的承诺,生效的时间适用本法第一百三十七条的规定。承诺不需要通知的,根据交易习惯或者要约的要求作出承诺的行为时生效。”第五百零九条:“当事人应当按照约定全面履行自己的义务。当事人应当遵循诚信原则,根据合同的性质、目的和交易习惯履行通知、协助、保密等义务。”第五百一十条:“合同生效后,当事人就质量、价款或者报酬、履行地点等内容没有约定或者约定不明确的,可以协议补充;不能达成补充协议的,按照合同相关条款或者交易习惯确定。”第五百一十五条:“标的有多项而债务人只需履行其中一项的,债务人享有选择权;但是,法律另有规定、当事人另有约定或者另有交易习惯的除外。”第五百五十八条:“债权债务终止后,当事人应当遵循诚信等原则,根据交易习惯履行通知、协助、保密、旧物回收等义务。”第五百九十九条:“出卖人应当按照约定或者交易习惯向买受人交付提取标的物单证以外的有关单证和资料。”第六百二十二条:“当事人约定的检验期限过短,根据标的物的性质和交易习惯,买受人在检验期限内难以完成全面检验的,该期限仅视为买受人对标的物的外观瑕疵提出异议的期限。”第六百八十条:“禁止高利放贷,借款的利率不得违反国家有关规定。借款合同对支付利息没有约定的,视为没有利息。借款合同对支付利息约定不明确,当事人不能达成补充协议的,按照当地或者当事人的交易方式、交易习惯、市场利率等因素确定利息;自然人之间借款的,视为没有利息。”第八百一十四条:“客运合同自承运人向旅客出具客票时成立,但是当事人另有约定或者另有交易习惯的除外。”第八百八十八条:“保管合同是保管人保管寄存人交付的保管物,并返还该物的合同。寄存人到保管人处从事购物、就餐、住宿等活动,将物品存放在指定场所的,视为保管,但是当事人另有约定或者另有交易习惯的除外。”第八百九十一条:“寄存人向保管人交付保管物的,保管人应当出具保管凭证,但是另有交易习惯的除外。”《民法典》如此多的法律条文规定了交易习惯,足见对交易习惯的重视。

此外,《民法典》中与交易习惯同义或者近似含义的还有19处“习惯”,如第一百四十二条:“有相对人的意思表示的解释,应当按照所使用的词句,结合相关条款、行为的性质和目的、习惯以及诚信原则,确定意思表示的含义。”

有学者认为,上述法条中所称的交易习惯事实上是习惯法,具有法律效力,发挥着优于法律的效力(如第四百八十条、第八百一十四条和第八百九十一条)、补充合同法的效力(如第四百八十四条、第五百零九条、第五百一十条、第五百五十八条和第五百九十九条)以及解释合同的标准的效力(如第一百四十二条和第四百六十六条)。[①] 这种观点有助于我们更好地理解交易习惯的效力。

由上述法律规定可知,交易习惯作为一种对当事人有约束力的规则,在当事人发生争议而又缺乏法律的明确规定时,可以有助于裁判者判断商事行为的效力和双方的履行行为是否适当,进而得出支持何者主张的结论,以解决纠纷,维护正常的交易秩序与交易安全。

我国目前的民事立法并未赋予交易习惯以法律渊源地位。已经废止的最高人民法院《关于适用〈中华人民共和国合同法〉若干问题的解释(二)》规定,“对于交易习惯,由提出主张的一方当事人承担举证责任。”虽然该审判解释已经废止,但其确立的该分配举证责任的立场无疑是正确的。《民法典》中关于交易习惯的规定中都暗含了这一理念。由一方当事人承担举证责任的内容通常会被认为属于事实。因此,国内有学者认为:就我国国内民商法法律适用领域而言,交易习惯应当被视为一种事实,必须经过法官的认可方可以适用。将国内的交易习惯视为事实而非法律,也有利于建立一种交易习惯的识别、审查和认定机制,便于裁判者在实践中掌握交易习惯的适用规则。[②] 我国台湾地区学者王泽鉴先生在定义“习惯法”时,也强调“习惯法存在与否,除主张之当事人依

---

① 罗筱琦:《“交易习惯”研究》,载《现代法学》2002年第2期。笔者对照《民法典》,对原《合同法》的相应条文进行了变动。

② 杨建军:《裁判的经验与方法——〈最高人民法院公报〉民事案例研究》,山东人民出版社2010年版,第154页。

法提出证据外，法院应依职权调查”。[①] 在国外，分析实证主义法学家奥斯丁也认为：“在立法机关或者法官赋予某一习惯惯例以法律效力以前，它应当被认为是一种实在的道德规则。”[②]虽然上述论者仅将裁判者定位于法官，但笔者认为，仲裁员无疑等同于这里的法官。

笔者认为，交易习惯的法律性质，既是法律渊源的补充，又是事实，具有二重性。基于交易习惯具有不成文、不系统等特点，地区或专业之外的人难以对其了解和熟悉，因此，交易习惯作为事实由当事人举证，既符合法理，也并没有增加一方当事人的负担。这种二重性并不否认其具有法律渊源的补充作用。同时，就我国的国内仲裁而言，虽然与诉讼一样也是适用法律解决纠纷，但其适用法律的要求与诉讼要求的“以事实为依据，以法律为准绳”有着明显的不同，其中交易习惯的认定是非常重要的特色内容，而且具有较强专业知识的仲裁员在交易习惯的适用上也有着更高的权威性，能够更好地发挥交易习惯的重要作用。

二、交易习惯的特征[③]

参照学者的研究成果，仲裁活动中涉及的交易习惯有 5 个特征，分别是：

1. 复杂性。虽然成文法国家的环境决定了我们有较为完备的法律体系，但法律不可能规定得过于细致，商事活动需要依靠各种交易习惯才能维持下去，而且许多商事法律事实上只是对已经形成的交易习惯的确认、总结、概括或升华。[④] 因此交易习惯总是在特定地域或行业中通行的，也就必然具有地域差异和行业差异。就地域而言，交易习惯属于一种“地方性知识”。这决定了交易习惯从总体上看是非常复杂的。

2. 相对独立性。交易习惯在社会发展中总会表现出一定的前瞻性或滞后性，与社会的变化不完全同步，呈现相对独立发展的轨迹。前瞻性的如各种新

---

① 王泽鉴：《民法总则》（增订版），中国政法大学出版社 2001 年版，第 56 ~ 58 页。

② ［美］E. 博登海默：《法理学——法律哲学与法律方法》，邓正来译，中国政法大学出版社 2004 年版，第 493 页。

③ 杨建军：《裁判的经验与方法——〈最高人民法院公报〉民事案例研究》，山东人民出版社 2010 年版，第 149 ~ 150 页。作者原论述的是习惯的特征，笔者按照对交易习惯的要求对其进行了精简。

④ 苏力：《法治及其本土资源》（第 3 版），北京大学出版社 2015 年版，第 10 页。

业态,诸如互联网购物(网购)、互联网金融、共享单车等;滞后性的如现金流通,虽然大额现金交付存在诸如不安全、不方便、国家不予鼓励等诸多弊端,但现实中就是有一些组织和团体(如农村或城市集体经济组织)的决策者依然不肯选择通过各种方便的现代支付手段(如票据、银行转账、移动支付等)支付,而宁肯浪费大量的人力资源和安保资源聚众发放。

3. 隐蔽性。某些交易习惯虽然每天都在大量重复着,但人们习以为常,很少会意识到交易习惯的存在和交易习惯确切的内容。例如,国内大多数城市中的无人售票公共汽车的"恕不找零"交易习惯,大型零售商场的持有发票即已付款的交易习惯,等等。

4. 优劣性。习惯是有着优劣之分的,很多交易中的"潜规则"往往良莠不齐,既有可以大大提高交易效率、减少交易成本的良好惯例,也有违反法律、行政法规强制性规定的陈规陋习,例如,民间借贷的"砍头息",即出借资金时直接从本金中扣下首期利息的习惯做法。基于前述概念,对于与法律和行政法规强制性规定相冲突以及违反公序良俗的习惯做法,本书不称之为交易习惯。

5. 发展性。交易习惯是随着时代的发展不断推陈出新的,一种新的交易模式的产生必然产生一系列新的交易习惯,如飞速发展的与互联网相关之现代商业会产生大量的交易习惯,多数新兴业态一开始几乎都是依靠交易习惯而非依靠法律法规来规制的。另外,纠纷解决的实践对交易习惯之干预也会使得交易习惯发展变化。例如,餐饮业曾经流行的"自带酒水开瓶费",本来是正常的交易习惯,但在有的用餐客户为此提起诉讼并胜诉后,收取开瓶费的交易习惯就逐渐式微,在很多地方已经退出了餐饮行业。

三、交易习惯的构成[①]

交易习惯由两个要素构成:第一,须有为人们内心信奉的有普遍拘束力的习惯存在。交易习惯是某地域或某一领域、某一行业通常采用的做法,只要行业内有其习惯性事实之存在即可。对其习惯性事实,既无须以整体社会的人均

---

① 参见王泽鉴:《民法总则》(增订版),中国政法大学出版社2001年版,第57页、第58页;罗筱琦:《"交易习惯"研究》,载《现代法学》2002年第2期;樊涛:《我国民商事司法中的交易习惯》,载《法律适用》2014年第2期。

认知其具有法律的拘束力为要件,也无须国家的承认。以行业为例,并非以全国一致为考量标准,只要有相当多的人或同一行业的人们,于交易上反复援用遵守即可认定。作为习惯组成部分之交易习惯,需要在交易者心中具有必须遵守的效力且不为法律所否定。交易习惯所具有的这种类似于法的拘束力,不是以国家强制力做后盾,而是基于地区内或行业内人们心理上的普遍确信,以及商会组织等通过行使社会公权力给予的支持。但这里所提及的均为法律上不确定之概念,如何认定其成立,解释上须由裁判者依社会通常观念、斟酌个案具体情况裁量。在认定一项交易习惯是否存在时,本着尊重当事人意思自治的原则,应尽量从宽认定而不可过于苛刻。第二,该交易习惯不违背国家法律的强制性规定,不违背公共秩序和善良风俗。《民法典》虽然未明确规定什么样的交易习惯不能适用,但作为国家法律所承认的具有法律效力之交易习惯,首先必须经过法律、行政法规的价值评判,即不得与之相矛盾或抵触。“公共秩序乃指由法律所肯定的基本精神与公民在社会生活中的基本权利;善良风俗乃指当今社会所公认的道德规范。正是由于善良风俗所指的道德规范是由社会(或称法域,也称法律共同体)所普遍接受的道德规范,所以它与法律的基本精神相一致,从而成为一个法律化的概念,其本质与公共秩序并无不同。公共秩序与善良风俗通常连在一起使用,并称为公序良俗。”①公序良俗是一种不确定的法律概念。公共秩序是国家及社会生活的共同要求,善良风俗是国民的一般伦理与道德观念。许多有损公序良俗甚至违法的交易也有习惯,但那不是法律承认的交易习惯,不受法律保护。

第二节　交易习惯在仲裁中的适用②

《民法典》等法律中虽有适用交易习惯的明文规定,但在纠纷解决中如何准确恰当应用是一个难题。纠纷解决中常见的是对某交易行为,当事人一方认为

① 董灵:《公序良俗原则与法制现代化》,载《法律科学》1994 年第 5 期。

② 本节参考了张建华先生的部分论述。参见张建华:《仲裁新论》,中国法制出版社 2002 年版,第 253～263 页。

是交易习惯,而另一方不认为是交易习惯,因而发生争议。对此,在对交易习惯性质进行界定的基础上,仲裁庭应结合交易习惯两个构成要件进行分析判断,正确适用交易习惯。

在对交易习惯的认定方面,学者认为,我国客观上仍存在诸多否定交易习惯应有效力的、不当的商事司法行为。例如,我国的商事司法实践中,由于对民法中“公平原则”的理解有误,一些法官判定委托理财合同中的“保底条款”无效,严重损害了资本市场的交易习惯;更为常见的是,法官动辄以《消费者权益保护法》及原《合同法》等法律中的相关原则规定为由,宣告商事交易中的交易习惯——如公交行业中的“恕不找零”、餐饮服务行业中的“最低消费”“开瓶费”、旅馆业中的“过中午 12 点加收半天房租”等为无效条款,严重漠视商事习惯的正当性及商事行为奉行“营利性”的法理。[①] 正因如此,有学者认为,在我国的商事领域中,民商事司法对商事交易习惯的干预过度。[②]

相比于诉讼,仲裁对于交易习惯之认可在更大的范围内有更多的自由度。在诉讼过程中,由于我国缺少从事交易习惯的调查与收集的专门机构,也没有确定交易习惯的甄别机制,对于多大范围内多少人普遍认可和遵守的习惯才构成交易习惯没有统一标准,因而法官在审判过程中难以有根据地判断各地、各行业的交易习惯,这导致法官难以将交易习惯很好地运用到审判实践中,难以发挥交易习惯的应有作用。同时,对于交易习惯举证、质证也缺乏规定,导致在程序上无章可循,也缺乏运用交易习惯作为裁判规范的认定标准。这就造成了前面所述的过分干预、动辄否认交易习惯正当性的问题。“相对于司法裁判而言,交易习惯作为社会规范更适宜在商事仲裁、协商和调裁程序中由当事人自主和自愿适用。”[③]仲裁可以较好地避开诉讼中存在的前述问题。仲裁员作为地区和行业的专业人士,有着天然优势,特别是某个专业的仲裁员对于其所处行业之商业惯例更为熟谙,可以更好地发挥交易习惯之作用。这方面需要借鉴国外的成功经验。如英国仲裁的有关规定:商事仲裁员有责任根据自己的经验和知识认定某些当事人没有举证的事实;如果这些事实被用作裁决依据,仲裁员

---

① 樊涛:《我国民商事司法中的交易习惯》,载《法律适用》2014 年第 2 期。

② 张维迎:《博弈与社会》,北京大学出版社 2013 年版,第 344 页。

③ 樊涛:《我国民商事司法中的交易习惯》,载《法律适用》2014 年第 2 期。

应当将其向当事人公开,供当事人双方质证和辩论。[①] 另外,许多仲裁机构的仲裁规则都强调对交易习惯的尊重[②]。在诉讼中,人民法院依据审判解释要求当事人举证证明交易习惯的存在及其内容,但当事人对交易习惯的两个要件皆难证明,且两个要件多为抽象要件,通常情况下一般当事人很难完成此等举证责任;即使完成,其成本也会异常昂贵。而由该行业之专家担任的仲裁员可以凭借自己作为业内专家的权威,径直宣布一方当事人主张的交易习惯是否的确存在,从而判定是非。[③]

但即便是在仲裁中,多数时候也需要当事人对交易习惯的存在提供证明,特别是双方当事人之间的交易习惯。这是因为,当事人选定的仲裁员未必是争议领域的专家,而可能只是退休法官、法学教授或执业律师这样的法律专家;即使是争议领域的专家也会为了体现公平和中立而不愿径直认定一方当事人关于交易习惯的主张成立,而要求当事人提供相应证据。需要当事人证明的主要有两个方面内容:

第一,关于交易习惯存在的证明。

1. 如果当事人从事同一行业、职业或在同一区域,主张其行业、职业、区域内存在某种交易习惯时,主张一方负举证责任,其应当举证行业内或相关地域存在该交易习惯,且交易双方在订立合同时知道或者应当知道该习惯。通行于某个行业或区域的此类交易习惯可以称为"通用习惯"。证明通用习惯存在的主要证据一般有六类:一是法律法规之外的规范性文件之规定,如行政主管机关颁布的在辖区内施行的规范性文件中之内容;二是规定在行业内部自治规范汇编中的内容及行业标准等;三是为生效判决或裁决所认可的涉及本地区本行业之交易习惯;四是两个以上的同业或同区域从事相同交易的当事人认可该交易习惯之证据;五是交易当事人一方或双方曾以该交易习惯与他人进行同种交易之证据;六是当地行业协会、工商联合会或地方商会及市场管理等相关部门

---

① 陈桂明:《仲裁法论》,中国政法大学出版社 1993 年版,第 98 页。

② 如《深圳国际仲裁院仲裁规则》(2020 版)第五十一条第一款规定:"仲裁庭应当基于事实,依据可适用的法律及公认的法律原则,参考商业惯例,公平合理、独立公正地作出裁决。"许多仲裁机构的仲裁规则均有类似规定。

③ 此为笔者一己之见,但在实践中已经得到应用并发挥了很好的作用,特别是在建设工程领域就工程款涉及仲裁时效问题等方面。

证明该交易习惯存在的证据。上述六类中,前三类有文字材料且较为规范,较易认定;后三类则主要是普通的言辞证据,认定上要复杂一些。

2. 如果当事人并非从事同一行业、职业或不在同一区域,主张一方不仅负有举证证明交易习惯存在的责任,而且还应证明对方知道或应当知道此交易习惯,或者举证已经向对方告知、说明此交易习惯,否则,主张一方应负举证不能、对方不接受此交易习惯拘束的不利后果。

3. 如果当事人主张的是双方之间较长期间形成的交易习惯而非行业或地区的交易习惯,则主张该交易习惯的一方负有证明双方交易习惯的义务。此类仅限于交易双方的习惯也被称为“个别习惯”,个别习惯应当严格按照举证责任,由主张存在该习惯的当事人进行证明。下面的案例很能说明问题:

案　例　反复实践的同一惯常性交易行为①

大金公司与大冶公司签订纸板供销合同,由大金公司向大冶公司提供用于制作礼盒的纸板,双方没有对货物的包装标准进行约定。双方合作长达 1 年多,交易达到 20 余次,大金公司每次提供的包装措施是在箱子外面包裹一层塑料薄膜。某次交易,大金公司向大冶公司提供 1000 箱纸板,未用塑料薄膜包裹,恰逢雨季,该批货物被雨水打湿,无法使用。大冶公司要求退款。大金公司认为其正常交货,货物被打湿,应当由大冶公司承担风险。协商无果,大冶公司提起仲裁。仲裁庭最终支持了大冶公司的请求,理由是在 20 余次的交易中,大金公司均采用箱子套薄膜的标准进行包装,可认定为交易习惯,在涉案交易中大金公司没有按照惯常做法,存在过错,构成违约,应当承担违约造成的损失。

第二,当事人在合同中的约定。

这主要指与交易习惯有关的合同约定,如约定采用某交易习惯或排除某交易习惯。这类约定如果不违反法律法规的禁止性规定且不违反公序良俗,应当

① 广州仲裁委员会:《如何认定交易习惯? 裁判思路不再神秘》,载引自微信公众号“广州仲裁委员会”2016 年 1 月 7 日,http://mp. weixin. qq. com/s/ – dY – Q5StiKzfbAQBS3sbtg。

认为约定有效,依照约定采用或排除交易习惯即可。

值得注意的是格式合同问题。以车辆保险合同为例,中国保险行业协会在2006年7月1日创制出包括车损险和商业第三者责任险两个险种的A、B、C三套行业商业车险产品,供各保险公司参照使用,车险行业统颁条款由此进入历史舞台①。这些车险产品中包含了大量交易习惯,以统一的格式合同形式由投保人与保险人签订。对此类格式合同,《保险法》第十六条要求"保险人应当向投保人说明保险合同的条款内容",并在第十七条规定:"保险合同中规定有关于保险人责任免除条款的,保险人在订立保险合同时应当向投保人明确说明,未明确说明的,该条款不产生效力。"可见,法律通过为提供格式合同方设定提示、说明和解释义务的形式,对当事人在合同中采用交易习惯进行了规制,较好地在当事人之间达成了权利义务的平衡。违反法律规定约定适用某交易习惯或排除某交易习惯无效。

第三节　适用交易习惯之规则

如同法律适用有自身之规则一样,交易习惯之适用也有应当遵循之规则。我国立法上虽然明示可以适用交易习惯,但预设了前提,可以视为适用规则:一是"法律没有规定的,可以适用习惯,但是不得违背公序良俗"(《民法典》第十条),即首先必须是法律没有规定情况下才可以适用交易习惯,而不得无视法律之明文规定去适用交易习惯。就仲裁而言,这里的法律应当作扩大解释,即指所有的法律渊源,除了法律法规还包括行政规章、地方性法规、经济特区法规规章、自治条例和单行条例等等在内。二是法律授权优先适用(如《民法典》第四百八十条、第八百一十四条和第八百九十一条的规定)或补充适用(如《民法典》第四百八十四条、第五百零九条、第五百一十条、第五百五十八条和第五百九十九条)时,按照法律规定处理。三是不得适用违背法律精神、违背公序良俗之习惯。

对大多数的仲裁员和仲裁机构工作人员而言,由于绝大多数仲裁机构此前

① 方志平:《论保险惯例——以商业车险条款为中心》,载《中外法学》2012年第3期。

一直是对人民法院亦步亦趋的,因此借鉴人民法院的有关判例中体现出的交易习惯适用规则有着特殊重要的意义。

有学者总结了 1985 年至 2007 年《最高人民法院公报》所公布的 699 件案例,对其中涉及交易习惯(惯例)的判决分析后总结出人民法院对交易习惯的适用规则有:①

1. 合同约定的交易习惯应当受法律保护。当事人在合同中对交易习惯进行了书面确认,表明该交易习惯是存在的,且其内容是明确的。人民法院应认可该交易习惯,依交易习惯确定当事人的权利义务。

2. 履行合同中的违反交易习惯之行为无效。当事人在履行合同过程中,对已知悉或应知悉的对合同权利义务有重大影响之交易习惯未予遵守而进行的有悖于交易习惯之行为无效,如拍卖行为违反“三声报价法”而落槌,或典当业务里不认可合同中约定的交易习惯“绝当”而向典当行坚持要求回赎。人民法院认为此类交易习惯具有拘束力,不得违反。

3. 合同相对人未履行交易习惯义务,应当承担相应的法律责任。虽然合同没有约定或没有书面合同,但当事人均知悉相关交易习惯为己方设定的义务,如果一方对此义务的违反造成了对方损失,即应承担相应的赔偿责任。

4. 行业内部的惯例不得用于对抗行业外之合同当事人。行业或团体内部的交易习惯如行业惯例、规则和标准等,属于自治性规范,只能约束自治体成员,不能约束交易相对人。

5. 不得运用交易习惯来明显加大交易相对方之合同风险。这方面常见的是格式条款问题,尤其是前面提及的保险行业里未经协商即签订的格式保险合同。如果保险人未能就格式条款作出明确提示和说明,格式条款中体现的交易习惯很可能对投保人不生效。

上述规则很好地体现了纠纷解决中适用交易习惯的要求,值得仲裁机构借鉴。

---

① 参见杨建军:《裁判的经验与方法——〈最高人民法院公报〉民事案例研究》,山东人民出版社 2010 年版,第 169 ~ 175 页。作者列举了 7 条规则,笔者根据仲裁实践需要,只列出可供仲裁参考的 5 条。

第四节　法理的适用

“法理”是经常被运用却又很难形成一致意见的概念。张文显先生在《法理:法理学的中心主题和法学的共同关注》一文中对其进行了语义分析、意义分析和历史考察,阐述了“法理”在理论和实践中的意义与功能,是笔者所见到的最为全面而深刻的分析。但张先生坦率承认:在当下的中国法学界,共识性“法理”概念尚未凝练出来。[①] 较为权威的观点认为:法理应当是法律的基本精神与原则[②],从仲裁实务出发,笔者赞同这一观点,同时也推崇其他民法权威的法理论述。如梁慧星先生认为:“所谓法理,指依据民法之基本原则所应有的原理。”[③]王利明先生认为:“所谓法理,指的是民法的学说、理论。”[④]我国台湾地区学者王泽鉴先生认为:“所谓法理,应系指自法律精神演绎而出的一般法律原则,为谋社会生活事物不可不然之理,与所谓条理、自然法、通常法律的原理,殆为同一事物的名称。”[⑤]笔者将本章所探讨之法理概念理解为:法理是指民商事法律规范(包括法律原则和法律规则)所依据的一般原理,这些一般原理主要体现在权威的理论学说中。具体而言,本书所探讨之法理是指法律渊源意义上之法理,是在法律没有明文规定、欠缺相应交易习惯时为解决争议而需要适用的民商法之非正式渊源。

法理因为其自身具有的正当性的价值、原则、理念,而具有对法律法规、司法解释、具体案件、人的行为等进行价值评判或证成的功能。作为解决特殊争议之依据,法理在仲裁中的意义集中体现为两个方面:[⑥]

---

① 张文显:《法理:法理学的中心主题和法学的共同关注》,载《清华法学》2017 年第 4 期。

② 江平主编:《民法学》(第 3 版),中国政法大学出版社 2015 年版,第 11 页。

③ 梁慧星:《民法总论》(第 4 版),法律出版社 2011 年版,第 28 页。

④ 王利明:《民法总则研究》(第 2 版),中国人民大学出版社 2012 年版,第 68 页。

⑤ 王泽鉴:《民法总则》,中国政法大学出版社 2001 年版,第 60 页。

⑥ 参见张文显:《法理:法理学的中心主题和法学的共同关注》,载《清华法学》2017 年第 4 期;杨建军:《裁判的经验与方法——〈最高人民法院公报〉民事案例研究》,山东人民出版社 2010 年版,第 198 ~ 200 页。

一方面，为仲裁提供补充法律渊源或兜底法律渊源。作为非正式渊源，法理在法律没有明文规定、欠缺相应交易习惯时，起到补充法律渊源或兜底法律渊源的作用，从符合法律的原则性和合法性角度对案件事实进行解释和分析、推理和思维、论证和评判，以解决那些看似欠缺依据的纠纷。在世界范围内，纠纷解决机构在穷尽了其他法律渊源仍然无法为当前案件找到法律依据的情况下，都会把法理作为最后之依据，在这个意义上，法理是纠纷解决的终极性依据。在许多复杂、疑难、新奇案件中，法理作为裁判的兜底法源，可以作为解决难题之依据。

另一方面，增强仲裁文书（特别是裁决书）的说理性、说服力和可接受性。这里主要是法律论证的作用。随着社会关系、法律关系的变化和商事案件的复杂化，随着公众法律知识的增长和法律意识的提高，裁判文书的说理性、说服力和可接受性成为保障公民诉权和提高纠纷解决公信力的基本要求。如前所述，法律论证需要对法律规范的适用进行论证，在适用法理时则需要更有说服力的论证。下面的案例可以说明论证之重要性：

案　例　特定物法律理论与常识之运用

甲为儿子结婚急需购置房屋，从中介公司得知乙有意出售其装修好但未入住的房屋，遂联系购买。看房时甲与儿子对房屋所处位置和楼层都不甚满意，但对房屋内的家具非常喜欢，遂决定购买，并约定房屋内的所有家具一并于当月 30 日交付。双方签订了中介公司提供的格式合同并注明家具作为房屋的组成部分，甲支付定金 2 万元。当月 27 日，甲路过该房屋所在地时见搬家公司在搬运的家具眼熟，一问方知乙安排搬家公司将家具运走。甲立即告知中介公司人员并联系乙，乙告知一定在 30 日按约定交付房屋和家具，但未说明为何搬运家具。28 日，甲乙双方在中介公司见面，甲以乙违反合同约定为由要求解除合同并双倍返还定金，乙同意解除合同但坚持认为甲的主张无理，定金应不予返还。双方对定金问题无法达成一致，甲遂申请仲裁，要求乙双倍返还定金，由乙承担中介费。乙答辩称己方未违约而是甲方毁约，甲方应当承担中介费且无权要求双倍返还定金。仲裁庭查明上述事实。

仲裁庭意见为：双方在合同履行日前均同意解除合同，因此合同已经解除。

甲并无充分理由认定乙一定不会在履行日交付房屋和约定的家具,因此认为乙违约并无充分依据。乙认为甲在履行日前提出解除合同是违约行为,但乙应当按照诚信原则对自己搬运家具行为作出解释,其"一定会在交付日交付约定的家具"的辩解也需要解释。本案关键是:双方合同约定明确,房屋中的家具作为房屋的组成部分交付。由于此种特殊约定,家具已经由种类物变为特定物。如果乙准备以约定的家具交付,则其安排搬家公司搬运家具的行为有违常理。如果乙另行购置同样家具交付,由于特定物理论,乙即构成违约。乙未能对此作出合理解释,因此认为甲违约的理由同样不充分。据此,仲裁庭认为,定金罚则适用于一方有过错的情形,本案由于在交付日前解除合同,无法判断何方违约,定金罚则无从适用;合同既已解除,双方亦未违约,故以恢复合同签订前的状况为宜。因此裁决乙方返还 2 万元定金;双方分担仲裁费,应实际支出的中介费由乙方承担。

【评析】 本案是运用法理的成功例子。这里的核心,是运用了物的分类理论中的种类物与特定物理论来分析是否构成违约。这也是法理适用的一般情形,即适用的是各种公认的法学理论。法学理论中的各种分类均属于法理范畴,法学家们研究分类正是为了从法理上解释各种概念的不同含义和特殊性质,以进一步确定其适用条件,完善法律制度。本案的另一法理依据是常理,即一般人的民事法律行为应当符合正常理性人的预期,如果不符合预期则为有违常理。对有违常理的行为,行为人有义务作出解释,但不解释也不意味着其违约,只是相对方有理由产生怀疑,进而有可能会产生解除合同的正常想法。本案仲裁庭以法理为依据,将法理作为对当事人之间的争议作出判断的依据,对其权利行使和义务履行的正当性和合法性作出判断,根据法理进行分析和说理性论证,并通过法理分析得出定金罚则无从适用的结论,突破了定金罚则的适用对本案当事人的不公,取得了很好的效果。

当然,处理类似案件,需要仲裁员具有良好的法理学素养。正如德沃金的观点,在法理学与判案或法律实践的任何其他方面之间,没有一条固定不变的界限。它们之间相互渗透,法理学渗透于法律实践之中,而法律实践又离不开法理学。任何实际的法律论证,无论其内容多么具体和有限,都采用法理学所提供的抽象基础[①]。而这里所讲的“抽象基础”，即法理学所建立的一套抽象理论。

张文显先生认为：法理的发现和适用有助于促进司法裁判合法、合理的进行，实现其定分止争、维护公正、权利救济等的职能。法治实践证明，在司法中适用法理，能够填补国家制定法的漏洞，从司法层面完善法律体系；在司法中适用法理，也有助于实现个案正义，更好地实现权利的救济和正义的修复。在社会情势急剧变化的当代世界，以法理作为断案之依据，已不是法官的“拾遗补阙”，而是常态化的司法模式[②]。既然仲裁与诉讼都是适用法律解决纠纷之法定方式，上述关于法官的论断对仲裁员也同样具有重要意义。

---

① ［美］罗纳德·德沃金：《法律帝国》，李常青译，中国大百科全书出版社 1996 年版，第 83 页。

② 张文显：《法理：法理学的中心主题和法学的共同关注》，载《清华法学》2017 年第 4 期。

附　录

中华人民共和国仲裁法

（1994年8月31日第八届全国人民代表大会常务委员会第九次会议通过　根据2009年8月27日第十一届全国人民代表大会常务委员会第十次会议《关于修改部分法律的决定》第一次修正　根据2017年9月1日第十二届全国人民代表大会常务委员会第二十九次会议《关于修改〈中华人民共和国法官法〉等八部法律的决定》第二次修正）

第一章　总　　则

第一条　为保证公正、及时地仲裁经济纠纷，保护当事人的合法权益，保障社会主义市场经济健康发展，制定本法。

第二条　平等主体的公民、法人和其他组织之间发生的合同纠纷和其他财产权益纠纷，可以仲裁。

第三条　下列纠纷不能仲裁：

（一）婚姻、收养、监护、扶养、继承纠纷；

（二）依法应当由行政机关处理的行政争议。

第四条　当事人采用仲裁方式解决纠纷，应当双方自愿，达成仲裁协议。没有仲裁协议，一方申请仲裁的，仲裁委员会不予受理。

第五条　当事人达成仲裁协议，一方向人民法院起诉的，人民法院不予受理，但仲裁协议无效的除外。

第六条　仲裁委员会应当由当事人协议选定。

仲裁不实行级别管辖和地域管辖。

第七条　仲裁应当根据事实，符合法律规定，公平合理地解决纠纷。

第八条　仲裁依法独立进行，不受行政机关、社会团体和个人的干涉。

第九条　仲裁实行一裁终局的制度。裁决作出后，当事人就同一纠纷再申请仲裁或者向人民法院起诉的，仲裁委员会或者人民法院不予受理。

裁决被人民法院依法裁定撤销或者不予执行的，当事人就该纠纷可以根据双方重新达成的仲裁协议申请仲裁，也可以向人民法院起诉。

第二章 仲裁委员会和仲裁协会

第十条 仲裁委员会可以在直辖市和省、自治区人民政府所在地的市设立，也可以根据需要在其他设区的市设立，不按行政区划层层设立。

仲裁委员会由前款规定的市的人民政府组织有关部门和商会统一组建。

设立仲裁委员会，应当经省、自治区、直辖市的司法行政部门登记。

第十一条 仲裁委员会应当具备下列条件：

（一）有自己的名称、住所和章程；

（二）有必要的财产；

（三）有该委员会的组成人员；

（四）有聘任的仲裁员。

仲裁委员会的章程应当依照本法制定。

第十二条 仲裁委员会由主任一人、副主任二至四人和委员七至十一人组成。

仲裁委员会的主任、副主任和委员由法律、经济贸易专家和有实际工作经验的人员担任。仲裁委员会的组成人员中，法律、经济贸易专家不得少于三分之二。

第十三条 仲裁委员会应当从公道正派的人员中聘任仲裁员。

仲裁员应当符合下列条件之一：

（一）通过国家统一法律职业资格考试取得法律职业资格，从事仲裁工作满八年的；

（二）从事律师工作满八年的；

（三）曾任法官满八年的；

（四）从事法律研究、教学工作并具有高级职称的；

（五）具有法律知识、从事经济贸易等专业工作并具有高级职称或者具有同等专业水平的。

仲裁委员会按照不同专业设仲裁员名册。

第十四条 仲裁委员会独立于行政机关，与行政机关没有隶属关系。仲裁委员会之间也没有隶属关系。

第十五条 中国仲裁协会是社会团体法人。仲裁委员会是中国仲裁协会的会员。中国仲裁协会的章程由全国会员大会制定。

中国仲裁协会是仲裁委员会的自律性组织,根据章程对仲裁委员会及其组成人员、仲裁员的违纪行为进行监督。

中国仲裁协会依照本法和民事诉讼法的有关规定制定仲裁规则。

第三章 仲 裁 协 议

第十六条 仲裁协议包括合同中订立的仲裁条款和以其他书面方式在纠纷发生前或者纠纷发生后达成的请求仲裁的协议。

仲裁协议应当具有下列内容:

(一)请求仲裁的意思表示;

(二)仲裁事项;

(三)选定的仲裁委员会。

第十七条 有下列情形之一的,仲裁协议无效:

(一)约定的仲裁事项超出法律规定的仲裁范围的;

(二)无民事行为能力人或者限制民事行为能力人订立的仲裁协议;

(三)一方采取胁迫手段,迫使对方订立仲裁协议的。

第十八条 仲裁协议对仲裁事项或者仲裁委员会没有约定或者约定不明确的,当事人可以补充协议;达不成补充协议的,仲裁协议无效。

第十九条 仲裁协议独立存在,合同的变更、解除、终止或者无效,不影响仲裁协议的效力。

仲裁庭有权确认合同的效力。

第二十条 当事人对仲裁协议的效力有异议的,可以请求仲裁委员会作出决定或者请求人民法院作出裁定。一方请求仲裁委员会作出决定,另一方请求人民法院作出裁定的,由人民法院裁定。

当事人对仲裁协议的效力有异议,应当在仲裁庭首次开庭前提出。

第四章 仲 裁 程 序

第一节 申请和受理

第二十一条 当事人申请仲裁应当符合下列条件：

（一）有仲裁协议；

（二）有具体的仲裁请求和事实、理由；

（三）属于仲裁委员会的受理范围。

第二十二条 当事人申请仲裁，应当向仲裁委员会递交仲裁协议、仲裁申请书及副本。

第二十三条 仲裁申请书应当载明下列事项：

（一）当事人的姓名、性别、年龄、职业、工作单位和住所，法人或者其他组织的名称、住所和法定代表人或者主要负责人的姓名、职务；

（二）仲裁请求和所根据的事实、理由；

（三）证据和证据来源、证人姓名和住所。

第二十四条 仲裁委员会收到仲裁申请书之日起五日内，认为符合受理条件的，应当受理，并通知当事人；认为不符合受理条件的，应当书面通知当事人不予受理，并说明理由。

第二十五条 仲裁委员会受理仲裁申请后，应当在仲裁规则规定的期限内将仲裁规则和仲裁员名册送达申请人，并将仲裁申请书副本和仲裁规则、仲裁员名册送达被申请人。

被申请人收到仲裁申请书副本后，应当在仲裁规则规定的期限内向仲裁委员会提交答辩书。仲裁委员会收到答辩书后，应当在仲裁规则规定的期限内将答辩书副本送达申请人。被申请人未提交答辩书的，不影响仲裁程序的进行。

第二十六条 当事人达成仲裁协议，一方向人民法院起诉未声明有仲裁协议，人民法院受理后，另一方在首次开庭前提交仲裁协议的，人民法院应当驳回起诉，但仲裁协议无效的除外；另一方在首次开庭前未对人民法院受理该案提出异议的，视为放弃仲裁协议，人民法院应当继续审理。

第二十七条 申请人可以放弃或者变更仲裁请求。被申请人可以承认或者反驳仲裁请求，有权提出反请求。

第二十八条 一方当事人因另一方当事人的行为或者其他原因,可能使裁决不能执行或者难以执行的,可以申请财产保全。

当事人申请财产保全的,仲裁委员会应当将当事人的申请依照民事诉讼法的有关规定提交人民法院。

申请有错误的,申请人应当赔偿被申请人因财产保全所遭受的损失。

第二十九条 当事人、法定代理人可以委托律师和其他代理人进行仲裁活动。委托律师和其他代理人进行仲裁活动的,应当向仲裁委员会提交授权委托书。

第二节 仲裁庭的组成

第三十条 仲裁庭可以由三名仲裁员或者一名仲裁员组成。由三名仲裁员组成的,设首席仲裁员。

第三十一条 当事人约定由三名仲裁员组成仲裁庭的,应当各自选定或者各自委托仲裁委员会主任指定一名仲裁员,第三名仲裁员由当事人共同选定或者共同委托仲裁委员会主任指定。第三名仲裁员是首席仲裁员。

当事人约定由一名仲裁员成立仲裁庭的,应当由当事人共同选定或者共同委托仲裁委员会主任指定仲裁员。

第三十二条 当事人没有在仲裁规则规定的期限内约定仲裁庭的组成方式或者选定仲裁员的,由仲裁委员会主任指定。

第三十三条 仲裁庭组成后,仲裁委员会应当将仲裁庭的组成情况书面通知当事人。

第三十四条 仲裁员有下列情形之一的,必须回避,当事人也有权提出回避申请:

(一)是本案当事人或者当事人、代理人的近亲属;

(二)与本案有利害关系;

(三)与本案当事人、代理人有其他关系,可能影响公正仲裁的;

(四)私自会见当事人、代理人,或者接受当事人、代理人的请客送礼的。

第三十五条 当事人提出回避申请,应当说明理由,在首次开庭前提出。回避事由在首次开庭后知道的,可以在最后一次开庭终结前提出。

第三十六条 仲裁员是否回避,由仲裁委员会主任决定;仲裁委员会主任担任仲裁员时,由仲裁委员会集体决定。

第三十七条 仲裁员因回避或者其他原因不能履行职责的,应当依照本法规定重新选定或者指定仲裁员。

因回避而重新选定或者指定仲裁员后,当事人可以请求已进行的仲裁程序重新进行,是否准许,由仲裁庭决定;仲裁庭也可以自行决定已进行的仲裁程序是否重新进行。

第三十八条 仲裁员有本法第三十四条第四项规定的情形,情节严重的,或者有本法第五十八条第六项规定的情形的,应当依法承担法律责任,仲裁委员会应当将其除名。

第三节 开庭和裁决

第三十九条 仲裁应当开庭进行。当事人协议不开庭的,仲裁庭可以根据仲裁申请书、答辩书以及其他材料作出裁决。

第四十条 仲裁不公开进行。当事人协议公开的,可以公开进行,但涉及国家秘密的除外。

第四十一条 仲裁委员会应当在仲裁规则规定的期限内将开庭日期通知双方当事人。当事人有正当理由的,可以在仲裁规则规定的期限内请求延期开庭。是否延期,由仲裁庭决定。

第四十二条 申请人经书面通知,无正当理由不到庭或者未经仲裁庭许可中途退庭的,可以视为撤回仲裁申请。

被申请人经书面通知,无正当理由不到庭或者未经仲裁庭许可中途退庭的,可以缺席裁决。

第四十三条 当事人应当对自己的主张提供证据。

仲裁庭认为有必要收集的证据,可以自行收集。

第四十四条 仲裁庭对专门性问题认为需要鉴定的,可以交由当事人约定的鉴定部门鉴定,也可以由仲裁庭指定的鉴定部门鉴定。

根据当事人的请求或者仲裁庭的要求,鉴定部门应当派鉴定人参加开庭。当事人经仲裁庭许可,可以向鉴定人提问。

第四十五条 证据应当在开庭时出示,当事人可以质证。

第四十六条 在证据可能灭失或者以后难以取得的情况下,当事人可以申请证据保全。当事人申请证据保全的,仲裁委员会应当将当事人的申请提交证据所在地的基层人民法院。

第四十七条 当事人在仲裁过程中有权进行辩论。辩论终结时,首席仲裁员或者独任仲裁员应当征询当事人的最后意见。

第四十八条 仲裁庭应当将开庭情况记入笔录。当事人和其他仲裁参与人认为对自己陈述的记录有遗漏或者差错的,有权申请补正。如果不予补正,应当记录该申请。

笔录由仲裁员、记录人员、当事人和其他仲裁参与人签名或者盖章。

第四十九条 当事人申请仲裁后,可以自行和解。达成和解协议的,可以请求仲裁庭根据和解协议作出裁决书,也可以撤回仲裁申请。

第五十条 当事人达成和解协议,撤回仲裁申请后反悔的,可以根据仲裁协议申请仲裁。

第五十一条 仲裁庭在作出裁决前,可以先行调解。当事人自愿调解的,仲裁庭应当调解。调解不成的,应当及时作出裁决。

调解达成协议的,仲裁庭应当制作调解书或者根据协议的结果制作裁决书。调解书与裁决书具有同等法律效力。

第五十二条 调解书应当写明仲裁请求和当事人协议的结果。调解书由仲裁员签名,加盖仲裁委员会印章,送达双方当事人。

调解书经双方当事人签收后,即发生法律效力。

在调解书签收前当事人反悔的,仲裁庭应当及时作出裁决。

第五十三条 裁决应当按照多数仲裁员的意见作出,少数仲裁员的不同意见可以记入笔录。仲裁庭不能形成多数意见时,裁决应当按照首席仲裁员的意见作出。

第五十四条 裁决书应当写明仲裁请求、争议事实、裁决理由、裁决结果、仲裁费用的负担和裁决日期。当事人协议不愿写明争议事实和裁决理由的,可以不写。裁决书由仲裁员签名,加盖仲裁委员会印章。对裁决持不同意见的仲裁员,可以签名,也可以不签名。

第五十五条 仲裁庭仲裁纠纷时,其中一部分事实已经清楚,可以就该部分先行裁决。

第五十六条 对裁决书中的文字、计算错误或者仲裁庭已经裁决但在裁决书中遗漏的事项,仲裁庭应当补正;当事人自收到裁决书之日起三十日内,可以请求仲裁庭补正。

第五十七条　裁决书自作出之日起发生法律效力。

第五章　申请撤销裁决

第五十八条　当事人提出证据证明裁决有下列情形之一的,可以向仲裁委员会所在地的中级人民法院申请撤销裁决:

(一)没有仲裁协议的;

(二)裁决的事项不属于仲裁协议的范围或者仲裁委员会无权仲裁的;

(三)仲裁庭的组成或者仲裁的程序违反法定程序的;

(四)裁决所根据的证据是伪造的;

(五)对方当事人隐瞒了足以影响公正裁决的证据的;

(六)仲裁员在仲裁该案时有索贿受贿,徇私舞弊,枉法裁决行为的。

人民法院经组成合议庭审查核实裁决有前款规定情形之一的,应当裁定撤销。

人民法院认定该裁决违背社会公共利益的,应当裁定撤销。

第五十九条　当事人申请撤销裁决的,应当自收到裁决书之日起六个月内提出。

第六十条　人民法院应当在受理撤销裁决申请之日起两个月内作出撤销裁决或者驳回申请的裁定。

第六十一条　人民法院受理撤销裁决的申请后,认为可以由仲裁庭重新仲裁的,通知仲裁庭在一定期限内重新仲裁,并裁定中止撤销程序。仲裁庭拒绝重新仲裁的,人民法院应当裁定恢复撤销程序。

第六章　执　　行

第六十二条　当事人应当履行裁决。一方当事人不履行的,另一方当事人可以依照民事诉讼法的有关规定向人民法院申请执行。受申请的人民法院应当执行。

第六十三条　被申请人提出证据证明裁决有民事诉讼法第二百一十三条第二款规定的情形之一的,经人民法院组成合议庭审查核实,裁定不予执行。[注:编辑核实,本条引用的《民事诉讼法》(2017 修正)“第二百一十三条第二款”应为“第二百三十七条第二款”。]

第六十四条 一方当事人申请执行裁决,另一方当事人申请撤销裁决的,人民法院应当裁定中止执行。

人民法院裁定撤销裁决的,应当裁定终结执行。撤销裁决的申请被裁定驳回的,人民法院应当裁定恢复执行。

第七章 涉外仲裁的特别规定

第六十五条 涉外经济贸易、运输和海事中发生的纠纷的仲裁,适用本章规定。本章没有规定的,适用本法其他有关规定。

第六十六条 涉外仲裁委员会可以由中国国际商会组织设立。

涉外仲裁委员会由主任一人、副主任若干人和委员若干人组成。

涉外仲裁委员会的主任、副主任和委员可以由中国国际商会聘任。

第六十七条 涉外仲裁委员会可以从具有法律、经济贸易、科学技术等专门知识的外籍人士中聘任仲裁员。

第六十八条 涉外仲裁的当事人申请证据保全的,涉外仲裁委员会应当将当事人的申请提交证据所在地的中级人民法院。

第六十九条 涉外仲裁的仲裁庭可以将开庭情况记入笔录,或者作出笔录要点,笔录要点可以由当事人和其他仲裁参与人签字或者盖章。

第七十条 当事人提出证据证明涉外仲裁裁决有民事诉讼法第二百五十八条第一款规定的情形之一的,经人民法院组成合议庭审查核实,裁定撤销。[注:经编辑核实,本条引用的《民事诉讼法》(2017 修正)“第二百五十八条第一款”应为“第二百七十四条第一款”。]

第七十一条 被申请人提出证据证明涉外仲裁裁决有民事诉讼法第二百五十八条第一款规定的情形之一的,经人民法院组成合议庭审查核实,裁定不予执行。[注:经编辑核实,本条引用的《民事诉讼法》(2017 修正)“第二百五十八条第一款”应为“第二百七十四条第一款”。]

第七十二条 涉外仲裁委员会作出的发生法律效力的仲裁裁决,当事人请求执行的,如果被执行人或者其财产不在中华人民共和国领域内,应当由当事人直接向有管辖权的外国法院申请承认和执行。

第七十三条 涉外仲裁规则可以由中国国际商会依照本法和民事诉讼法

的有关规定制定。

第八章　附　　则

第七十四条　法律对仲裁时效有规定的，适用该规定。法律对仲裁时效没有规定的，适用诉讼时效的规定。

第七十五条　中国仲裁协会制定仲裁规则前，仲裁委员会依照本法和民事诉讼法的有关规定可以制定仲裁暂行规则。

第七十六条　当事人应当按照规定交纳仲裁费用。

收取仲裁费用的办法，应当报物价管理部门核准。

第七十七条　劳动争议和农业集体经济组织内部的农业承包合同纠纷的仲裁，另行规定。

第七十八条　本法施行前制定的有关仲裁的规定与本法的规定相抵触的，以本法为准。

第七十九条　本法施行前在直辖市、省、自治区人民政府所在地的市和其他设区的市设立的仲裁机构，应当依照本法的有关规定重新组建；未重新组建的，自本法施行之日起届满一年时终止。

本法施行前设立的不符合本法规定的其他仲裁机构，自本法施行之日起终止。

第八十条　本法自1995年9月1日起施行。

最高人民法院关于适用《中华人民共和国仲裁法》若干问题的解释

（法释〔2006〕7号　2008年12月16日调整）

根据《中华人民共和国仲裁法》和《中华人民共和国民事诉讼法》等法律规定，对人民法院审理涉及仲裁案件适用法律的若干问题作如下解释：

第一条　仲裁法第十六条规定的“其他书面形式”的仲裁协议，包括以合同书、信件和数据电文（包括电报、电传、传真、电子数据交换和电子邮件）等形式达成的请求仲裁的协议。

第二条　当事人概括约定仲裁事项为合同争议的,基于合同成立、效力、变更、转让、履行、违约责任、解释、解除等产生的纠纷都可以认定为仲裁事项。

第三条　仲裁协议约定的仲裁机构名称不准确,但能够确定具体的仲裁机构的,应当认定选定了仲裁机构。

第四条　仲裁协议仅约定纠纷适用的仲裁规则的,视为未约定仲裁机构,但当事人达成补充协议或者按照约定的仲裁规则能够确定仲裁机构的除外。

第五条　仲裁协议约定两个以上仲裁机构的,当事人可以协议选择其中的一个仲裁机构申请仲裁;当事人不能就仲裁机构选择达成一致的,仲裁协议无效。

第六条　仲裁协议约定由某地的仲裁机构仲裁且该地仅有一个仲裁机构的,该仲裁机构视为约定的仲裁机构。该地有两个以上仲裁机构的,当事人可以协议选择其中的一个仲裁机构申请仲裁;当事人不能就仲裁机构选择达成一致的,仲裁协议无效。

第七条　当事人约定争议可以向仲裁机构申请仲裁也可以向人民法院起诉的,仲裁协议无效。但一方向仲裁机构申请仲裁,另一方未在仲裁法第二十条第二款规定期间内提出异议的除外。

第八条　当事人订立仲裁协议后合并、分立的,仲裁协议对其权利义务的继受人有效。

当事人订立仲裁协议后死亡的,仲裁协议对承继其仲裁事项中的权利义务的继承人有效。

前两款规定情形,当事人订立仲裁协议时另有约定的除外。

第九条　债权债务全部或者部分转让的,仲裁协议对受让人有效,但当事人另有约定、在受让债权债务时受让人明确反对或者不知有单独仲裁协议的除外。

第十条　合同成立后未生效或者被撤销的,仲裁协议效力的认定适用仲裁法第十九条第一款的规定。

当事人在订立合同时就争议达成仲裁协议的,合同未成立不影响仲裁协议的效力。

第十一条　合同约定解决争议适用其他合同、文件中的有效仲裁条款的,发生合同争议时,当事人应当按照该仲裁条款提请仲裁。

涉外合同应当适用的有关国际条约中有仲裁规定的,发生合同争议时,当事人应当按照国际条约中的仲裁规定提请仲裁。

第十二条 当事人向人民法院申请确认仲裁协议效力的案件,由仲裁协议约定的仲裁机构所在地的中级人民法院管辖;仲裁协议约定的仲裁机构不明确的,由仲裁协议签订地或者被申请人住所地的中级人民法院管辖。

申请确认涉外仲裁协议效力的案件,由仲裁协议约定的仲裁机构所在地、仲裁协议签订地、申请人或者被申请人住所地的中级人民法院管辖。

涉及海事海商纠纷仲裁协议效力的案件,由仲裁协议约定的仲裁机构所在地、仲裁协议签订地、申请人或者被申请人住所地的海事法院管辖;上述地点没有海事法院的,由就近的海事法院管辖。

第十三条 依照仲裁法第二十条第二款的规定,当事人在仲裁庭首次开庭前没有对仲裁协议的效力提出异议,而后向人民法院申请确认仲裁协议无效的,人民法院不予受理。

仲裁机构对仲裁协议的效力作出决定后,当事人向人民法院申请确认仲裁协议效力或者申请撤销仲裁机构的决定的,人民法院不予受理。

第十四条 仲裁法第二十六条规定的“首次开庭”是指答辩期满后人民法院组织的第一次开庭审理,不包括审前程序中的各项活动。

第十五条 人民法院审理仲裁协议效力确认案件,应当组成合议庭进行审查,并询问当事人。

第十六条 对涉外仲裁协议的效力审查,适用当事人约定的法律;当事人没有约定适用的法律但约定了仲裁地的,适用仲裁地法律;没有约定适用的法律也没有约定仲裁地或者仲裁地约定不明的,适用法院地法律。

第十七条 当事人以不属于仲裁法第五十八条或者民事诉讼法第二百五十八条规定的事由申请撤销仲裁裁决的,人民法院不予支持。

第十八条 仲裁法第五十八条第一款第一项规定的“没有仲裁协议”是指当事人没有达成仲裁协议。仲裁协议被认定无效或者被撤销的,视为没有仲裁协议。

第十九条 当事人以仲裁裁决事项超出仲裁协议范围为由申请撤销仲裁裁决,经审查属实的,人民法院应当撤销仲裁裁决中的超裁部分。但超裁部分与其他裁决事项不可分的,人民法院应当撤销仲裁裁决。

第二十条 仲裁法第五十八条规定的“违反法定程序”,是指违反仲裁法规定的仲裁程序和当事人选择的仲裁规则可能影响案件正确裁决的情形。

第二十一条 当事人申请撤销国内仲裁裁决的案件属于下列情形之一的,人民法院可以依照仲裁法第六十一条的规定通知仲裁庭在一定期限内重新仲裁:

(一)仲裁裁决所根据的证据是伪造的;

(二)对方当事人隐瞒了足以影响公正裁决的证据的。

人民法院应当在通知中说明要求重新仲裁的具体理由。

第二十二条 仲裁庭在人民法院指定的期限内开始重新仲裁的,人民法院应当裁定终结撤销程序;未开始重新仲裁的,人民法院应当裁定恢复撤销程序。

第二十三条 当事人对重新仲裁裁决不服的,可以在重新仲裁裁决书送达之日起六个月内依据仲裁法第五十八条规定向人民法院申请撤销。

第二十四条 当事人申请撤销仲裁裁决的案件,人民法院应当组成合议庭审理,并询问当事人。

第二十五条 人民法院受理当事人撤销仲裁裁决的申请后,另一方当事人申请执行同一仲裁裁决的,受理执行申请的人民法院应当在受理后裁定中止执行。

第二十六条 当事人向人民法院申请撤销仲裁裁决被驳回后,又在执行程序中以相同理由提出不予执行抗辩的,人民法院不予支持。

第二十七条 当事人在仲裁程序中未对仲裁协议的效力提出异议,在仲裁裁决作出后以仲裁协议无效为由主张撤销仲裁裁决或者提出不予执行抗辩的,人民法院不予支持。

当事人在仲裁程序中对仲裁协议的效力提出异议,在仲裁裁决作出后又以此为由主张撤销仲裁裁决或者提出不予执行抗辩,经审查符合仲裁法第五十八条或者民事诉讼法第二百一十三条、第二百五十八条规定的,人民法院应予支持。

第二十八条 当事人请求不予执行仲裁调解书或者根据当事人之间的和解协议作出的仲裁裁决书的,人民法院不予支持。

第二十九条 当事人申请执行仲裁裁决案件,由被执行人住所地或者被执行的财产所在地的中级人民法院管辖。

第三十条 根据审理撤销、执行仲裁裁决案件的实际需要,人民法院可以要求仲裁机构作出说明或者向相关仲裁机构调阅仲裁案卷。

人民法院在办理涉及仲裁的案件过程中作出的裁定，可以送相关的仲裁机构。

第三十一条　本解释自公布之日起实施。

本院以前发布的司法解释与本解释不一致的，以本解释为准。

最高人民法院关于仲裁司法审查案件报核问题的有关规定

（法释〔2017〕21 号）

为正确审理仲裁司法审查案件，统一裁判尺度，依法保护当事人合法权益，保障仲裁发展，根据《中华人民共和国民事诉讼法》《中华人民共和国仲裁法》等法律规定，结合审判实践，制定本规定。

第一条　本规定所称仲裁司法审查案件，包括下列案件：

（一）申请确认仲裁协议效力案件；

（二）申请撤销我国内地仲裁机构的仲裁裁决案件；

（三）申请执行我国内地仲裁机构的仲裁裁决案件；

（四）申请认可和执行香港特别行政区、澳门特别行政区、台湾地区仲裁裁决案件；

（五）申请承认和执行外国仲裁裁决案件；

（六）其他仲裁司法审查案件。

第二条　各中级人民法院或者专门人民法院办理涉外涉港澳台仲裁司法审查案件，经审查拟认定仲裁协议无效，不予执行或者撤销我国内地仲裁机构的仲裁裁决，不予认可和执行香港特别行政区、澳门特别行政区、台湾地区仲裁裁决，不予承认和执行外国仲裁裁决，应当向本辖区所属高级人民法院报核；高级人民法院经审查拟同意的，应当向最高人民法院报核。待最高人民法院审核后，方可依最高人民法院的审核意见作出裁定。

各中级人民法院或者专门人民法院办理非涉外涉港澳台仲裁司法审查案件，经审查拟认定仲裁协议无效，不予执行或者撤销我国内地仲裁机构的仲裁裁决,应当向本辖区所属高级人民法院报核;待高级人民法院审核后,方可依高级人民法院的审核意见作出裁定。

第三条 本规定第二条第二款规定的非涉外涉港澳台仲裁司法审查案件,高级人民法院经审查拟同意中级人民法院或者专门人民法院认定仲裁协议无效,不予执行或者撤销我国内地仲裁机构的仲裁裁决,在下列情形下,应当向最高人民法院报核,待最高人民法院审核后,方可依最高人民法院的审核意见作出裁定:

(一)仲裁司法审查案件当事人住所地跨省级行政区域;

(二)以违背社会公共利益为由不予执行或者撤销我国内地仲裁机构的仲裁裁决。

第四条 下级人民法院报请上级人民法院审核的案件,应当将书面报告和案件卷宗材料一并上报。书面报告应当写明审查意见及具体理由。

第五条 上级人民法院收到下级人民法院的报核申请后,认为案件相关事实不清的,可以询问当事人或者退回下级人民法院补充查明事实后再报。

第六条 上级人民法院应当以复函的形式将审核意见答复下级人民法院。

第七条 在民事诉讼案件中,对于人民法院因涉及仲裁协议效力而作出的不予受理、驳回起诉、管辖权异议的裁定,当事人不服提起上诉,第二审人民法院经审查拟认定仲裁协议不成立、无效、失效、内容不明确无法执行的,须按照本规定第二条的规定逐级报核,待上级人民法院审核后,方可依上级人民法院的审核意见作出裁定。

第八条 本规定自2018年1月1日起施行,本院以前发布的司法解释与本规定不一致的,以本规定为准。

最高人民法院关于审理仲裁司法审查案件若干问题的规定

(法释〔2017〕22号)

为正确审理仲裁司法审查案件,依法保护各方当事人合法权益,根据《中华人民共和国民事诉讼法》《中华人民共和国仲裁法》等法律规定,结合审判实践,制定本规定。

第一条　本规定所称仲裁司法审查案件,包括下列案件:

(一)申请确认仲裁协议效力案件;

(二)申请执行我国内地仲裁机构的仲裁裁决案件;

(三)申请撤销我国内地仲裁机构的仲裁裁决案件;

(四)申请认可和执行香港特别行政区、澳门特别行政区、台湾地区仲裁裁决案件;

(五)申请承认和执行外国仲裁裁决案件;

(六)其他仲裁司法审查案件。

第二条　申请确认仲裁协议效力的案件,由仲裁协议约定的仲裁机构所在地、仲裁协议签订地、申请人住所地、被申请人住所地的中级人民法院或者专门人民法院管辖。

涉及海事海商纠纷仲裁协议效力的案件,由仲裁协议约定的仲裁机构所在地、仲裁协议签订地、申请人住所地、被申请人住所地的海事法院管辖;上述地点没有海事法院的,由就近的海事法院管辖。

第三条　外国仲裁裁决与人民法院审理的案件存在关联,被申请人住所地、被申请人财产所在地均不在我国内地,申请人申请承认外国仲裁裁决的,由受理关联案件的人民法院管辖。受理关联案件的人民法院为基层人民法院的,申请承认外国仲裁裁决的案件应当由该基层人民法院的上一级人民法院管辖。受理关联案件的人民法院是高级人民法院或者最高人民法院的,由上述法院决定自行审查或者指定中级人民法院审查。

外国仲裁裁决与我国内地仲裁机构审理的案件存在关联,被申请人住所地、被申请人财产所在地均不在我国内地,申请人申请承认外国仲裁裁决的,由受理关联案件的仲裁机构所在地的中级人民法院管辖。

第四条　申请人向两个以上有管辖权的人民法院提出申请的,由最先立案的人民法院管辖。

第五条　申请人向人民法院申请确认仲裁协议效力的,应当提交申请书及仲裁协议正本或者经证明无误的副本。

申请书应当载明下列事项:

(一)申请人或者被申请人为自然人的,应当载明其姓名、性别、出生日期、

国籍及住所;为法人或者其他组织的,应当载明其名称、住所以及法定代表人或者代表人的姓名和职务;

(二)仲裁协议的内容;

(三)具体的请求和理由。

当事人提交的外文申请书、仲裁协议及其他文件,应当附有中文译本。

第六条 申请人向人民法院申请执行或者撤销我国内地仲裁机构的仲裁裁决、申请承认和执行外国仲裁裁决的,应当提交申请书及裁决书正本或者经证明无误的副本。

申请书应当载明下列事项:

(一)申请人或者被申请人为自然人的,应当载明其姓名、性别、出生日期、国籍及住所;为法人或者其他组织的,应当载明其名称、住所以及法定代表人或者代表人的姓名和职务;

(二)裁决书的主要内容及生效日期;

(三)具体的请求和理由。

当事人提交的外文申请书、裁决书及其他文件,应当附有中文译本。

第七条 申请人提交的文件不符合第五条、第六条的规定,经人民法院释明后提交的文件仍然不符合规定的,裁定不予受理。

申请人向对案件不具有管辖权的人民法院提出申请,人民法院应当告知其向有管辖权的人民法院提出申请,申请人仍不变更申请的,裁定不予受理。

申请人对不予受理的裁定不服的,可以提起上诉。

第八条 人民法院立案后发现不符合受理条件的,裁定驳回申请。

前款规定的裁定驳回申请的案件,申请人再次申请并符合受理条件的,人民法院应予受理。

当事人对驳回申请的裁定不服的,可以提起上诉。

第九条 对于申请人的申请,人民法院应当在七日内审查决定是否受理。

人民法院受理仲裁司法审查案件后,应当在五日内向申请人和被申请人发出通知书,告知其受理情况及相关的权利义务。

第十条 人民法院受理仲裁司法审查案件后,被申请人对管辖权有异议的,应当自收到人民法院通知之日起十五日内提出。人民法院对被申请人提出的异议,应当审查并作出裁定。当事人对裁定不服的,可以提起上诉。

在中华人民共和国领域内没有住所的被申请人对人民法院的管辖权有异议的,应当自收到人民法院通知之日起三十日内提出。

第十一条 人民法院审查仲裁司法审查案件,应当组成合议庭并询问当事人。

第十二条 仲裁协议或者仲裁裁决具有《最高人民法院关于适用〈中华人民共和国涉外民事关系法律适用法〉若干问题的解释(一)》第一条规定情形的,为涉外仲裁协议或者涉外仲裁裁决。[注:经编辑核实,本条引用的规定为:民事关系具有下列情形之一的,人民法院可以认定为涉外民事关系:(一)当事人一方或双方是外国公民、外国法人或者其他组织、无国籍人;(二)当事人一方或双方的经常居所地在中华人民共和国领域外;(三)标的物在中华人民共和国领域外;(四)产生、变更或者消灭民事关系的法律事实发生在中华人民共和国领域外;(五)可以认定为涉外民事关系的其他情形。]

第十三条 当事人协议选择确认涉外仲裁协议效力适用的法律,应当作出明确的意思表示,仅约定合同适用的法律,不能作为确认合同中仲裁条款效力适用的法律。

第十四条 人民法院根据《中华人民共和国涉外民事关系法律适用法》第十八条的规定,确定确认涉外仲裁协议效力适用的法律时,当事人没有选择适用的法律,适用仲裁机构所在地的法律与适用仲裁地的法律将对仲裁协议的效力作出不同认定的,人民法院应当适用确认仲裁协议有效的法律。

第十五条 仲裁协议未约定仲裁机构和仲裁地,但根据仲裁协议约定适用的仲裁规则可以确定仲裁机构或者仲裁地的,应当认定其为《中华人民共和国涉外民事关系法律适用法》第十八条中规定的仲裁机构或者仲裁地。

第十六条 人民法院适用《承认及执行外国仲裁裁决公约》审查当事人申请承认和执行外国仲裁裁决案件时,被申请人以仲裁协议无效为由提出抗辩的,人民法院应当依照该公约第五条第一款(甲)项的规定,确定确认仲裁协议效力应当适用的法律。

第十七条 人民法院对申请执行我国内地仲裁机构作出的非涉外仲裁裁决案件的审查,适用《中华人民共和国民事诉讼法》第二百三十七条的规定。

人民法院对申请执行我国内地仲裁机构作出的涉外仲裁裁决案件的审查,适用《中华人民共和国民事诉讼法》第二百七十四条的规定。

第十八条 《中华人民共和国仲裁法》第五十八条第一款第六项和《中华人民共和国民事诉讼法》第二百三十七条第二款第六项规定的仲裁员在仲裁该案时有索贿受贿,徇私舞弊,枉法裁决行为,是指已经由生效刑事法律文书或者纪律处分决定所确认的行为。

第十九条 人民法院受理仲裁司法审查案件后,作出裁定前,申请人请求撤回申请的,裁定准许。

第二十条 人民法院在仲裁司法审查案件中作出的裁定,除不予受理、驳回申请、管辖权异议的裁定外,一经送达即发生法律效力。当事人申请复议、提出上诉或者申请再审的,人民法院不予受理,但法律和司法解释另有规定的除外。

第二十一条 人民法院受理的申请确认涉及香港特别行政区、澳门特别行政区、台湾地区仲裁协议效力的案件,申请执行或者撤销我国内地仲裁机构作出的涉及香港特别行政区、澳门特别行政区、台湾地区仲裁裁决的案件,参照适用涉外仲裁司法审查案件的规定审查。

第二十二条 本规定自2018年1月1日起施行,本院以前发布的司法解释与本规定不一致的,以本规定为准。

最高人民法院关于人民法院办理仲裁裁决执行案件若干问题的规定

(2018年1月5日最高人民法院审判委员会第1730次会议通过
自2018年3月1日起施行　法释〔2018〕5号)

为了规范人民法院办理仲裁裁决执行案件,依法保护当事人、案外人的合法权益,根据《中华人民共和国民事诉讼法》《中华人民共和国仲裁法》等法律规定,结合人民法院执行工作实际,制定本规定。

第一条 本规定所称的仲裁裁决执行案件,是指当事人申请人民法院执行仲裁机构依据仲裁法作出的仲裁裁决或者仲裁调解书的案件。

第二条 当事人对仲裁机构作出的仲裁裁决或者仲裁调解书申请执行的,

由被执行人住所地或者被执行的财产所在地的中级人民法院管辖。

符合下列条件的，经上级人民法院批准，中级人民法院可以参照民事诉讼法第三十八条的规定指定基层人民法院管辖：

（一）执行标的额符合基层人民法院一审民商事案件级别管辖受理范围；

（二）被执行人住所地或者被执行的财产所在地在被指定的基层人民法院辖区内；被执行人、案外人对仲裁裁决执行案件申请不予执行的，负责执行的中级人民法院应当另行立案审查处理；执行案件已指定基层人民法院管辖的，应当于收到不予执行申请后三日内移送原执行法院另行立案审查处理。

第三条　仲裁裁决或者仲裁调解书执行内容具有下列情形之一导致无法执行的，人民法院可以裁定驳回执行申请；导致部分无法执行的，可以裁定驳回该部分的执行申请；导致部分无法执行且该部分与其他部分不可分的，可以裁定驳回执行申请。

（一）权利义务主体不明确；

（二）金钱给付具体数额不明确或者计算方法不明确导致无法计算出具体数额；

（三）交付的特定物不明确或者无法确定；

（四）行为履行的标准、对象、范围不明确；

仲裁裁决或者仲裁调解书仅确定继续履行合同，但对继续履行的权利义务，以及履行的方式、期限等具体内容不明确，导致无法执行的，依照前款规定处理。

第四条　对仲裁裁决主文或者仲裁调解书中的文字、计算错误以及仲裁庭已经认定但在裁决主文中遗漏的事项，可以补正或说明的，人民法院应当书面告知仲裁庭补正或说明，或者向仲裁机构调阅仲裁案卷查明。仲裁庭不补正也不说明，且人民法院调阅仲裁案卷后执行内容仍然不明确具体无法执行的，可以裁定驳回执行申请。

第五条　申请执行人对人民法院依照本规定第三条、第四条作出的驳回执行申请裁定不服的，可以自裁定送达之日起十日内向上一级人民法院申请复议。

第六条　仲裁裁决或者仲裁调解书确定交付的特定物确已毁损或者灭失的，依照《最高人民法院关于适用〈中华人民共和国民事诉讼法〉的解释》第四百九十四条的规定处理。

第七条 被执行人申请撤销仲裁裁决并已由人民法院受理的,或者被执行人、案外人对仲裁裁决执行案件提出不予执行申请并提供适当担保的,执行法院应当裁定中止执行。中止执行期间,人民法院应当停止处分性措施,但申请执行人提供充分、有效的担保请求继续执行的除外;执行标的查封、扣押、冻结期限届满前,人民法院可以根据当事人申请或者依职权办理续行查封、扣押、冻结手续。

申请撤销仲裁裁决、不予执行仲裁裁决案件司法审查期间,当事人、案外人申请对已查封、扣押、冻结之外的财产采取保全措施的,负责审查的人民法院参照民事诉讼法第一百条的规定处理。司法审查后仍需继续执行的,保全措施自动转为执行中的查封、扣押、冻结措施;采取保全措施的人民法院与执行法院不一致的,应当将保全手续移送执行法院,保全裁定视为执行法院作出的裁定。

第八条 被执行人向人民法院申请不予执行仲裁裁决的,应当在执行通知书送达之日起十五日内提出书面申请;有民事诉讼法第二百三十七条第二款第四、六项规定情形且执行程序尚未终结的,应当自知道或者应当知道有关事实或案件之日起十五日内提出书面申请。

本条前款规定期限届满前,被执行人已向有管辖权的人民法院申请撤销仲裁裁决且已被受理的,自人民法院驳回撤销仲裁裁决申请的裁判文书生效之日起重新计算期限。

第九条 案外人向人民法院申请不予执行仲裁裁决或者仲裁调解书的,应当提交申请书以及证明其请求成立的证据材料,并符合下列条件:

(一)有证据证明仲裁案件当事人恶意申请仲裁或者虚假仲裁,损害其合法权益;

(二)案外人主张的合法权益所涉及的执行标的尚未执行终结;

(三)自知道或者应当知道人民法院对该标的采取执行措施之日起三十日内提出。

第十条 被执行人申请不予执行仲裁裁决,对同一仲裁裁决的多个不予执行事由应当一并提出。不予执行仲裁裁决申请被裁定驳回后,再次提出申请的,人民法院不予审查,但有新证据证明存在民事诉讼法第二百三十七条第二款第四、六项规定情形的除外。

第十一条　人民法院对不予执行仲裁裁决案件应当组成合议庭围绕被执行人申请的事由、案外人的申请进行审查;对被执行人没有申请的事由不予审查,但仲裁裁决可能违背社会公共利益的除外。

被执行人、案外人对仲裁裁决执行案件申请不予执行的,人民法院应当进行询问;被执行人在询问终结前提出其他不予执行事由的,应当一并审查。人民法院审查时,认为必要的,可以要求仲裁庭作出说明,或者向仲裁机构调阅仲裁案卷。

第十二条　人民法院对不予执行仲裁裁决案件的审查,应当在立案之日起两个月内审查完毕并作出裁定;有特殊情况需要延长的,经本院院长批准,可以延长一个月。

第十三条　下列情形经人民法院审查属实的,应当认定为民事诉讼法第二百三十七条第二款第二项规定的“裁决的事项不属于仲裁协议的范围或者仲裁机构无权仲裁的”情形:

(一)裁决的事项超出仲裁协议约定的范围;

(二)裁决的事项属于依照法律规定或者当事人选择的仲裁规则规定的不可仲裁事项;

(三)裁决内容超出当事人仲裁请求的范围;

(四)作出裁决的仲裁机构非仲裁协议所约定。

第十四条　违反仲裁法规定的仲裁程序、当事人选择的仲裁规则或者当事人对仲裁程序的特别约定,可能影响案件公正裁决,经人民法院审查属实的,应当认定为民事诉讼法第二百三十七条第二款第三项规定的“仲裁庭的组成或者仲裁的程序违反法定程序的”情形。

当事人主张未按照仲裁法或仲裁规则规定的方式送达法律文书导致其未能参与仲裁,或者仲裁员根据仲裁法或仲裁规则的规定应当回避而未回避,可能影响公正裁决,经审查属实的,人民法院应当支持;仲裁庭按照仲裁法或仲裁规则以及当事人约定的方式送达仲裁法律文书,当事人主张不符合民事诉讼法有关送达规定的,人民法院不予支持。

适用的仲裁程序或仲裁规则经特别提示,当事人知道或者应当知道法定仲裁程序或选择的仲裁规则未被遵守,但仍然参加或者继续参加仲裁程序且未提出异议,在仲裁裁决作出之后以违反法定程序为由申请不予执行仲裁裁决的,人民法院不予支持。

第十五条 符合下列条件的,人民法院应当认定为民事诉讼法第二百三十七条第二款第四项规定的“裁决所根据的证据是伪造的”情形:

(一)该证据已被仲裁裁决采信;

(二)该证据属于认定案件基本事实的主要证据;

(三)该证据经查明确属通过捏造、变造、提供虚假证明等非法方式形成或者获取,违反证据的客观性、关联性、合法性要求。

第十六条 符合下列条件的,人民法院应当认定为民事诉讼法第二百三十七条第二款第五项规定的“对方当事人向仲裁机构隐瞒了足以影响公正裁决的证据的”情形:

(一)该证据属于认定案件基本事实的主要证据;

(二)该证据仅为对方当事人掌握,但未向仲裁庭提交;

(三)仲裁过程中知悉存在该证据,且要求对方当事人出示或者请求仲裁庭责令其提交,但对方当事人无正当理由未予出示或者提交。

当事人一方在仲裁过程中隐瞒己方掌握的证据,仲裁裁决作出后以己方所隐瞒的证据足以影响公正裁决为由申请不予执行仲裁裁决的,人民法院不予支持。

第十七条 被执行人申请不予执行仲裁调解书或者根据当事人之间的和解协议、调解协议作出的仲裁裁决,人民法院不予支持,但该仲裁调解书或者仲裁裁决违背社会公共利益的除外。

第十八条 案外人根据本规定第九条申请不予执行仲裁裁决或者仲裁调解书,符合下列条件的,人民法院应当支持:

(一)案外人系权利或者利益的主体;

(二)案外人主张的权利或者利益合法、真实;

(三)仲裁案件当事人之间存在虚构法律关系,捏造案件事实的情形;

(四)仲裁裁决主文或者仲裁调解书处理当事人民事权利义务的结果部分或者全部错误,损害案外人合法权益。

第十九条 被执行人、案外人对仲裁裁决执行案件逾期申请不予执行的,人民法院应当裁定不予受理;已经受理的,应当裁定驳回不予执行申请。

被执行人、案外人对仲裁裁决执行案件申请不予执行,经审查理由成立的,人民法院应当裁定不予执行；理由不成立的，应当裁定驳回不予执行申请。

第二十条　当事人向人民法院申请撤销仲裁裁决被驳回后，又在执行程序中以相同事由提出不予执行申请的，人民法院不予支持；当事人向人民法院申请不予执行被驳回后，又以相同事由申请撤销仲裁裁决的，人民法院不予支持。

在不予执行仲裁裁决案件审查期间，当事人向有管辖权的人民法院提出撤销仲裁裁决申请并被受理的，人民法院应当裁定中止对不予执行申请的审查；仲裁裁决被撤销或者决定重新仲裁的，人民法院应当裁定终结执行，并终结对不予执行申请的审查；撤销仲裁裁决申请被驳回或者申请执行人撤回撤销仲裁裁决申请的，人民法院应当恢复对不予执行申请的审查；被执行人撤回撤销仲裁裁决申请的，人民法院应当裁定终结对不予执行申请的审查，但案外人申请不予执行仲裁裁决的除外。

第二十一条　人民法院裁定驳回撤销仲裁裁决申请或者驳回不予执行仲裁裁决、仲裁调解书申请的，执行法院应当恢复执行。

人民法院裁定撤销仲裁裁决或者基于被执行人申请裁定不予执行仲裁裁决，原被执行人申请执行回转或者解除强制执行措施的，人民法院应当支持。原申请执行人对已履行或者被人民法院强制执行的款物申请保全的，人民法院应当依法准许；原申请执行人在人民法院采取保全措施之日起三十日内，未根据双方达成的书面仲裁协议重新申请仲裁或者向人民法院起诉的，人民法院应当裁定解除保全。

人民法院基于案外人申请裁定不予执行仲裁裁决或者仲裁调解书，案外人申请执行回转或者解除强制执行措施的，人民法院应当支持。

第二十二条　人民法院裁定不予执行仲裁裁决、驳回或者不予受理不予执行仲裁裁决申请后，当事人对该裁定提出执行异议或者申请复议的，人民法院不予受理。

人民法院裁定不予执行仲裁裁决的，当事人可以根据双方达成的书面仲裁协议重新申请仲裁，也可以向人民法院起诉。

人民法院基于案外人申请裁定不予执行仲裁裁决或者仲裁调解书，当事人不服的，可以自裁定送达之日起十日内向上一级人民法院申请复议；人民法院裁定驳回或者不予受理案外人提出的不予执行仲裁裁决、仲裁调解书申请，案外人不服的，可以自裁定送达之日起十日内向上一级人民法院申请复议。

第二十三条 本规定第八条、第九条关于对仲裁裁决执行案件申请不予执行的期限自本规定施行之日起重新计算。

第二十四条 本规定自2018年3月1日起施行，最高人民法院以前发布的司法解释与本规定不一致的，以本规定为准。

本规定施行前已经执行终结的执行案件，不适用本规定；本规定施行后尚未执行终结的执行案件，适用本规定。

最高人民法院
关于仲裁机构“先予仲裁”裁决
或者调解书立案、执行等法律适用问题的批复

（2018年5月28日最高人民法院审判委员会第1740次会议通过
自2018年6月12日起施行　法释〔2018〕10号）

广东省高级人民法院：

你院《关于“先予仲裁”裁决应否立案执行的请示》（粤高法〔2018〕99号）收悉。经研究，批复如下：

当事人申请人民法院执行仲裁机构根据仲裁法作出的仲裁裁决或者调解书，人民法院经审查，符合民事诉讼法、仲裁法相关规定的，应当依法及时受理，立案执行。但是，根据仲裁法第二条的规定，仲裁机构可以仲裁的是当事人间已经发生的合同纠纷和其他财产权益纠纷。因此，网络借贷合同当事人申请执行仲裁机构在纠纷发生前作出的仲裁裁决或者调解书的，人民法院应当裁定不予受理；已经受理的，裁定驳回执行申请。

你院请示中提出的下列情形，应当认定为民事诉讼法第二百三十七条第二款第三项规定的“仲裁庭的组成或者仲裁的程序违反法定程序”的情形：

一、仲裁机构未依照仲裁法规定的程序审理纠纷或者主持调解，径行根据网络借贷合同当事人在纠纷发生前签订的和解或者调解协议作出仲裁裁决、仲裁调解书的；

二、仲裁机构在仲裁过程中未保障当事人申请仲裁员回避、提供证据、答辩等仲裁法规定的基本程序权利的。

前款规定情形中，网络借贷合同当事人以约定弃权条款为由，主张仲裁程序未违反法定程序的，人民法院不予支持。

人民法院办理其他合同纠纷、财产权益纠纷仲裁裁决或者调解书执行案件，适用本批复。

此复。